lugar de articulación

Alófonos consonánticos introducidos en este manual

	Bilabial	Labio-dental	Inter-dental	Dental	Alveo-lar	Alveo-palatal	Palatal	Velar	Uvular	
Oclusivas	[p]			[t]				[k]		Stops
	[b]			[d]				[g]		
Nasales	[m] [m̥]	[ɱ]		[n̪]	[n]	[ň]	[ñ]	[ŋ]		Nasals
Fricativas	[ɸ]		[θ]	pre-dorsal [s] / [s̺] apical				[x]	[x̥]	Fricatives
	[β]			[ð]	[z]	[ž]¹	[ɣ̆]	[w]³ / [ɣ]	[R]²	
Africadas						[č]	—			Affricates
						[dž]¹	[y̆]			
Líquidas — Lateral				[!̂]	[l]	[ḷ]	[λ]	[ɫ] inglés		Liquids
Líquidas — Vibrante					[r] / [r̄]					
Aspirada								[h]		Aspirate

| Bilabial | Labio-dental | Inter-dental | Dental | Alveo-lar | Alveo-palatal | Palatal | Velar | Uvular |

1. El punto de articulación de [ž] y [dž] es palatal o alveo-palatal.
2. El punto de articulación de [R] es velar o uvular. [R] es sonoro o sordo.
3. El punto de articulación de [w] es labiovelar.

Fonética y fonología españolas:

teoría y práctica

Fonética y fonología españolas:

teoría y práctica

Second edition

Richard Barrutia
University of California, Irvine

Armin Schwegler
University of California, Irvine

John Wiley & Sons, Inc.

New York   Chichester   Brisbane   Toronto   Singapore

ACQUISITIONS EDITOR: Mary Jane Peluso
MARKETING MANAGER: Debra Riegert
SENIOR PRODUCTION EDITOR: Marjorie Shustak
COVER DESIGN: Lynn Rogan
MANUFACTURING MANAGER: Inez Pettis

This book was set by NovoMac Enterprises and printed and bound
by Courier-Stoughton. The cover was printed by Courier-Stoughton.

Library of Congress Cataloging-in-Publication Data:
Barrutia, Richard
    Fonética y fonología españolas: teoría y práctica / Richard
Barrutia, Armin Schwegler. — 2nd ed.
        p.   cm.
    Includes bibliographical references.
    ISBN 0-471-30946-X
    1. Spanish language—Pronunciation. I. Schwegler, Armin, 1955- .
II. Title.
PC4137.B28   1993
468.3'421—dc20   93-21202
                                                               CIP

Printed in the United States of America

18 17 16 15 14 13 12 11

Dedicatoria y reconocimiento
In Memoriam a Tracy D. Terrell

Se dedica esta obra a la memoria de nuestro querido colega Tracy D. Terrell cuya extraordinaria labor en la lingüística aplicada sigue teniendo un eco internacional muy favorable. Confiamos en que este tomo — una versión muy revisada de la primera edición *Fonética y fonología españolas* (Barrutia & Terrell 1982) — sería del agrado y orgullo de Tracy.

Introducción para el estudiante

El propósito de este texto es múltiple. En primer lugar proporciona al estudiante anglohablante un manual de la pronunciación del español que pueda servir como guía para la corrección de posibles deficiencias en su pronunciación (estas deficiencias se manifiestan por lo general en forma de un más o menos fuerte acento extranjero). Con este fin tendremos que estudiar la fonética articulatoria tanto del español como del inglés. Este análisis comparativo servirá para detallar y eliminar las posibles interferencias y transferencias del inglés al español, reduciendo así en lo máximo posible articulaciones que los hablantes nativos del español reconocerían como características del acento extranjero.

Veremos que no todos los problemas de articulación se deben al **contagio** entre el inglés y español. Aprenderemos que la **ortografía** ocasiona a veces inesperadas dificultades, y que éstas pueden eliminarse con relativa facilidad al observar una serie de reglas expuestas a lo largo de este libro. Por otra parte, la manera en que un determinado sonido se usa dentro del **sistema fonológico** de cada uno de los idiomas puede también ocasionar problemas. Es decir, es muy posible que dos sonidos sean iguales en los dos idiomas en el plano físico real, pero que al nivel psicológico, su funcionamiento sea tan distinto que provoque muchas confusiones al aprender una segunda lengua. Así, aprenderemos, por ejemplo, que el inglés y el español comparten lo que popularmente podríamos llamar una "d" **suave** (subrayada en ingl. _then_ y esp. _nada_) y asimismo una "d" **dura** (subrayada en ingl. _den_ y esp. _mando_) pero que a pesar de la existencia de estos dos sonidos en ambas lenguas su articulación es típicamente problemática (así, muchos estudiantes principiantes suelen articular palabras como _nada_ con una "d" **dura** cuando debería de ser "**suave**").

Un segundo propósito de este libro es servir de introducción al análisis fonológico. Por eso hemos creído conveniente incluir discusiones relativamente detalladas para que el estudiante obtenga una idea general del sistema fonológico del español. Hemos optado por proporcionar algunos rasgos fonéticos que tienen gran difusión en el mundo hispánico, pero que normalmente no se incluyen en los cursos de español para principiantes (uno de estos rasgos es la llamada aspiración de la "-s" al final de sílabas: la^h cosa^h bonita^h). Analizaremos también ciertos rasgos prominentes de la pronunciación de dialectos hispanos tanto peninsulares como americanos, y estudiaremos las diferencias en la pronunciación cotidiana de los tres grupos más grandes de hispanohablantes en los Estados Unidos, es decir, el dialecto chicano (méxico-americano), el cubano, y el puertorriqueño. Con este enfoque múltiple esperamos poder proporcionar una introducción a la diversidad en la pronunciación que existe en el mundo hispánico.

Los estudiantes que quieran mejorar su pronunciación podrán lograr su meta con trabajo diligente y con práctica. Esperamos que este texto facilite en alguna medida este aprendizaje, y a la vez proporcione una introducción a varios aspectos teóricos de la lingüística. ¡Ojalá que Ud. disfrute del estudio de una lengua cuyos sonidos y ritmo son pura música diaria para más de 300 millones de hispanohablantes!

Dr. Ricardo Barrutia
Dr. Armin Schwegler

Para un Cuadro de correlación entre *Fonética y fonología españolas 2/e* y las cintas de *Fonética y fonología españolas 1/e* véase página 447

Prefacio para el profesor

Esta segunda edición — completamente revisada — del presente texto tiene tres propósitos principales. Primero, sirve de introducción al sistema fonológico y ortográfico del español. Segundo, sirve de manual para corregir la pronunciación del español de los estudiantes de habla inglesa. Finalmente, es una introducción a las variaciones dialectales en la pronunciación del español americano y peninsular.

En su función de manual de pronunciación nos hemos centrado en el posible contagio de rasgos del inglés al español. Esta interferencia puede tener su origen en diferencias articulatorias entre estos dos idiomas, o en divergencias entre los sistemas ortográficos de las respectivas lenguas. En cada capítulo hemos incluido una serie de ejercicios de pronunciación. Queremos subrayar desde el principio que **la práctica de articular palabras aisladas o frases enteras es solamente un paso preliminar hacia el desarrollo de una buena pronunciación,** y que el estudiante tendrá que incorporar a su español, de manera consciente y progresiva, las técnicas aprendidas en este manual. Aconsejamos pues que después de cada sección el estudiante incorpore de inmediato lo aprendido en su habla diaria. Además, recomendamos que varias veces por semestre el estudiante prepare una cinta grabada con una conversación libre para que el profesor evalúe su progreso (recomendamos que el profesor haga sus comentarios directamente en la cinta). Sugerimos además que los estudiantes graben las lecturas presentadas en los *Ejercicios* que acompañan cada lección, y que de vez en cuando intercambien estas grabaciones entre sí para aprender a identificar y comentar críticamente los problemas de pronunciación más comunes en el español de los angloparlantes.

En las discusiones teóricas de fonología hemos tratado de seguir los análisis tradicionales que nos parecen más funcionales para nuestros propósitos. Consideramos básicos e imprescindibles los conceptos de fonema y de distribución alofónica. Algunos lingüistas creen que es innecesario postular un nivel fonémico (autónomo) en la teoría fonológica. Sin embargo, rechazamos esa posición, e incluimos en este manual el concepto del fonema porque lo consideramos no sólo necesario sino importantísimo. También hemos echado mano del concepto de neutralización y contraste fonémico. Opinamos que este concepto es de utilidad y facilita la explicación de determinados fenómenos propios del sistema fonológico. Ha sido imprescindible también servirnos del concepto de regla variable, sobre todo en la sección de dialectología.

Hemos usado como pronunciación básica la del español americano general, que no es más que el habla de las clases educadas de los países de las llamadas "tierras altas" de México, Colombia y Perú. Escogimos esta modalidad de pronunciación básica porque representa la variedad dialectal menos "marcada." Debe quedar muy claro que desde el punto de vista lingüístico, otros dialectos son igualmente válidos, y que por lo tanto esta selección de la pronunciación de las "tierras altas" es enteramente arbitraria y de ninguna manera implica que hablantes de otras variedades dialectales hablen un idioma "imperfecto", "deficiente", o menos apropiado.

La sección sobre historia de la lengua y dialectología (Caps. 17-21) representa una revisión (casi) total de los materiales presentados en la edición anterior. En la sección sobre historia de la lengua y dialectología, hemos optado por presentar una descripción de algunos rasgos sobresalientes de la pronunciación del español de cuatro áreas del mundo hispánico: España (castellano), el Caribe (Cuba, Puerto Rico, ambas costas norteñas de Colombia [esp. Cartagena y el Chocó]), México y Río de la Plata. Además, hemos incluido unas notas sobre la pronunciación del español méxico-americano (español chicano).

En nuestra opinión, los estudiantes deberían familiarizarse con los rasgos dialectales más importantes, y conocer sus valores sociolingüísticos (así será útil, por ejemplo, que el estudiante aprenda algo sobre la posible estigmatización de la "-s" aspirada, o que sepa que desde una perspectiva sociolingüística el habla de las tierras altas es generalmente considerada la más "neutra" o menos estigmatizada entre los dialectos hispanoamericanos). Por esta razón acompañamos esta nueva edición de una sección relativamente extensa (Cap. 19) que estudia variaciones sociolingüísticas de la pronunciación dialectal del español americano.

Finalmente, el último capítulo de este manual ofrece una breve introducción a la lengua criolla afrohispana del Palenque de San Basilio (Colombia). Hemos optado por enriquecer el manual con una breve exposición sobre esta lengua de contacto para mostrar al estudiante que la variación dialectal es el resultado de procesos sociales e históricos muy normales que de una u otra manera afectan todas las lenguas del mundo, creando así hablas nuevas como la de los chicanos.

Aquí nos es grato reconocer el excelente trabajo original de este libro hecho por el ahora fallecido colega y gran lingüista aplicado, Tracy Terrell. Queremos agradecer, además, las sugerencias constructivas ofrecidas por John Lipski (University of New Mexico) y Joseph Matluck (University of Texas) a versiones preliminares de este manual. Finalmente, nos complace agradecer el cuidadoso trabajo editorial de Ana Martínez-Lage (George Mason University) quien, en la última versión del manuscrito, nos ayudó a eliminar inconsistencias de contenido y problemas de estilo.

Por fin, no queremos dejar de mencionar que hemos agregado numerosas explicaciones gráficas que facilitarán la comprensión de todo el texto, completado cada capítulo con un resumen, y añadido ejercicios adicionales. Creemos que con esta segunda edición hemos logrado perfeccionar un manual que fue recibido de manera muy positiva ya en su primera impresión.

Dr. Richard Barrutia
Dr. Armin Schwegler

Contenido

CAPITULO 1

La sílaba — Los diptongos —
Las consonantes [y] y [w]

La sílaba

En términos teóricos, **la sílaba** suele definirse como una **unidad rítmica mínima** (ingl. 'minimal rhythmic unit'). Así, en una palabra como *sílaba* hay tres unidades rítmicas mínimas: (1) *sí*— (2) *la*— (3) *ba*. Algunas palabras consisten de una sola unidad rítmica (cf. *tu, mi, ti*), mientras que otras contienen más de tres sílabas (cf. *u-ni-ver-si-dad* = 5 sílabas).

La base para una descripción completa de la fonética española se encuentra en la sílaba. Por eso empezaremos nuestro estudio con un examen detallado de la silabificación en español. La sílaba es la base para el desarrollo de una buena pronunciación en español ya que casi todos los procesos fonológicos de que hablaremos dependen de una manera u otra de la estructura de la sílaba. Además, el ritmo del español — elemento fundamental en la buena pronunciación — depende directamente del número de sílabas de la oración.

La sílaba: palabras con una sola vocal

Cada sílaba tiene por lo menos un elemento vocálico, lo que equivale a decir que no hay sílabas sin vocal. Las palabras de una sola sílaba se llaman **monosílabos** (las demás son todas **polisílabos**). En español hay buen número de palabras que consisten en una sola vocal, formando así cada una de ellas una sola sílaba. Las voces a continuación son todas monosílabos:

y	and	*o*	or
ha	he/she has	*haz*	do! (informal)
han	they have	*ir*	to go
he	I have	*mi*	my

1

La sílaba: consonantes simples

Veamos primero unas reglas generales para la silabificación de palabras que exhiben la estructura silábica CONSONANTE + VOCAL (los lingüistas llaman las sílabas que terminan en vocal *sílabas abiertas*; las sílabas que terminan en consonante se llaman *sílabas cerradas*). Para empezar, analizaremos palabras en las cuales aparece solamente una vocal en cada sílaba.

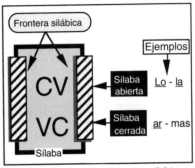

Fig. 1.1.   Dos configuraciones silábicas.

Suele distinguirse entre *sílabas abiertas* y *sílabas cerradas*. En su forma abreviada, las consonantes se transcriben simplemente con "C", las vocales con "V", lo que equivale a decir que la secuencia CONSONANTE + VOCAL se representa en su forma breve con "CV".

Ejemplos de sílabas abiertas
(tipo CV+CV)

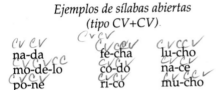

na-da	fe-cha	lu-cho
mo-de-lo	co-do	na-ce
po-ne	ri-co	mu-cho

En palabras con más de una vocal separadas por una sola consonante, la consonante en posición media siempre se une a la segunda vocal. En otras palabras, cuando tenemos la secuencia fónica VCV, la consonante siempre "se casa" con la vocal que le sigue (V+CV). Compare los siguientes ejemplos:

Ejemplos de sílabas abiertas
(tipo V+CV)

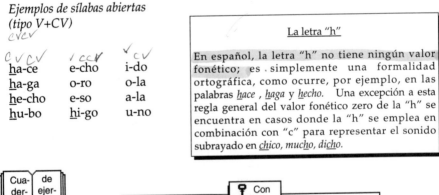

ha-ce	e-cho	i-do
ha-ga	o-ro	o-la
he-cho	e-so	a-la
hu-bo	hi-go	u-no

La letra "h"

En español, la letra "h" no tiene ningún valor fonético; es simplemente una formalidad ortográfica, como ocurre, por ejemplo, en las palabras *hace* , *haga* y *hecho*.   Una excepción a esta regla general del valor fonético zero de la "h" se encuentra en casos donde la "h" se emplea en combinación con "c" para representar el sonido subrayado en *chico, mucho, dicho*.

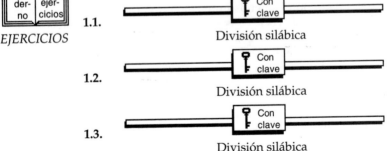

EJERCICIOS

1.1.   División silábica

1.2.   División silábica

1.3.   División silábica

La sílaba: grupos de dos consonantes

Existe una regla general que nos ayudará a hacer la división silábica de grupos consonánticos que pueden encontrarse dentro de una palabra. En la palabra *patrón*, por ejemplo, tenemos el grupo consonántico "tr". Teóricamente hay tres posibilidades para su silabificación:

1. *patr — ón   = *tr—
2. *pat — rón   = *t—r
3. pa — trón   = —tr

La primera solución (*patr—ón*) es incorrecta porque, excepción hecha de grupos de tres consonantes con la secuencia "C+s+C" (explicado en la próxima sección), **en español jamás hay más consonantes al final de una sílaba que al principio de la sílaba que le sigue.** Por lo tanto **no** se dan normalmente secuencias como VC—V (*al-a*), VCC—V (*patr—ón*), o VCC—C (*inf—racción*).

Para determinar si la silabificación *pat-rón* (#2 arriba) o *pa-trón* (#3) es la correcta, la regla general es: **si el grupo consonántico en cuestión** (en este caso "tr") **puede comenzar una palabra, entonces éste NO se divide.** Puesto que la secuencia de letras "tr" sí puede comenzar palabras en español (cf. *tres*, *trabajo*) debemos concluir que "tr" **no es separable,** y que por lo tanto la división silábica correcta de *patrón* es *pa-trón* (#2 arriba) y no *pat-rón*.

El significado de "*"

Cuando se añade el símbolo "*" a una forma citada, significa que se trata de una variante o solución incorrecta o inexistente. Así, *al—a*, *int—er-no* y *patr—ón* son todos ejemplos de silabificaciones incorrectas.

Las abreviaciones "cf." y "e.g."

Una abreviación muy usada en este texto es "cf.", lo que significa '¡compare Ud.!'. Otra abreviación que usaremos comúnmente en este texto es "e.g.", lo que equivale a "por ejemplo".

Tomemos otro ejemplo de un grupo consonántico: *cansado*. Para determinar la silabificación correcta nos preguntamos nuevamente si existen palabras que comienzan con el grupo "ns". Puesto que no las hay, "ns" tiene que separarse en dos sílabas: *can-sa-do*.

El estudiante se acordará de que habíamos llamado *sílabas abiertas* las que terminan en vocal y *sílabas cerradas* las que terminan en consonante. La palabra *can-sa-do* tiene entonces tres sílabas en total, la primera de ellas cerrada, y las otras dos abiertas:

can-	sa-	do
CERRADA	ABIERTA	ABIERTA
CVC	CV	CV

Debemos hacer mención aquí de una letra — la "x" — que se distingue de las demás letras del alfabeto español por contener **dos** sonidos. Al pronunciar palabras como *exito*, *máximo*, o *léxico*, el valor fónico de la "x" realmente corresponde no a una sino a dos consonantes, es decir [k+s] (por lo tanto, una representación ortográfica como *eksito, *máksimo, o *léksiko sería en cierto sentido preferible ya que se mantendría la general tendencia del español de representar cada sonido (fonema) con una sola letra). Sea como sea, puesto que la "x" encierra dos sonidos (i.e. [ks]) que nunca aparecen al inicio de una palabra, este grupo consonántico debe dividirse en "k+s". Consecuentemente, en el nivel fonético, la silabificación correcta de los ejemplos anteriores *exito, máximo,* o *léxico* es [ék-si-to], [mák-si-mo], y [lék-si-ko]. Ahora bien, como el grupo intervocálico [ks] se representa por una sola letra ("x") en la ortografía, esta letra única no puede dividirse, lo cual crea una discrepancia entre la silabificación de la "x" ortográfica y el segmento fonético [ks] (silabificado = k—s). Obsérvese esta discrepancia en los ejemplos a continuación, donde la separación silábica de la "x" en el nivel ortográfico sigue las pautas que rigen consonantes simples:

> **El uso de los corchetes "[...]"**
>
> De aquí en adelante citaremos algunos ejemplos (o partes de ejemplos) entre los corchetes "[...]". El significado exacto de esta convención tipográfica se explicará en el Capítulo 6. Por el momento bastará recordar que lo que se da entre "[...]" corresponde siempre a sonidos y no a letras (así [ékstra] = 'extra'; *[gi]tarra* = 'guitarra').

Ortografía	Fonética
é-xi-to	[ék-si-to]
má-xi-mo	[mák-si-mo]
lé-xi-co	[lék-si-ko]
ne-xo	[nék-so]

> Al silabificar un texto ortográfico, el estudiante tendrá que seguir las reglas que se han aplicado aquí bajo la columna "Ortografía". Al silabificar fonéticamente, naturalmente dividirá el sonido representado por "x" como se ha hecho aquí en la columna "Fonética".

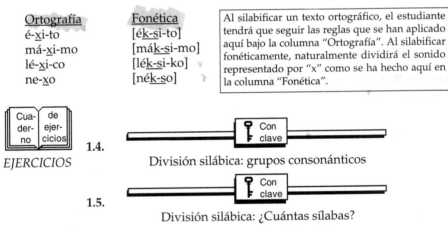

Cuaderno de ejercicios

EJERCICIOS

1.4. Con clave — División silábica: grupos consonánticos

1.5. Con clave — División silábica: ¿Cuántas sílabas?

La sílaba: grupos de tres consonantes

También existen palabras con grupos de tres consonantes. Tomemos la palabra *completar.* El grupo consonántico es *mpl.* Teóricamente hay tres posibilidades para su silabificación, pero sólo una es correcta, como veremos en seguida:

Posibilidad #1:	*co-	mple-	tar	(incorrecto)
Posibilidad #2:	com-	ple-	tar	(correcto)
Posibilidad #3:	*comp-	le-	tar	(incorrecto)

Para encontrar la solución correcta aplicamos de nuevo las mismas consideraciones. ¿Es *mpl* un grupo consonántico que podría iniciar palabra? No,

no hay tres consontantes que comienza,

ninguna palabra comienza en español con tres consonantes, y por lo tanto la posibilidad #1 es incorrecta. El grupo "pl" sí puede iniciar una palabra, así que una posible silabificación es *com-ple-tar*. Otra posibilidad es la silabificación presentada en el ejemplo #3: *comp-le-tar*. Según las reglas que hemos aprendido hasta ahora, esta solución sería adecuada en principio ya que "l" sí puede empezar una palabra; sin embargo, habrá que rechazar esta tercera posibilidad porque existe una regla de silabificación adicional — no examinada hasta ahora — que es la siguiente: **excepción hecha de las secuencias consonánticas C+s+C** (-*ns*C-, -*bs*C-, -*rs*C-, -*ls*C-, -*ds*C-, -*ks*C- [ortográficamente "x"]), **no hay sílabas que agrupen dos consonantes al final de una sílaba.** Considérense los siguientes ejemplos, y obsérvese la separación general de tres consonantes en C+CC (en vez de CC+C):

3 CONSONANTES AGRUPADAS: C+CC		Regla general
C+CC	*en-trar, im-pli-car, in-cre-men-tar* *per-spi-caz, per-spec-ti-va*	

EXCEPCIÓN A LA REGLA GENERAL: C+s+C

ns + CONSONANTE	*cons-tan-cia, ins-tan-cia,* *ins-ti-tu-to*
bs + CONSONANTE	*abs-trac-to*
rs + CONSONANTE	*pers-pec-ti-va*
ls + CONSONANTE	*sols-ti-cio*
ds + CONSONANTE	*ads-tra-to*
x + CONSONANTE	*ex-ter-no* (= *eks-ter-no* o *es-ter-no*)

Habiendo dicho esto, la silabificación correcta para la palabra *completar* es, pues, *com-ple-tar*. Podemos entonces establecer la siguiente regla con respecto a grupos de tres consonantes:

CCC se divide siempre C+CC excepto en "C+s+C" (= Cs—C)	*am-plio, in-cre-men-tar, siem-pre , eks-ter-no, cons-tan-cia, ads-tra-to*

La sílaba: grupos de cuatro consonantes

Grupos de cuatro consonantes se dividen siempre en CC+CC. Esta regla quizás sea la más fácil de todas, así que no necesitará explicación adicional. Ejemplos: *ins-truc-tor, ins-cri-bir, ex-cre-men-tos* (= *eks-cre-men-tos*, también articulado *es-cre-men-tos*).

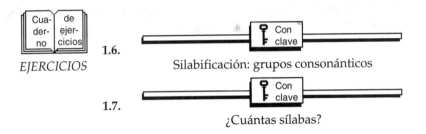

Cua-	de
der-	ejer-
no	cicios

EJERCICIOS

1.6. ⎯⎯⎯⎯⎯⎯⎯⎯ Con clave ⎯⎯⎯⎯⎯⎯

Silabificación: grupos consonánticos

1.7. ⎯⎯⎯⎯⎯⎯⎯⎯ Con clave ⎯⎯⎯⎯⎯⎯

¿Cuántas sílabas?

Breve revisión de la división silábica de palabras que contienen la letra "x"

Puede ser útil revisar aquí la división silábica de palabras que contienen la letra "x". Sugerimos que se estudie una vez más el tipo de ejemplos a continuación, y que el estudiante preste especial atención a las explicaciones en la columna a la derecha de cada ejemplo. Se notará que las explicaciones no difieren de las reglas que hemos estudiado hasta ahora.

Posición de la "x"	Grupo	Ejemplo	División	Explicación (regla)
"x" + VOCAL	[ks + V]	éxito	[ek-si-to] é-xi-to	Como la "x" representa una secuencia consonántica que **no** puede empezar una palabra, ésta "naturalmente" se divide en "k-s" (en el nivel ortográfico, la división es *é-xi-to* ya que la letra "x" cuenta como una sola consonante).
"x" + 1 CONSONANTE	[ks + C]	texto	[teks-to] tex-to	Normalmente, tres consonantes agrupadas se separan en C+CC (cf. *im-pli-car*). Grupos de tres consonantes que contienen una "x" constituyen una excepción a esta regla general y por lo tanto se separan en CC+C (cf. *mixto = miks-to; sexto = seks-to*).
"x" + 2 CONSONANTES	[ks + CC]	extra	[eks-tra] ex-tra	Cuatro consonantes agrupadas siempre se dividen en CC + CC.

éxito	texto	extra	
⇊	⇊	⇈	Tres ejemplos
ek-si	ks-to	ks-tr	representativos
2	3	4	

número de consonantes

División silábica: resumen

Resumamos pues brevemente las reglas más importantes expuestas hasta ahora sobre la división silábica. Se notará que éstas pueden reducirse a esencialmente cuatro reglas generales:

Configuración	División	Ejemplos	Regla
V C V	V—CV	a-la, hi-lo, o-la	La consonante en posición intervocálica se une a la segunda vocal.
CC	C—C	en-ci-ma, e[k-s]íto	Si el grupo consonántico en cuestión **no** puede comenzar una palabra, entonces el grupo CC se divide.
	CC	ne-gro, ma-dre	Si el grupo consonántico en cuestión **sí** puede comenzar una palabra, entonces éste grupo **no** se divide.
CCC	C—CC	im-ple-men-tar, in-cre-íble	Siempre se divide en C+CC **excepto** ...
	CC—C	cons-tan-cia sols-ti-cio	en las secuencias consonánticas CsC.
CCCC	CC—CC	ins-cri-bir	Siempre se divide en CC+CC.

Diptongos, triptongos y las consonantes /y/ y /w/

Hemos visto hasta ahora sílabas que siempre contienen un solo sonido vocálico, y hemos visto también que cada uno de estos **sonidos** ha correspondido a una de las **letras** "a, e, i, o, u, y". Además, en ninguna de las palabras silabificadas hasta ahora hemos encontrado vocales contiguas (cf. *día, diagrama*). Veremos ahora que la silabificación de vocales contiguas puede llevar a dos resultados: (1) la separación de las vocales en dos sílabas distintas (e.g., *dí—a*) y (2) la inclusión de dos o tres vocales dentro de una sola sílaba (*dia—gra-ma, Pa-ra—guay*)). Como se explicará en detalle en las secciones a continuación, en los casos donde dos vocales contiguas se asignan a sílabas distintas, diremos que éstas están en **hiato** (cf. *dí—a, mí—o, grú—a*).

De lo antedicho puede desprenderse que algunas sílabas constan de más de una vocal escrita. Así, como aprenderemos en seguida, una palabra como *peine* contiene una sílaba inicial — *pei*- — que contiene dos vocales en el nivel ortográfico. Algo similar se da en *adiós*, silabificado *a-diós*, donde "-ió-" (2 letras) forma parte de la misma sílaba. Una sílaba que contiene dos elementos vocálicos se llama *diptongo*, una sílaba que agrupa tres elementos vocálicos se llama *triptongo*. Todos los diptongos y triptongos contienen un solo sonido vocálico "fuerte" o "central" (llamada *núcleo*) que predomina fónicamente sobre los demás sonidos vocálicos que aparece(n) en la misma sílaba. La parte vocálica "débil" (o sea, lo que no es el núcleo) de un diptongo se llama *semivocal*.

Presentamos a continuación una breve lista de palabras que contienen diptongos y triptongos. Para facilitar la identificación de los núcleos vocálicos y

de las semivocales, los hemos hecho resaltar gráficamente (las letras =
semivocales).[1]

Diptongos (2 vocales por sílaba)	Triptongos (3 vocales por sílaba)
1. p **e** i-ne	7. bu̲ **e** y̲
2. a-di̲ **ó** s	8. Pa-ra-gu̲ **a** y̲
3. s **a** u-na	
4. mi̲ **e** -do	
5. pu̲ **e** r-co	
6. **a** u̲-to	

Semivocal + VOCAL VOCAL + Semivocal	Dip-tongo
Semivocal + VOCAL + Semivocal	Trip-tongo

En la palabra *pei-ne*, la primera sílaba consta de la consonante "p" seguida
del diptongo "ei". El diptongo consta de las dos vocales ESCRITAS *-ei-*. El núcleo
vocálico (= el elemento vocálico fuerte del diptongo) se encuentra en la "-e"; la
semivocal (= el elemento vocálico débil del diptongo) se encuentra en la "-i-"
(*pe̲ine*).

Analicemos el segundo ejemplo de la lista: *a-diós*, En esta palabra
bisilábica, el núcleo silábico del diptongo corresponde a la letra "o". El elemento
semivocálico es la "i" (*a-di̲ós*).

En el ejemplo *buey* (#7 de la lista), el elemento vocálico más fuerte de la
sílaba es la "e". Como la palabra *buey* consta de una sola sílaba que contiene **tres**
elementos de carácter vocálico (representados ortográficamente por "-uey")
diremos que el **triptongo** *-uey* consta de la secuencia SEMIVOCAL + VOCAL +
SEMIVOCAL.

El hiato: una primera introducción

Hay que presentar ahora un concepto que es de suma importancia y que
suele confundir a los estudiantes principiantes en fonética y fonología (por lo
tanto aconsejamos que Ud. estudie los párrafos siguientes con especial cuidado).
Existen en español (y también en inglés) palabras que exhiben dos o más vocales
escritas yuxtapuestas que sin embargo **no** contienen ningún diptongo o
triptongo porque cada una de estas vocales escritas se articula efectivamente
como una vocal completa. Tales palabras son, por ejemplo, *le̲í* o *le̲ído* que tienen
dos y tres sílabas respectivamente, es decir *le-í* y *le-í-do*. En ambos ejemplos la

---

[1]

Nota importante

Palabras como *quien* o *quiere* contienen diptongos y no triptongos ya que, al nivel
articulatorio, "qu-" no contiene ninguna vocal (*quien* = *k̲ien*; *quie-re* = *k̲ie-re*). Es de notar
también que secuencias como "g̲ui" o "g̲ue" no contienen ningún diptongo ya que se trata
de los sonidos [gi] y [ge], respectivamente (cf. *g̲uitarra* = [g̲i]tárra, *g̲uerra* = [g̲é]rra).

segunda sílaba consta de una sola vocal (i.e., "í"). Nos preguntamos entonces: ¿si aparecen dos vocales **escritas** contiguas en una palabra (por ejemplo *miedo*), cómo determinamos si se trata efectivamente de un diptongo o de dos vocales "enteras" independientes? La solución a este problema es bastante simple una vez que se consideran las siguientes observaciones generales sobre los diptongos y sus constituyentes:

1. Los diptongos constan siempre de dos elementos desiguales: una vocal (el núcleo) — que puede ser cualquiera de las cinco vocales [a, e, i, o, u] — más un sonido semivocálico (es decir, lo que hemos llamado simplemente semivocal "i", "u").

2. Las semivocales — representadas en la fonética por [i̯] y [u̯] (nótese la media luna debajo de las letras "i" y "u") — **jamás ocurren en posición inicial de sílaba** (cf. *bien*, *ha-cia*, *cui-do*, *cua-tro*, *hay*). Expresado de otra manera, **las semivocales siempre se encuentran en el interior de una sílaba.**

3. Las semivocales nunca llevan el acento primario (llamado también **acento prosódico** = ingl. 'stress'), lo que equivale a decir que las semivocales son por definición **átonas** (las vocales que llevan el acento primario o prosódico se llaman **vocales tónicas**). Así, en la palabra *bien*, la "i" **no** puede ser la vocal tónica (o el núcleo) porque es la "e" la que lleva el acento tónico (cf. [bi̯én]).[2]

4. En cuanto a su articulación, las semivocales [i̯] y [u̯] son muy similares a las vocales [i] y [u], excepto que [i̯] y [u̯] suelen articularse de manera más breve que las vocales. Esta diferencia de duración es muy notable en pares de palabras como *ahí* vs. *hay* , fónicamente [a-í] vs. [ái̯] (pronuncie estas dos palabras para oír la diferencia de duración).

5. Dentro de una misma sílaba no hay semivocal que no vaya acompañada de una vocal. Expresado de otra manera, las semivocales no son lo suficientemente "fuertes" para formar sílabas (el sonido [u] solo puede, por ejemplo, formar una sílaba [e.g., en *¡uh, qué es eso!*], pero lo mismo no puede decirse de la semivocal [u̯], la cual por definición requiere la presencia de otra vocal: cf. [pu̯ér-ta]).

---

2   Recomendamos al profesor de este curso que ayude al estudiante tempranamente a distinguir entre *acento* ('stress') y *tilde* ('[written] accent mark'). En este texto, la palabra *acento* significará siempre 'stress'. Debería explicarse quizás al estudiante que la palabra *acento* se articula [asénto] y no *[aksénto], y que, sobre todo en el lenguaje popular, *acento* suele referir también a 'accent mark.'

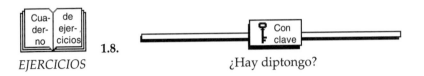

1.8.

EJERCICIOS   ¿Hay diptongo?

Las consonantes [y] y [w]

Queremos presentar brevemente dos sonidos consonánticos — [y] de *hielo* y [w] de *hueco* — que tienen cierta afinidad con las vocales [i] y [u] (o las semivocales [i̯] y [u̯]), respectivamente, por la manera en la cual se producen.[3] En la lingüística, los sonidos [y] y [w] tienen nombres técnicos. El primero de ellos se conoce bajo el término de *yod*, mientras que el segundo suele llamarse *waw*.

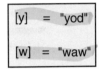

En la ortografía, [y] y [w] se representan a veces por las letras "i" y "u", respectivamente. Esta no es, sin embargo, la única manera ortográfica de representar estos dos sonidos consonánticos. Compare los siguientes ejemplos, donde los segmentos subrayados siempre tienen el mismo valor fónico, es decir, [y] y [w], respectivamente (recuerde que en palabras como *huerta* y *hielo*, la letra "h" no tiene ningún valor fónico; en el nivel articulatorio, es como si la "h" no existiera):

Sonido	Letras	Ejemplos
[y]	y	yo, yu-ca, ma-yo, ho-yo, o-ye, yo-do, ye-so
	ll	lla-mo, ca-lle, ha-lla, se-llo, mu-ra-lla
	hi-	hie-lo, hie-dra,[4] hier-ba
[w][5]	hu-[6]	huer-ta, hue-co, Na-huatl,
	w	Ha-waii, whisky, Wili

Una característica notable de los sonidos [y] y [w] es que siempre ocurren al inicio de sílabas (ambos sonidos siempre van seguidos inmediatamente por una vocal). En este sentido se distinguen pues de las semivocales, las cuales jamás ocurren en posición inicial de sílaba. En los ejemplos a continuación,

---

3   Nos ocuparemos de las similaridades entre estos sonidos en capítulos posteriores. Por el momento nos centraremos en cómo reconocer los sonidos [y] y [w] en su representación ortográfica.

4   *Hiedra* ingl. 'ivy'.

5   En el español americano estándar, [w] es relativamente poco común. Sin embargo, en el habla dialectal de varias zonas, este sonido consonántico es corriente ya que, sobre todo en el habla rápida, palabras como *Juana*, *juicio* o *guapo*, *güero* suelen articularse con una [w-] inicial de palabra: cf. *Juana* = [wána], *juicio* = [wísío], *guapo* = [wápo], *güero* = [wéro].

6   Nótese, sin embargo, que "hu" sólo representa el sonido [w] cuando le sigue una vocal que es el núcleo vocálico de la sílaba. Por lo tanto, palabras como *humo*, *hurto*, *ahumo* contienen la vocal [u] y no la consonante [w]. Algo similar ocurre en el segmento *hi-* cuando éste va seguido por una consonante (cf. *hijo*, *hilo*) ya que allí el valor de *hi-* es vocálico y no consonántico.

indicamos la separación silábica y el núcleo vocálico para resaltar la posición silábica inicial de [y] y [w]:

	Ortografía ↓		**Sonido** ↓
1.	y o		[y] o
2.	y u —ca		[y] u —ca
3.	ma— y o		ma—[y] o
4.	ll a —mar		[y] a —mar
5.	ll e —go		[y] e —go
6.	ga— ll e —go		ga—[y] e —go
7.	hi e —lo		[y] e —lo
8.	Ha—w a ii		Ha—[w] a ii
9.	hu e —co		[w] e —co

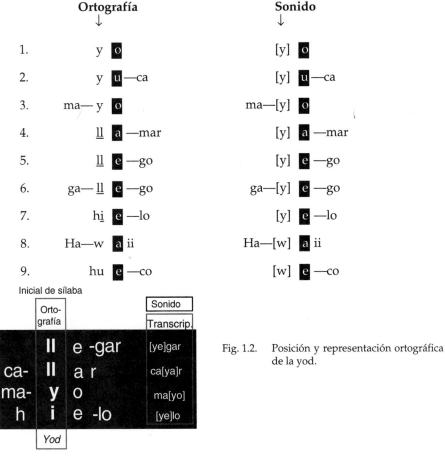

Fig. 1.2.   Posición y representación ortográfica de la yod.

La representación de **sonidos consonánticos** por medio de **letras vocálicas** (cf. *hielo* [#7] y *hueco* [#9]) hace que el estudiante tenga que saber distinguir con especial cuidado el valor fónico exacto de las letras "i" y "u", las cuales pueden tener un triple valor fonético :

"i"/"u" =	**VOCAL** [i/u]	(*digo*, *mucho*)
"i"/"u" =	**SEMIVOCAL** [i̯/u̯]	(*adiós*, *peine*, *puerta*, *auto*)
"i"/"u" =	**CONSONANTE** [y/w]	(*hielo*, *hueco*)

Como ya hemos indicado brevemente, en el nivel fonético hay una estrecha relación entre la yod y el sonido [i], y entre la waw y la vocal [u]. En el caso de la [w], por ejemplo, la posición de la lengua es similar a la del sonido vocálico [u]: en ambos casos, la lengua se acerca al velo, lo que equivale a decir que tanto la [u] como la [w] son sonidos velares. La waw se distingue, sin embargo, de su contraparte vocálica [u] por la **fricción** que típicamente la acompaña. El hecho de que siempre haya fricción en la [w] y en la [y] ha llevado a algunos lingüistas a considerarlos como consonantes más que como semiconsonantes. Sin embargo, no todos aceptan este análisis. En nuestro caso creemos que tanto [w] como [y] son consonantes fricativas.

De igual modo, la [y] se distingue de la [i] por la fricción que se produce en la yod (ver Fig. 1.3 a continuación). Tanto la yod como la waw son, pues, sonidos que llamaremos *fricativos*.

Sonido vocálico [i]: sin fricción *mi, si, mi̲-rar, gri̲-to, dí̲-a*	Consonante [y]: con fricción *yo, ma-yo, ca-lle, llo-ro, hie-dra*
Sonido vocálico [u]: sin fricción *su̲, mu̲cho, gu̲sto, grú̲a*[7]	Consonante [w]: con fricción *hue̲rta, whisky, Nahua̲tl*[8]

Otra diferencia importante entre la consonante [y] y las vocales es que al articularse la yod y la waw, la lengua se **desliza** ('glides') desde su posición inicial hacia el lugar de articulación del núcleo vocálico que le sigue (Fig. 1.3). En el caso de la yod, este **deslizamiento** ('gliding') es particularmente fácil de detectar cuando se articulan palabras "inventadas" como *yo-yo-yo-yo* o *ye-ye-ye-ye* (sugerimos al estudiante que pronuncie estas dos palabras en voz alta para sentir como, al articular el sonido **palatal** de la yod, la lengua se desliza progresivamente de su posición inicial hacia el punto de articulación del sonido vocálico que le sigue; este movimiento será particularmente fácil de detectar si Ud. coloca el dedo índice en la punta de la lengua durante la articulación de *yo-yo-yo-yo* o *ye-ye-ye-ye*).

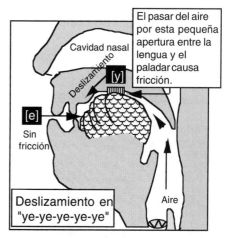

Fig. 1.3. La yod y el movimiento progresivo (desliz) de la lengua hacia la *posición media anterior* — el punto de articu- lación del núcleo vocálico [e].

Queremos mencionar aquí una característica adicional de la deslizada [y] que se examinará con mayor detalle en capítulos posteriores. En la pronunciación de muchos hispanos, la yod se ha convertido en una consonante cuya realización fónica se acerca al primer sonido de la palabra inglesa *Joe*. Este fenómeno dialectal es, por ejemplo, muy común entre argentinos, donde la articulación de una palabra como *yo* se acerca a la del inglés *Joe*.

---

7   *Grúa* ingl. 'crane, derrick'.
8   Articulado [na-wátl], lengua indígena de México.

La Figura 1.4. resume en forma gráfica los puntos más importantes que hemos introducido hasta ahora sobre [y] y [w]. La Figura 1.5 presenta las posibles combinaciones de [y] + VOCAL y [w] + VOCAL.

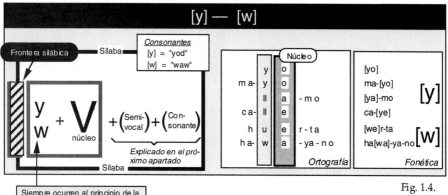

Fig. 1.4.

[y] [w] + V (núcleo)		i	e	a	o	u
Letra	**Sonido**					
y	[y]	——[9]	yema [yé]ma[10]	ya [yá]	yo [yó]	yudo [yú]do
ll	[y]	allí [a-yí]	lleva [yé]va	llamar [ya]már	llorar [yo]rár	lluvia [yú]via
hi-	[y]	——	hierba [yé]rba	——	——	——
hu-	[w]	huir [wi]r[11]	hueco [wé]co	Nahuatl na[wá]tl	——	——
w	[w]	whisky [wí]ski	ewe[12] é[we]	——	——	——
o	[w]	——	——	Oaxaca [wa]xaca	——	——

Fig. 1.5.   Posibles combinaciones de [y] + VOCAL, o de [waw] + VOCAL.

---

[9]   "——" significa que la combinación [y+i] no existe.

[10]   *Yema* ingl. 'yoke'.

[11]   También articulado [u-ír]. La pronunciación [wir] es típica del habla rápida. Volveremos sobre ésta y otras variaciones similares en los próximos capítulos.

[12]   Una lengua del Africa occidental.

Cua- | de
der- | ejer-
no | cicios

1.9.

EJERCICIOS

Con
clave

[y] y [w]

Las semivocales: [i̯] y [u̯]: más detalles

Volvamos ahora a las semivocales para detallar en forma más extensa algunas de sus características. Recordará el estudiante que hemos mencionado antes que el elemento vocálico fuerte de un diptongo se llama *núcleo* (en términos populares podría decirse que el núcleo es el centro del diptongo). También sabemos ya que dentro del diptongo, **todo elemento vocálico que precede el núcleo pero que no inicia la sílaba se llama** *semivocal*. Así en la palabra monosilábica *bien* — articulada siempre [bi̯en] y no [bi-en] — la "i" es el elemento semivocálico, y la "e" es el núcleo del diptongo. En la palabra polisilábica *adiós*, silabificada correctamente *a-diós* y no **a-di-ós*, el núcleo del diptongo es la "o" mientras que la "i" constituye la semivocal.

Las semivocales tienen las siguientes representaciones ortográficas (imprimimos en letras huecas el núcleo de cada diptongo; las semivocales van subrayadas):

Semivocal "i"		Semivocal "u"	
Letra "i":	a-di̯ós, pei̯-ne	Letra "u":	au̯-to, len-gua, rui̯-do
Letra "y"	May-ra, buey	Letra "ü":	lin-güi̯s-ta, güe-ro[13]

Las semivocales [i̯] y [u̯] pertenecen al grupo de sonidos que hemos llamado *deslizadas*. Se distinguen de otra deslizada — es decir de la yod — por **no** tener fricción. Fónicamente, hay gran semejanza entre la vocal [u] y la semivocal [u̯], y asimismo entre la vocal [i] y la semivocal [i̯]. La principal diferencia fónica entre los elementos vocálicos y sus correspondientes elementos semivocálicos reside en su distinta duración: **las semivocales son típicamente más breves** que las vocales. Además, las semivocales suelen deslizar hacia el sonido vocálico que le sigue, mientras que tal deslizamiento no se observa en los sonidos vocálicos. Estas diferencias de duración y de deslizamiento pueden observarse con relativa facilidad en los siguientes pares de palabras:

Ortografía			Fonética			
				Vocal [i]		**Semivocal [i̯]**
río	vs.	rió[14]		r[í-o]	vs.	r[i̯ó]
Darío	vs.	diario		da-r[í-o]	vs.	d[i̯á]-r[i̯o]
varío	vs.	varió		va-r[í-o]	vs.	va-r[i̯ó]
mía	vs.	Miami		m[í-a]	vs.	M[i̯á]-mi
día	vs.	diagrama		d[í-a]	vs.	d[i̯á]-gra-ma
secretaría	vs.	secretaria		se-cre-ta-r[í-a]	vs.	se-cre-ta-r[i̯á]
				Más largo Sin desliz	vs.	**Menos largo Con desliz**

---

13 Pronunciado [gu̯ero]. Es una palabra mexicana que significa 'rubio'.
14 *Rió* ingl. 'he or she laughed', del verbo *reír*.

Es de suma importancia que el estudiante aprenda a concentrarse desde ahora no tanto en símbolos ortográficos (i.e., letras) sino en la articulación exacta de sonidos. Al articular las palabras *adiós, fui, auto, Mayra,* o *buey,* el estudiante percibirá, o tendrá que percibir a partir de aquí en adelante, que la variable representación ortográfica de las semivocales (e.g., *peine* vs. *buey,* ambos articulados con la semivocal [i̯]) **no** conlleva ninguna diferencia articulatoria, y que por lo tanto la letra "i" y la "y" en *Mayra* y *peine,* corresponden a un sonido idéntico, es decir [i̯]. De igual modo, habrá que entender a partir de ahora que las dos letras "u" en una palabra como *usualmente* **no** representan un mismo sonido ya que la primera "u" es una **vocal** mientras que la segunda es una **semivocal** (cf. [u-su̯al-mén-te]).

Podemos ahora añadir la siguiente transcripción fonética a los casos de diptongos y triptongos que hemos discutido:

	Ortografía	**Fonética**	
Letra "i":	adiós	a-d[i̯ó]s	
	pei-ne	p[éi̯]-ne	**[i̯]**
Letra "y":	May-ra	m[ái̯]-ra	
	buey	b[u̯éi̯]	Semivocal
Letra "u":	fui	f[u̯i]	
	auto	[áu̯]-to	
	len-gua	lén-g[u̯a]	**[u̯]**
Letra "ü":	lin-güis-ta	lin-g[u̯í]s-ta	
	güe-ro	g[u̯é]-ro	Semivocal

Al tratar de delinear la inestable correspondencia entre ciertas letras y sonidos, hemos subrayado hasta ahora que dos o más letras pueden designar un mismo sonido (así hemos visto que la "u" y la "ü" en *lengua* y *lingüista* tienen el mismo valor fónico ya que ambas representan la semivocal [u̯]). También es cierto que **una sola letra** — por ejemplo la "y" — **puede representar varios sonidos,** y que el valor fónico de esta letra puede ser tanto vocálico como consonántico. Obsérvese, por ejemplo, como el valor fónico de la "y" varía entre las tres palabras a continuación:

Palabra	Transcripción	Sonido
y	[i]	Vocal "i"
May-ra	[mái̯-ra]	Semivocal "i"
ya	[ya]	Consonante yod

En el caso de la palabra *y* (ingl. 'and'), articulamos la vocal [i] y no, como el estudiante normalmente piensa a primera vista, la consonante [y]. La realidad fónica de *y* puede comprobarse más fácilmente, quizás, si insertamos la palabra *y* en una expresión como *Carlos y Marta,* donde el valor fónico de *y* es efectivamente [i] y no [y].

Diptongos crecientes y decrecientes

Antes de presentar un cuadro de los posibles diptongos en español, debemos introducir un concepto adicional: hemos observado hasta ahora que las semivocales ocurren tanto inmediatamente antes como después del núcleo. Considerando el núcleo como el centro o la cima ('peak') del diptongo, los lingüistas consideran que en español hay **diptongos crecientes,** es decir, diptongos que suben o "crecen" hacia el núcleo, y diptongos **decrecientes**, es decir diptongos que bajan o decrecen **después** del núcleo. Las Figuras 1.6-1.7 ilustran estos conceptos.

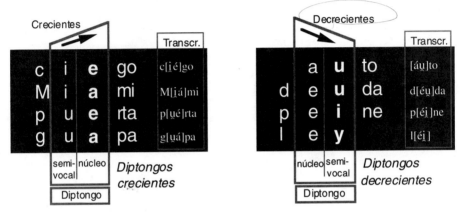

Figs. 1.6-1.7.   Diptongos crecientes y decrecientes.
Los diptongos **crecientes** siempre tienen una semivocal directamente antes del núcleo. Los diptongos **decrecientes** siempre tienen una semivocal inmediatamente **después** del núcleo.

Posibles combinaciones de diptongos crecientes en español

El cuadro siguiente (Fig. 1.8) presenta todas las combinaciones posibles de diptongos crecientes y decrecientes del español.

Diptongos		i	e		a		o		u	
SEMIVOCALES CRECIENTES										
Letra	**Sonido**									
i	[i̯]		—	bien	b[i̯é]n	hacia	as[i̯a]	adiós	ad[i̯ó]s	ciudad	c[i̯u]dad
u[15]	[u̯]	cuido	c[u̯í]do	cuesta	c[u̯é]sta	cual	c[u̯á]l	cuota	c[u̯ó]ta	—
SEMIVOCALES DECRECIENTES										
i	[i̯]		—	seis	s[éi̯]s	aire	[ái̯]re	soy	s[ói̯]	fui	f[u̯í][16]
y				ley	l[éi̯]	hay	[ái̯]	hoy	[ói̯]	muy	m[u̯í][17]
u	[u̯]		—	deuda	d[éu̯]da	auto	[áu̯]to		—		
				Europa	[eu̯]ropa	sauna	[sáu̯]na				

Fig. 1.8. Los diptongos crecientes y decrecientes. La articulación de los sonidos semivocálicos [i̯] y [u̯] es **más breve** que la de sus contrapartes vocálicas [i] y [u], respectivamente. Además, las semivocales **se deslizan** siempre hacia el núcleo que les sigue (las vocales no se deslizan). Para la completa comprensión de esta Figura, recomendamos que el estudiante también lea las notas al pie de esta página.

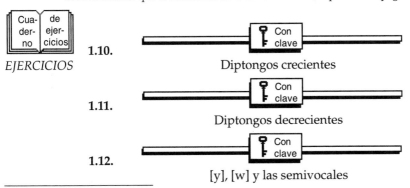

EJERCICIOS

1.10. 🔑 Con clave — Diptongos crecientes

1.11. 🔑 Con clave — Diptongos decrecientes

1.12. 🔑 Con clave — [y], [w] y las semivocales

---

15 Téngase en mente que **no** todas las letras "u" seguidas por "i" son semivocales. Así, en *guía* — fonéticamente [gía] —, la "u" tiene un valor puramente ortográfico y no fonético, es decir, simplemente se usa para que la palabra no se pronuncie "jía".

Letra "u" = [w] o [u̯]		Letra "u" = [zero]	
hueco	[wé]co	guitarra	[gi]tárra
muestro	m[u̯é]stro	guerra	[gé]rra
lingüista	ling[u̯í]sta	seguí	se[gí]
lingüini	ling[u̯í]ni	sigue	sí[ge]

16 También comúnmente articulado [fu̯í] , es decir, con diptongo **creciente** (véase también la próxima nota).

17 La articulación del segmento *-ui-* varía según el dialecto. En algunas zonas (por ejemplo México) se oye a veces como [úi̯], es decir con semivocal **decreciente** (así se dan las crecientes [mu̯í, fu̯í] y asimismo las decrecientes [múi̯, fui̯]).

Triptongos

Unas pocas palabras españolas contienen una de las siguientes secuencias fónicas dentro de una misma sílaba:

Consonante	+	SEMIVOCAL	+	VOCAL (núcleo)	+	SEMIVOCAL
		1		2		3

Esta triple combinación de sonidos dentro de una misma sílaba es lo que llamamos **triptongo**. Un ejemplo es el monosílabo *buey*, articulada [bu̯éi̯]. Los triptongos se dan principalmente en la terminación de la segunda persona del plural de los verbos, es decir, en las formas que se acompañan del pronombre *vosotros* (*estudiáis, averiguáis,* etc.), y también en la cadena hablada cuando las sílabas se enlazan o encadenan ('interlock') entre palabras (cf. ... *allí fue y no allá* = [... fu̯éi̯ no...]; este último tipo de triptongación se estudiará en detalle en el Capítulo 13).

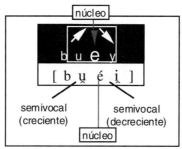

Fig. 1.9.
Ejemplo de triptongo y sus
componentes.

El núcleo de los diptongos vs. el acento primario ('stress')

Como veremos en más detalle en los próximos capítulos, en español cada palabra tiene un acento primario ('stress'). En español escrito, en ciertas palabras este acento primario se indica con una tilde ('accent mark'), pero en muchas otras tal acentuación existe sin marcarse ortográficamente.[18] Compare:

Acento indicado (**con** tilde)	Acento no indicado (**sin** tilde)
aún	pueblo
hablará	universidad
comeré	siento
sílaba	computadora

En la gran mayoría de los ejemplos de diptongos y triptongos presentados en las secciones anteriores, el núcleo del diptongo o triptongo coincide con el acento primario ('stress') de las respectivas palabras. Compare nuevamente:

---

[18]   Las reglas de acentuación ortográfica se presentarán en el Capítulo 15.

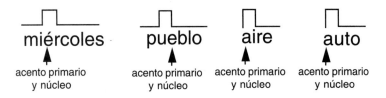

Sería, sin embargo, falso pensar que el núcleo de un diptongo siempre cae en una sílaba tónica. Acabamos de ver en *pueblo* que el diptongo creciente [u̯é] es la parte de la palabra que recibe el acento primario, y que el segundo elemento de esta misma sílaba es el núcleo silábico [u̯é]. Si cambiamos esta palabra a *pueblito* y la analizamos cuidadosamente, notamos que fónicamente el diptongo [u̯e] ya no es el lugar "más fuerte" de la palabra puesto que el acento primario ahora cae en la sílaba *-lí-* y no en *-ue-*:

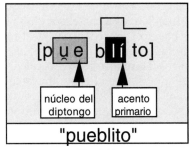

Fig. 1.10

Otros ejemplos de palabras similares donde el núcleo de un diptongo no coincide con la vocal tónica de la palabra son:

nacionales	=	na-c[i̯o]na-les
primario	=	pri-má-r[i̯o]
puertita	=	p[u̯e]r-ti-ta.

El hiato: nociones adicionales

En cierto sentido, el hiato (ingl. 'hiatus') es lo contrario de un diptongo ya que ocurre cuando dos vocales contiguas **no** forman diptongo y por lo tanto pertenecen a diferentes sílabas (podemos abreviar tales secuencias con "V-V" o simplemente "VV"). Cuando esta situación se obtiene decimos que las vocales están en **hiato**. Un buen ejemplo de dos vocales que están en hiato es *leí* (ingl. 'I read'). Para apreciar el valor silábico de cada una de las vocales de esta palabra (i.e., *le-í*) es útil contrastarla con *ley* (ingl. 'law') y *le*. Nótese, en el análisis silábico a continuación, las diferencias fundamentales de la transcripción y articulación entre *leí, ley* y el pronombre *le*, y obsérvense también las mismas diferencias en *día* vs. *diario* y asimismo en *aún* vs. *aunque*:

Ortografía	Silabificación		Transcripción
leí	le-í	[POLISILABO]	l[e-í]
ley	ley	[MONOSILABO]	l[éi̯]
le	le	[MONOSILABO]	l[e]
día	dí-a		d[í-a]
diario	dia-rio		d[i̯á]-r[i̯o]
Raúl	Ra-úl		R[a-ú]l
Paula	Pau-la		P[áu̯]-la

Ejemplos adicionales de vocales en hiato son *ca-í*, *o-í-mos*, *a-ún*, *e-va-lú-e*.

Recomendamos al estudiante que articule los ejemplos *día/diario* en voz alta para darse cuenta de que el contraste entre la vocal [i] que está en hiato en *día*, y la [i̯] de *diario* está en la duración, es decir, el sonido vocálico [i] de *día* [dí-a] es más alargado (o "pesado") que el semivocálico [i̯] de *diario* = [di̯ári̯o].

Si dos vocales contiguas son iguales (cf. *leer*, *alcohol*), el hablante puede mantener el hiato (*le-er*, *al-co-ol*) o fundir las dos vocales en una sola vocal (*ler*, *alcol*). Si se funden, el resultado es normalmente una sola vocal larga. Aunque es verdad que, sobre todo en el habla rápida, es poco común el mantenimiento del hiato en tales casos, en este texto siempre mantendremos la silabificación sin fundir las vocales. El estudiante debe recordar, sin embargo, que hemos optado por esta transcripción por pura conveniencia, y que en la vida real se encuentran tanto casos de [le-ér] como de [lér].

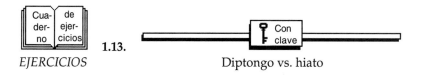

Cua-der-no	de ejer-cicios

1.13.

EJERCICIOS

Con clave

Diptongo vs. hiato

Una nota sobre la silabificación de diptongos decrecientes

Hemos visto que una palabra como *ley* es monosilábica, y que ésta se transcribe fonéticamente [lei̯]. Lógicamente, el estudiante puede pensar que el plural de esta misma voz se silabifica *ley-es*. Aunque esta división (y su consecuente articulación) sea correcta, hay que reconocer que en la lengua hablada existe cierta variabilidad en la pronunciación de tales segmentos. Así, *leyes* suele articularse tanto [lei̯-es] (= con **semivocal** decreciente) como [lé-yes]. En esta última pronunciación, la semivocal decreciente se ha convertido en una yod, lo que ha ocasionado la resilabificación de la palabra: [léi̯-es] → [lé—yes].[19] Mencionamos este detalle para advertir sobre todo a estudiantes (semi) nativos

---

[19]   Este tipo de resilabificación hace que segmentos como el *rey es* vs. *reyes* puedan diferenciarse fónicamente en la lengua hablada (el primer segmento — *rey es* — no puede resilabificarse a *re-yes* mientras que el segundo sí).

para que sí consideren correcta una división silábica (i.e., *le-yes*) que quizás les parezca más natural y común. Para los estudiantes más avanzados ya podemos mencionar aquí que la articulación (y por lo tanto también la transcripción) de segmentos fónicos como los que encontramos en *leyes* o *mayo* puede ser muy variada dentro de un mismo dialecto (y aún dentro de un mismo hablante), y típicamente suele incluir las siguientes variantes (la variante número tres es particularmente interesante porque contiene un sonido adicional — un tipo de "puente fónico" en forma de deslizada (i.e., [y] o [i̯]) — que no se representa al nivel ortográfico):

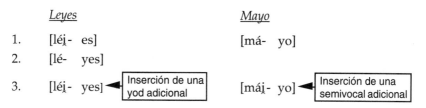

         Leyes   *Mayo*

1.   [léi̯- es]   [má- yo]
2.   [lé- yes]
3.   [léi̯- yes] ◄ | Inserción de una yod adicional | [mái̯- yo] ◄ | Inserción de una semivocal adicional |

La articulación correcta de [y] y [w]

Uno de los errores articulatorios más típicos del angloparlante que aprende español ocurre en la pronunciación de las semivocales [i̯] o [u̯] y de las consonantes [y] y [w], las cuales deben de articularse siempre dentro de una sola sílaba y no en dos sílabas (por lo tanto, su articulación es lo contrario de lo que se da en hiatos). Nótese, por ejemplo, la articulación equivocada en la columna izquierda abajo donde las semivocales [i̯] o [u̯] se alargan de manera excesiva, y compare esta articulación incorrecta con la versión correcta a la derecha (volveremos sobre esta problemática más adelante).

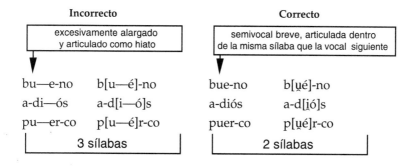

	Incorrecto	Correcto	
	excesivamente alargado y articulado como hiato	semivocal breve, articulada dentro de la misma sílaba que la vocal siguiente	
bu—e-no	b[u—é]-no	bue-no	b[u̯é]-no
a-di—ós	a-d[i—ó]s	a-diós	a-d[i̯ó]s
pu—er-co	p[u—é]r-co	puer-co	p[u̯é]r-co
3 sílabas		2 sílabas	

Note en los ejemplos de la columna de la izquierda a continuación cómo el tipo de posible problema articulatorio que acabamos de exponer en semivocales crecientes es similar al que ocurre en el alargamiento excesivo de [w] y [y]:

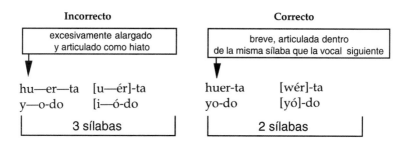

Incorrecto	Correcto
excesivamente alargado y articulado como hiato	breve, articulada dentro de la misma sílaba que la vocal siguiente

hu—er—ta   [u—ér]-ta   huer-ta   [wér]-ta
y—o-do   [i—ó-do   yo-do   [yó]-do
        3 sílabas   2 sílabas

Resumen

Hemos empezado este capítulo diciendo que **la sílaba** suele definirse como una **unidad rítmica mínima**, y que la sílaba es la base para el desarrollo de una buena pronunciación en español ya que casi todos los procesos fonológicos que se introducirán en las próximas lecciones dependen de alguna manera de la estructura de la sílaba. En español hay palabras **monosilábicas** (e.g., *o, han, ir*) y **polisilábicas** (e.g., *co-mo, mu-cha-cho, lle-no*). El elemento fónico de mayor importancia de un **diptongo** es el **núcleo vocálico**, el cual puede ir rodeado por las **semivocales** [i̯] y [u̯]. El número de sonidos semivocálicos es dos (= diptongo) o tres (= triptongo).

Desde un principio hemos enfatizado que el estudiante distinga cuidadosamente entre **sonidos** y **letras**, y que son los sonidos más que las letras lo que más importa en nuestras discusiones de fonética española. Al tomar como base la fonética (más que la ortografía) hemos podido mostrar, por ejemplo, que una sílaba jamás contiene más de un sonido vocálico. Con esto queremos decir que una sola sílaba puede contener varias vocales **escritas**, pero que esta misma sílaba por definición no puede contener más de una vocal. Este tipo de distinción entre *sonido* y *letra* nos ha llevado a entender que una palabra como *dia-rio* contiene un total de cuatro vocales **escritas**, pero que a nivel fónico ésta sólo contiene dos vocales "enteras", es decir *diạriọ*.

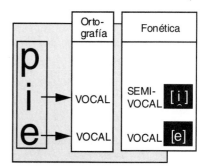

Fig. 1.11.   La palabra *pie*: letras vs. sonidos

Es importantísimo distinguir entre "vocal = sonido" y "vocal = letra". En la palabra *pie*, por ejemplo, hay dos vocales escritas, pero sólo una de ellas corresponde a una vocal en el sentido fonético. La palabra *vocal* suele usarse, pues, en dos sentidos muy distintos. En un sentido equivale a "letra" vocálica. En el otro — el fonético — equivale a "sonido" vocálico.

En español hay **sílabas abiertas** y **sílabas cerradas**. Las abiertas siempre terminan en vocal, mientras que las cerradas "se cierran" con una consonante. La división silábica sigue reglas fijas, entre las cuales hay que destacar la que afecta a grupos de sonidos donde **dos** consonantes aparecen entre vocales (*en̲cima*, *negro*). La división de tales grupos V+CC+V es variable en el sentido de que las dos consonantes (CC) se separan en algunos casos (cf. *en-cima* = C+C) mientras que se agrupan en otros (cf. *ne—gro* = CC). La regla para la silabificación de estos grupos de dos consonantes es la siguiente: **si el grupo consonántico en cuestión puede comenzar una palabra, entonces éste no se divide** (puesto que no hay palabras que empiezan con "ns-" o "nc-", la división correcta de *cansancio* es *can—san—cio*). Lo contrario ocurre en grupos que inician palabras. Puesto que el grupo "gr-" se da en posición inicial de palabra (cf. *grado, grama,* o *gris*), nuestro ejemplo anterior — *negro* — lógicamente debe dividirse en *ne—gro*.

La regla para la división de **tres** consonantes entre vocales es: (1) **CCC siempre se divide en C+CC** (cf. *im-ple-men-tar, in—cre-íble*), (2) **excepto en las secuencias consonánticas "CsC", donde la división es CC+C:** *cons—tan—cia, ex—ter—no* (= *eks—ter—no*), *ads—ra-to, sols—ti-cio.*

La mayor agrupación de consonantes posibles en español es CCCC (= 4 consonantes). Esta agrupación es fácil de dividir ya que **cuatro consonantes se dividen siempre en dos y dos (CC+CC):** *ex-cre-men-tos* (= *eks-cre-men-tos*),[20] *ins-cri-bir.* De lo dicho sobre la división silábica de consonantes puede deducirse que el máximo número de consonantes que puede darse tanto en el prenúcleo como en el posnúcleo es dos. Por lo tanto, la configuración silábica más extensa en español es CCVCC, donde "C" es cualquier consonante y "V" cualquier sonido vocálico (es decir, vocal "entera").

Con respecto a las **semivocales** hemos dicho que se articulan de manera más breve que las vocales, y que siempre se deslizan hacia el núcleo del diptongo cuando son **crecientes**, y se deslizan desde el núcleo del diptongo cuando son **decrecientes**. Las semivocales comparten importantes rasgos articulatorios con las consonantes yod y waw: en la articulación de todas las deslizadas, la lengua se desliza; además, este deslizamiento suele ser de menor duración que la articulación de una vocal. Al moverse progresivamente la lengua en los sonidos [y], [i̯] y [u̯], todas las deslizadas son siempre **fonos de transición** que, al contrario de las vocales, no suelen prolongarse. Por lo tanto, en una palabra como *miedo,* le parece "natural" al hablante nativo prolongar la "e" (cf. *mieeeeedo*) y no la semivocal "i" (cf. *miiiiiiiedo*).

Los dos rasgos más diferenciadores entre [y] o [w] y las semivocales son: (1) [y] o [w] siempre ocurren en inicio de sílaba; las semivocales jamás ocurren en posición inicial de sílaba; (2) sólo [y] o [w] van acompañadas de una fricción (en el caso de la **waw** esta fricción ocurre en el velo, mientras que en la **yod** ésta se da en el paladar); (3) en varios dialectos del español (tanto peninsular como americano), la yod puede articularse como la "j" del inglés *Joe.* Esta inestabilidad dialectal en la yod no se observa en las semivocales ya que éstas son muy estables en todo el mundo hispano (por lo tanto, la i̯] en una palabra como *diario* [di̯ári̯o] se articula siempre de la misma manera).

En muchos casos, el acento fonético ('stress') de una palabra coincide con el núcleo de un diptongo o triptongo (cf. *siento, puente* o *pueblo*). Hemos subrayado, sin embargo, que hay núcleos de diptongos o triptongos que **no** llevan el acento fonético (cf. *pueblito* = [pu̯eblíto], donde el acento fonético cae en la [í] y no en el diptongo -[u̯é]-). Es quizás oportuno a estas alturas hacer una

---

20   También articulado *es-cre-men-tos.*

observación general que se explicará en detalle en los próximos capítulos: en las palabras que llevan un acento **escrito** (también llamado *tilde*), el acento fonético siempre coincide con la letra que lleva la tilde. Por lo tanto, en *día* la vocal "fuerte" (el núcleo) es la "í", mientras que en *Raúl* (pronunciado con dos sílabas, es decir *Ra-úl*), la misma se encuentra en la "ú".

Las últimas dos palabras (*día, Raúl*) que acabamos de usar a modo de ejemplo son también útiles para ilustrar otro concepto — el de hiato — que se ha presentado en este capítulo. En cierto sentido, el hiato es lo contrario de un diptongo ya que se da cuando dos vocales contiguas **no** forman una sola sílaba sino dos, constituyendo así diferentes sílabas contiguas (cf. *dí-a* y *Ra-úl,* donde una frontera silábica separa las vocales).

La transcripción, y por consiguiente también la silabificación, de algunos diptongos está caracterizada por cierta inestabilidad debido a que determinados hispanohablantes varían la pronunciación de tales segmentos fónicos. Así hemos visto que una palabra como *ley* — articulada [léi̯] — es estable, pero que lo mismo no es el caso en *leyes,* donde se da, aún en el habla estándar, tanto [léi̯-es], [lé-yes] como [léi̯-yes], es decir, (1) un diptongo con semivocal decreciente (= [léi̯-es]), (2) un monoptongo seguido de yod (= [lé-yes] ← resilabificado), o (3) un diptongo decreciente seguido por una yod "puente" adicional [y] (= [léi̯-yes]).

Las Figuras 1.12-1.14 resumen de forma gráfica las características sobresalientes de las deslizadas [y], [w], [i̯] y [u̯] del español estándar.

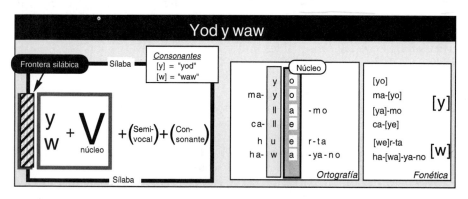

Fig. 1.12.
Características de [y] y [w]: 1. Siempre inician la sílaba.
2. Siempre están en contacto inmediato con una vocal (esta vocal siempre es el núcleo de la sílaba).
3. Siempre conllevan fricción (fricción palatal para la yod; fricción velar para la waw).
4. Tienen una representación ortográfica variable.

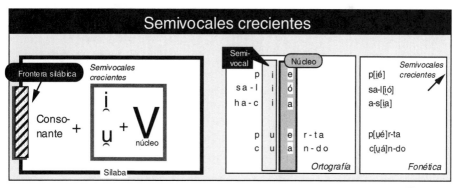

Fig. 1.13.

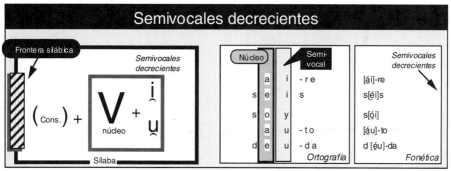

Fig. 1.14.

Características de semivocales: 1. Jamás empiezan una sílaba.
2. Jamás llevan acento primario ('stress').
3. Siempre están en contacto inmediato con una vocal (esta vocal siempre es el núcleo de la sílaba).
4. Se limitan a los elementos semivocálicos [i̯] y [u̯].
5. Se articulan con menor duración que las vocales.
6. Se deslizan (las vocales no se deslizan).
7. Tienen una representación ortográfica variable.

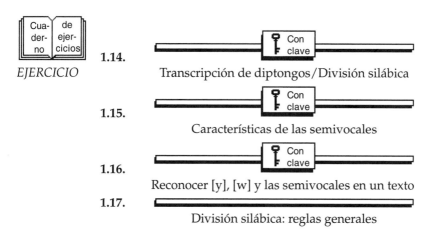

1.14. Transcripción de diptongos / División silábica

1.15. Características de las semivocales

1.16. Reconocer [y], [w] y las semivocales en un texto

1.17. División silábica: reglas generales

CAPITULO 2

Las sílabas, las vocales y el ritmo

El encadenamiento de sílabas[1]

En el capítulo anterior hemos visto lo esencial de la estructura silábica del grupo fónico, y hemos descrito la formación de diptongos en el **interior** de palabras ([ái-re], [puér-to], [au-ménto], etc.). Ahora es el momento adecuado para introducir una noción nueva que es de gran importancia para la correcta articulación de palabras en la cadena hablada y que, como veremos más adelante, afecta directamente a la formación de diptongos **entre** palabras.

Nos referimos aquí al hecho de que al analizar fronteras silábicas **es necesario interpretar secuencias de palabras como si éstas fueran una sola palabra encadenada.** Para conceptualizar esta idea, considérese la primera mitad de una oración como "en estos años es algo difícil ir [de vacaciones a California]" (Fig. 2.1 abajo), la cual puede articularse — y normalmente se articula — como un solo grupo fónico cuyas sílabas están íntimamente interconectadas o encadenadas (ingl. 'interlocked'). Como ilustra la figura a continuación, las fronteras silábicas de esta oración **no** coinciden siempre con el principio o fin de palabra, y palabras aisladas como *en* que originalmente tenían una estructura silábica cerrada (i.e., VC) abandonan esta estructura original a favor de una estructura abierta.

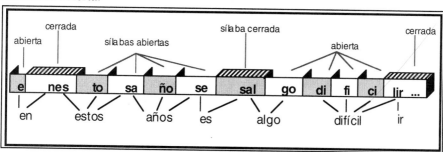

Fig. 2.1.   Encadenamiento de sílabas

Nótese sobre todo que las fronteras silábicas **no** ocurren siempre entre palabras, y que las sílabas cerradas se abren en la cadena hablada cuando van seguidas de una vocal.

---

[1]   La palabra *encadenamiento* significa 'interlocking.' Está relacionada etimológicamente con *cadena* 'chain' (de allí la idea de 'interlocking').

A primera vista, la silabificación extraña de "en estos años es algo difícil ir" tiene su origen en la fuerte tendencia del español hablado hacia la **sílaba abierta.** Esto significa que cualquier secuencia de VCV — dentro de palabras o entre palabras — se divide siempre en V-CV, formando así dos sílabas abiertas. Compare los ejemplos siguientes:

Ejemplos	Estructura	Silabeo
Alabama	V-CV-CV-CV	A-la-ba-ma
g r a n ami g o	CCV-CV-CV-CV	gra-**na**-mi-go
al **haber** ido	V-CV-CV-CV-CV	a-**l(h)a**-be-**ri**-do

Para facilitar la memorización de esta regla, podemos decir que "cuando una consonante tiene una vocal a su izquierda y otra a su derecha, la consonante siempre se junta con la vocal de la derecha." Gráficamente, esta idea se puede representar de la manera siguiente:

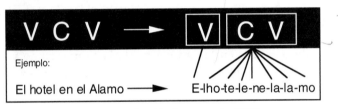

Fig. 2.2.   La división de secuencias VCV

Veamos ahora algunos ejemplos de encadenamiento en un texto (el texto siguiente es el primer párrafo de este capítulo). Sólo damos aquí la división de sílabas donde hay encadenamiento:

> E—**n el**— capítulo anterio—**r he**—mos visto lo esencial de la estructura silábica del grupo fónico, y hemos descrito la formación de diptongo—**s e**—ne—**l in**—terior de palabras... Ahora e—**s el** momento adecuado para introduci—**r u**—na noción nueva que es de gra—**n im**—portancia para la correcta articulación de palabra—**s en**— la cadena hablada y que, como veremos má—**s a**—delante, afecta directamente a la formación de diptongo—**s en**—tre palabras.

Es importante que el alumno aprenda a reconocer y a aplicar esta división silábica del grupo fónico español, y que se dedique a imitar el silabeo del hablante nativo. La frecuencia de los sonidos vocálicos y su disposición especial en el sistema fonético en lo que respecta a la estructura silábica—con su predominio de sílabas *abiertas* —crea un ritmo constante y continuo en todo el grupo fónico. Es a la vez esta adherencia a la separación de secuencias CVC en C-VC la responsable en gran parte de la percepción (entre estudiantes principiantes del español) de que el español se habla generalmente de manera muy rápida.

No es difícil, pues, comprender los problemas articulatorios que causa el trasladar al español la silabificación inglesa. Articular a la manera anglosajona "en + es + tos + a + ños + es + al + go + di+ fí + cil + ir" en lugar de "e + nes + to

+ sa + ño + se + sal + go + di + fí + ci + lir" es hablar con un acento extranjero, y a menos que el estudiante no-nativo supere la tentación de dividir siempre sílabas entre palabras, no podrá adquirir jamás una pronunciación española nativa o seminativa. El estudio de la silabificación es, pues, uno de los primeros pasos que debe hacerse para que los malos hábitos no se arraiguen en el estudiante. Recuérdese pues que es **de suma importancia observar que las reglas de silabificación se aplican no sólo en el interior de palabras sino también entre palabras, convirtiendo así sílabas normalmente cerradas en sílabas abiertas en la cadena hablada.**

Antes de continuar, quisiéramos repetir una vez más en términos teóricos lo que es una sílaba. **La sílaba es unidad rítmica mínima.** Debería quedar claro ahora que una sola vocal escrita en sí puede constituir un núcleo vocálico (cf. la sílaba *su* cuyo núcleo es "u"), pero que no todas las vocales escritas necesariamente constituyen un núcleo silábico (cf. *hueso* [wé-so] o la "u" en palabras como *guerra* o *guitarra*, donde la letra "u" no se articula).

Ajustes vocálicos entre palabras

Acabamos de ver que el encadenamiento de sílabas es en parte responsable del carácter rítmico del español. Un fenómeno conceptualmente similar pero no igual se observa cuando ciertas vocales entran en contacto entre dos palabras. En el habla cuidada y lenta, secuencias de palabras como *su amigo* se articulan, como es de esperar, *su-a-mi-go*. Sin embargo, en el habla más rápida y familiar las vocales átonas "u", "o", "i" tienden a convertirse en semivocales o, según el caso, en consonantes, lo cual lleva a que en la cadena hablada el ejemplo anterior se articule comúnmente s[ua]mígo en lugar de s[ua]mígo. Además, en el caso del sonido vocálico [o] el ajuste articulatorio tiene por resultado lo que podríamos llamar "sustitución de un sonido" ya que, entre palabras, [o] suele convertirse en la semivocal [u] o en la consonante [w] cuando el habla es rápida (o familiar). Como muestran los casos a continuación, **la vocal [o] se convierte en semivocal cuando no inicia la sílaba**, y **en consonante cuando sí inicia la sílaba:**

hablo español	á-bl[ue]s-pa-ñól	[o]	→	[u]
sigo así	sí-g[ua]-sí	[o]	→	[u]
				Semivocal
¿o es así?	[wé]-sa-sí[2]	[o]	→	[w]
¿o habla el otro?	[wá]-bla-e-ló-tro[3]	[o]	→	[w]
				Semiconsonante

Los procesos articulatorios que acabamos de describir naturalmente dan lugar a una reducción del número total de sílabas. Compárense los ejemplos a continuación (los números entre paréntesis indican el total de sílabas), y lea luego la versión lenta y rápida del texto que sigue a los ejemplos:

---

2   También articulado [ó-we-sa-sí].
3   También articulado [o-wá]-bla-e-ló-tro.

Ejemplo	Habla cuidada (lenta)		Habla rápida/informal		Cambio		
	Vocal ⟶ **Semivocal**						
su amigo	su-a-mi-go	(4)	s[u̯a]-mí-go	(3)	[u]	→	[u̯]
su historia	su-his-to-ria	(4)	s[u̯i]s-tó-ria	(3)	[u]	→	[u̯]
digo eso	di-go-e-so	(4)	di-g[u̯e]-so	(4)	[o]	→	[u̯]
sigo así	si-go-a-sí	(4)	sí-g[u̯a]-sí	(3)	[o]	→	[u̯]
mi amigo	mi-a-mi-go	(4)	m[i̯a]-mí-go	(3)	[i]	→	[i̯]
si es	si-es	(2)	s[i̯e]s	(1)	[i]	→	[i̯]
	Vocal ⟶ **Semiconsonante**						
y él	i-él	(2)	[ye]l	(1)	[i]	→	[y]
¿o es así?	o-é-sa-sí	(4)	[wé]-sa-sí	(3)	[o]	→	[w]
¿o habla así?	o-a-bla-a-sí	(5)	[wá]-bl(a)-a-sí	(4)	[o]	→	[w]

"Aquí eso es un problema muy grande."

Habla lenta: A - qu í - é - s o - é - sun - pro - blé - ma - muy - gran - de.
Habla rápida: A - qu[i̯ é] - s[u̯ é] - sun - pro - blé - ma - muy - grán - de.

"La importancia de una isla ...

Habla lenta: L a -i m - por -tán - cia - d e - ú - na - ís - la -
Habla rápida: L[a i̯]m - por -tán - cia - d[e u̯] - na - ís - la -

depende de su industria."

de - pén - de - de - s u - in - dús - tria
de - pén - de - de - s[u i̯]n - dús - tria

Cua-der-no	de ejer-cicios		
EJERCICIOS	**2.1.**	Con clave	División silábica
	2.2.	Con clave	División silábica/Transcripción

El encadenamiento y la silabificación de la yod

En el Capítulo 1 hemos optado por analizar la yod como consonante (más que semiconsonante). Puede preguntarse entonces si la yod de ejemplos como *el yer-no* se encadena con la consonante final de la palabra anterior (e—l yér—no), o si la división silábica se hace entre las dos palabras (el—yer—no). La respuesta a esta pregunta es que la consonante/y/ debe de colocarse **después** de la frontera silábica. Al aplicar esta división, seguimos simplemente una regla general expuesta en el Capítulo 1: grupos de dos consonantes que jamás se encuentran al inicio de una palabra se dividen en C+C). Compare:

un llavero	=	un-lla-ve-ro	un llanto	=	un-llan-to
el yerno	=	el-yer-no	sus llaves	=	sus-lla-ves

El acento prosódico

La sílaba en español puede ser **átona** o **tónica**. La sílaba tónica es la que lleva **el acento prosódico** (ingl. 'stress'). El acento prosódico consiste en poner el énfasis fónico en la sílaba tónica, es decir, se da una mayor fuerza articulatoria para que esta sílaba sea la que se destaque auditivamente. **Por regla general, cada palabra en español contiene una sola sílaba tónica**, y, si es una palabra relativamente larga, varias sílabas átonas. La identificación de la sílaba tónica del español es importante porque en este idioma hay pares de palabras que se distinguen solamente por la posición del acento prosódico. Por ejemplo, en la palabra *hablo* es la primera sílaba *ha* la que es tónica, y en la palabra *habló* es la segunda sílaba *bló* la que es la tónica. Se dice, pues, que las dos palabras se distinguen auditivamente por el lugar del acento prosódico.

Fig. 2.3.   Ejemplos de vocales tónicas y átonas. Las vocales tónicas por definición llevan el **acento** (que no siempre es escrito).

Los estudiantes a veces tienen cierta dificultad en encontrar el acento primario ('stress') de una palabra. Para los que no perciben este rasgo fónico con facilidad, recomendamos que se concentren en la vocal que les parece contener la sílaba tónica y articulen la palabra entera en voz alta, **alargando de manera exagerada la sílaba tónica**. Si la palabra "suena" intrínsecamente mal al alargar dicha vocal habrá que repetir el ejercicio con otra vocal de la palabra hasta que se encuentre la acentuación correcta. Podemos ejemplificar esta práctica con la palabra *naturaleza*. Supongamos que el estudiante considera que la "u" contiene el acento primario. Articularía entonces en voz alta "natúúúúúraleza" lo cual obviamente suena mal. "Náááturaleza", "naturáááález", y "naturalezááá" tampoco son satisfactorias, lo cual nos lleva a la última posibilidad, es decir, "naturaléééeza" — sin duda la solución más "natural" para quienes desde siempre han pronunciado esta palabra con el acento primario en la sílaba correcta (queremos apuntar que es imposible determinar el lugar del acento primario de una palabra a menos que el estudiante sepa articular correctamente la forma en cuestión; somos conscientes de que los estudiantes principiantes no colocan siempre el acento primario en la sílaba correcta; son, sin embargo, relativamente pocas las palabras mal articuladas, y tales errores de pronunciación podrán corregirse de manera deductiva una vez aprendidas las reglas de acentuación ortográfica, presentadas en el Capítulo 15).

Cua-der-no de ejer-cicios **2.3.**   Con clave

EJERCICIOS   Sílaba tónica

Duración

Al comparar la pronunciación de las sílabas átonas con las tónicas, notamos que su **duración** es casi idéntica. Las vocales tónicas normalmente no se alargan y las vocales átonas, aunque no llevan el fuerte acento prosódico, no se reducen; se mantiene una duración más o menos igual en todas las sílabas. En inglés, en cambio, las sílabas tónicas se alargan mucho, y las átonas se reducen considerablemente. La palabra *consideración*, por ejemplo, se silabifica de la siguiente manera: *con-si-de-ra-ción*. La sílaba tónica es *-ción* y como tal se le da más intensidad. Obsérvese sin embargo que esta sílaba tónica *-ción* no se prolonga mucho más que las átonas de *con-, si- de-, ra-*, y que — y ello es importantísimo — jamás se alarga para producir un sonido que se aproximaría al complejo fónico multisilábico "si-ón".

La palabra inglesa *consideration*, en cambio, muestra un patrón de acentuación muy distinto. Como lo ilustra la Figura 2.4., generalmente, *consideration* contiene:

—   una sílaba con un acento primario
—   una sílaba con un acento secundario
—   tres sílabas inacentuadas (éstas son casi átonas, i.e. casi sin tono).

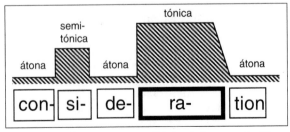

Fig. 2.4.   Sílabas tónicas, semitónicas y átonas en inglés.

Por lo general, las sílabas átonas son tan cortas y relajadas en inglés que el sonido casi no se percibe. Lo que se oye en tales sílabas articulatoriamente débiles es una vocal muy corta, pronunciada con la lengua en una posición relajada (en la segunda parte de este capítulo describiremos esta posición relajada de la lengua como "media y central"). El término técnico para designar este sonido es *schwa*. En la lingüística, este sonido *schwa* se representa con un símbolo fonético especial que parece una letra "e" invertida, es decir [ə]. La característica más notable de la *schwa* es quizás que nunca lleva acento primario. El sonido inglés [ə] tiene varias representaciones ortográficas, y aparece en la mayoría de las sílabas átonas de esta lengua, inclusive en las que van subrayadas en los ejemplos siguientes: <u>a</u>nother, univ<u>e</u>rsity, <u>A</u>meri<u>ca</u>n. Por ahora, el estudiante tendrá que recordar ante todo que **esta schwa no existe en español**, y que la producción de tal sonido en español (por influjo del inglés) lleva invariablemente a un acento extranjero.

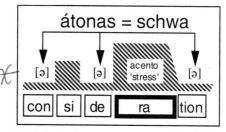

Fig. 2.5. Sílabas átonas y su articulación como schwa.

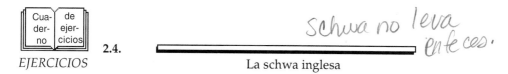

| Cua-
der-
no | de
ejer-
cicios |

EJERCICIOS   **2.4.**   La schwa inglesa

Schwa no leva enfeces.

Queremos repetir aquí una vez más que la reducción o relajación de sonidos vocálicos no existe en español. Eso equivale a decir que las vocales átonas siempre mantienen su timbre y se distinguen claramente las unas de las otras. Por ejemplo, las sílabas átonas de las palabras en la siguiente lista no se reducen y por lo tanto se mantienen diferentes en el habla de todos los hispanohablantes: *pis<u>ó</u>, pes<u>ó</u>, pas<u>ó</u>, p<u>u</u>sieron.*

En resumen, hay que poner mucha atención en mantener la calidad de la vocal átona española para que la reducción vocálica y el uso de la *schwa* del inglés no contagie el español del angloparlante. Este problema de contagio es particularmente grave en las palabras del español que terminan en un sonido inacentuado "-a": *un<u>a</u>, bonit<u>a</u>, muchach<u>a</u>, cariños<u>a</u>, com<u>a</u>*, etc. La experiencia ha mostrado que los angloparlantes tienen dificultades en reconocer en su propia habla la producción de una <u>schwa</u> al articular estas voces. Esta pronunciación errónea podrá corregirse si el estudiante se acostumbra a articular la "-a" final de palabra (o cualquier otra vocal en posición átona) con la **boca abierta** a tal punto que le parecerá una verdadera exageración, y al mismo tiempo le causará fuerte tensión muscular en la región de la mandíbula (ingl. 'jaw').[4]

---

[4]   Queremos aclarar aquí que los hablantes nativos muy bien pueden articular una [a] **sin** bajar la mandíbula tanto como lo indicamos aquí. Para el hablante no nativo del español, es, sin embargo, un excelente método para prevenir la conversión de [a] en schwa.

Cua- | de
der- | ejer-
no | cicios

EJERCICIOS

2.5.
Duración (sílabas breves en español)

2.6.
Vocales átonas en español

2.7.
La schwa en un acento extranjero

2.8.
Conversación sin schwa

Ritmo

El ritmo del español se deriva de las características de la pronunciación de las sílabas y se basa en la sílaba misma. En comparación con el inglés, en español cada sílaba tiene prácticamente igual duración. Por eso, la duración de una oración española se basa directamente en el número de sílabas que contiene. Una oración con mayor número de sílabas siempre tardará más en pronunciarse que una oración de menor número de sílabas. Por ejemplo: *Ellos fueron contigo* contiene siete sílabas; *Ellos fueron allí* tiene seis. Al pronunciar la primera oración (= 7 sílabas) se tarda más que al pronunciar la segunda (= 6 sílabas).

En inglés, el ritmo **no** depende directamente del número de sílabas como es el caso del español. En inglés lo que más importa para determinar el ritmo de la oración es la alternancia de las sílabas tónicas, semitónicas, y átonas. Esta alternancia se nota en palabras como *detèrmination, commèmoration,* o en oraciones como *he's góing to gó with yóu to the móvies* (esta última oración puede desde luego tener varios ritmos distintos; así, si se pone particular énfasis en *he* [articulado ahora "heeee" en lugar de "he"], esta palabra adquirirá una duración vocálica más larga, dándole así un ritmo distinto). **En inglés la duración de una oración no depende directamente del número total de sílabas sino del número de sílabas TONICAS (es decir, del número de sílabas que llevan un acento primario).** Cuantas más sílabas tónicas contenga una oración inglesa, más larga será. Es correcto, pues, establecer las siguientes ecuaciones:

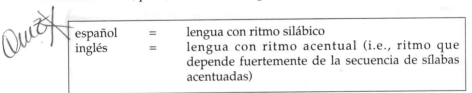

| español | = | lengua con ritmo silábico |
| inglés | = | lengua con ritmo acentual (i.e., ritmo que depende fuertemente de la secuencia de sílabas acentuadas) |

Comparemos las dos oraciones inglesas siguientes (la acentuación de las siguientes oraciones puede variar; por lo tanto, los esquemas de acentuación presentados aquí no son los únicos posibles):

Hé wánts to bé a dóctor.   (4 sílabas tónicas)
                               (7 sílabas en total)

Hé's convínced hé's a magícian.   (4 sílabas tónicas)
                                        (8 sílabas en total)

En la primera oración hay cuatro sílabas tónicas, e igual número en la segunda. La primera oración contiene siete sílabas en total mientras que la segunda tiene ocho. Sin embargo, **a pesar de esta diferencia en el número total de sílabas, la duración de las dos frases es más o menos igual** porque contienen igual número de sílabas tónicas.

En vista de lo dicho en las secciones anteriores, no sorprende que el ritmo en español se denote como un **ritmo silábico,** y que el del inglés se denomine **ritmo acentual.** Desafortunadamente, los hábitos de ese ritmo acentual inglés se manifiestan en la pronunciación de muchos estudiantes de habla inglesa al aprender español. Se les nota la tendencia a prolongar la sílaba tónica y a reducir la átona para crear una serie de acentos tónicos que alternan con las vocales átonas, imitando así el sistema rítmico del inglés. Por ejemplo, en la oración *fue indiscutiblemente delicioso,* el estudiante trata a veces de crear una alternancia tónica-átona, prolongando y acentuando así las sílabas tónicas de la manera siguiente: *in-discu-tíiiii-ble-méen-teee de-li-ciii-óoo-so.*

Quisiéramos advertir a los estudiantes que es casi universal, entre principiantes, cometer el error de alargar y deslizar las dos vocales "e" en el segmento final de palabras en *-mente (finalmente, completamente,* etc.), articulando así *-meeenteeeey* (cf. *finalmeeenteeeey, completameeenteeeey*). Les recomendamos desde un principio que

1. mantengan ambas vocales de *-mente* muy estables en cuanto a la posición de la lengua, y que asimismo las mantengan reducidas en cuanto a su duración, dándoles así el ritmo "stacato" característico del español, y

2. que al mismo tiempo eviten formar diptongos en sílabas átonas o tónicas: [finalménte] y no *[finalméntéi̯], [yo] y no *[yóu̯].

Resumen

En español, las secuencias de palabras se articulan como si éstas fueran una sola palabra encadenada. Este **encadenamiento** se da ante todo porque cualquier secuencia de **VCV** — dentro de palabras o entre palabras — se divide siempre en **V-CV,** produciendo así fronteras silábicas que no coinciden necesariamente con las fronteras de palabras: *en estos años es difícil ir = e—nes—to—sa-ño—ses —di-fí—ci—lir.* Hemos dicho que la sílaba suele definirse como "unidad rítmica mínima." Puesto que el ritmo del español depende directamente del silabeo, es de suma importancia que el alumno aprenda a reconocer y a aplicar la división silábica correcta de grupos fónicos, y que se dedique a imitar el silabeo del hablante nativo.

En inglés, el ritmo **no** depende directamente del número de sílabas como es el caso del español. Lo que más importa para determinar el ritmo de una oración inglesa es la alternancia de sílabas tónicas, semitónicas y átonas. Expresado de otra manera, en inglés la duración de una oración no depende directamente del número total de sílabas sino del número de sílabas **tónicas** (es decir, del número de sílabas que llevan un acento primario). Habiendo dicho eso, es fácil entender ahora por qué el **español** es una lengua con **ritmo silábico** mientras que el **inglés** es una lengua con **ritmo acentual.**

En el habla cuidada y lenta, secuencias de palabras como *su amigo* se articulan, como es de esperar, *su-a-mi-go*. Sin embargo, en el habla más rápida y familiar las vocales inacentuadas "u", "o", "i" tienden a convertirse en semivocales o, según el caso, en consonantes, lo cual lleva a que en la cadena hablada el ejemplo anterior se articule comúnmente "s[u̯a]mígo" en lugar de "s[u̯a]mígo". Este proceso articulatorio naturalmente conlleva una reducción del número total de sílabas: "s[u-a]-mí-go" = 4 sílabas; "s[u̯a]-mí-go" = 3 sílabas.

La sílaba en español es **átona** o **tónica**. Si es tónica lleva el **acento prosódico**; las sílabas átonas, en cambio, no lo llevan. **Por regla general, cada palabra en español contiene una sola sílaba tónica,** y, si es una palabra de más de dos sílabas, varias sílabas átonas. Al comparar la pronunciación de las sílabas átonas con las tónicas, notamos que **su duración es casi idéntica.**

La cantidad de acento que puede recibir una vocal **puede variar mucho en inglés,** y esta inestabilidad en el acento de las vocales en inglés conlleva que la duración de éstas es también variable (por lo general, vocales acentuadas exhiben mayor duración que vocales inacentuadas). En español cada sílaba tiene prácticamente igual duración. Estas observaciones explican por qué debe evitarse alargar la articulación de sonidos como los que están subrayados en las palabras a continuación: *mucho, puedo, gato.*

En inglés, todas las vocales átonas se articulan con una **schwa.** En la lingüística, este sonido **schwa** se representa por un símbolo fonético especial que parece una letra "e" invertida, es decir [ə]. La característica más notable de la **schwa** es quizás que nunca lleva acento primario. Este sonido inglés — transcrito con [ə] — tiene varias representaciones ortográficas, y aparece, por ejemplo, en las sílabas que van subrayadas en *another, university, American.* Es muy importante recordar que **esta schwa no existe en español,** y que la introducción de tal sonido en el español (por influjo del inglés) lleva invariablemente a un acento extranjero.

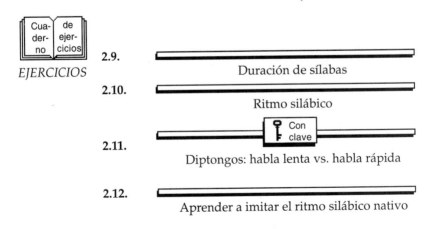

Cua-der-no de ejer-cicios

EJERCICIOS

2.9. Duración de sílabas

2.10. Ritmo silábico

Con clave

2.11. Diptongos: habla lenta vs. habla rápida

2.12. Aprender a imitar el ritmo silábico nativo

Nota para el profesor

Recomendamos que a estas alturas el profesor empiece a introducir (en clase) los principios básicos presentados en la sección "Paso 3: enlace de sonidos entre palabras" del Capítulo 6, y también la primera mitad del Capítulo 13 ("Las secuencias de vocales y revisión de algunos puntos importantes" hasta la sección "Recapitulación de otros puntos importantes"). Al presentar la primera parte del Capítulo 13 tendrá que tener en cuenta, sin embargo, que los estudiantes todavía no saben interpretar símbolos fonéticos como [β, ð, ɣ] etc.

CAPITULO 3

Fonética articulatoria: las vocales

Una **vocal** es un sonido que se produce al pasar el aire de los pulmones a la laringe y luego por la boca (o por la nariz y la boca) **sin ninguna obstrucción audible** con la excepción de las vibraciones de las cuerdas vocales. Por el contrario, si existe alguna obstrucción o alguna parada del aire, el resultado es una **consonante.** Así al pronunciar una "p", por ejemplo, los labios inferior y superior hacen contacto entre sí para obstruir la salida del aire por un breve momento, dejando apertura suficiente para causar así una ligera explosión una vez que los labios se separan. En el caso de la consonante "f", por ejemplo, el labio inferior toca la punta de los dientes superiores, causando así fricción y, a la vez, una parcial obstrucción.

La característica más notable de todas las vocales es, pues, que el aire sale libremente por la cavidad bucal y, como veremos, en ciertos casos incluso por la cavidad nasal. Las diferencias acústicas entre vocales se producen al cambiar la posición de la lengua, de la mandíbula y de los labios. En la lingüística, los cambios en la **calidad vocálica** de un sonido se denominan generalmente **cambios de timbre.**

En las lecciones anteriores ya introdujimos la idea de que los lingüistas a veces presentan letras o símbolos entre corchetes "[ ]". Hasta ahora, no hemos sido muy explícitos en cuanto al uso y significado exactos de estos corchetes. Como son de gran utilidad en la descripción de vocales, es éste el momento adecuado para indicar que cualquier símbolo entre corchetes representa un sonido y no una letra (veremos luego que los lingüistas usan todo un alfabeto especial de signos, y que estos **símbolos fonéticos** en muchos casos coinciden con los del alfabeto normal). Por el momento será suficiente indicar que lo que viene transcrito entre corchetes se llama *transcripción fonética.*

En el caso de las vocales, la transcripción fonética es fácil de aprender ya que los símbolos fonéticos también se emplean en el alfabeto normal:

Letra (o grafema)	Transcripción fonética	Ejemplos
i, y	[i]	para ti y para mi
e	[e]	sé, saber
a	[a]	lana, sábana
o	[o]	ojo, lo
u	[u]	su, música

Una característica de la transcripción fonética es que todos los símbolos se escriben con letras minúsculas. Se notará, por ejemplo, que la palabra *Ana* — transcrito [ána] — no contiene ninguna mayúscula. Otro rasgo de la transcripción fonética — quizás el más importante de recordar para el principiante — es que los símbolos fonéticos sólo representan lo que realmente existe al nivel fonético, es decir, sólo se transcribe lo que de hecho se articula. Habiendo dicho eso, no es sino lógico que letras no articuladas como la "h" en *has* o *he* no vienen representadas entre corchetes, y que de allí una transcripción como [e] corresponde tanto a las palabras *he* ('I have') como *eh* ('eh!') y *Pérez E hijos* (= ingl. 'Perez and sons'). Otro punto que habrá que recordar de esta introducción preliminar a la transcripción fonética es que **cada símbolo fonético representa un solo sonido**, lo cual es contrario a lo que se observa en el alfabeto donde la letra "i", por ejemplo, representa, como hemos visto en el capítulo anterior, los siguientes sonidos vocálicos y semivocálicos:

Letra	Ejemplo	Sonido	Transcripción
"i"	mis	[i]	[mis]
"i"	amplio	[i̯] (creciente)	[ám-pli̯o]
"i"	aire	[i̯] (decreciente)	[ái̯-re]
"i"	iónico, hielo	[y]	[yó]nico, [yé-lo]

Para volver a lo de las vocales, recordemos que son tres los órganos que intervienen en la producción de una vocal: (1) la boca, (2) los labios y (3) la lengua. Para describir cómo se produce una vocal hay que hacer referencia a la posición o forma de todos estos órganos. En la producción de vocales, el más importante de estos tres órganos es la lengua y es con la variable posición de ésta que empezaremos nuestra descripción de la producción de vocales.

Veamos pues primero una clasificación muy simplificada de las cinco vocales en relación con la posición de la lengua. Para facilitar esta clasificación, los lingüistas comparan la cavidad bucal a un triángulo (ver la Figura 3.1 abajo). Las vocales que se pronuncian con la lengua en una posición relativamente alta dentro de este triángulo se llaman *vocales altas.*

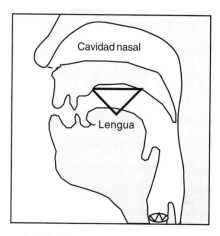

Fig. 3.1. Conceptualización del triángulo vocálico.

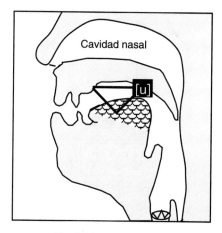

Fig. 3.2. La vocal alta [u].

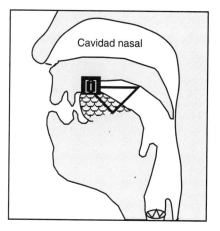

Fig. 3.3. La vocal alta [i].

La posición aproximada de la lengua al articular una [u]. Nótese que la lengua **no** cierra completamente el pasaje del aire.

Como lo ilustran las Figuras 3.2 a 3.3, en español hay dos vocales **altas:** [i] y [u]. Al articular la [i] y la [u], la mandíbula está relativamente cerrada, lo que ha llevado a los especialistas a llamarlas también *vocales cerradas* (en este texto seguiremos la práctica general de intercambiar estos términos libremente para referirnos a las vocales [i] y [u]). Es de suma importancia reconocer ya aquí que **no todas las letras ortográficas "i" y "u" equivalen a vocales altas** puesto que, como hemos subrayado antes, éstas a veces representan semivocales (*pierde, aire, puerta, auto*) o consonantes (*hueco*), o simplemente letras sin sonido como la "u" en *que* o *equis*. Por lo tanto es correcto decir que las palabras *piso* y *puso* contienen cada una una vocal alta (o cerrada), pero sería erróneo mantener que estas mismas vocales altas también se encuentran en *amplio* [ámplio] y *pues* [pués], respectivamente.

Si la boca está en una posición muy abierta y la lengua está muy baja, se dice que la vocal es **abierta** (o **baja**). La vocal [a] de *casa* es una vocal abierta (o baja).

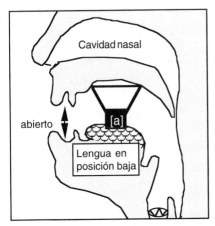

Fig. 3.4.   Posición de la lengua al producirse la vocal [a].

Aunque sea posible articular el sonido [a] con menor apertura de la mandíbula de lo que sugiere la figura, recomendamos que el estudiante se acostumbre a este tipo de posicionamiento de los órganos bucales para evitar la articulación de la schwa.

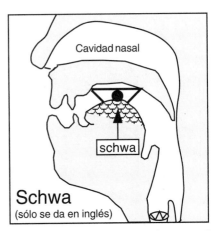

Fig. 3.5.   Posición de la lengua al producirse la schwa.

Compárese el punto de articulación de la [a] en la figura opuesta con la **schwa** del inglés, la cual se pronuncia con la lengua muy relajada en el centro del triángulo. Es importante notar también que la schwa del inglés es un sonido **inestable** en el sentido de que, sobre todo en el habla rápida, resulta a menudo de la reducción de una vocal (semi)acentuada a una vocal átona, la cual puede observarse con facilidad en expresiones comunes como *did you* cuando éstas se articulan con rapidez y cierta informalidad: *did ya* (la vocal final es una schwa).

Es éste el momento ideal para verificar la teoría expuesta hasta aquí de manera práctica y real. El estudiante podrá confirmar la teoría sobre la posición de la lengua en la producción de las vocales **altas** y **bajas** de la manera siguiente (recomendamos que TODOS los estudiantes sigan el experimento siguiente): ponga el índice (o cualquier otro dedo) en la punta de la lengua, apriete el dedo contra el dorso de la lengua con cierta fuerza, y articule lentamente la secuencia vocálica "i — a — u". ¿Cuál es el efecto físico del cambio de timbre en el movimiento de la lengua? ¿Puede Ud. confirmar que la lengua efectivamente se mueve desde una posición alta (i.e. palatal) hacia una posición baja, y luego nuevamente hacia una posición más alta? Repita ahora el ejercicio y articule nuevamente "i — a — u", poniendo atención esta vez en el movimiento de la mandíbula (mayor y menor apertura).

Hemos tenido la ocasión hasta ahora de presentar vocales altas y bajas. Para completar el panorama de vocales españolas (5 en total), sólo quedan las **vocales medias** [e] y [o]. Ejemplos representativos se encuentran en las vocales de la palabras *peso* y *poso*.

Hasta el momento hemos discutido tres **grados de apertura** (o **lugares de articulación**) — alto, medio y bajo — y hemos calificado los sonidos vocálicos producidos en estas respectivas zonas como **vocales altas, vocales medias** y

vocales bajas. El punto de articulación exacto de cada uno de estos elementos fónicos puede desprenderse del triángulo en la Figura 3.6 a continuación. Recuérdese siempre que, en la producción de vocales, la lengua no crea un verdadero obstáculo para la corriente de aire procedente de la laringe ya que la lengua nunca cierra por completo el pasaje bucal, dejando correr así sin obstrucción el aire que sale de los pulmones.

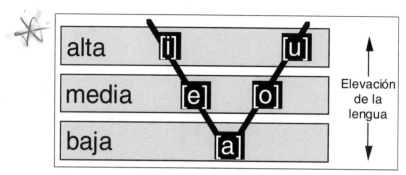

Fig. 3.6. El triángulo vocálico

El arreglo triangular de las vocales es interesante en el sentido de que no es ni arbitrario ni único al lenguaje humano. Como se sabe, el "habla" de los gatos está esencialmente limitada a la palabra "mieaou", la cual encierra una secuencia vocálica — es decir "-i-e-a-o-u-" — que es precisamente la que encontramos en el triángulo vocálico si pasamos de la vocal alta "i" hacia la baja "a" para subir luego a la "u" alta. El gato sabe "hablar" simplemente porque sabe colocar su lengua en una posición frontal alta, para luego correrla de manera progresiva hacia la región central baja y, finalmente, posterior alta. Para que el estudiante pueda averiguar por su propia cuenta el movimiento de la lengua que ejecutan los gatos al articular "mieau," sugerimos que apriete el índice contra la lengua y pronuncie lentamente la secuencia vocálica del sonido en cuestión (si pronuncia "mieau" con rapidez, el efecto fónico será [mi̯e-áu̯] y no [mi-e-a-o-u], es decir, la palabra se reducirá de cinco a dos sílabas por la conversión de la [i] e [u] en las semivocales [i̯] y [u̯], respectivamente.

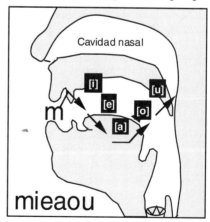

Fig. 3.7.   La secuencia vocálica en la articulación del "mieaou."

La descripción de los lugares de articulación se ha hecho hasta ahora desde el plano **vertical** (alto, medio, bajo). Para precisar aún más la articulación de las vocales se da también la posición de la lengua desde un plano **horizontal**. En la producción de las vocales [i] y [e] la lengua está en una posición más avanzada que en la producción de [u] y [o]. De ahí es que [i] y [e] se denominan vocales **anteriores,** mientras que [u] y [o] son vocales **posteriores.** Al producir una [a], la lengua está en una posición **central** (ni anterior ni posterior). Compárese la Figura 3.8 donde la lengua está en posición alta anterior para producir la vocal [i] (en la descripción de vocales se da generalmente primero el eje [ing. 'axis'] horizontal, y luego el eje vertical; por lo tanto se habla por lo general de una "vocal anterior alta", o simplemente de una "alta anterior"):

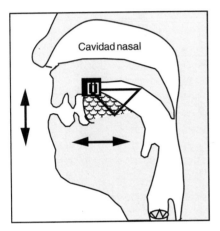

Fig. 3.8.   La vocal anterior alta [i]

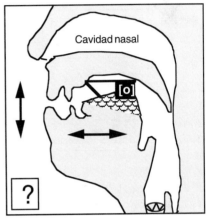

Fig. 3.9.   Lugar de articulación de [o]. ¿Cómo describiría Ud. el lugar de articulación de esta vocal?

Al clasificar las vocales hemos tenido en cuenta, pues, el grado de elevación de la lengua (alta, media, baja) y asimismo su grado de desplazamiento horizontal (anterior, central, posterior). Estas oposiciones (por ejemplo "alto/bajo" o "anterior/posterior") denotan valores **graduales** y no discretos, o sea, estos puntos de articulación no son absolutos sino relativos. En este tipo de descripción, la elevación de la lengua es siempre relativa a su posición neutra (más relajada), que en español coincide más o menos con aquella que se obtiene al articular la vocal media "e" en palabras como *he, de, fe,* etc.

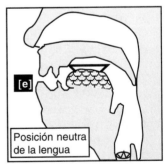

Fig. 3.10.   Al articularse el sonido [e], la lengua está en su posición neutra.

Otro criterio importante en la descripción de la producción de vocales es la **posición** de los labios. Esta posición varía según las lenguas, y veremos más en adelante que el español e inglés en particular exhiben diferencias fundamentales en cuanto a la cantidad de tensión que se les da a los labios al pronunciar ciertas vocales. Podemos observar ya aquí que, por lo general, el estudiante angloparlante **no** aplica suficiente tensión labial al hablar español, lo que puede causar considerable acento extranjero. Recomendamos, pues, que Ud.

lea con cuidado la información a continuación sobre la correcta posición de los labios en la articulación de vocales.

Las dos vocales [u] y [o] se producen con los labios en posición **redondeada**, dándole así a la boca la forma de una trompeta. Este redondamiento de los labios es particularmente importante al articular la vocal [u]. Los hablantes no nativos de español que ignoran este importante detalle invariablemente tienen un acento extranjero al pronunciar palabras como *tu* o *su*.

La posición de los labios al pronunciar la vocal [a] es **neutra** (pero recuérdese que hay que bajar la mandíbula, es decir abrir más la boca, al articular la [a] para evitar la producción de una schwa). En la articulación de las vocales anteriores [i] o [e], los labios están en posición **neutra** o **estirada**. Por razones que explicaremos más en adelante, muchos estudiantes anglosajones articulan la [e] y sobre todo la [i] con acento inglés. Para adquirir una pronunciación nativa de estos sonidos, **recomendamos que el estudiante se acostumbre a producir la [e] y sobre todo la [i] con los labios muy estirados y tensos**.

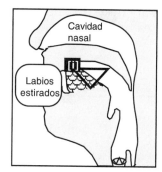

Fig. 3.11. Los labios en la producción de la [i] en español.

Es posible pronunciar la [i] con los labios en posición neutra, pero es mejor acostumbrarse a ESTIRAR los labios en dicho sonido ya que tal práctica suele resultar en una pronunciación más nativa.

Para resumir, recordemos los siguientes términos: vocal "alta," "baja," "cerrada," "media", "abierta", "anterior", "central", "posterior", "neutra" y "redondeada." Si unimos el concepto del triángulo vocálico al criterio de la posición de los labios, obtenemos lo que gráficamente se da en la Figura 3.12 a continuación:

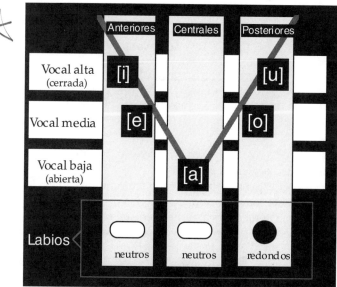

Fig. 3.12.   El triángulo vocálico y la posición de los labios.

En la lingüística, las características articulatorias de las vocales suelen clasificarse también según una **matriz de rasgos fonéticos binarios** (Fig. 3.13). Para ilustrar la producción de vocales, en este libro seguiremos usando el triángulo vocálico presentado anteriormente y no el tipo de descripción binaria que sigue a continuación:

Matriz binaria de los rasgos fonéticos de las vocales españolas					
[	i	e	a	o	u]
anterior	+	+	-	-	-
posterior	-	-	-	+	+
alto	+	-	-	-	+
bajo	-	-	+	-	-
redondeado	-	-	-	+	+

Fig. 3.13.

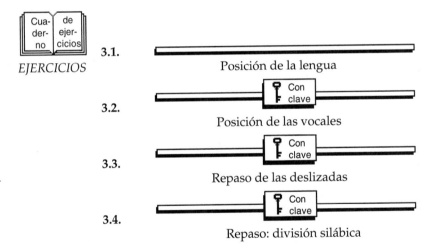

Cua-	de
der-	ejer-
no	cicios

EJERCICIOS

3.1.   Posición de la lengua

3.2.   Con clave   Posición de las vocales

3.3.   Con clave   Repaso de las deslizadas

3.4.   Con clave   Repaso: división silábica

Características de las vocales en español

Las vocales en español son, generalmente, muy estables; la variación en su pronunciación, sobre todo al compararla con la de las consonantes, no es muy grande. Al producirse, toda la boca se mantiene en una posición tensa. Tampoco hay mucha variación en la duración de vocales: todas suelen tener más o menos la misma duración. Esta duración es poca en comparación con las vocales largas de muchos otros idiomas. Por supuesto hay ocasiones en las que prolongamos más la vocal de alguna palabra que queremos enfatizar; sin embargo, por lo general, las vocales del español son relativamente cortas en duración.

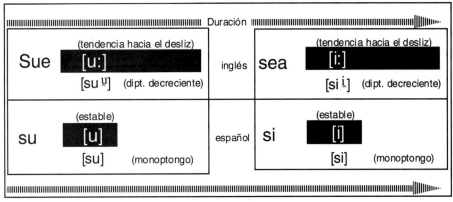

Fig. 3.14. Diferencias entre el inglés y español en la duración de ciertas vocales. La duración alargada del inglés conlleva una relativa inestabilidad de las vocales, las cuales se deslizan fácilmente en dirección de un diptongo decreciente (cf. *Sue, sea*). Estas diferencias de duración también van acompañadas de diferencias en la tensión de los labios (más tenso y estable en español). Es práctica general en la lingüística distinguir entre vocales breves y largas con la adición de un doble punto (cf. [u] vs. [u:]).

Hay otras consideraciones, algunas de ellas introducidas ya en la lección anterior, que conviene tener en cuenta al pronunciar las vocales en español. Al pronunciar las vocales [o] de *mozo* y sobre todo la [u] de *música,* la posición de los labios es muy redondeada. **En inglés, en cambio, al articular la [o] y la [u] los labios no se redondean tanto como en español.** Por ejemplo, en la palabra inglesa *Sue* los labios se quedan prácticamente en posición neutra mientras que en la palabra española *su* se redondean considerablemente.

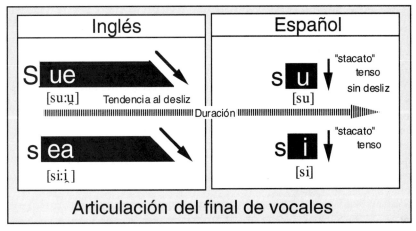

Fig. 3.15. En inglés, una vocal se "cierra" de manera mucho menos abrupta y menos tensa que en español. Para adquirir un acento nativo o medio nativo, el estudiante tendrá que pronunciar sus vocales de modo más "stacato" que suele hacerlo en inglés. También tiene que evitar el movimiento de la mandíbula para dejar totalmente estable la vocal española.

También es importante el final de la vocal española: suele ser muy seco, estable y breve. Contrario a lo que ocurre con las vocales inglesas, en español las cuerdas vocálicas (ingl. 'vocal cords') dejan de vibrar de una manera relativamente abrupta al terminarse de articular una vocal. No se prolonga mucho la vocal ni tampoco hay disminución lenta al fin de la vocal sino que se termina seca y cortamente. En inglés, en cambio, muchas veces se tiende a prolongar y diptongar una vocal. Compare, por ejemplo, la "o" del inglés *go slow* con la "o" del español *yo no lo hablo*.

Existe una importante diferencia adicional entre ciertas vocales inglesas y españolas que hay que explicar para que el estudiante de español aprenda a eliminar por completo su acento inglés. En nuestra descripción de la [i] y [u]españolas hemos dicho que se trata de dos vocales altas. La [i] y la [u] inglesa también se articulan con la lengua en posición alta, pero — y esto es un punto clave — en la articulación de estas vocales inglesas la lengua alcanza una posición menos alta que en la [i] y [u] del español. Esto hace que al articularse la [u] inglesa, el espacio entre la lengua y el velo sea relativamente grande, mientras que lo contrario acontece en español, donde el mismo espacio se reduce a un mínimo en la producción de la [u]. De ahí que las vocales altas de pares contrastivos (inglés/español) como *Sue/su* o *sea/si* no sean idénticas. El estudiante debería prestar atención a este hecho ya que los hablantes nativos normalmente perciben con facilidad el acento extranjero de angloparlantes que omiten colocar la lengua en una posición muy alta al pronunciar las vocales [i] o [u].

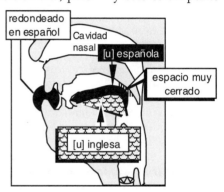

Fig. 3.16.   Contraste entre el sonido [u] del inglés y del español. La lengua está más baja (y por lo tanto más relajada) en la vocal [u] del inglés. Recuerde también que, además de la posición alta de la lengua, los labios se redondean mucho en la [u] española.

La representación ortográfica de las vocales en español es, con pocas excepciones, muy directa. Hay cinco vocales [i, e, a, o, u] que se representan por las cinco letras "i, e, a, o, u", respectivamente. Para las semivocales existen ciertas variaciones que ya hemos examinado en el Capítulo 1. Sólo falta señalar aquí una vez más que la palabra *y* (ingl. 'and') se escribe con la letra "y" a pesar de que el sonido es una vocal [i] y no la consonante [y], siendo así idéntica su articulación a la [i] de *tío, tía,* o *mi.*

Resumen

Una **vocal** es un sonido que se produce al pasar el aire de los pulmones a la laringe y luego por la boca (o por la nariz y la boca) sin ninguna obstrucción audible con la excepción de las vibraciones de las cuerdas vocálicas. Si existe alguna obstrucción o alguna parada del aire, el resultado es una **consonante.** En la lingüística, los cambios en la **calidad vocálica** de un sonido se denominan generalmente **cambios de timbre**. Así, el paso de la vocal [i] a la semivocal [i̯] en [mi̯-a-mór] → [mi̯a-mór] es un cambio de timbre.

Hemos dicho que los lingüistas a veces presentan sonidos entre corchetes "[ ]", y que emplean todo un alfabeto especial de signos para la transcripción fonética. Estos signos se llaman *símbolos fonéticos*. Una característica de la transcripción fonética es que todos los símbolos se escriben con letras minúsculas (cf. *Ana* = [ána]). Otro rasgo de la transcripción fonética — quizás el más importante de recordar para el principiante — es que los símbolos fonéticos sólo representan lo que realmente existe a nivel fonético, es decir, sólo se transcribe lo que de hecho se articula (cf. *hemos* = [émos]). Otro punto que habrá que recordar es que **cada símbolo fonético representa un solo sonido**, lo cual es contrario a lo que se observa en el alfabeto donde la letra "i", por ejemplo, representa tanto sonidos vocálicos (cf. *mis*) como semivocálicos (cf. *aire* = [ái̯-re]).

Para facilitar la clasificación de las vocales, los lingüistas comparan la cavidad bucal a un triángulo. Las vocales que se pronuncian con la lengua en una posición relativamente alta dentro de este triángulo se llaman *vocales altas* (también llamadas *cerradas* ya que la mandíbula esta casi cerrada al articular las vocales altas [i] y [u]). Las que se articulan con la lengua en la parte posterior de la boca se llaman *vocales posteriores*. Al usar este sistema de descripción vocálica, suele darse pues la posición horizontal y la posición vertical de la lengua. Hemos puesto énfasis, sin embargo, en que estas oposiciones (por ejemplo "alto/bajo" o "anterior/posterior") denotan valores **graduales** y no discretos, o sea, estos puntos de articulación no son absolutos sino relativos: en este tipo de descripción, la elevación de la lengua es siempre relativa a su posición neutra (más relajada), que en español coincide más o menos con aquella que se obtiene al articular la vocal "e" en palabras como *he, de, fe,* etc.

Otro criterio importante en la descripción de la producción de vocales es la **posición** de los labios. Por lo general el estudiante angloparlante **no** aplica suficiente tensión labial al hablar español y éste es sobre todo el caso al pronunciar las vocales altas [i] y [u]. La vocal [u] se produce con los labios en posición muy **redondeada**. La posición de los labios al pronunciar la [a] es **neutra** y esto no causa mayores problemas al angloparlante. Hay que recordar, sin embargo, que al articular el sonido [a], debe de bajarse mucho la mandíbula para evitar producir una schwa inglesa. Por lo general puede decirse que **en inglés, los labios no se redondean tanto como en español**.

Las vocales del español son, generalmente, muy estables, es decir, no hay mucha variación en la duración de las mismas: todas suelen tener más o menos la misma duración (la vocal acentuada de la palabra es, sin embargo, normalmente un poco más alargada). Esta duración es poca en comparación con las vocales largas de muchos otros idiomas.

En inglés, una vocal se "cierra" de manera mucho menos abrupta y menos tensa que en español. Para adquirir un acento nativo, el estudiante tendrá que pronunciar sus vocales **sin desliz**, es decir, de modo más "stacato" de lo que suele hacerlo en inglés.

En la lingüística, las características articulatorias de las vocales suelen clasificarse según una **matriz de rasgos fonéticos binarios** (ver la Fig. 3.13). En este libro seguiremos usando el triángulo vocálico y no la descripción binaria.

Es, sin embargo, útil familiarizarse con esta técnica descriptiva por lo que el estudiante hará bien en estudiarla con cuidado.

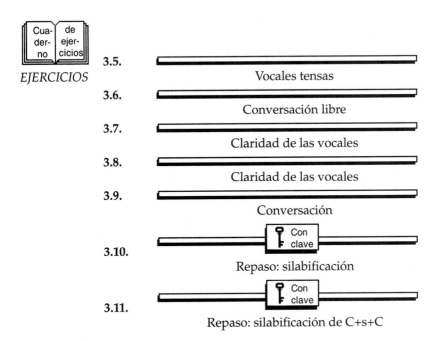

Cua- de der- ejer- no cicios	**3.5.**
EJERCICIOS	Vocales tensas
	3.6.
	Conversación libre
	3.7.
	Claridad de las vocales
	3.8.
	Claridad de las vocales
	3.9.
	Conversación
	3.10. Con clave
	Repaso: silabificación
	3.11. Con clave
	Repaso: silabificación de C+s+C

Nota para el profesor

*Recomendamos que al completarse este capítulo el profesor asigne una primera lectura del Capítulo 16 "El sistema vocálico del inglés" y que haga **en clase** algunos de los ejercicios que acompañan este mismo capítulo. Puesto que el contraste entre el sistema vocálico del inglés y el español es un componente particularmente útil en la adquisición de una pronunciación nativa o semi-nativa, se recomienda que el Capítulo 16 se asigne una vez más al haber completado los Capítulos 1-15.*

CAPITULO 4

Fonética articulatoria:
Las consonantes

En el Capítulo 3, empleamos tres parámetros para describir las vocales: posición horizontal de la lengua, (2) posición vertical de la lengua y (3) posición de los labios (redondeados para /u/ y /o/, neutros para las demás vocales). En la descripción de las consonantes se emplean asimismo tres parámetros:

1. el punto de articulación (ingl. 'point of articulation'),
2. el modo de articulación (ingl. 'manner of articulation') y
3. presencia o ausencia de sonoridad (ingl. 'voicing').

En los próximos apartados veremos cómo estos tres parámetros se usan para poder decir que la consonante [s], por ejemplo, es un sonido "fricativo alveolar sordo," mientras que la [g] es un sonido "oclusivo velar sonoro".

Puntos de articulación: panorama general

En la producción de una consonante, la salida del aire de los pulmones es interrumpida y modificada por algún órgano bucal, generalmente la lengua, aunque también, con cierta frecuencia, intervienen los labios. **El lugar principal donde se interrumpe o modifica la salida del aire por la boca es el punto de articulación.** La Figura 5.1 ilustra los órganos y las cavidades más importantes donde se interrumpe o modifica el aire en la articulación de los sonidos consonánticos del español.

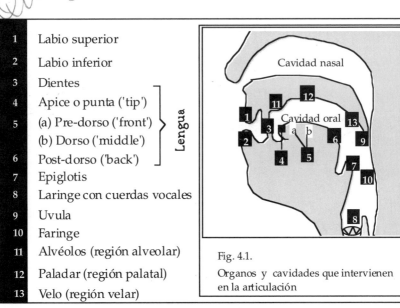

1	Labio superior
2	Labio inferior
3	Dientes
4	Apice o punta ('tip')
5	(a) Pre-dorso ('front')
	(b) Dorso ('middle')
6	Post-dorso ('back')
7	Epiglotis
8	Laringe con cuerdas vocales
9	Uvula
10	Faringe
11	Alvéolos (región alveolar)
12	Paladar (región palatal)
13	Velo (región velar)

Lengua — comprende los puntos 4, 5, 6

Fig. 4.1.

Organos y cavidades que intervienen en la articulación

El labio inferior (órgano #2) hace contacto con los dientes superiores (#3) en la articulación de la [f] de *frente*.[1] Tomando como base estos dos puntos de articulación, diremos que /f/ es un sonido **labiodental**. El contacto directo de los dos labios forma sonidos como [m] de *mamá*, [p] de *papá* y [b] de *ambos.* Tanto [m] como [p] y [b] son, pues, sonidos **bilabiales** (porque entran al producirse estos sonidos en acción los dos labios). Los dientes superiores (3) entran en contacto con el ápice (o la punta) de la lengua (#4) al producir sonidos como la [t] de *tanto* y la [d] de *ando,* los cuales calificaremos como sonidos **ápico-dentales** (o simplemente **dentales).**

El ápice de la lengua (#4) toca los alvéolos (11) para producir sonidos como la [n] de *nada*, la [l] de *Lola,* la [r] de *caro* y asimismo la [r̄] doble o múltiple de *carro.* El sonido [s] (cf. *sopa*) también es alveolar, pero generalmente se articula en América mediante contacto con el predorso de la lengua (#5a) — es decir la zona **entre** el dorso (#5b) y el ápice (#4) — y no con el ápice como en los casos de [n], [l], [r] y [r̄]. Al articular la [s] predorso-alveolar, el ápice de la lengua (#4) suele estar apoyado contra los dientes inferiores (#3). Siguiendo la misma técnica descriptiva, llamaremos [n], [l], [r], [r̄] y [s] sonidos **alveolares**. En el paladar duro (#12) hay una aproximación del predorso de la lengua al pronunciar el sonido [y] de *mayo.* Dada la articulación palatal de la yod en palabras como *mayo* o *suyo,* se dice que el sonido [y] es una **consonante palatal.**

La región entre los alvéolos (#11) y el paladar duro (#12) se denomina la región **alveopalatal**. Una articulación alveopalatal se da en la producción de la nasal /ñ/. Una articulación predorso-alveopalatal, es decir, una articulación en la cual el predorso de la lengua va contra la región intermedia entre los alvéolos

---

[1] En el Capítulo 3, vimos ya que los labios inferiores y superiores (puntos ##1-2) intervienen al articularse las vocales posteriores [o] y [u] (= labios redondeados).

y el paladar, se da en la pronunciación del sonido "ch" de <u>ch</u>ico, mu<u>ch</u>a<u>ch</u>o. La parte posterior o final del paladar (#13) es flexible y abre o cierra el paso a la cavidad nasal. Esta "puertita" a la cavidad nasal se llama *úvula* (#9). En el velo (#13) se efectúa la articulación de los sonidos **velares**, usándose el postdorso de la lengua (#6) contra esta región velar para producir sonidos como la [g] de *tengo*, la [k] de <u>c</u>ana y la jota de <u>j</u>aula o <u>g</u>itano.

Finalmente, hay que mencionar la epiglotis (#7). La epiglotis no interviene directamente en la producción de sonidos. Es, sin embargo, un importante órgano porque es un tipo de puerta que protege la laringe (#8), tapándola cuando se traga para que pase comida o bebida al esófago y no a los bronquios que conducen el aire a y de los pulmones.

Aunque el estudiante tendrá que conocer la nomenclatura y la posición de todos los órganos que acabamos de citar, tendrá que familiarizarse primero sobre todo con la fisiología de la cavidad bucal ya que es ésta la que sirve de base para la descripción de consonantes. La Figura 4.2 destaca las zonas más importantes para la nomenclatura lingüística, y a la vez precisa en más detalle cómo ciertas regiones bucales suelen subdividirse conceptualmente.

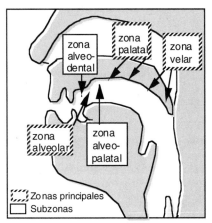

Fig. 4.2. Las zonas principales en la cavidad bucal para la descripción de los puntos de articulación.

Puntos de articulación: sonido por sonido

 *Advertencia al estudiante*

Los puntos más importantes de este capítulo pueden encontrarse, de forma concentrada, en la Figura "Clasificación de los fonemas consonánticos del español" en el interior de la portada (= 'front inside cover') de este libro. Recomendamos que el estudiante se familiarice poco a poco con esta importante y útil Tabla.

Con el término *punto de articulación* nos hemos referido a la zona donde se realiza el contacto entre los diferentes órganos de la boca, o los labios, para de este modo interrumpir y modificar la salida del aire. Por ejemplo, al articular la consonante [t], el ápice de la lengua hace contacto con los dientes superiores y el sonido se clasifica como dental (Fig. 4.3). Así hemos podido distinguir un total de siete puntos de articulación. En los próximos párrafos repetiremos algunos de los puntos más importantes mencionados antes, deteniéndonos con mayor ahínco en algunos de los sonidos producidos en las siete zonas de articulación.

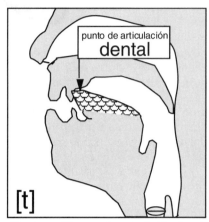

Fig. 4.3.   El punto de articulación dental.

Nótese que el **ápice** de la lengua toca los dientes superiores. Por lo tanto, la [t] se denomina *consonante* ***ápico dental.***

Al señalar ciertos puntos de articulación, los lingüistas suelen ser muy precisos en cuanto a la parte de la lengua que hace contacto con la región superior de la cavidad bucal. Por esta razón la lengua suele dividirse conceptualmente en, por lo menos, cuatro zonas. La Figura 4.4 ilustra esta división y a la vez da la nomenclatura necesaria para la correcta descripción de ciertas consonantes.

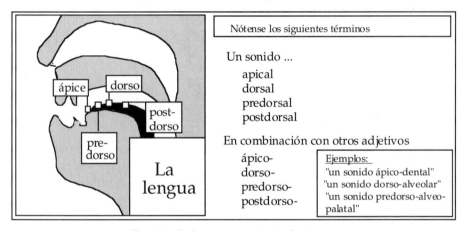

Fig. 4.4.   La lengua y sus principales áreas .

En la producción de un sonido **bilabial** intervienen los dos labios: la [p] de *poco* es bilabial. Un sonido **labiodental** se produce cuando el labio inferior se acerca a los dientes superiores: la [f] de *frente* es un sonido labiodental. El

☞ *Advertencia al estudiante*

Para facilitar la comprensión de este capítulo, sugerimos que el estudiante pronuncie varias veces ***en voz alta*** **los sonidos descritos a continuación.**

sonido **dental** se produce con la lengua contra los dientes superiores: la [t] de <u>t</u>odo es dental. Un sonido **alveolar** se produce cuando una parte de la lengua toca la región que está inmediatamente detrás de los dientes, los alvéolos: la [s] de <u>s</u>ólo es un sonido alveolar. Los sonidos **alveopalatales** se pronuncian en la región que está inmediatamente detrás de los alvéolos, es decir, se trata de un sonido parcialmente alveolar y parcialmente palatal: la [č], ortográficamente "ch" de <u>ch</u>ico es un sonido alveopalatal. Al sonido producido en la región del paladar duro se le llama **palatal:** la yod es un sonido palatal. Un sonido **velar** se pronuncia en la parte posterior de la boca, con el dorso de la lengua elevado hacia el velo del paladar, es decir, el paladar blando: la [k] de <u>c</u>asa es un sonido velar.

La descripción de los puntos de articulación de algunos de los sonidos que acabamos de revisar es algo flexible en el sentido de que los lingüistas los describen con mayor o menor detalle. En el caso de la [č], ortográficamente "ch", por ejemplo, se dice que es una consonante *predorso-alveopalatal* cuando quiere precisarse su punto de articulación exacto, y simplemente **palatal** cuando se busca indicar el mismo sonido en términos más generales. En algunos casos, los especialistas quieren efectivamente distinguir entre articulación alveopalatal y una articulación palatal (estas dos articulaciones pueden de hecho coexistir dentro de un mismo dialecto). En tales casos, el uso del término *palatal* naturalmente no es una simple generalización sino una descripción muy precisa que se opone a **alveopalatal**. De igual modo, al referirse al sonido nasal /ñ/ — un sonido *alveopalatal*—los lingüistas a veces hablan simplemente de la "nasal palatal", omitiendo así el hecho de que

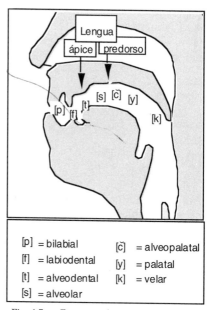

[p]	= bilabial	[č]	= alveopalatal
[f]	= labiodental	[y]	= palatal
[t]	= alveodental	[k]	= velar
[s]	= alveolar		

Fig. 4.5. Puntos de articulación de algunos sonidos en español.
Nótese que el punto de la lengua que hace contacto varía según el sonido ([t] es **ápico** alveodental mientras que [ñ] es **predorso-**alveopalatal).

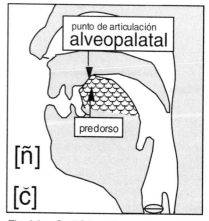

Fig. 4.6. La "ch" predorso- alveopalatal y la "ñ" se denominan a veces simplemente sonidos "palatales."
Nótese que no es el ápice sino más bien el (pre-)dorso de la lengua el que interviene en la producción de estas consonantes (álveo-)palatales.

al articular la /ñ/ la lengua se coloca entre los alvéolos (posteriores) y el paladar. Subrayamos este detalle técnico en el uso de la nomenclatura lingüística para que el estudiante empiece ya tempranamente a interpretar correctamente la diferente descripción de ciertos sonidos.

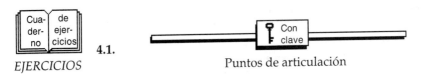

EJERCICIOS   **4.1.**   Puntos de articulación

Modo de articulación: panorama general
    Al hablar del punto de articulación, nos hemos centrado siempre en dónde se produce una consonante determinada. Al hablar del **modo de articulación,** nos centraremos en **cómo** un determinado sonido se produce. Es este segundo eje (ingl. 'axis') descriptivo el que nos permitirá distinguir entre sonidos como [s] y [r] que son idénticos en cuanto a su punto de articulación (ambos son alveolares), pero que difieren en la manera en que se producen. Así, veremos que en el caso de la [s] hay **fricción** entre el dorso de la lengua y los alvéolos, mientras que en la [r] la lengua produce una **vibración** — un tipo de "toque" rápido — contra los alvéolos (estas diferencias en el modo de articulación es lo que nos autoriza a hablar de sonidos fricativos y sonidos vibrantes). En este apartado veremos que es posible distinguir los siguientes seis modos de articulación:

1. la nasalidad   4. la fricción
2. la oclusión   5. la africción
3. la vibración   6. la lateralidad

    Distinguiremos primeramente entre los sonidos **nasales** y los sonidos **orales.** Los sonidos nasales se producen cuando el velo (o la úvula) del paladar está en una posición tal que el aire pasa también por la cavidad nasal. Los sonidos orales, en cambio, se producen cuando el velo está en una posición que cierra la cavidad nasal y toda la fuerza del aire de los pulmones sale por la boca. La cavidad nasal es importante en la producción de los sonidos cuando el velo del paladar (#13) se abre y deja pasar la columna del aire en vibración a través de la nariz. De esta manera se produce por ejemplo la [m] de _mamá_ (Ud. notará que al taparse las narices, es imposible producir un sonido nasal como [m] ya que el aire no puede escapar). Queremos mencionar aquí que la cavidad nasal se emplea no sólo en la producción de consonantes sino también en la de las vocales nasales. Así es posible articular una [a] oral (sin nasalización) y una [ã] nasal (en las orales nasales, el aire pasa tanto por la cavidad nasal como por la bucal). En la lingüística, las vocales nasales suelen escribirse con una tilde: [ã], [õ], etc.

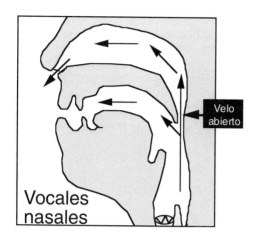

Vocales
nasales

Fig. 4.7. Producción de vocales nasales.

En la producción de una vocal nasal, el aire pasa por las cavidades nasal y oral. Consonantes como la [m] son enteramente nasales, o sea, se articulan sólo al expulsar aire por la nariz.

Para comprobar el pasaje del aire por la nariz, pronuncie Ud. el sonido [m] por cinco segundos y mientras tanto ciérrese la nariz con el índice y pulgar de su mano. ¿Qué efecto obtiene?

Los **sonidos nasales** principales del español son **tres**: el sonido nasal pronunciado con los labios cerrados, o sea, bilabial, [m] de *madre;* el sonido nasal pronunciado con el ápice de la lengua contra los alvéolos, o sea, alveolar, /n/ de *nada;* y el sonido nasal pronunciado con el predorso de la lengua contra la región alveopalatal dura, o sea, palatal, [ñ] de *niño.* **Todas las demás consonantes del español son consonantes orales. En la producción de todos los sonidos nasales, el velo del paladar se abre de manera que el aire sale por la cavidad nasal.** El punto de articulación se forma con los labios en el caso de [m] o con la lengua en el caso de [n] y [ñ], pero este punto solo obstaculiza el paso del aire provocando la salida de éste por la cavidad nasal.

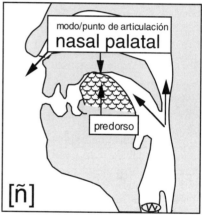

Fig. 4.8.   Articulación de la nasal [ñ].

Hemos clasificado aquí la /ñ/ como palatal, usando así una descripción más bien generalizadora. Una clasificación más precisa sería **alveopalatal** ya que el predorso de la lengua en realidad se coloca entre la región alveolar y palatal.

Otro modo de articulación se basa en un rasgo llamado **lateralización.** Con este término nos referimos a la manera en que el aire pasa por ambos lados de la lengua. Un sonido **lateral** es un sonido en cuya articulación el aire sale por los lados de la lengua, es decir, lateralmente. El sonido lateral más importante del español es el sonido [l] que se produce, por lo general, al elevar el ápice de la lengua contra los alvéolos o los dientes: *lana, loco, lavar.* Como se notará en la Figura 4.9, la [l] española tiene una articulación ápico-alveolar (punto de articulación). Por lo tanto, este sonido se denomina *lateral ápico alveolar.* Dado que en el español americano hay una sola lateral, ésta se llama a veces simplemente **lateral.**

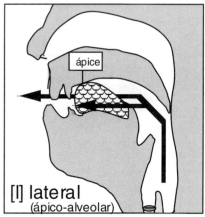

[l] lateral
(ápico-alveolar)

Fig. 4.9.   Al articular una lateral, el aire
pasa por los dos lados de la
lengua.

La [r] simple de *pe<u>r</u>o* y la [r̄] doble o múltiple de *pe<u>rr</u>o* son sonidos
vibrantes porque se articulan con una o más vibraciones rápidas de la lengua
contra los alvéolos. En el caso de un solo toque de la lengua (cf. *ca<u>r</u>a*), la [r] es
singular o **simple.** En palabras como *ca<u>rr</u>o*, con una serie de toques fundidos, la
vibrante es **múltiple** (i.e., [r̄]). Los sonidos vibrantes del español son
normalmente alveolares.

Un sonido **oclusivo** es un sonido que se produce cuando en algún punto
de la articulación el aire queda totalmente obstruído, es decir, en algún punto del
proceso de articulación se produce una **oclusión** total por el acercamiento (o la
clausura) de los órganos de articulación. En la producción del sonido [p] de *polo*,
una **oclusiva bilabial**, la oclusión es producto del contacto de los labios. En el
sonido [t] de *<u>t</u>aza*, un sonido **oclusivo ápico-dental**, la oclusión es producida por
el contacto del ápice de la lengua contra los dientes superiores. El sonido [k] de
<u>c</u>ama, un sonido **oclusivo postdorso velar**, se produce cuando el post-dorso de la
lengua toca el velo del paladar. Así pues, los sonidos [p], [t] y [k] — bilabial,
dental y velar, respectivamente — son oclusivos.

Un sonido **fricativo** posee un grado intermedio de apertura entre un
sonido oclusivo y una vocal. En vez de producirse con una oclusión total, en el
caso de los sonidos fricativos tan solo hay un **cierre parcial** por el cual sigue
escapándose el aire. Tal articulación desemboca normalmente en una fricción
audible durante la producción del sonido (de ahí "fricativo"). El sonido [f] de
farol es un sonido **fricativo labiodental** que se produce por medio del
acercamiento del labio inferior contra los dientes superiores. El **fricativo alveolar**
[s] de *sopa* se produce con una fricción **sibilante** considerable, resultado del
acercamiento del predorso de la lengua contra los alvéolos.[2] El sonido **fricativo
velar** [x] de *jefe* se produce por medio del acercamiento del postdorso de la

---

2   La denotación de este sonido como "sibilante" se debe al efecto acústico de silbato (ingl.
'whistling sound'). Como veremos, hay otros alófonos sibilantes en español, entre las
cuales figura la sonora [z]. Las sibilantes son, pues, una subcategoría de las fricativas.

lengua al velo del paladar (nota: ¡obsérvese el símbolo fonético especial — una equis — para la transcripción de la jota española! En la lingüística, *jefe* se transcribe [xéfe] y no [*jéfe]; léase la nota al pie de página 58).

La articulación de los sonidos representados por las **letras** "b, v, d, ll, y, g" es muy variable. A veces su articulación es oclusiva, pero, normalmente, los sonidos que corresponden a estas letras se pronuncian sin que se produzca una oclusión total (véase la Fig. 4.10 abajo). Por ejemplo, en *cava* los labios se acercan, pero el aire sigue escapándose y el resultado es una fricativa bilabial [β]. A pesar de la diferencia ortográfica entre las letras "b" y "v," **en español ambas letras tienen un comportamiento fónico idéntico**, es decir, **no hay diferencia articulatoria en la producción correcta entre estas dos letras.** Compare la articulación de las siguientes palabras, donde los elementos subrayados son **idénticos** en cuanto a su articulación tanto en España como en Latinoamérica:

Letra "b":	ca<u>b</u>o	[káβo]	Articulación: bilabial fricativa	[β]
Letra "v"	ca<u>v</u>a	[káβa]	Articulación: bilabial fricativa	[β]

En la "d" de *a<u>d</u>iós,* el ápice de la lengua se acerca a los dientes pero no hay ningún momento de oclusión total. Usamos el símbolo [ð] para este sonido. Tampoco hay oclusión al articular la "y" de *ma<u>y</u>o* [máyo] o la "g" de *ma<u>g</u>o* [máyo]. En estos dos fonemas, la lengua se acerca al paladar y al velo, respectivamente, pero estos movimientos de la lengua no culminan en un contacto completo entre la lengua y el techo de la boca (véase la Fig. 4.10).

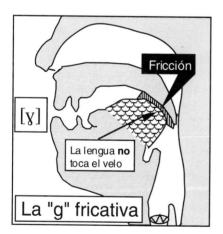

[ɣ]

Fricción

La lengua **no** toca el velo

La "g" fricativa

Fig. 4.10. En palabras como *mago* [máɣo], la "g" es fricativa y no oclusiva. Este sonido fricativo no existe en inglés, lo que explica por qué los angloparlantes típicamente tienen dificultades al pronunciarlo correctamente. La articulación de una "g" dura en lugar de la más suave [ɣ] nunca causa problemas de comprensión pero sí es una de las características típicas de un acento extranjero anglosajón.

Es el momento adecuado para advertir al estudiante que en la transcripción de sonidos desafortunadamente no se han usado siempre los mismos símbolos para un solo sonido, y que los lingüistas siguen intercambiando estos símbolos de vez en cuando en sus trabajos de manera más o menos arbitraria e individual. Mencionamos este detalle ya a estas alturas porque es precisamente en la transcripción de las fricativas "v/b, d, g" donde se observan estas predilecciones arbitrarias por la variable representación gráfica de sonidos. Es importante que el estudiante se familiarice desde un principio con todos estos símbolos, y aprenda a escribirlos con facilidad (su profesor quizás tenga sus propias predilecciones y tal vez les pedirá que en sus transcripciones Ud. dé preferencia a ciertas variantes). Reproducimos a continuación (Fig. 4.11) las transcripciones que comúnmente representan los sonidos fricativos "v/b, d, g," e ilustramos también la posición de la lengua relativo a la zona ápicodental en la producción de la fricativa dental de *nada*.

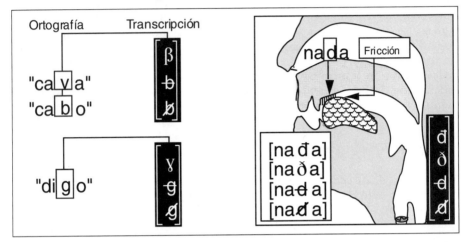

Fig. 4.11.   Las letras "b, d, g" en la transcripción fonética.

La barra en la representación fonética de estas fricativas simboliza la falta de oclusión. La [β] es una "letra" del tamaño de una mayúscula, mientras que [ɣ] es una minúscula, con la "colita" abajo de la línea (cf. xxɣxx).

En el dibujo de la Figura 4.11, nótese que **no** hay oclusión completa entre la lengua y la zona ápicodental en la producción de la [ð] fricativa. El sonido [ð] es muy similar al sonido subrayado de las palabras inglesas *then this*, o *brother*. En algunas ocasiones cerramos totalmente el paso del aire y producimos una oclusión: [b] (*también*), [b] (*invitación*), [d] (*bailando*), [g] (*tango*), pero, como veremos, estas articulaciones oclusivas de [b, d, g] ocurren con menos frecuencia que las fricativas [β, ð, ɣ]. **Por su alta frecuencia consideramos la pronunciación fricativa, es decir, aquélla en que se evita la oclusión, como la básica y la más normal de las letras "b, v, d, g."** Llamaremos sonidos **fricativos** tanto a [f], [s] y [x] como a las pronunciaciones suaves de "b, v" [β], "d" [ð], "ll", [ʝ] "g", [ɣ]; sin embargo debe recordarse que el nivel de fricción audible puede variar mucho. En el caso de la [s], la fricción causada por el acercamiento de la lengua contra los alvéolos es relativamente fuerte y sibilante. En la articulación de la·[f] hay menos fricción, pero sigue siendo audible. La jota [x] es generalmente mucho más suave que estos otros sonidos fricativos, [s] o [f] (esto es particularmente verdad en el habla de mexicanos, quienes pronuncian la [x] tan suave que se convierte normalmente en la aspirada [h]: cf. [xóta] vs. mexicano [hóta]). En el caso de la pronunciación de [β], [ð], [ɣ], y sobre todo [ʝ] (cf. *mayo*), la fricción es muy reducida y destaca poco excepto en los casos de pronunciación lenta o enfática. Algunos prefieren llamar a estos sonidos fricativos *aproximantes* (porque dos órganos se "aproximan" o "acercan") o *continuantes* (porque pueden "continuarse" o repetirse dentro de la misma respiración: "sssss" pero no "pppp"), términos que tal vez sean más apropiados que *fricativo*. Sin embargo, por costumbre, seguiremos usando el término *fricativo*. Las reglas que explican el uso y distribución de las fricativas suaves [β], [ð], [ɣ] y sus correspondientes oclusivas [b, d, g] se explicarán con detalle en el Capítulo 9.

Un sonido **africado** representa la combinación de un sonido oclusivo y un sonido fricativo, porque al iniciarse hay un momento de oclusión completa, al cual le sigue una fricción. El sonido africado más común del español es el que se pronuncia con el predorso de la lengua apoyado contra la región que está entre los alvéolos y el paladar duro, o sea, el sonido predorso-alveopalatal [č] de *chico, muchacho*. El sonido cuyo símbolo es [ỹ] es también africado y representa una pronunciación enfática de la "y-" y de la "ll-" iniciales en *yo* y *llueve*, respectivamente.

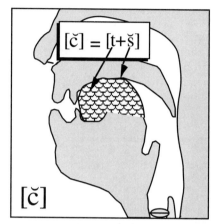

$$[č] = [t+š]$$

$$[č]$$

Fig. 4.12. La africada [č] es un sonido con dos componentes fónicos coarticulados, es decir [t] seguido por [š] (el símbolo [š] representa el sonido de las letras "sh" de *sheet, ship, cash*).

Las consonantes oclusivas, fricativas y africadas se clasifican como **obstruyentes** por el hecho de que, al salir el aire por la cavidad bucal hay obstrucción (parcial o total). Las consonantes nasales, laterales y vibrantes se agrupan bajo el término de **sonantes**.

Antes de pasar al tercer parámetro descriptivo de las consonantes — el de la sonoridad —, queremos apuntar que en la Figura 4.17 al final de este capítulo el estudiante puede encontrar un resumen de los puntos y modos de articulación presentados hasta aquí.

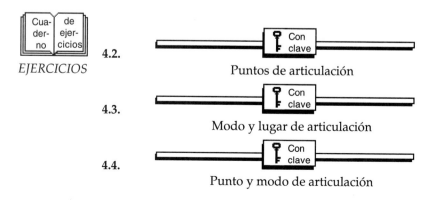

Cua-der-no de ejer-cicios

EJERCICIOS

4.2. Puntos de articulación — Con clave

4.3. Modo y lugar de articulación — Con clave

4.4. Punto y modo de articulación — Con clave

Sonoridad

La laringe (#8) alberga las cuerdas vocales (#8) donde se produce la **sonoridad** que siempre **acompaña a todas las vocales** y a **la mayoría de las consonantes**. En la producción de cada sonido pueden intervenir las cuerdas vocales. Si entran éstas en vibración, decimos que el sonido es **sonoro** (ingl. 'voiced'). Si las cuerdas vocales no vibran, decimos que el sonido es **sordo** (ingl. 'unvoiced'). En español, y asimismo en inglés, las vocales son normalmente sonoras. Al producir una vocal entran en vibración las cuerdas vocales mientras la lengua y los labios toman la posición característica del sonido vocálico producido. La mayoría de las consonantes también son sonoras. Los sonidos nasales [m], [n] o [ñ], los vibrantes [r] y [r̄] y el lateral [l] son normalmente sonoros y por eso los llamamos *sonantes*.

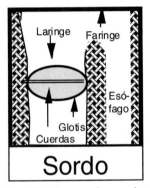

Fig. 4.13. Las cuerdas vocales
no vibran.

La línea recta indica que el sonido representado es sordo, es decir, que las cuerdas vocales **no** están en vibración.

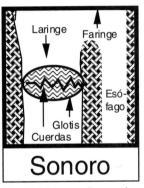

Fig. 4.14. Las cuerdas vocales
vibran.

La vibración de las cuerdas vocales produce la sonoridad de sonidos. Esta aparece representada con una curvilínea. Para "sentir" la diferencia entre consonantes sonoras y sordas, ponga dos dedos en la garganta y produzca en voz alta los sonidos del inglés [s] y [z]. Sentirá vibrar las cuerdas vocales en [z] pero no en [s].

Hay varias maneras de saber si una consonante es sonora o sorda. Una de estas maneras es obviamente por vía de la vibración que se siente al tapar los oídos con los dedos cuando se pronuncia fuertemente el sonido detenido (e.g., [díxxxxxo], [díɣɣɣɣɣɣɣo]). Otra manera — muy eficaz y fácil — de recordar la **sonoridad** o **sordez** de un sonido es la siguiente: como sabemos, los sustantivos regulares del inglés se pluralizan en "-s" o "-es". Para nuestro propósito miraremos sólo las palabras que terminan en "-s". Como lo ilustran los ejemplos siguientes, en palabras pluralizadas con la "-s," la "-s" final tiene en inglés dos articulaciones — [-s] o [-z]—, **condicionada cada una por la sonoridad o sordez de la consonante precedente:**

Plural con [-s]				Plural con [-z]		
		sonido sordo	plural		sonido sonoro	plural
hat-s		[-t]	[s]	gal-s	[-l]	[z]
ship-s		[-p]	[s]	fad-s	[-d]	[z]
rack-s	(-ck = [k])	[-k]	[s]	rag-s	[-g]	[z]
laugh-s	(-gh = [f])	[-f]	[s]	bed-s	[-d]	[z]

Ahora bien, la conclusión y la utilidad de lo antedicho es que **si la "-s" final de un sustantivo pluralizado con "-s" se articula [-s], entonces el sonido precedente es sordo. Si se articula con [-z], el sonido precedente es sonoro.** Según esta simple regla, la "t" de *hat-[s]* debe ser sorda, y asimismo la "p" de *ship-[s]*. La "l" de *gal-[z]* y la "d" de *fad-[z]* naturalmente son sonoras. Supongamos ahora que Ud. tenga dudas en cuanto a la sonoridad del sonido [n] de *nada*. Para encontrar la solución tendrá que buscar un sustantivo inglés que termina en "-n", por ejemplo *hen*. ¿Se articula *hen[s]* o *hen[z]* en el plural? Puesto que la respuesta es *hen[z]*, la "n-" de *nada* debe ser sonora.

Dado que el inglés no tiene el sonido [x] (jota), la simple regla de la pluralización de sustantivos ingleses no sirve para determinar si las cuerdas vocales vibran o no en la jota (sorda). Recuérdese también que la [s] y [č] son ambas sordas, a diferencia de [z] que es sonora.

Descripción técnica de la consonante waw

Antes de terminar este capítulo, debemos volver a un sonido que ya habíamos presentado en capítulos anteriores, pero que hasta ahora no hemos descrito con suficiente precisión. Nos referimos a la consonante waw, transcrita [w] como se recordará. Esta consonante, llamada *consonante (bi)labiovelar* o simplemente *labiovelar,* tiene una articulación en la cual participan simultáneamente dos órganos (véase la Figura 4.15), y por esta razón la waw tiene un nombre — *labiovelar* —que se refiere a dos partes de la boca. La labiovelar es sonora, y se produce al hacer vibrar el aire en el paladar mientras que los labios redondeados asumen la forma de una trompeta para causar fricción adicional a la salida de la boca. En inglés, el nombre técnico para la waw del español es *'bilabial slit fricative'.* Este término es paralelo al de la yod, llamada *'palatal slit fricative'.*

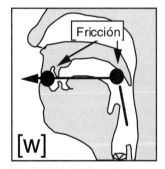

Fig. 4.15.   La labiovelar waw (consonante sonora).

Resumen

Junto con la lengua, los órganos y las cavidades más importantes que intervienen en la articulación de sonidos consonánticos son (1) los labios (inferiores y superiores), (2) los dientes, (3) los alvéolos, (4) el paladar y (5) el velo. Estos cinco puntos son todos **puntos de articulación**, los cuales pueden subdividirse aún más para obtener una descripción más detallada. Así hemos podido distinguir zonas intermediarias como la **alveodental** y la **alveopalatal**.

Hemos visto también la importancia de la **cavidad nasal**, la cual se opone a la **cavidad oral**. La primera interviene en la producción de sonidos cuando el velo del paladar se abre y deja pasar la columna del aire en vibración a través de la nariz. De esta manera se producen los **sonidos** llamados **nasales**, como la [m] de _mamá_, la [n] de _nada_ y la [ñ] de _caña_. Estos sonidos nasales se oponen a los sonidos **orales**, es decir, aquéllos que producen cuando el velo cierra el pasaje hacia la nariz. Otros órganos bucales como la **epiglotis** (la "puertita" que cierra y abre el pasaje hacia el estómago o los pulmones) no intervienen directamente en la producción de sonidos.

La lengua no interviene en la producción de todos los sonidos consonánticos (así en la articulación de sonidos como [f] o [p] la lengua no juega ningún papel importante), pero en muchos casos es el órgano que más trabaja por la correcta producción de las consonantes. Así, en la articulación de [t] o [k] es la lengua la que hace presión contra las zonas dentales y velares, respectivamente, produciendo así una oclusión momentánea total del aire. De igual modo, al articularse el sonido [s], la lengua se alza con cierta fuerza hacia los alvéolos para comprimir el aire entre estos dos órganos.

Dada la importante función de la lengua en la articulación de las consonantes, no sorprende que sea útil subdividir las varias regiones de este órgano. Hemos distinguido el ápice ("punta") de la lengua, el predorso, el dorso y el postdorso. Todas estas zonas intervienen en la producción de sonidos, pero es, como veremos en los próximos capítulos, el área que se extiende del ápice hasta el dorso la que tiene mayor aplicación en la articulación de las consonantes españolas.

En este capítulo hemos subrayado que la descripción de los puntos de articulación de algunos de los sonidos es algo flexible en el sentido de que los lingüistas los describen con mayor o menor detalle. En el caso de la [č], ortográficamente, "ch", por ejemplo, se dice que es una consonante **predorso-alveopalatal** cuando quiere precisarse su punto de articulación exacto, y simplemente **palatal** cuando se busca indicar el mismo sonido en términos más generales. En algunos casos, los especialistas quieren efectivamente distinguir entre articulación alveopalatal y una articulación palatal (estas dos articulaciones pueden, de hecho, coexistir dentro de un mismo dialecto). En tales casos, el uso del término _palatal_ no es una _simple_ generalización sino una descripción muy precisa que se opone a **alveopalatal**.

El segundo parámetro que se usa en la descripción de un sonido es el **modo de articulación**. Hemos distinguido seis modos de articulación, lo que nos ha llevado a hablar de **sonidos oclusivos** (ingl. 'stops' porque el aire se detiene momentáneamente al cerrar el pasaje bucal), **sonidos fricativos** (porque un cierre parcial causa fricción [= vibración del aire] en la producción de sonidos como [f], [s], [x], [w]³), **sonidos africados** (sonidos en los cuales se coarticulan una oclusión y fricción; cf., [č] = [tš]), **sonidos laterales** (porque el aire corre de los dos lados de la lengua; cf. [l]), **sonidos nasales** (porque el aire pasa por la nariz: cf. [m, n, ñ]) y **sonidos vibrantes** (cf. la [r] simple o doble que "vibran" contra los alvéolos). Hemos dicho también que las consonantes oclusivas, fricativas y africadas suelen clasificarse como **obstruyentes**. Las consonantes nasales, laterales y vibrantes son **sonantes**.

En este capítulo ha sido importante distinguir nuevamente entre la articulación de los sonidos y su diferente representación en la ortografía. Hemos notado, por ejemplo, que las **letras** "b, v, d" representan más de un sonido (a veces su articulación es oclusiva, pero, normalmente, los sonidos que corresponden a estas letras se pronuncian sin producir una oclusión total: así en *cava* los labios se acercan, pero el aire sigue escapándose y el resultado es una fricativa bilabial [β]). Algo contrario ocurre en el español americano general con las letras "ll, y", las cuales representan un mismo sonido (cf. los homónimos *callo* vs. *cayo*). Con respecto a la diferencia entre letras y sonidos es quizás más importante recordar que a pesar de la diferencia ortográfica entre las letras "b" y "v," **en español ambas letras tienen un comportamiento fónico idéntico**, es decir, **no hay diferencia articulatoria en la producción correcta entre estas dos letras** (esto explica por qué los hablantes nativos del español a veces cometen errores ortográficos al escribir **abe* y **suabe* en vez de *ave* y *suave*.

En la transcripción fonética, no se han usado siempre los mismos símbolos para un solo sonido, y los lingüistas siguen intercambiando estos símbolos de vez en cuando en sus trabajos de manera más o menos arbitraria e individual. Así es común encontrar tanto [β] como [ƀ] para representar los sonidos fricativos "v/b", o [ð], [ə] o [đ] para el sonido fricativo en *pido* (para revisar otras variaciones en el uso de signos fonéticos, véase la Figura 4.11).

En la Figura 4.16 a continuación, se ve cómo cualquier sonido puede ser descrito en detalle usando los siguientes tres parámetros:

1. lugar o punto de articulación (el "¿dónde?")
2. manera o modo de articulación (el "¿cómo?" se modifica el aire al salir de la boca), y
3. la sonorización (sordo/sonoro, i.e., con o sin vibración de las cuerdas vocales).

El ejercicio 4.12 "Su propia lista de sonidos" le ayudará al estudiante a clasificar según el punto y modo de articulación los sonidos introducidos en este capítulo. La Figura 4.17 da un resumen de los sonidos que hemos analizado hasta ahora según los tres parámetros mencionados en la Figura 4.16.

---

3   El sonido [w] es especial en el sentido de que la fricción se produce no en uno sino en dos lugares, es decir, el velo y los labios.

1. PUNTO DE ARTICULACIÓN	2. MODO DE ARTICULACIÓN	3. SONORIZACION (Voz)
¿DÓNDE?	¿CÓMO?	¿SORDO/SONORO?

1. Labio(s)
2. Dientes
	1. Oclusivo
	2. Fricativo
	  • no sibilante
	  • sibilante
		Son **sonoros** todos los sonidos que se producen con vibraciones de las cuerdas vocales (laringe).
		
		Son sonoras:
		  • la mayoría de las consonantes
		  • todas las vocales

3. Alvéolos	3. Nasal	• todas las nasales
4. Alveo-paladar	4. Lateral	

5. Paladar	5. Vibrante
	  • múltiple
	  • simple (un solo toque)	

6. Velo	6. Africado	Son **sordos** todos los sonidos que no llevan vibración laríngea.[4]
Lengua 7. Apice 8. Predorso 9. Dorso 10. Posdorso		

Fig. 4.16. Los tres parámetros de la descripción fonética

---

[4]   La ausencia de vibración desde luego no implica que el sonido no pueda oírse ya que otros órganos de la boca pueden producir sonidos sordos (por ejemplo la lengua puede tocar contra el velo en la producción de una /k/ sorda).

Los 7 puntos de articulación:

Sonidos		
	1. bilabiales:	[p], [b], [β], [m]
	2. labiodentales:	[f]
	3. dental:	[t], [d], [ð]
	4. alveolar:	[s], [n], [l], [r], [r̄]
	5. alveopalatal:	[č], [ñ], [y], [ў], [ɟ]
		(= descripción precisa)
	6. palatales:	[č], [ñ], [y], [ў], [ɟ][5]
		(= descripción generalizadora)
		En este texto usaremos la descripción generalizadora para estos sonidos.
	7. velar:	[k], [ɣ], [x], [w][6]

Los 6 modos de articulación:

Sonidos		
	1. oclusivos:	[p], [t], [k], [b], [d], [g]
	2. fricativos:	[f], [s], [x] (= jota)
		[β], [ð], [ɣ], [ɟ], [w]
		SUBCATEGORÍA:
		sibilantes: [s] (cf. *sopa*)
		[z] (cf. ingl. *haze*)
	3. africados:	[č], [ў]
	4. laterales:	[l]
	5. vibrantes:	[r] (= "r" simple)
		[r̄] (= "r" doble)
	6. nasales:	[n], [m], [ñ]

Nota: una transcripción alternativa para la nasal [ñ] es [ɲ], es decir, una "n" con una colita abajo de la línea).

Nota: por el momento no será importante saber distinguir entre [ў] y [ɟ], los cuales son africados y fricativos, respectivamente.

---

[5]   Para precisar con mayor exactitud el punto de articulación de [č], [ñ], [y], [ў], [ɟ] , estos sonidos se llaman a veces *alveopalatales*.

[6]   Este sonido labiovelar se agrupa normalmente bajo las velares más bien que las bilabiales.

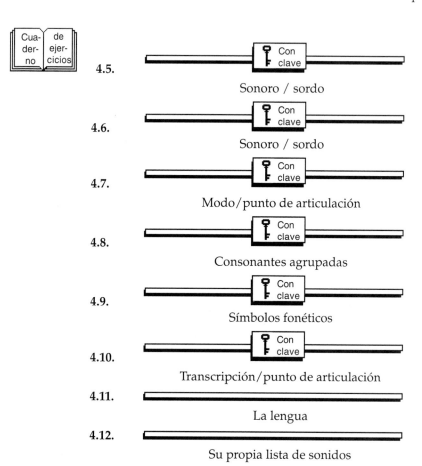

4.5.

Sonoro / sordo

4.6.

Sonoro / sordo

4.7.

Modo/punto de articulación

4.8.

Consonantes agrupadas

4.9.

Símbolos fonéticos

4.10.

Transcripción/punto de articulación

4.11.

La lengua

4.12.

Su propia lista de sonidos

CAPITULO 5

El fonema

Introducción

La fonética es la ciencia que estudia la producción, transmisión y recepción de los sonidos. En el habla espontánea hay una infinidad de sonidos diferentes que pueden producirse, pero la mayoría de estas diferencias son tan pequeñas que el oyente no las nota, o por lo menos no les presta atención en el momento de interpretar el mensaje que acaba de oír. Son estas pequeñas diferencias las que los **fonetistas** estudian dentro del campo de la fonética.

Existen otras diferencias articulatorias — llamadas diferencias *fonológicas* (o *fonemáticas*) — que son más básicas que las fonéticas porque se utilizan para distinguir el **significado** de una palabra del de otra. En este capítulo no intentaremos explicar por completo el funcionamiento del sistema fonológico del español, sino que trataremos más bien de introducir los conceptos básicos para que en los capítulos siguientes podamos hacer uso de ellos en el momento de contrastar la variada función de los sonidos españoles e ingleses. Aquí nos limitaremos a presentar los conceptos de fonema y alófono de forma sencilla; los detalles se discutirán en los capítulos que siguen.

Introducción a dos conceptos básicos: fonema y alófono

Hasta ahora hemos considerado esencialmente los sonidos del español y del inglés desde el punto de vista de su articulación (o producción fisiológica), dejando de lado consideraciones que investigarían si algunos de estos sonidos tienen mayor o menor importancia en la formación de palabras. Sin embargo, existe otro plano de interés — el **sistema fonológico** — el cual se centra

69

precisamente en la problemática de cómo ciertas diferencias acústicas (pero no otras) sirven para establecer diferencias de significado. Al hablar de **fonemas** (= constituyentes del **sistema fonológico)** y de **alófonos** (componentes **fonéticos** del sistema fonológico), veremos en este capítulo por qué la sustitución de un determinado sonido por otro da lugar a un cambio de significado en algunos casos (columna izquierda a continuación) pero no en otros (columna de la derecha a continuación):

Cambio de sonido **con** cambio de significado	Cambio	Cambio de sonido **sin** cambio de significado	Cambio
/t̯ío → m̯ío/	/t → m/	[mísmo → mízmo]	[s → z]
/ĺoro → t̯óro/	/l → t/	[árbol → árβol]	[b → β]
/kóro → kódo/	/r → d/	[órden → órðen]	[d → ð]
/kómen → kómes/	/n → s/	[méxiko → méhiko]	[x → h]

Queremos analizar primero dos ejemplos de variación fónica — uno del inglés y el otro del español — que servirán para ilustrar la fundamental diferencia conceptual entre **fonemas** y **alófonos.** Para este propósito nos serviremos de dos sonidos que existen tanto en inglés como en español. El primero de éstos es un sonido **fricativo** que ocurre en palabras inglesas como *then, though, feather, mother* o *leather.* Como ya hemos visto en el Capítulo 4, en la lingüística este sonido puede representarse con el símbolo fonético [ð].

El segundo sonido que usaremos para ilustrar la diferencia entre el fonema y el alófono es un sonido **oclusivo** que suele representarse con el símbolo [d]. Las palabras ingl. *den, done, rider* y *load* contienen todas esta [d] oclusiva.

Si contrastamos ingl. *then* con *den* nos enfrentamos pues a dos palabras que contrastan los dos sonidos que aquí nos interesan, es decir, la [ð] **fricativa** de *then* y [d] **oclusiva** de *den.* Tanto /d/ como /ð/ son sonoros y se pronuncian en la región dentoalveolar. La única diferencia entre estos dos es, pues, que el sonido asociado con las letras "th" es fricativo y el asociado con "d" es oclusivo.

En español, estos mismos sonidos [d] (duro) y [ð] (más suave) también se dan, pero en esta lengua ambos sonidos van representados por la letra "d" (esto equivale a decir que el español tiene no una sino por lo menos dos articulaciones posibles para la letra "d"). Las siguientes palabras permiten contrastar la articulación de la [d] oclusiva (columna izquierda) y de la [ð] fricativa (columna derecha) en español:

> Para una mejor comprensión de este capítulo, sugerimos que Ud. pronuncie en voz alta ejemplos como los que se citan a continuación para **oír** los sonidos analizados.

[d] oclusiva ("dura")		[ð] fricativa ("suave")	
ando	[ándo]	nada	[náða]
manda	[mánda]	lado	[láðo]
sandía	[sandía]	mide	[míðe]

[d] vs. [ð] en español

Ahora que hemos demostrado la existencia del sonido fricativo [ð] tanto para el inglés como para el español, queremos contrastar una vez más la representación ortográfica de este sonido en cada una de las lenguas. Nótese que la articulación de las letras subrayadas — "d" para el español y "th" para el inglés — es de hecho idéntica (si Ud. oye una notable diferencia en la [ð] de los ejemplos españoles e ingleses es porque Ud. articula las palabras de una de las columnas con acento extranjero):

español	inglés	articulación	
lado	lea<u>th</u>er	*fricativa dental sonora* [ð]	**[ð]**
pue<u>d</u>o	wea<u>th</u>er	*fricativa dental sonora* [ð]	**en español e**
mi<u>d</u>o	wi<u>th</u>er	*fricativa dental sonora* [ð]	**inglés**

Antes de continuar, resumamos brevemente los hechos establecidos hasta ahora: (1) tanto el inglés como el español cuentan con **los sonidos** [d] y [ð]; (2) en el nivel ortográfico, el español usa una sola letra — "d" — para representar estos dos sonidos, mientras que en inglés se emplean "d" para el sonido oclusivo y "th" para el sonido fricativo.[1]

Hemos avanzado lo suficiente para introducir la idea de que a pesar de la existencia de [d] y [ð] en español y en inglés, hay una diferencia fundamental en cómo los hablantes de las respectivas lenguas **interpretan** estas diferencias fonéticas. El lector habrá notado, quizás, que en los ejemplos de [d] y [ð] que hemos citado del inglés, la oposición o el contraste entre [d] y [ð] puede usarse para cambiar el significado (cf. *den* vs. *then*). **En español, el mismo contraste entre la [d] y [ð] nunca conlleva tal cambio de significado de palabras.** Expresado de otra manera, podemos decir que el contraste entre [d] y [ð] es **funcional** en inglés (porque funciona para distinguir sentido) pero no lo es en español (porque [ð] no funciona como diferenciador de significado). Esta diferencia funcional entre la [ð] del inglés y la [ð] del español se observa fácilmente en los segmentos fónicos [den] y [ðen] (ver Fig. 5.1), los cuales se dan en las dos lenguas, aunque con significados muy variados (el *den* español viene del verbo *dar*). Se notará que el intercambio entre [ð] y [d] conlleva un cambio de significado en inglés pero no en español.

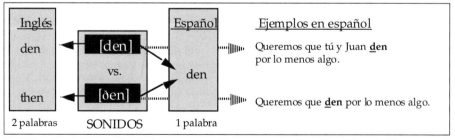

Fig. 5.1.   La interpretación de dos segmentos fónicos distintos (i.e., [ð] y [d]) en inglés y español

---

[1]   En realidad, el sonido [d] del inglés americano corresponde también a otras letras. Así, en las palabras *la<u>t</u>er* o *Pe<u>t</u>er*, la "t" se articula con [d].

Las diferencias fónicas que pueden conllevar **cambios de significado** se llaman **diferencias fonológicas**. Por lo tanto, existe una distinción fonológica entre /ð/ y /d/ en inglés, pero esta misma distinción no se obtiene en español, donde el mismo cambio fónico no tiene ninguna consecuencia fonológica. Puesto que los sonidos [ð] y [d] pueden cambiar el significado de palabras en inglés, diremos que en esa lengua /ð/ y /d/ son **fonemas**.

Un fonema es, pues, la **unidad mínima que puede cambiar el significado de una palabra**. Tales unidades (fonemas) se transcriben en la lingüística entre barras oblicuas (i.e., "/.../"). El fonema es siempre una **representación abstracta de uno o de varios sonidos**. Estos sonidos se llamarán *alófonos*, y se transcribirán siempre entre corchetes (i.e., [...]").

"/.../" vs. "[...]"

El uso de las barras oblicuas "/.../" — típicas de la representación **fonémica** (o fonológica) — contrasta con el uso de los corchetes "[...]" de la representación **fonética**.

En el caso de una palabra como ingl. *then* es, pues, el alófono [ð] que se articula, pero es el **fonema** /ð/ que se percibe o interpreta al nivel de significado. Podemos decir que este fonema inglés /ð/ fricativo contrasta con el fonema /d/ oclusivo ya que los dos pueden usarse para establecer **pares mínimos** (ingl. 'minimal pairs), es decir, **pares de palabras donde la sustitución de un solo sonido conlleva un cambio de significado** (compare nuevamente *den* con *then*). Para establecer la totalidad de fonemas dentro de un **sistema fonológico** se busca el máximo de pares mínimos contrastivos. Así, en el caso del español, podríamos empezar con determinar si existe el fonema /d/. Buscaríamos entonces pares mínimos donde el sonido [d] es contrastivo. Esta tarea no es difícil ya que [den] contrasta con [ten], lo que nos autoriza a transcribir /den/ y /ten/ con las barras oblicuas características de la transcripción fonológica. Podríamos entonces seguir con nuestra busqueda de fonemas y tratar de contrastar, por ejemplo, el sonido [t] con [s]. En este caso es también fácil encontrar pares mínimos (cf. *ti* vs. *si* o *mata* vs. *masa*), autorizándonos nuevamente a concluir que /t/ y /s/ son efectivamente fonemas en español.

Ahora bien, si nos metiéramos a averiguar si el alófono (= sonido) oclusivo [d] puede contrastarse en un par mínimo con el sonido fricativo [ð], buscaríamos en vano ya que en español [ð] y [d] entre sí nunca diferencian significado. Esto equivale a decir que **en el nivel de interpretación**, los hablantes del español consideran que [ð] y [d] son equivalentes, y por lo tanto pertenecen a un solo fonema, i.e., /d/ (el hecho que este fonema se transcriba /d/ más bien que /ð/ es una práctica arbitraria que se impuso ya en la primera mitad de este siglo). Diremos entonces que el fonema /d/ del español tiene dos **variantes alofónicas** cuya realización es [ð] y [d].

Debería de ser lo suficiente claro ahora que en el nivel de funcionalidad, los sonidos [ð] y [d] son muy distintos en español y en inglés. En inglés [ð] y [d] pertenecen a distintos fonemas — /ð/ y /d/ —mientras que en español son "sólo" variantes de un fonema único, i.e., /d/ (para una representación gráfica de esta importante diferencia funcional, véase la Figura 5.2).

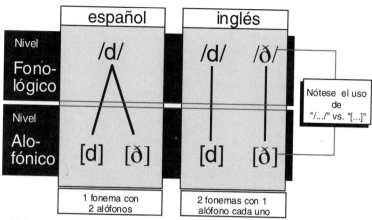

Fig. 5.2.   El fonema es siempre una **representación abstracta** de uno o de varios sonidos. Estos sonidos se llaman *alófonos* y se transcriben siempre entre corchetes, i.e., "[...]".

Se acordará el lector que en un párrafo anterior habíamos analizado la variable funcionalidad, en español y en inglés, de los segmentos fónicos [d̪en] y [ð̪en]. Puede ser útil volver a estos ejemplos una vez más para ver cómo esta distinción de funcionalidad se representa en la transcripción fonológica. Como lo ilustra la Figura 5.3 a continuación, en el nivel exclusivamente **fonético**, los hablantes **del español** distinguen cuidadosamente entre la [ð] fricativa y la [d] oclusiva (examinaremos las reglas que rigen esta variación **alofónica** en detalle en el Capítulo 9), pero estas diferencias no tienen ninguna consecuencia en el nivel del significado, lo que nos obliga simplemente a ignorarlas en la transcripción fonológica (ver las transcripciones entre "/.../" al lado derecho de la Figura 5.3., donde los alófonos [ð] y [d] se representan ambos con /d/ en el nivel fonológico). La situación es lo opuesto en inglés, donde el sonido [ð] debe de representarse con /ð/ en la transcripción fonológica.

	INGLÉS			ESPAÑOL	
	Fonética Alófonos	Fonología Fonemas		Fonética Alófonos	Fonología Fonemas
<u>d</u>en <u>th</u>en	[d]en [ð]en	/d/en /ð/en	den den	[d]en [ð]en	/d/en /d/en
			Ejemplos dentro de oraciones: Queremos que tú y Juan **den** por lo menos algo. [d] Queremos que **den** por lo menos algo. [ð]		
El cambio de [d] oclusiva a [ð] fricativa cambia el significado.			El cambio de [d] oclusiva a [ð] fricativa **no** cambia el significado.		

Fig. 5.3.   La transcripción fonética vs. fonológica

Nótese que en español los hablantes intuyen que las diferencias fónicas entre [ðen] y [den] no son significativas en el nivel semántico (= de significado) porque la sustitución de [ð] por [d] (o vice versa) nunca resulta en la formación de pares mínimos. Lo contrario es el caso del inglés, donde la sustitución de [ð] por [d] puede producir pares mínimos (cf. [ðen] vs. [den]). Usando la terminología técnica, diremos de aquí en adelante que tanto en inglés como en español existen los **alófonos** [d] y [ð], pero que la diferencia entre éstos es fonológica (o "significativa") solamente en inglés.

Otras nociones sobre pares mínimos, fonemas y alófonos

PARES MINIMOS: Como hemos indicado antes, cuando hay una sola diferencia fónica entre dos palabras (como es el caso en ingl. *den vs. then*) y cuando esta diferencia implica una distinción de significado, decimos que se trata de un **par mínimo**. Otros pares mínimos son:

	h̲en	vs.	p̲en
	b̲ed	vs.	s̲aid
inglés	ta̲n	vs.	te̲n
	wit̲h̲	vs.	wit̲
	h̲ated	vs.	r̲ated
	s̲ed	vs.	r̲ed
	l̲o	vs.	n̲o
español	mu̲cho	vs.	ma̲cho
	ta̲ngo	vs.	te̲ngo
	habla̲n̲	vs.	hablas̲

Es importante notar que el concepto de par mínimo está basado en sonidos y no en letras. Por lo tanto, los ejemplos siguientes — distintos sólo al nivel ortográfico pero no fónico — **no** constituyen pares mínimos:

inglés	sea	vs.	see	No son pares mínimos.
	flea	vs.	flee	

español	si ('if') vs.	sí ('yes')	No son pares mínimos.
	vino ('came') vs.	vino ('wine')	

EL FONEMA Y EL ALOFONO: Hemos visto que es necesario entender que la diferenciación fonética en español entre [d] y [ð] no sirve para distinguir palabras, mientras que en inglés esta diferenciación articulatoria entre la oclusiva y la fricativa sí se usa para tal fin. Si un hablante no nativo del español se equivoca en el uso de estos alófonos y articula, por ejemplo, una oclusiva [d] en vez de la fricativa [ð], esta confusión causará a lo mejor un leve acento extranjero pero de ninguna manera cambiará el significado de la palabra. Por ejemplo, si en la palabra *cada*, la cual se pronuncia normalmente [káða], es decir con fricativa [ð], produjéramos un sonido oclusivo [d], la palabra contendría un poco de acento extranjero, pero se entendería de todos modos puesto que sigue siendo la palabra *cada*.

Sabemos ya que en inglés la diferencia entre un sonido oclusivo y uno fricativo es **contrastiva** o **distintiva**. Por otra parte, cuando una diferencia fónica no es de importancia en el nivel **semántico** (= de significado), diremos que es una diferencia **redundante**. Todas las variaciones alofónicas que no conllevan cambios de significado son, pues, diferencias redundantes. Lógicamente, en español [d] y [ð] son considerados redundantes porque no hay par mínimo con [d] y [ð], ya que ambos alófonos pertenecen a un solo fonema, i.e., /d/.

Hasta ahora hemos presentado las diferencias **contrastivas** o **fonémicas** entre la oclusiva "d" y la fricativa "th" del inglés con los símbolos /d/ y /ð/, respectivamente: cf. /den/ vs. /ðen/. El uso de las barras oblicuas "/.../" — típicas en la representación **fonológica** o **fonémica** — contrasta con el uso de los corchetes "[...]" de la representación **fonética** de los antes mencionados alófonos españoles [d] y [ð]. El hecho de que [d] y [ð] sean alófonos en español no implica que estos mismos sonidos españoles no puedan representarse a nivel **fonológico**. Es decir, al transcribir oraciones españolas, el lingüista tiene que decidirse de antemano si quiere presentar **una transcripción estricta** que mostrará todos los detalles alofónicos, o si desea exponer una **transcripción muy amplia** (por definición poco detallada) en la cual se limitará a distinguir sólo fonemas, es decir los mínimos detalles fónicos que servirán para distinguir el significado de las palabras. En el caso del ejemplo anterior de la letra "d" española, para la cual hemos establecido una articulación variable [d] y [ð], se entenderá ahora que al nivel **fonológico** bastará representarla con un solo símbolo fonológico, es decir /d/ (¡nótese el uso de la barra en lugar de los corchetes!). Repetimos una vez más que la selección, por parte de los lingüistas, del símbolo fonológico "oclusivo" /d/ en vez del "fricativo" /ð/ para la representación fonológica de los dos alófonos analizados es, en cierto sentido, una convención arbitraria, y muy bien habría podido usar /ð/ en su lugar (se le dio preferencia al símbolo "/d/" por ser más fácil de imprimir). Sea como sea, el estudiante debería entender que esta convención tipográfica de ninguna manera implica que el sonido oclusivo [d] sea más frecuente o más normal que el fricativo [ð].

Resumamos: El fonema /d/ en español puede realizarse de dos maneras, una oclusiva [d] y la otra fricativa [ð], pero la alternancia de estos sonidos jamás tiene consecuencias semánticas. A estas realizaciones fonéticas las llamamos **alófonos** o **variantes**. En inglés, la diferencia entre esta fricativa y oclusiva es **contrastiva**, y por lo tanto /d/ y /ð/ son ambos **fonemas. Todos los alófonos,** por su parte, **siempre pertenecen a un fonema** (los alófonos españoles [d] y [ð], por ejemplo, pertenecen al fonema /d/), y en las lenguas del mundo los alófonos son naturalmente siempre más numerosos que los fonemas.[2] Hay fonemas que tienen un solo alófono (recordemos el ejemplo de la /d/ inglesa de la Figura 5.2 más arriba, donde [d] es el único alófono de /d/), pero lo más normal es que un fonema tenga varios alófonos.

Examinemos ahora un ejemplo de un fonema inglés que tiene más de un alófono (= más de una articulación). En inglés, la letra "p" tiene varias posibilidades de pronunciación según la posición que tenga en la palabra. La pronunciación común es la de un sonido oclusivo bilabial sordo. Al formarse la oclusión, se escapa aire de la boca, y así el sonido va acompañado de cierta fricción o explosión. Esta fricción puede verificarse de la siguiente manera. Mantenga un pedazo de papel cerca de los labios. Pronuncie las palabras a continuación que comienzan con la letra "p":

---

[2] Todas las lenguas del mundo exhiben variación alofónica. La cantidad de alófonos de una lengua depende del análisis que quiera efectuarse; lógicamente transcripciones muy estrictas reflejarán un número considerable de alófonos.

Pete
peck
poor

Al pronunciar estas palabras, se moverá el papel por la fuerza del aire que sale entre los labios. El aire que acompaña la producción del sonido oclusivo en inglés se denomina **aspiración** y el sonido se simboliza con [p^h] (la "h" alzada simboliza la aspiración).

La letra "p" no se pronuncia siempre con aspiración en inglés. Si seguimos manteniendo el mismo papel en la misma posición, y si en vez de emitir la palabra *port* articulamos *sport*, veremos que aunque la [s] sí produce escape de aire, la aspiración de la "p" desaparece casi por entero. Esta "p" no aspirada de *sport* se llama *oclusiva bilabial sorda no aspirada*, transcrita simplemente con [p] (nótese que usamos corchetes para mostrar que se trata de un alófono). Al comparar las dos palabras *port* y *sport*, es obvio que al nivel articulatorio los sonidos son distintos: [p] ≠ [p^h]. Sin embargo, esta diferencia, aunque muy real fonéticamente, no la usa el anglohablante para distinguir palabras, lo que equivale a decir que no hay pares mínimos en inglés basados en la diferencia entre [p] y [p^h]. En nuestro ejemplo, un anglohablante normalmente no se fija de manera consciente en la diferencia entre la pronunciación de la [p^h] de *port* y la [p] de *sport*, a menos que en el primer caso se pronuncie erróneamente sin aspiración, o en el segundo caso se pronuncie erróneamente con aspiración.[3]

Acabamos de ver otro caso en el que existe una diferencia fonética muy real entre dos articulaciones, pero donde estas diferencias articulatorias no tienen ningún efecto a nivel semántico. En el caso inglés de la /p/ aspirada y no aspirada diremos que a nivel **fonético** sí existen dos sonidos distintos; [p^h] aspirado y [p] no aspirado, pero que a nivel **fonológico** (o **fonemático**) los dos sonidos son representaciones de un solo fonema, i.e., /p/.

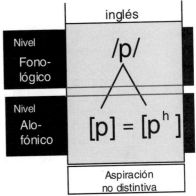

Fig. 5.4. Manifestaciones fonéticas del fonema /p/ del inglés.

En otros idiomas esta interpretación fonológica de la /p/ no es válida. Ya que el rasgo de aspiración en el caso de la oclusiva bilabial sorda [p] es distintivo. Al contrario de lo que ocurre en inglés, la diferencia sí la percibe cualquier hablante de ese idioma. Es necesario saber qué palabras contienen un

---

3   Hay que notar, sin embargo, que en el susurro, la aspiración de oclusivas sordas sí puede tener una función fonemática. En el susurro, sólo la aspiración distingue las oclusivas sordas /p, t, k/ de las oclusivas sonoras /b, d, g/. Este fenómeno lleva a muchos hablantes nativos del inglés a identificar, falsamente, las oclusivas /p, t, k/ del español como /b, d, g/.

sonido aspirado [pʰ] y cuáles no. Como prueba, hay que proporcionar pares mínimos de palabras cuya diferencia semántica dependa totalmente de esta oposición entre aspiración y no aspiración.

Un ejemplo específico de una lengua que distingue /p/ y /pʰ/ fonológicamente es el tailandés, donde /pʰáa/ 'partir' es una palabra, y /páa/ 'selva' es otra. En este caso no es posible decir que los dos sonidos son iguales al nivel fonológico sino, por el contrario, que son distintos, no sólo fonéticamente sino también fonológicamente. Por lo tanto, los alófonos [p] y [pʰ] no pertenecen al mismo fonema.

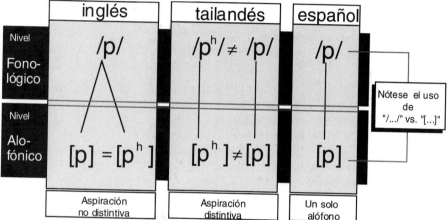

Fig. 5.5.   El rasgo "aspiración" en la oclusiva bilabial sorda del inglés, tailandés y español. Al oír [p] y [pʰ] los hablantes del inglés abstraen que esta diferencia acústica **no** es significativa en el nivel de interpretación. Lo contrario ocurre con hablantes del tailandés, quienes identifican la diferencia acústica entre [p] y [pʰ] con una diferencia de significado en pares mínimos como /pʰáa/ 'partir' y /páa/ 'selva.'

El tercer ejemplo lo tomaremos del latín. En el latín había diez vocales distintas. Cinco de ellas eran largas, y cinco breves (el símbolo ":" se emplea aquí para indicar la duración larga de las vocales):

Largas	Breves
/a:/	/a/
/e:/	/e/
/i:/	/i/
/o:/	/o/
/u:/	/u/

Estas vocales eran distintas fonológicamente en el sentido de que si el hablante usaba erróneamente una vocal breve en lugar de una larga, esto podía cambiar el significado de la palabra: *os,* con vocal [o] breve, significaba 'hueso' y *os,* con vocal [o:] larga, significaba 'boca.' Así, para el hablante del latín era muy importante diferenciar cuidadosamente entre una vocal corta y una larga.

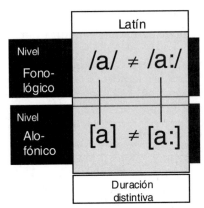

Fig. 5.6.   El contraste /aː/ ≠ /a/ en latín

Como acabamos de ver, en el caso del latín hay diferencias articulatorias en la duración vocálica que resultan en una diferencia de interpretación en la mente del hablante. En español todas las vocales son, normalmente, cortas y en el sistema vocálico hay solamente cinco vocales distintivas. Sin embargo, por énfasis o por algún otro motivo el hispanohablante alarga muchas veces la pronunciación de la vocal. Por consiguiente, en el español existen **fonética**mente — pero no **fonológica**mente — vocales largas y vocales cortas como en el latín. En un nivel puramente descriptivo podemos decir pues que los sonidos vocálicos del latín y del español son casi idénticos ya que ambas lenguas exhiben la doble serie de vocales breves [a, e, i, o, u] y vocales largas [aː, eː, iː, oː, uː].

Frente al caso del latín, la diferencia larga vs. corta no tiene ningún valor distintivo para el significado de las palabras españolas. Expresado de otra manera, en español la variación vocálica "larga" vs. "corta" es una variación puramente **redundante** (en este caso estilístico) mientras que en el latín esta variación es **contrastiva**. En español la duración es un rasgo fonético sin posibilidades contrastivas; en cambio, en latín el rasgo de duración con respecto a las vocales es distintivo. El ejemplo del latín /os/ 'hueso' y /oːs/ 'boca' es prueba de que dentro del sistema fonológico del latín, /o/ no equivalía a /oː/, y que esta diferencia distintiva se debía al rasgo de duración.

La diferencia entre el sonido [e] y el sonido [a] en español es distintiva o contrastiva como lo comprueban los **pares mínimos** de m_e_sa vs. m_a_sa o d_e_do vs. d_a_do. Decimos entonces que estos dos sonidos no son miembros de un solo fonema, sino alófonos que pertenecen a diferentes fonemas, es decir, /a/ y /e/, respectivamente. En cambio, la [a] corta y la [aː] larga del español pertenecen a un solo fonema — o sea, /a/ — porque nunca forman un par mínimo.

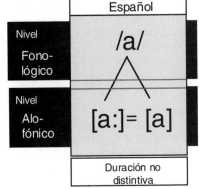

Fig. 5.7.   Manifestaciones fonéticas de la /a/ en español.

Ya que estamos hablando de vo- cales, podemos señalar ahora que el cambio vocálico del tipo [tu̯ espósa] → [tu̯ espósa] — es decir, la transformación en el habla rápida de una vocal en semivocal (ver Capítulo 2) — es otro caso de una alternancia alofónica. En español, la semivocal [u̯] es un alófono del fonema /u/ (sabemos que [u̯] es un alófono y no un fonema porque no hay pares mínimos basados en [u] vs. [u̯]). Por lo tanto, en el nivel **fonológico** transcribiremos palabras como *puerta* con /puérta/, y en el nivel **fonético** representaremos la misma palabra con [pu̯érta]. Es similar el caso del fonema español /i/, el cual tiene como alófonos principales el sonido vocálico [i] y la semivocal [i̯].

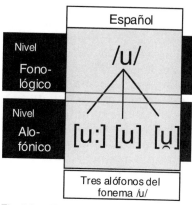

Fig. 5.8. En esta representación, el fonema /u/ tiene tres alófonos: [u:] (= [u] alargado) [u], y [u̯] (= semivocal).

Hemos señalado ya en un párrafo anterior que el fonema español /u/ se realiza a veces con una variante breve y a veces con una larga. Si añadimos a estas dos variantes alofónicas la semivocal [u̯] podemos establecer el tipo de representación gráfica del fonema /u/ que se da en la Figura 5.8.

En los ejemplos que hemos discutido hasta ahora, hemos visto que **el fonema es siempre una representación abstracta de un grupo de sonidos**, y este fonema se manifesta fonéticamente por medio de sonidos. Es decir, al pronunciar una palabra no articulamos fonemas sino alófonos, los cuales siempre pertenecen a un determinado fonema. En español, no pronunciamos el fonema /a/ sino que pronunciamos un sonido [a] que es una **manifestación fonética** alofónica del fonema /a/. En inglés, no pronunciamos el fonema /p/ sino que pronunciamos un sonido que es un miembro del grupo fonológico /p/. En este caso puede ser una [pʰ] aspirada o una [p] no aspirada según el contexto en que /p/ se encuentre. Estas dos articulaciones son las principales representaciones fonéticas del fonema /p/. Tanto [p] como [pʰ] son pues **alófonos** de /p/. En español el fonema vocálico /a/ tiene dos alófonos: una [a] corta que es la más normal y una [a:] larga que se usa en casos de énfasis. Los dos alófonos son manifestaciones fonéticas del fonema que nosotros oímos e interpretamos al escuchar a un hablante. Como el fonema es una abstracción y no un fenómeno acústico, no puede realmente decirse que se pronuncian fonemas. Sólo pueden pronunciarse alófonos, y estos representan los fonemas, los cuales entre sí forman el sistema fonológico (abstracto) que nos permite distinguir significado.

De lo dicho hasta aquí debe haber resaltado ya que cada lengua tiene su propio sistema fonológico. Efectivamente, el número de fonemas de una lengua varía considerablemente en las lenguas del mundo. El español americano general tiene un total de 18 fonemas (el estudiante puede encontrar una lista completa de estos fonemas en la Tabla Fonológica en la carátula [ingl. 'front inside cover'] de este manual).

Pasemos ahora a otro ejemplo de clasificación fonológica del español. La [r] simple de *pero* contrasta con la [r̄] múltiple de *perro* porque la "r" de *pero* es menos larga que la "rr" de *perro*. La "rr" doble se articula mediante más vibraciones que la [r] simple. Cabe hacerse la siguiente pregunta: ¿Es contrastivo el rasgo de duración aplicado a los sonidos vibrantes? La respuesta es afirmativa porque al substituir una [r̄] múltiple (larga) por una [r] simple (corta) es posible formar pares mínimos: cf. *caro* vs. *carro*. Por eso hay que clasificar [r] y [r̄] como alófonos de **diferentes fonemas** (si dijéramos que los alófonos [r] y [r̄] pertenecen al mismo fonema, implicaríamos que éstos nunca pueden formar pares mínimos; véase Fig. 5.9).

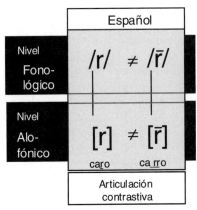

Fig. 5.9. Contraste de las vibrantes en español.

Al presentar una descripción de los sonidos en los capítulos precedentes, hemos usado principalmente ejemplos de sonidos contrastivos del español. Al dar una descripción de su articulación, nos hemos restringido a rasgos articulatorios distintivos, los cuales pueden producir una diferenciación de palabras. Así por ejemplo, /l/ contrasta con /r/ (cf. *pelo* ≠ *pero*), probando así que en español el alófono [l] es un fonema. Podríamos examinar cada consonante comparándola con las otras y comprobaríamos que los rasgos que hemos introducido son efectivamente contrastivos. La oclusión, la fricción, la nasalidad, la lateralidad, la vibración y la sonoridad pueden funcionar como rasgos distintivos en español.[4] Los rasgos distintivos son, pues, los elementos diferenciadores que establecen el contraste semántico en lo que hemos denominado *pares mínimos*.

Veamos un ejemplo adicional de una alternancia alofónica en español. Recordará el lector que el sonido lateral [l] en español es alveolar y sonoro. En el habla normal de todo hispanohablante existe cierta variación en el lugar de articulación de casi todos los sonidos, inclusive en el de la /l/. Hay una articulación lateral dental, [l̪], producida con el ápice de la lengua contra los dientes, y un sonido ápico alveolar [l] (el fonema /l/ tiene alófonos adicionales que introduciremos más adelante). Es verdad que al pronunciar estas dos variantes, la diferencia auditiva es poca. Sin embargo, en su articulación son claramente dos sonidos distintos y tienen dos zonas de articulación diferentes. El cambio en el lugar de articulación entre [l] y [l̪] se debe a lo que llamamos *asimilación*, es decir, el acercamiento del punto de articulación **alveolar** — la posición articulatoria "normal" de la lateral — al punto de articulación **dental** de la **consonante** que le sigue (véase la Figura 5.10; el importantísimo concepto de asimilación se explicará con más detalle en capítulos posteriores).

---

4   Debe de recordarse, sin embargo, que estos rasgos no son siempre distintivos ya que en muchos casos sirven sólo para crear variación alofónica. Así, la alternancia entre la oclusión y la fricción en el fonema /d/ da variantes puramente alofónicas, i.e., [d] y [ð].

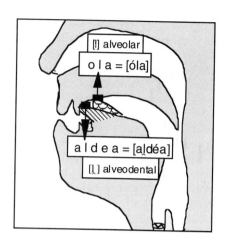

Fig. 5.10. Dos realizaciones alofónicas de /l/.

En *aldea* [aḷdéa], la articulación alveo-dental [ḷ] es el resultado de la asimilación de la /l/ al sonido siguiente [d], el cual es, como sabemos, ápico-dental. Como veremos en los capítulos a continuación, este tipo de acercamiento asimilatorio entre dos sonidos es muy frecuente en español.

El cambio en la zona de articulación — dental o la alveolar — no es un rasgo distintivo de la [l] y [ḷ] ya que ambos son alófonos de un solo fonema, i.e., /l/. Las dos articulaciones variables de la /l/ pertenecen pues al campo de la fonética y no al de la fonología.

Alternancia libre vs. alternancia condicionada

En este capítulo sugerimos que desde el punto de vista del sistema, ciertas variaciones articulatorias tienen más "peso" o importancia que otras porque resultan en cambios de significado. Aunque sí es correcta la idea de que los alófonos de un mismo fonema (por ejemplo [d] y [ð] del fonema español /d/) pueden intercambiarse libremente sin cambiar el significado de una palabra, sería falso pensar que la selección de alófonos pertenecientes a un solo fonema puede hacerse al azar. En muchos casos el contexto acústico — normalmente el sonido que directamente sigue o precede al elemento en cuestión, **condiciona** (o determina) el tipo de alófono que debe usarse. Esta selección obligatoria entre dos o más alófonos se llama **alternancia condicionada.** Cuando la selección no está condicionada y por lo tanto puede hacerse a la libre voluntad del hablante, entonces esta articulación variable se llama **alternancia libre.** Veamos un ejemplo para cada uno de estos dos tipos de alternancia.

ALTERNANCIA CONDICIONADA: Se acordará el lector de que el fonema español /d/ tiene dos alófonos, [d] y [ð]. En el español estándar, la variante fricativa [ð] es mucho más frecuente porque es la que ocurre siempre, excepto en casos donde ocurre después de una pausa (= silencio o interrupción en la cadena hablada), o en casos donde va precedida por una nasal y, a veces, por una lateral. Compárense los siguientes ejemplos, teniendo en mente que una articulación fricativa de la "d" en *fondos* no se da en la pronunciación nativa del español:

Fricativa [ð]   Oclusiva [d]

Yo d̲udo que d̲é d̲iez d̲olares.   D̲udo que hayan d̲ado fon̲dos.

ALTERNANCIA LIBRE: Este tipo de alternancia es fácil de comprender porque, frente a lo que ocurre en alternancias condicionadas, ésta se da cuando no hay condiciones que rigen la selección de un alófono en un entorno fónico determinado. Así, después del alófono [r], el fonema /d/ del español puede realizarse tanto con un alófono dental **oclusivo** (i.e, [d]) como con uno **fricativo** (i.e., [ð]), permitiendo así el intercambio libre de variantes como [ar<u>d</u>ér] y [ar<u>ð</u>ér], [or<u>d</u>enár] y [or<u>ð</u>enár], [súr<u>d</u>o] y [súr<u>ð</u>o].

Otro ejemplo de alternancia libre es la que se da en el habla de algunos hablantes mexicanos. En palabras que en la ortografía contienen el segmento "ch" (cf. *chico, mucho, machista*), estos hablantes pronuncian la "ch" o con el alófono **africado** [č] (= el alófono para la "ch" del español estándar) o con el alófono fricativo [š] (este sonido fricativo se encuentra en palabras inglesas como *ship, cash*, o *shoot*). Por lo tanto, pueden oírse en México tanto [číko], [múčo], [mačísta] como [šíko], [múšo], [mašísta].

Ejemplos adicionales de alternancia libre se encuentran con igual facilidad en otras lenguas. Tomemos el caso de la nasalización, la cual tiene valor alofónico y no fonológico en inglés puesto que nunca puede formar pares mínimos. Sin entrar en detalles, no es difícil ver que en una palabra como *home* — fonéticamente [hõṃm] — la nasalización de la vocal es automática y obligatoria, mientras que la misma nasalización en [hõụz] *hose* no es obligatoria (¡para comprobar esta observación, cierre la nariz con el pulgar e índice y trate de pronunciar estas dos palabras con y sin nasalización!). La nasalización condicionada en *home* y la alternancia libre de [õụ] vs. [oụ] en *hose* se debe al hecho que en inglés o español consonantes nasales como /m/ o /n/ obligatoriamente nasalizan la vocal que les precede, pero esta nasalización no se da automáticamente cuando una vocal no va seguida por una nasal (lo cual es el caso en *hose*, articulado [hoụz] o [hõụz]).

En los próximos capítulos trataremos de indicar la agrupación fonológica de los sonidos que estudiaremos para indicar si éstos funcionan de manera contrastiva o si son simplemente alófonos de un mismo fonema. Veremos que en muchos casos un determinado alófono existe tanto en inglés como en español, pero que la interpretación de estos sonidos a nivel fonológico difiere en los dos idiomas. Prestaremos especial atención a tales diferencias fonológicas para ilustrar cómo éstas pueden causar problemas cuando el anglohablante aprende español.

Resumen

En este capítulo hemos introducido dos conceptos claves en la lingüística, es decir, los de **fonema** y **alófono**. Los fonemas son los constituyentes de un sistema fonológico. En **pares mínimos, la sustitución de un fonema por otro fonema siempre conlleva un cambio de significado**. Al transcribir un segmento oracional **fonológicamente**, sólo distinguimos un mínimo de detalles, es decir, sólo diferenciamos entre los **rasgos distintivos** que diferencian significado. El fonema **no** es, pues, una representación de un sonido (como lo es el alófono)

sino más bien de un concepto abstracto —
esencialmente psicológico — que en el habla
puede tener una o varias realizaciones fonéticas
(por lo tanto, **los fonemas no se articulan**
mientras que los alófonos sí). La transcripción
fonológica siempre se da entre barras oblicuas
"/.../".

> **Un fonema es una unidad abstracta mínima que puede cambiar el significado de una palabra.**

Contrario a lo que ocurre en la transcripción fonológica, en la
transcripción alofónica (entre "[...]") nos preocupamos por la representación
exacta de los **sonidos** (cuanto más estricta la transcripción, más exacta la
representación). Expresado de manera popular, podría decirse, pues, que la
transcripción alofónica es como una fotografía del habla: capta los detalles
fónicos pero **no** se preocupa de cómo estos detalles se analizan en la mente del
hablante para extraer el significado de toda la variación fónica que en ella se
presenta. De ahí, por ejemplo, que una variación alofónica como la que ocurre en
español entre el sonido oclusivo [d] y el fricativo [ð] sea de interés para el
fonetista (= el que transcribe fonéticamente) pero no para el **fonólogo** (= el que
transcribe fonológicamente). Como hemos visto, la diferencia entre estos dos
sonidos es una diferencia fónica real, pero en el nivel de la interpretación no
tiene importancia ninguna ya que en español [d] y [ð] nunca forman pares
mínimos. La situación es muy distinta en inglés, donde los hablantes interpretan
la diferencia entre la fricción y no fricción de estos sonidos como sumamente
importante ya que les asignan una función **fonológica** en pares mínimos como
then y *den* — **fonológicamente** /den/ y /ðen/ y **fonéticamente** [ðen] y [den].

De lo dicho puede deducirse que en el nivel fonológico una palabra
española como *den* '([that] they give [subj.])' — articulada [ðen] o [den] según el
entorno fónico — sólo puede representarse con /den/ y nunca con /ðen/ ya que
el alófono [ð] jamás se opone a [d] para distinguir sentido (de ahí que dijimos
que el sonido [ð] es un fonema en inglés pero "sólo" un alófono en español).
Cuando variaciones fónicas como esp. [d] vs. [ð] no son de importancia en el
nivel **semántico** (= de significado), diremos que es una diferencia **redundante.**
Otra diferencia redundante en español es, por ejemplo, la que encontramos en la
articulación dialectal de "ch" (e.g., *mucho* = [múčo] o [múšo]). Las diferencias
fónicas que sí sirven para oponer pares mínimos se llaman diferencias
contrastivas.

Queremos subrayar aquí una vez más que los **rasgos distintivos** son
aquéllos donde una diferencia **fónica** entre dos palabras (*te* vs. *ve*, *graso* vs. *craso*,
ajo vs. *amo*) implica una distinción de significado. Por lo tanto, **no** se consideran
distintivos homónimos como ingl. *sea/see* o esp. *sí/si* o *vino* 'he came'/*vino* 'wine'.

**Todos los alófonos siempre
pertenecen a un fonema** (los alófonos
españoles [d] y [ð], por ejemplo, pertenecen
al fonema /d/), y **cada fonema tiene por lo
menos un alófono** (como veremos en las
próximas lecciones, algunos fonemas
españoles tienen hasta seis o más alófonos).
En las lenguas del mundo — y en esto el
español no es ninguna excepción — los

> *Inventario de alófonos*
> Para un inventario completo de
> los alófonos presentados en este
> texto, véase la tabla en la portada
> ('front inside cover') de este
> manual. Recomendamos que el
> estudiante consulte esta tabla con
> frecuencia a lo largo de la lectura
> de los próximos capítulos.

fonemas generalmente se realizan con varios más que con un alófono. Esta variabilidad fónica se debe en muchos casos a un fenómeno que hemos llamado **asimilación**. En español, la asimilación se da, por ejemplo, en la secuencia /ld/, donde la articulación alveo-**dental** [l̪] y no alveolar [l] es el resultado de la asimilación de la [l] **alveolar** al punto de articulación dental de la [d] (cf. palabra *aldea*, fonéticamente [al̪déa]).

Finalmente, hemos insistido en que el inventario de fonemas varía de una lengua a otra. Los hablantes de una determinada lengua pueden interpetar ciertas variaciones alofónicas como muy importantes a nivel fonológico, asignándoles así un valor fonológico. En otra lengua, esta misma variación fonética puede interpretarse como completamente redundante, es decir, como algo que no tiene importancia en la distinción de significado entre palabras. El inglés y el español son precisamente dos lenguas cuyos inventarios fonológicos coinciden sólo parcialmente. Así, /p, t, k, s, d/, por ejemplo, tienen estatus de fonema en ambas lenguas, pero el alófono [ð] — común tanto en inglés como en español — solamente tiene valor fonológico en inglés (para una representación gráfica de estas diferencias, véase la Figura 5.11).

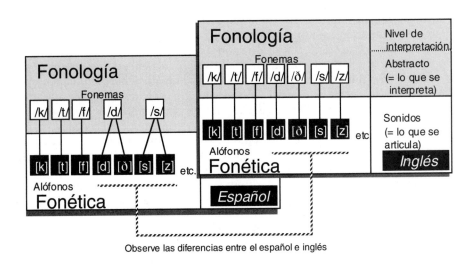

Observe las diferencias entre el español e inglés

Fig. 5.11. Fonología vs. fonética en dos lenguas distintas.

De este inventario parcial de alófonos y fonemas del español y del inglés puede desprenderse que las dos lenguas comparten un buen número de sonidos (alófonos), pero que la interpretación de éstos es distinta. Así, se notará que ambas lenguas tienen los alófonos [d], [ð], [s], [z], pero que sólo el inglés los usa todos de manera contrastiva (4 alófonos = 4 fonemas). En español, tanto [d]/ [ð] como [s]/[z] son pares de sonidos que pertenecen a un solo fonema, i.e., /d/ y /s/, respectivamente (4 alófonos = 2 fonemas). Ya hemos tenido la oportunidad de estudiar brevemente la variabilidad de [d]/[ð], y haremos lo mismo con [s]/[z] en un capítulo posterior, donde veremos que [z] jamás es fonema en español.

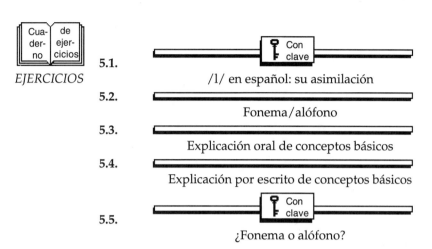

5.1.

/l/ en español: su asimilación

5.2.

Fonema/alófono

5.3.

Explicación oral de conceptos básicos

5.4.

Explicación por escrito de conceptos básicos

5.5.

¿Fonema o alófono?

CAPITULO 6

La transcripción fonética

En este capítulo se van a desarrollar, paso a paso, los conocimientos básicos que se necesitan para hacer una transcripción fonética del español hablado. La transcripción fonética obtenida no será una transcripción fonética completa, pero servirá como una base que irá ampliándose a lo largo de los capítulos siguientes de este texto.

Consideremos primero lo que es una transcripción fonética y algunas de las razones por las que hacemos una transcripción de esta índole. En el fondo, una transcripción fonética pretende ser una representación simbólica, más o menos exacta, de los sonidos que produce un hablante en una ocasión dada. Con la transcripción fonética tratamos de anotar los detalles de la pronunciación. No es siempre necesario ni deseable transcribir todos los detalles articulatorios de un hablante. A veces es preferible destacar sólo los elementos que, por un motivo u otro, son de particular interés. Ya hemos mencionado en el Capítulo 5 que los lingüistas usan los términos *transcripción amplia* y *transcripción estricta* para diferenciar entre estos dos tipos de transcripción. La transcripción **estricta** se usaría, por ejemplo, con el fin de representar fielmente y con detalle el modo en que una secuencia hablada se articula. La transcripción **amplia** representa en particular los elementos más importantes que uno quiere destacar. Por ejemplo, al hacer un estudio de las vocales de algún hablante o de algún grupo de hablantes, transcribiríamos con mucho cuidado todas las variaciones con respecto a las vocales (= transcripción estricta), mientras que usaríamos sólo un sistema simplificado (= transcripción amplia) para la representación de consonantes.

La transcripción que usaremos en este capítulo será relativamente amplia, es decir, no muy detallada. El principal propósito es introducir las reglas básicas de transcripción en español. Trataremos de ceñirnos a fenómenos fonéticos generales en el mundo hispánico para que las reglas desarrolladas puedan servir de guía para la transcripción del habla de cualquier hablante del español.

El resultado del trabajo hecho en esta lección no será, pues, una transcripción completa ni perfecta pero servirá como base para los ejercicios de los capítulos siguientes. Iremos poco a poco presentando más detalles sobre la pronunciación del español con lo cual las transcripciones fonéticas de los capítulos siguientes serán progresivamente más detalladas. Por el momento, limitaremos el uso de símbolos especiales a los que siguen en la Figura 6.1 a continuación (sugerimos que el estudiante se familiarice nuevamente con estos signos, y que preste atención a la representación que los símbolos fonéticos pueden tener en la ortografía).

Transcripción fonética	[...]		
Transcripción fonológica	/.../		
Límite de grupo fónico:	//...//		
Frontera silábica	| ... |	(o "—...—")	
Sinalefa (entre palabras)	VOCAL‿VOCAL		
Sinéresis (interior de palabra)	VOCAL‿VOCAL		
		Fonética	Ortografía
Sonidos:	1. **alveolar**	[s]	"s, c, z"
	2. **alveopalatal**	[č]	"ch"
	palatal	[y]	"y, ll"
	3. **velar**	[k]	"c, qu, k[1]"
		[g]	"g"
		[x]	"j, g"
		[w]	"hu-, w, o, u"
Nótese también la subcategoría que hemos llamado deslizadas:			
	semivocales	[i̯]	
		[u̯]	

Fig. 6.1.

Para el propósito de esta lección, usaremos la siguiente entrevista como base. Lea el diálogo en voz alta, y luego siga, paso a paso, los ejercicios y los materiales didácticos presentados en los EJERCICIOS. Hemos añadido números

---

1   Cf. _kilo_, _kiosco_, _kilómetro_, O_K_.

consecutivos a la izquierda del texto para que puedan localizarse más fácilmente aquellas formas que necesitarán explicación o discusión adicional por parte del profesor.

Entrevista

A: *¿Y cuántos niños tiene usted señora?*

B: *Yo tengo cuatro niños.*

A: *¿Cuatro? ¿Y todos seguidos?*

B: *Bueno, más o menos. La mayor tiene ahora quince años; luego tengo una niña de doce años y medio, otro de nueve, y el último tiene siete años.*

A: *¿Y todos están en el colegio?*

B: *Sí, en el de San Martín. Bueno, yo digo que tengo cuatro hijos. En realidad, tengo tres que son míos. El mayor es en realidad mi hermanito, porque mis padres murieron muy jóvenes cuando él tenía apenas tres años. Y desde entonces está con nosotros.*

A: *Tiene más o menos la misma edad que los otros.*

B: *Sí, tiene solamente tres años más que Luisa.*

A: *¿No ha habido problemas?*

B: *No, no ha habido ningún tipo de problema. Es que a los niños siempre hay que enseñarles la vida como es realmente, sin engañarlos, sin tratar de esconderles las cosas porque uno teme que puedan sufrir. ¿No cree usted? Los niños sufren precisamente cuando se les engaña, cuando ellos descubren que uno no les está diciendo la verdad o cuando uno les está ocultando ciertas cosas. Yo personalmente creo que es preferible que vean todo como es.*

A: *Claro, hay menos problemas al final si se empieza con la verdad por delante.*

El grupo fónico

Antes de poder empezar los ejercicios, debemos explicar el concepto de grupo fónico. Un **grupo fónico** (ingl. 'breath group') es una secuencia de palabras que puede articularse cómodamente sin interrupción ninguna. La articulación de grupos fónicos suele ocurrir dentro de una misma aspiración de aire. **Para el propósito de este texto, cualquier símbolo de puntuación (punto, coma, punto de interrogación o de exclamación) será considerado como el fin de un grupo fónico.** En la transcripción fonética, el final de grupos fónicos se indica con una doble barra, i.e. "/ /":

Ortografía: El dijo: no creo que sea así, pero sí es posible.

Transcripción: [el díxo / / no kréo ke séa así / / péro sí es posíble/ /]

Antes de proceder debemos subrayar que en el habla diaria, natural, las fronteras de grupos fónicos no coinciden necesariamente con el lugar donde, en la ortografía, escribimos una coma, un punto o cualquier otro símbolo de puntuación. Nuestra colocación de pausas fónicas es, por lo tanto, una convención más bien arbitraria, pero útil para cualquier estudiante interesado en aprender las nociones básicas de la transcripción fonética.

EJERCICIOS   **6.0.**   Ejercicios introductorios de transcripción

En los EJERCICIOS, lea las instrucciones en 6.0. al principio del capítulo y siga luego con los materiales didácticos y los ejercicios en los pasos 1-8 a continuación.

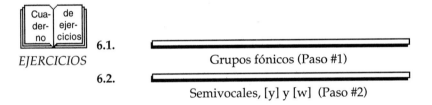

EJERCICIOS   **6.1.**   Grupos fónicos (Paso #1)

           6.2.

                            Semivocales, [y] y [w] (Paso #2)

ENLACE DE SONIDOS ENTRE PALABRAS — SILABIFICACION (PASO 3)

El enlace ('linking') o la interconexión de sonidos afecta tanto a las consonantes como a las vocales.

El enlace de consonantes: encadenamiento

En el Capítulo 2 ilustramos como ciertas consonantes finales de palabras se encadenan con la vocal de la palabra siguiente, ocasionando así un enlace entre palabras. En aquel capítulo habíamos presentado el siguiente ejemplo gráfico:

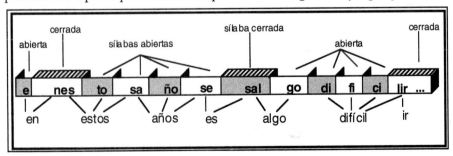

Fig. 6.2.   El encadenamiento de sílabas

Emplearemos este tipo de encadenamiento entre consonantes y vocales también en la transcripción fonética. Si no se acuerda de las reglas que rigen el encadenamiento, vuelva al Capítulo 2 y repase los puntos más importantes.

El enlace de vocales: sinalefa

La sinalefa consiste en la pronunciación seguida y continua de dos sonidos vocálicos entre palabras o dentro de palabras sin ninguna interrupción del grupo fónico. Entre palabras, la sinalefa puede tener dos resultados distintos:

1. la conversión de una vocal al final de palabra en semivocal. Tal conversión tiene por resultado la creación de diptongos o triptongos (e.g., *si es* = [si̯és]; *lo es* = [lu̯és]; *estudió historia* = [es-tu-ði̯ói̯s-tó-ri̯a]). En casos donde la vocal que cambia está en posición inicial de sílaba, ésta puede convertirse en consonante: *¿o es así?* = [wé-sa-sí].

2. la sinalefa sin cambio de timbre (*está aquí* = [es-tá‿a-kí]).

Estos dos procesos, la sinalefa con diptongación y la sinalefa sin diptongación se explican en las dos próximas secciones.

1. La sinalefa y la diptongación

Ya hemos tenido la oportunidad (Cap. 2) de examinar la conversión, en el habla informal o rápida, de una vocal inacentuada al final de palabra en semivocal. Como repaso, damos los ejemplos a continuación, donde se observará que sólo los sonidos [u], [o] e [i] — representadas por las letras "-u", "-o", "-i", "y" se convierten en semivocal o en [w] ~ [y]. Los números entre paréntesis indican el total de sílabas.

Ejemplo	Habla cuidadosa (lenta)		Habla rápida/informal		Cambio
	Vocal ———————➤		**Semivocal**		
su amigo	[su-a-mí-ɣo]	(4)	[su̯a-mí-ɣo]	(3)	[u] → [u̯]
su historia	[su-is-tó-ri̯a]	(4)	[su̯is-tó-ri̯a]	(3)	[u] → [u̯]
digo eso	[dí-ɣo-é-so]	(4)	[dí-ɣu̯é-so]	(3)	[o] → [u̯]
sigo así	[sí-ɣo-a-sí]	(4)	[sí-ɣu̯a-sí]	(3)	[o] → [u̯]
mi amigo	[mi-a-mí-ɣo]	(4)	[mi̯a-mí-ɣo]	(3)	[i] → [i̯]
si es	[si-es]	(2)	[si̯es]	(1)	[i] → [i̯]
estudió historia	[es-tu-ði̯ó-is-tó-ri̯a]	(6)	[es-tu-ði̯ói̯s-tó-ri̯a]	(5)	[i] → [i̯]
	Vocal ———————➤		**[y], [w]**		
y él	[i-el]	(2)	[yel]	(1)	[i] → [y]
¿o es así?	[o-é-sa-sí]	(4)	[wé-sa-sí]	(3)	[o] → [w]
¿o hablas así?	[o-á-βla-a-sí]	(5)	[wá-βla-a-sí]	(4)	[o] → [w]

De lo anterior puede deducirse que en el español corriente (rápido, informal) normalmente no hay diferencia fónica entre, por ejemplo, *su ave* y *suave*, ambos articulados "s[ṷá]ve". Si el hablante desea indicar la distinción entre estas dos voces, naturalmente podría articular la expresión *su ave* con "s[uá]ve" para enfatizar que se trata de 'his bird' y no la palabra *suave*.

Queremos aclarar aquí que son varios los factores que condicionan la conversión de vocales en semivocales, y que además de la rapidez son también importantes el estilo y el nivel sociolingüístico del hablante. Además, la conversión de las vocales altas (i.e., [i], [u]) en semivocales es más regular que la de las vocales medias, y cambios articulatorios como *lo es* = [lṵés] se consideran a veces altamente coloquiales.

Los manuales de fonética española suelen mantener que los procesos de conversión ejemplificados arriba entran en juego únicamente si una de las dos vocales (i.e., /i/, /o/, /u/) es **átona**. Aunque sí es verdad que las vocales **tónicas** en contacto con otra vocal son relativamente resistentes a la conversión en semivocal o, según el caso, en [y] o [w], no es cierto que el acento fónico excluya la formación de diptongos entre palabras. Son ilustrativos los ejemplos a continuación, donde la vocal final originalmente acentuada se ha convertido en semivocal. Nótese, sin embargo, que la creación del diptongo hace que la vocal al final de palabra abandone su acento ('stress') original, convirtiéndose así en semivocal creciente (como recordamos, las semivocales son por definición átonas). Puesto que las semivocales no pueden llevar el acento primario, esta transferencia del acento es una consecuencia lógica del proceso en cuestión. (En sus propias transcripciones de textos de habla rápida, el estudiante podrá considerar correctas ambas de las transcripciones a continuación).

	Con diptongo	Sin diptongo
habló así:	abl[ṷá]sí	abl[ó-á]sí
vi el perro:	v[ié]l perro	v[í-é]l perro

2. La sinalefa y la sinéresis

Cuando el contacto entre dos palabras resulta en la juxtaposición de dos vocales, y cuando la primera vocal de este grupo **no** es el sonido [i], [o] o [u] — es decir, cuando no es una de las vocales que se diptongan según la regla vista en (1) arriba — entonces se juntan estos sonidos sin que su calidad vocálica se vea afectada, lo cual equivale a decir que en tal enlace **no** hay formación de diptongos o triptongos. En estos casos, las sílabas son entidades separadas que están, sin embargo, enlazadas en el sentido de que no hay pausa ɓ oclusión glotal ('glottal stop') entre ellas. Compare los ejemplos a continuación donde esta sinalefa se indica con "‿", y tenga en mente que ponemos particular énfasis en la sinalefa para que el estudiante no nativo del español aprenda a articular grupos fónicos como si fueran un **continuum flúido** de sílabas. Es importante, pues, que el estudiante evite hacer pequeñas pausas entre palabras. El estudiante debe tener en mente, sin embargo, que las transcripciones fonéticas "profesionales," es decir, las que no se centran en la cuestión del enlace, a menudo omiten la marca de la sinalefa, i.e., " ‿ ".

Mam<u>á está a</u>quí.	=	[ma-má‿es-tá‿a-kí].
N<u>o he a</u>sistido ...	=	[no ‿é‿a-sis-tí-ðo ...].
L<u>a ú</u>nica maner<u>a es</u> ...	=	[la‿ú-ni-ka-ma-né-ra‿es ...]
Ca<u>e en</u> la ...	=	[káe‿en-la ...]

Puede ser útil apuntar aquí una regla que es general en español tanto en el habla lenta (cuidadosa) como rápida: **cualquier combinación entre los sonidos /a/ y /e/ se articula siempre como hiato, lo que equivale a decir que "a+e" o "e+a" nunca se transforma en diptongo.** Obsérvese cómo, en las palabras a continuación, el contacto entre las vocales /a, e/ no lleva a la diptongación (desde luego, pueden articularse los ejemplos siguientes con y sin sinalefa entre /a/ y /e/):

	Entre palabras (= sinalefa)	
	<u>Sin sinalefa</u>	<u>Con sinalefa</u>
cre<u>a e</u>so	[kré-a-é-so]	[kre-a‿e-so]
l<u>e a</u>bro	[le-á-βro]	[le‿á-βro]
m<u>e ha</u> dado	[me-a-ðá-ðo]	[me‿a-ðá-ðo]

La **sinéresis** es lo mismo que la sinalefa, excepto que se refiere a la unión de vocales que normalmente pertenecen a diferentes sílabas **dentro** de la palabra:

	Dentro de palabras (= sinéresis)
cr<u>ea</u>r	[kre‿ár]
c<u>ae</u>	[ká‿e]
c<u>ae</u>r	[ka‿ér]
f<u>ae</u>na[2]	[fa‿é-na]

Como ya hemos explicado en los Capítulos 1-2, en el habla rápida (y familiar) la vocal /o/ sí suele convertirse en semivocal [u̯], o en [w] (a principio de sílaba) cuando entra en contacto con otra vocal. La conversión de /o/ en semivocal [u̯] es relativamente común cuando ésta ocurre al final de palabra (cf. *lo es* = [lu̯es]. Dentro de palabra, este mismo cambio también se aplica (cf. *poesía* = [pu̯esía]), pero allí es menos frecuente que entre palabras, aún cuando éstas se articulan con rapidez (por lo tanto, lo normal es [po-é-ta], [po-e-sí-a], [o-és-te], etc.). **En este texto, el grupo consonántico [oe] en el principio o interior de palabra se transcribirá siempre como hiato.** Esta práctica es, desde luego, algo arbitraria. Sin embargo, recomendamos que en los ejercicios de este manual el estudiante siga esta misma práctica.

---

2   *Faena* '(hard) work'.

EJERCICIOS   **6.3.**

Enlace de sonidos entre palabras —
Silabificación

LAS LETRAS ORTOGRAFICAS NO ARTICULADAS (PASO 4)

Queremos nuevamente llamar la atención sobre la presencia de las letras que no se pronuncian. Hay dos en español: una es la "h" que en ninguna circunstancia se pronuncia (excepto cuando se combina con "c" para formar el sonido representado por "ch"): *(h)ijo, alco(h)ol,* y la "u" cuando sigue a las letras "q": *q(u)e, q(u)ien* y "g" y cuando precede a las vocales "e" / "i": *ág(u)ila, pag(u)e.*

Acabamos de mencionar que la combinación de "c" más "h" se emplea para representar el primer sonido en *chico.* Recordemos que en la transcripción se usa un solo símbolo fonético para transcribir este sonido, es decir, [č].

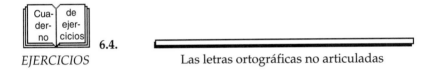

EJERCICIOS   **6.4.**

Las letras ortográficas no articuladas

[K]: UN SIMBOLO FONÉTICO NUEVO (PASO 5)

En español el sonido [k] tiene dos representaciones ortográficas: "q" seguida de la letra muda "u" (cf. *que, quien*); y "c" cuando va seguida de las letras *a, o, u* (cf. *casa, coser, culebra*).

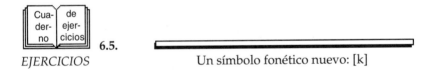

EJERCICIOS   **6.5.**

Un símbolo fonético nuevo: [k]

EL SONIDO [s]: SU ORTOGRAFÍA (PASO 6)

El sonido [s] también tiene varias representaciones ortográficas en español. Puede escribirse con "c" ante "e" o "i", o con la letra "z" ante "a, o, u":

ci	=	[si]	cigarro, cine, cocinar
ce	=	[se]	cemento, mecer, centro
z	=	[s]	zapato, diez, zorro, zurdo

6.6.

EJERCICIOS   El sonido /s/: su ortografía

EL SIMBOLO [x] EN LA TRANSCRIPCION (PASO 7)

El sonido de la jota [x] tiene tres representaciones ortográficas. Puede escribirse con la letra "j" en *jefe* o con la letra "g" ante las letras "e" o "i" en *gemir* o *gitano*. También puede ser representado por la "x" como en *México* (articulado también *Méhico*) o *Xavier* (también deletreado *Javier*).

6.7.

EJERCICIOS   El símbolo [x] en la transcripción

¡ADELANTE CON SU PRIMERA TRANSCRIPCION! (PASO 8)

Ahora que Ud. ha aprendido los puntos básicos de la transcripción, es el momento de transcribir fonéticamente el pasaje entero del "texto de práctica #3" (use el texto reproducido en letras grandes en los EJERCICIOS.

6.8.

EJERCICIOS   ¡Adelante con su primera transcripción!

CAPITULO 7

Los fonemas oclusivos sordos /p, t, k/
El fonema africado /č/

Los fonemas **oclusivos** sordos (ingl. 'voiceless **stops**') del español son la /p/ oclusiva bilabial sorda de *papá*; la /t/ oclusiva dental sorda de *tal*; y la /k/ oclusiva velar sorda de *casa*. Estos tres sonidos en español se producen **sin aspiración** y **con más tensión** que /p, t, k/ del inglés. Cada uno de estos sonidos es un fonema porque la diferencia entre la zona bilabial, la zona dental y la zona velar es relevante y podemos crear series de palabras contrastivas:

/p/	/k/	/t/
p-asa	c-asa	t-aza
se-p-a	se-c-a	ze-t-a[1]

En español los fonemas oclusivos sordos /p, t, k/ tienen una única realización fonética principal, es decir, no varían en su articulación y por lo tanto tienen un solo alófono cada uno.[2]

---

[1] Esp. americano /seta/ = la letra "zeta".

[2] Ignoramos aquí a propósito aquellos casos donde las oclusivas sordas aparecen en posición final de sílaba (*optimo, atmósfera, actor*), donde su articulación es algo distinta. El estudiante de habla inglesa normalmente no tiene mayores dificultades para articular /p, t, k/ al final de sílaba.

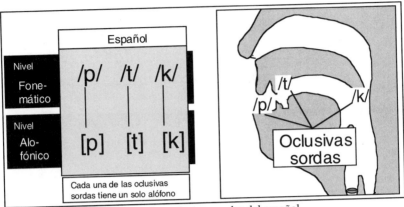

Fig. 7.1.   Las oclusivas sordas del español.

El fonema /p/ español tiene características comunes con el fonema /p/ del inglés que también es oclusivo bilabial sordo. El fonema /k/ también se asemeja considerablemente al sonido /k/ del inglés que también es velar y sordo. El fonema /t/ del español tiene como alófono principal un sonido **dental** [t], mientras que en inglés el fonema /t/ de palabras como _tooth_, _tick_, tiene como alófono principal un sonido **alveolar** [t]. Así, la "t" inglesa y la española son diferentes articulatoriamente, y a consecuencia de ello la "t" inglesa se manifiesta en una excesiva aspiración que resulta extraña al oído español. Para eliminar la aspiración no hay que hacer más que avanzar el punto de articulación hasta que el ápice de la lengua esté en contacto con los dientes superiores.

En inglés los fonemas oclusivos sordos /p, t, k/ tienen por lo menos dos maneras principales de pronunciarse, es decir, **con aspiración** ([pʰ, tʰ, kʰ]) y **sin aspiración** ([p, t, k]). Para una comprobación preliminar de este fenómeno de la aspiración, coloque su mano en frente de la boca y articule la palabra inglesa _pill_ en voz alta. Debido a la explosión de aire que acompaña la oclusiva inglesa /p-/, Ud. debería de sentir aire (= aspiración) en el momento de articular "[pʰ]ill".

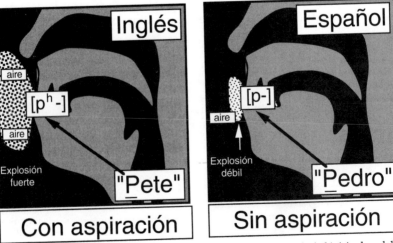

Fig. 7.2.   Aspiración vs. no aspiración en la producción de una /p/ al inicio de palabra

Lo que causa la aspiración de las oclusivas sordas /p, t, k/ del inglés es el uso de más aire y una articulación más relajada. Esta aspiración, muy fuerte en ciertos contextos, puede comprobarse mediante el simple experimento que se hizo en el Capítulo 5. Tome de nuevo un pedazo de papel y colóqueselo muy cerca de la boca. Pronuncie una palabra inglesa cuyo sonido inicial sea /p, t, k/ como *Pete, too, case*. La aspiración que acompañará a la articulación de estos tres fonemas en posición inicial de palabra hará vibrar y hasta mover el papel. En cambio, si hacemos la misma prueba con los alófonos de las oclusivas sordas del español, al pronunciar estos tres sonidos con cuidado el papel no se mueve (o no debería moverse si Ud. lo pronuncia correctamente). Indicamos esta aspiración inglesa de /p, t, k/ con los símbolos fonéticos [pʰ], [tʰ], [kʰ].

Veamos ahora el proceso de la aspiración en inglés con más detalle. La aspiración inglesa de /p, t, k/ es normal en sílaba tónica. Por ejemplo, en la palabra *pepper* se aspira más la primera /p/ que la segunda, lo que podría representarse ortográficamente con "pʰʰʰpʰer" (nótese que ambas "p" tienen aspiración). La segunda posibilidad en inglés para la pronunciación de /p, t, k/ es la ausencia de aspiración: [p], [t], [k]. Aparecen éstos en inglés principalmente después del fonema /s/ en palabras como *spot, stop* y *skate*. El efecto de la aplicación de la regla de aspiración se percibe muy bien al comparar estos pares de palabras: *port* con *sport, top* con *stop, Kate* con *skate*. Así el fonema oclusivo sordo del inglés tiene dos alófonos principales, uno con aspiración y el otro sin ella.

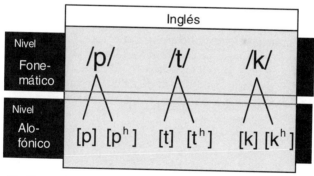

Fig. 7.3.   Los alófonos oclusivos sordos aspirados y no aspirados del inglés.

El proceso fonológico que origina la aspiración de las oclusivas sordas inglesas está tan arraigado en el habla del anglohablante que le es difícil suprimirlo al aprender un idioma como el español cuyo sistema fonológico no lo tiene. Como se trata fundamentalmente de una consecuencia de la relajación articulatoria general del inglés, la manera más eficaz de evitar la aspiración de oclusivas sordas en español es mantener la tensión articulatoria durante la pronunciación de /p, t, k/, **y sobre todo minimizar la cantidad de aire al producirlas.**

A pesar de que sea relativamente fácil comprender, desde una perspectiva teórica, la diferencia fundamental entre la aspiración y la no aspiración de las oclusivas sordas del inglés y español, la no eliminación de esta explosión en /p, t, k/ es a menudo uno de los problemas más persistentes de los estudiantes anglosajones que aprenden español. En nuestra experiencia didáctica hemos notado que en muchos casos estas dificultades articulatorias pueden corregirse con eficacia al sugerir al estudiante que, en su mente, haga la sustitución ortográfica "artificial" ilustrada a continuación:

Ortografía normal		Sustitución mental de letras	Ejemplos	
p-	→	b- media fuerte	padre	> badre
			papel	> babbel
t-	→	d- media fuerte	tabla	> dabla
			tu	> du
k-	→	g- media fuerte	como	> gomo
			que	> ge

Representación ortográfica de las oclusivas sordas

Hay muy pocos problemas asociados con la representación ortográfica de las oclusivas sordas /p, t, k/ del español. El fonema oclusivo sordo /p/ tiene una sola representación ortográfica que es la letra "p": *poco*. De igual manera el fonema oclusivo dental sordo /t/ tiene una sola representación ortográfica que es la letra "t": *todo*. En cambio, la representación ortográfica del sonido oclusivo velar sordo /k/ es algo más complicada. El sonido /k/ está representado por dos letras según la vocal que le siga. Si la vocal siguiente a "c" es una "a", "o" o una "u", se pronuncia la letra "c" con /k/: *caso, coco, Cusco*. Si la letra "i" o "e" sigue al sonido /k/, entonces se emplean las letras "qu-" (*quien, quemar*). La "u" en la combinación "qu-" más una vocal "e" o "i" es una letra muda que no representa ningún sonido. En el caso de "qu" se trata simplemente de una combinación de dos letras que representan un solo fonema, o sea /k/.

Distribución de los fonemas /p, t, k/

Los fonemas /p, t, k/ aparecen al principio de sílaba (*ma-pa, pa-ta* y *po-ca*) y asimismo al final de sílaba (*ap-to, cap-tar, at-las doc-tor*). En posición final de sílaba, la tensión articulatoria de/p, t, k/ es más débil y la oclusión en su articulación no es siempre total. Algunos hablantes en el habla rápida y familiar los suprimen totalmente. Lo que ningún hablante nativo del español hace, sin embargo, es aspirar, y **es precisamente la adición de aspiración a las oclusivas, por parte del hablante inglés, es una de las características más notorias de un acento extranjero anglosajón.**

Para terminar nuestra exposición sobre las oclusivas sordas, sólo falta decir que en español /p, t, k/ prácticamente no ocurren nunca en posición final de palabra. Esta ausencia general de /p, t, k/ en posición final es la razón principal por la cual hablantes monolingües del español a menudo tienen gran dificultad en percibir y, por lo tanto, articular las consonantes finales de palabras inglesas como *map, caught, backpack*.

El fonema africado /č/

El fonema africado /č/ del español no ocasiona ningún problema al anglohablante ya que su pronunciación en palabras inglesas como c<u>h</u>ance, c<u>h</u>oice, c<u>h</u>ew es prácticamente idéntica a su manifestación fonética en español. Compare por ejemplo la pronunciación de /č/ en los siguientes pares de palabras: *chew/chucho; chore/chorizo; chance/chantaje.* El fonema /č/ se representa ortográficamente tanto en inglés como en español con las letras "ch", pero al contrario del inglés que tiene varias manifestaciones ortográficas para este sonido (cf. *pic<u>t</u>ure, c<u>h</u>eat, natu<u>r</u>e*), el español usa una sola manera — i.e., "ch" — para escribirlo.

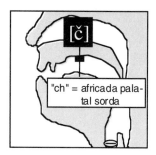

"ch" = africada palatal sorda

Fig. 7.4.

Resumen

Los fonemas **oclusivos** sordos del español son la /p, t, k/. Estos tres sonidos en español se producen **sin aspiración** y **con más tensión** que /p, t, k/ del inglés. En español, /p, t, k/ tienen una única realización fonética principal, es decir [p, t, k]. En inglés, los fonemas /p, t, k/ se articulan tanto con aspiración [pʰ, tʰ, kʰ] como sin aspiración [p, t, k], y la selección de estos alófonos con y sin aspiración está condicionada por su posición dentro de la sílaba o palabra (cf. *p*ort = [pʰ]″ aspirada vs. *s*port = [p] no aspirada).

Los fonemas /p/ y /k/ del español tienen características comunes con /p/ y /k/ del inglés ya que en ambas lenguas se trata de sonidos oclusivos que tienen articulación bilabial y velar, respectivamente. Es importante notar que en el caso de /t/, el punto de articulación del alófono principal [t] no es el mismo en las dos lenguas: **en inglés [t] es alveolar** (cf. *t*ooth) mientras que **en español [t] es dental** (cf. *t*odo).

Desde una perspectiva teórica, la diferencia fundamental entre la aspiración y la no aspiración de las oclusivas sordas del inglés y español es fácil de entender. Sin embargo, la aspiración inglesa en /p, t, k/ es a menudo uno de los problemas más persistentes de anglosajones que aprenden español, y por lo tanto en español **debe minimizarse la cantidad de aire y eliminar la aspiración al producirlas.**

La representación ortográfica del sonido oclusivo velar sordo /k/ — representado por dos letras según la vocal que le siga — es más complicada que la de /p/ y /t/. Si la vocal siguiente a "c" es una "a", "o" o una "u", se pronuncia la letra "c" con /k/: *c*aso, *c*oco, *C*usco. Si la letra "i" o "e" sigue al sonido /k/, entonces se emplean las letras "qu-" (*qu*ien, *qu*emar).

El fonema **sordo africado** /č/ tiene un alófono principal que es **alveopalatal.** El sonido [č] se representa ortográficamente tanto en inglés como en español con las letras "ch", pero al contrario del inglés que tiene varias manifestaciones ortográficas para este sonido (cf. *pic<u>t</u>ure, c<u>h</u>eat, natu<u>r</u>e*), el español usa sólo "ch" para escribirlo.

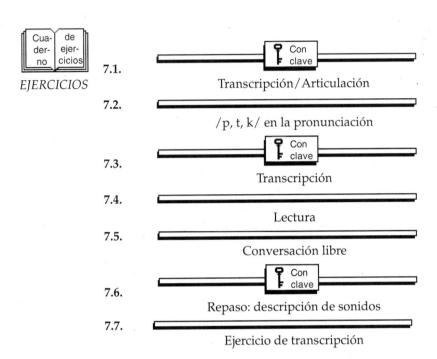

EJERCICIOS

7.1. Con clave

Transcripción / Articulación

7.2.

/p, t, k/ en la pronunciación

7.3. Con clave

Transcripción

7.4.

Lectura

7.5.

Conversación libre

7.6. Con clave

Repaso: descripción de sonidos

7.7.

Ejercicio de transcripción

CAPITULO 8

Las consonantes nasales

En español hay tres letras — "m", "n", "ñ" — que representan los sonidos nasales [m], [n], [ñ] en *cama, cana, caña,* respectivamente. Estos ejemplos demuestran además que hay tres fonemas nasales contrastivos en la serie de los sonidos nasales. Estos tres fonemas, el **nasal bilabial** /m/, el **nasal alveolar** /n/ y el **nasal (álveo)palatal** /ñ/ mantienen su función distintiva cuando aparecen en posición inicial de sílaba o inicial de palabra. La serie *cama, cana, caña* ejemplifica su función contrastiva en posición inicial de sílaba interior de palabra. En posición inicial de palabra, la nasal palatal /ñ/ contrasta con las otras dos nasales /m/ y /n/ *(mapa, napa, ñapa),* pero hay muy pocas palabras que comiencen con esta palatal y así el contraste en posición inicial queda restringido prácticamente al sonido bilabial /m/ y al sonido alveolar /n/: *mota* vs. *nota; mata* vs. *nata; mi* vs. *ni.*

En las otras posiciones de la palabra, es decir, en posición final de sílaba y final de palabra, se producen ciertas modificaciones en la pronunciación de las nasales. Para la nasal interior de palabra existen los tres sonidos que ya hemos descrito, la nasal bilabial, *imposible* [mp], la nasal alveolar, *instigar* [ns] y la palatal, *inyección* [ñy]. En el último caso note Ud. que el sonido palatal [ñ] se representa ortográficamente con la letra "n", pero que su articulación "normal" alveolar ha cambiado a una articulación **palatal** por el influjo de la **consonante palatal** /y/ que le sigue. Lo más importante es notar que, dentro de los grupos consonánticos [mp], [ns], [ñy] (o [ň]), el punto de articulación de los **dos** sonidos de este grupo es el mismo:

| imposible | [m] | = bilabial | instigar | [n] | = | alveolar |
| imposible | [p] | = bilabial | instigar | [s] | = | alveolar |

| inyección | [ñ] | = (alveo-) **palatal** |
| inyección | [y] | = (alveo-) **palatal** |

Esta concordancia de rasgos fonéticos se llama **asimilación**. Un sonido se asimila si se cambia para hacerse semejante a otro sonido vecino. Como veremos en detalle en este y los próximos capítulos, esta asimilación (o este "hacerse similar") puede cambiar

1. el punto de articulación
2. el modo de articulación
3. la sonoridad (sordo > sonoro, o sonoro > sordo)

> El símbolo ">" significa "se convierte en"

En el caso de *inyección*, el sonido nasal [n] se asimila (o se acerca) en su punto de articulación al de la yod palatal siguiente, ocasionando así el ajuste articulatorio [n] > [ñ] (véase Fig. 8.1). Hay dos tipos de asimilación: **asimilación regresiva** (que es la más común) y **asimilación progresiva**. Como lo ilustran las Figuras 8.1-8.2 abajo, la asimilación regresiva ocurre en casos donde el hablante, al articular un sonido, **anticipa** el punto de articulación, el modo de articulación, o la sonoridad del fonema siguiente para ajustar el primer sonido de este grupo al segundo. Diremos que la asimilación observada en *inyección* es regresiva. La asimilación regresiva es en cierto sentido un tipo de fenómeno lingüístico que busca limitar en lo posible diferencias articulatorias entre sonidos juxtapuestos. Así, en el caso de *inyección*, silabificado *in-yek-sión*, la lengua tiene que "viajar" menos si la "n" alveolar se articula en la zona palatal ya que el próximo sonido es también palatal. Visto desde esta perspectiva, podemos decir que la asimilación corresponde a una reducción de esfuerzo articulatorio.

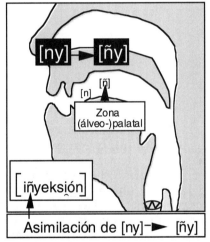

Asimilación de [ny] ➤ [ñy]

Fig. 8.1.   Asimilación de la nasal alveolar a la palatal.
Nótese que el punto de articulación de la [n] alveolar se mueve hacia la región (álveo-) palatal, produciendo así una [ñ] cuyo punto de articulación es homólogo al de la yod.

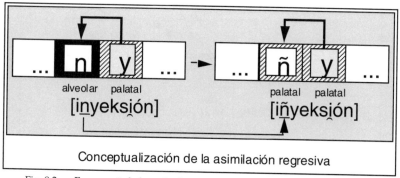

Conceptualización de la asimilación regresiva

Fig. 8.2.   En español, la asimilación *regresiva* es más común que la
progresiva. En este texto nos ocuparemos frecuentemente de este
tipo de ajuste fónico regresivo.
La asimilación puede afectar el punto o modo de articulación y asimismo la
sonoridad. Tanto las consonantes como las vocales pueden ser asimiladas.
La asimilación puede tener lugar al principio, interior o final de palabra.
Veremos más adelante que el mismo proceso también se da entre palabras.
A veces los estudiantes preguntan — con razón — por qué, en casos como
el de [ny] > [ñy] en *inyección*, el término es "asimilación regresiva" en lugar
de "asimilación progresiva". Se dice "regresiva" y no "progresiva" porque
el influjo fónico de la consonante [y] "regresa" hacia la nasal precedente.

En los ejemplos anteriores de palabras con nasales nos hemos ceñido
principalmente a los sonidos nasales al comienzo o interior de palabras, y hemos
notado que en estas dos posiciones su articulación alofónica es bilabial, alveolar
o palatal. Sin embargo, existen otras articulaciones de sonidos nasales que
ocurren con frecuencia en posición final de sílaba. En el Capítulo 4 hemos
distinguido un total de siete zonas de articulación, y las posibles articulaciones
nasales son también siete, como veremos a continuación. En la discusión
siguiente habrá que tener en mente que la **asimilación nasal es** CONDICIONADA[1]
tanto en el interior de palabra como entre palabras.

Ya hemos visto la nasal bilabial [m] ante /p/, *imposible* o ante /b/, *ambos*.
Estos últimos dos ejemplos no requieren mayor explicación ya que la ortografía
"mp" o "mb" es representativa de la articulación [mp] o [mb]. Sin embargo, en
los casos donde ocurre una "n" contigua a cualquier bilabial (i.e., /p, b, m/), esa
"n" se asimila al punto de articulación bilabial y se transcribe [ɱ] con la colita
delante para indicar la bilabilidad.

Esta concordancia entre articulación (i.e., [m]) y ortografía "m") no la
encontramos en casos donde un sonido nasal precede a la **labiodental** /f/. En
tales casos — como por ejemplo en *énfasis* o *enfrentar* —, la "n" alveolar se
asimila al punto de articulación de la "f", convirtiéndose así en un alófono nasal
labiodental, simbolizado por [ɱ] (se trata de una "m" con una "colita"; la colita
representa la dentalidad del sonido [ɱ]). La transcripción alofónica correcta de
énfasis es, pues, [éɱfasis].

---

[1]   Para el concepto de alófono condicionado, véase el Capítulo 5.

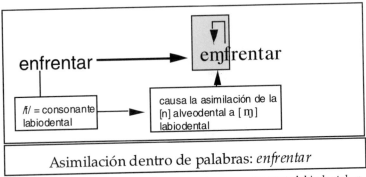

Asimilación dentro de palabras: *enfrentar*

Fig. 8.3.   Asimilación de una nasal a una consonante labiodental en el interior de palabra.

Ante los fonemas dentales /t/ o /d/, la nasal naturalmente es dental también. Así *antes* o *ando* se articulan con la nasal dental [n̪]: [án̪tes], [án̪do] (nótese que el símbolo fonético de la nasal dental es una "n" con un semicírculo debajo del alófono). Ante los fonemas alveolares /r/, /l/, /s/, el alófono nasal es alveolar [n]: *Enrique*, *enlace*, *instigar* (puesto que la pronunciación alveolar es el punto de articulación "normal" de la "n", el símbolo fonético [n] no lleva marcas especiales) .

Ante el africado alveopalatal /č/, el alófono nasal es alveopalatal simbolizado con [ñ̌], *ancho* [áñ̌čo]. Ante la palatal /y/, la nasal alveolar [n] se convierte en palatal [ñ]: *cónyuge* [kóñ-yu-xe] (en la lingüística, esta nasal palatal [ñ] tiene también un símbolo fonético alternativo, i.e., una "n" con una colita en la línea vertical izquierda: [ɲ]; por lo tanto [kóɲ-yu-xe] representa una variante en la transcripción cuya articulación es idéntica a la de [kóñ-yu-xe]).

Finalmente, ante las velares /g, k, x/, el alófono nasal es también velar, i.e., [ŋ]: [téŋgo], [áŋkla], [móŋxa]. Nótese que esta nasal velar [ŋ] tiene la "colita" al final de la letra, distinguiéndose así de la nasal palatal [ɲ]. Compare otra vez los símbolos especiales que acabamos de presentar:

[ɱ]	bilabial	[uɱbáŋko],
[ɱ]	labiodental	[eɱférmo], [éɱfasis]
[n̪]	dental	[án̪tes], [án̪do]
[n]	alveolar	[péna], [náda]
[ñ̌]	alveopalatal	[áñ̌čo], [iñ̌čár]
[ñ] o [ɲ]	palatal	[kóñyuxe] o [kóɲyuxe]
[ŋ]	velar	[téŋgo], [áŋkla]

Como acabamos de ver, el sonido nasal en posición final de sílaba interior de palabra seguido por consonante siempre tiene su punto de articulación determinado por esta consonante. Por consiguiente, sería imposible que en esta posición los diferentes sonidos nasales funcionaran de manera contrastiva. Como el lugar de articulación del sonido nasal está totalmente determinado por la consonante siguiente, es imposible conmutar estos sonidos para producir una palabra nueva, y por lo tanto [n̪], [ŋ] y [ñ̌] son alófonos y no fonemas (se recordará que más arriba establecimos el valor fonológico de [n], [ñ] y [m]). Por ejemplo, si empezamos con el grupo [mb] en la palabra *ambos,* no es posible cambiar el lugar de articulación de la nasal bilabial [m] a la alveolar [n], **án-bos,* ya que la presencia de la consonante bilabial determina que la nasal precedente se pronuncie bilabial. Así, cualquier substitución de sonidos nasales en esta posición no puede originar ninguna palabra nueva ya que produciría la impresión de un error en la pronunciación.

Con esto vemos que en posición inicial de sílaba e inicial de palabra, hay tres puntos de articulación que funcionan de manera **contrastiva** con relación a las nasales *(cama, cana, caña).* El punto de articulación del alófono nasal en posición final de sílaba no desempeña, en cambio, ninguna función distintiva y decimos que en este caso el contraste potencial se ha **neutralizado.**[2]

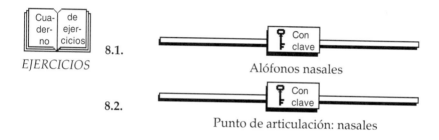

EJERCICIOS

8.1. Alófonos nasales

8.2. Punto de articulación: nasales

La nasal /n/ al final de palabras

Al pronunciar una palabra que termina en nasal, la manifestación fonética más común es una pronunciación alveolar *tan, hablan, irán, pan,* todas con [n] alveolar. En un grupo fónico, la palabra que termina en nasal puede ir seguida o de una palabra que empieza con vocal (cf. *empiezan a hablar*) o de una palabra que empieza con consonante (cf. *empiezan con Enrique*). Si la palabra siguiente empieza con **vocal**, en el español estándar suele mantenerse una pronunciación alveolar (e.g., *va[n] a Cancú[n]*), pero en el nivel dialectal esta [n] alveolar compite en muchos casos con un sonido nasal **velar** [ŋ] cuya articulación es idéntica a la de "-ng" en palabras inglesas como *ga*<u>*ng*</u>*, fa*<u>*ng*</u>*, ra*<u>*ng*</u> (por lo tanto, en ciertas zonas se oye comúnmente *va[ŋ] a Cancú[ŋ]* en vez de *va[n] a Cancú[n]*). En este capítulo estudiaremos sólo la asimilación de nasales **ante consonantes**, reservando así el análisis de variaciones dialectales del tipo [-n] + VOCAL para el Capítulo 19, donde nos centraremos en variaciones regionales del español americano.

---

[2] Algunos lingüistas indican la neutralización en este contexto por medio del **archifonema,** que en este caso sería /N/, símbolo que representa un sonido nasal (que contrasta con sonidos orales, /árde/ # /áNde/) sin especificación de su lugar de articulación. Como vimos, la especificación del lugar de articulación es automática según el punto de articulación de la consonante siguiente.

Al comenzar la palabra siguiente con una consonante, se aplica la asimilación nasal como si el grupo consonántico estuviera en posición interior de palabra. Esto equivale a decir que, debido a la presencia de una /t/ dental, la /n/ de come<u>n</u> *todo* debe de articularse de la misma manera que la de la palabra a[n̪]*tes*, es decir, con una [n̪] dental más que alveolar. En el caso de una pausa siguiente — representada en la lingüística con el símbolo "#"), se manifiesta la nasal en su variante alveolar [n]: *ya fuero[n]#*.

Un detalle más: En caso de nasal seguida de nasal, la asimilación es opcional (es más común la asimilación que el mantenimiento del grupo [nm]). En el caso de una asimilación de "nm" > "mm," el grupo consonántico resultante [mm] se simplifica a menudo a [m]: cf. [en mi ...] > [eɱ mi ...] > [e mi ...]. Por lo tanto, en una palabra como *inmediatamente* se observan, en orden de frecuencia, las siguientes variaciones articulatorias:

Asimilación y reducción:	[mm] > [m]	i[<u>m</u>]ediáto
Asimilación:	[nm] > [ɱm]	i[ɱm]ediato
Mantenimiento:	[nm]	i[<u>nm</u>]ediato

Algo muy similar ocurre en los grupos nasales [mn] (e.g., *gi<u>mn</u>asio*), donde se observan:

la asimilación y reducción de:	[mn] > [n]	gi[n]asio
el mantenimiento:	[mn]	gi[mn]asio

Cuando una asimilación tiene por resultado un reajuste en el punto de articulación de un alófono, y cuando esta asimilación produce un grupo consonántico con un solo punto de articulación, entonces decimos que los sonidos en cuestión son *homorgánicos* (o "co-articulados por los mismos órganos"). Ejemplos de asimilaciones que producen tales consonantes homorgánicas son *i[nm]ediato > i[ɱm]ediato* (dos nasales bilabiales) o *i[<u>nk</u>]lusive > i[<u>ŋk</u>]lusive* (dos velares).

Antes de pasar a las nasales del inglés, hay que explicar un detalle sobre un aspecto teórico que quizás haya confundido al principiante en la lectura de este capítulo: como hemos visto, figuran entre los fonemas nasales tanto la /m/ como la /n/. La /m/ tiene un solo alófono [m] bilabial y la /n/ tiene varios, incluso uno bilabial representado por [ɱ]. Resulta que a pesar de una transcripción distinta (i.e., [m] vs. [ɱ]), la articulación de estos dos alófonos es **idéntica**. ¿Por qué usar entonces dos símbolos distintos? Los lingüistas hacen esta diferencia únicamente por razones teóricas, mostrando así que este sonido puede provenir de fonemas nasales distintos. Así, al transcribir [ɱ] en lugar de [m] se indica que el fonema original era /n/ y no /m/. Compárense, por ejemplo, los siguientes pares fónicos donde la distinción entre [m] y [ɱ] en la transcripción relaciona el sonido bilabial con el fonema original, i.e., /m/ y /n/, respectivamente (en el habla rápida, oraciones como *emplumas* y *en plumas* normalmente tienen una realización articulatoria idéntica):

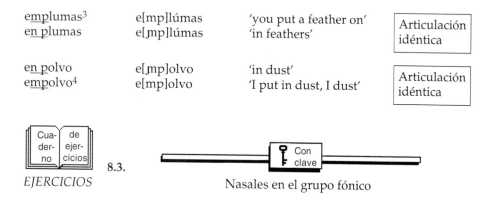

| emplumas[3] | e[mp]lúmas | 'you put a feather on' | Articulación idéntica |
| en plumas | e[mp]lúmas | 'in feathers' | |

| en polvo | e[mp]olvo | 'in dust' | Articulación idéntica |
| empolvo[4] | e[mp]olvo | 'I put in dust, I dust' | |

Cua-der-no de ejer-cicios

EJERCICIOS 8.3. Con clave

Nasales en el grupo fónico

En inglés también existe un proceso de asimilación nasal. Por ejemplo en la palabra *tank*, la nasal final de sílaba se velariza por la presencia de /k/ en la sílaba siguiente igual que en español, dando así *ta[ŋ]k*. Esta asimilación es condicionada (u obligatoria) al interior de palabras, **pero es raro que el anglohablante lo extienda a las nasales en posición final de palabra.** Así en *in front*, la labiodentalización es completamente opcional y menos común que la no asimilación. En inglés es asimismo menos común la velarización de /n/ ante /k-/ cuando ésta empieza una palabra (cf. *i[n] case* en lugar de *i[ŋ] case*).

El problema del anglohablante no es por tanto la producción de nasales asimiladas sino la extensión del proceso a la nasal en posición final de palabra. Afortunadamente no es muy difícil adquirir esta capacidad. **Para el hispanohablante el único contexto en que no suele tener lugar la asimilación nasal es aquél en que interviene una pausa.**

Lo que importa aquí es que el anglohablante debe evitar por encima de todo la introducción de pequeñas pausas o interrupciones entre palabras que terminan en nasal. Así, una expresión como *un trigo* o *con tiempo* deben de articularse [untríɣo] y [koṇtiémpo] (en lugar de *[uṇ ... tríɣo] y *[koṇ ... tiémpo], respectivamente). En éstos y cualquier otro ejemplo similar, la frase se pronuncia pues como si fuera una sola palabra. Así en el habla cotidiana, las dos expresiones *tan bien* y *también* se pronuncian de igual manera, es decir, [también].

Resumen

En español hay tres fonemas nasales: (1) **/m/ bilabial**, (2) **/n/ alveolar**, (3) **/ñ/ (álveo)palatal**. Estos funcionan de manera contrastiva en posición inicial de palabra e inicial de sílaba, y de manera no contrastiva en posición final de sílaba. Las realizaciones alofónicas de /m/, /n/ y /ñ/ son variadas (véase la Tabla al final de este resumen) y están siempre condicionadas por el punto de articulación del sonido que los sigue. Así, el fonema nasal /n/, cuya principal

---

3   Del verbo *emplumar.*
4   Del verbo *empolvar.*

realización es la [n] alveolar, se articula en la zona velar cuando le sigue una consonante velar (cf. *ancla* = [áŋkla]). A este tipo de ajuste articulatorio le decimos *asimilación*.

Hay dos tipos de asimilación: **asimilación regresiva** (que es la más común) y **asimilación progresiva**. La asimilación regresiva ocurre en casos donde el hablante, al articular un sonido, **anticipa** el punto de articulación, el modo de articulación, o la sonoridad del fonema siguiente para ajustar el primer sonido de este grupo al segundo. En el caso del ejemplo anterior *ancla* se trata de una asimilación regresiva ya que la anticipación de la velar [k] lleva al hablante a articular la /n/ — normalmente alveolar — en la región velar, produciendo así [ŋk] en vez de [nk].

La asimilación nasal es **condicionada** tanto en el interior de palabra como entre palabras. Con esto queremos decir que el hablante realiza con regularidad asimilaciones nasales como las que hemos observado en [áŋkla] *ancla* (= interior de palabra) o [aŋ komíðo] *han comido* (= entre palabras).

Las palabras que terminan en nasal pueden ir seguidas o de una palabra que empieza con vocal (cf. *empiezan a hablar*) o de una palabra que empieza con consonante (cf. *empiezan con Enrique*). En el español estándar, si la palabra siguiente empieza con **vocal**, se mantiene una pronunciación alveolar (e.g., *va[n] a Cancú[n]*), pero en el nivel dialectal esta [n] alveolar compite en muchos casos con un sonido nasal **velar** [ŋ]: *va[ŋ] a Cancú[ŋ]*. Los hablantes de dialectos que velarizan [-n] + VOCAL → [-ŋ] + VOCAL entre palabras lo hacen de manera **libre**, es decir, no obligatoria.

En inglés también existe un proceso de asimilación nasal. Esta asimilación es condicionada (u obligatoria) al interior de palabras, pero por lo general **no** se extiende con regularidad a las nasales en posición final de palabra (es más común oír tanto *i[n] case* como *i[ŋ] case*). El problema del anglohablante no es por tanto la producción de nasales asimiladas sino la extensión del proceso a la nasal en posición final de palabra.

En las Figuras 8.4 a 8.5 damos una lista de los alófonos nasales analizados en este capítulo.

Fonemas	Alófonos	Punto de art.	Ejemplos
/m/ inicial	[m] + vocal	bilabial	mamá, cama
/n/ inicial	[n] + vocal	alveolar	carne, nada
/ñ/ inicial	[ñ] + vocal	palatal	caña, ñandú
/n/ final de sílaba	[ɱ] + /p, b/	bilabial	un peso, un banco
	[ɱ] + /f/	labiodental	énfasis, infusión
	[n̪] + /t, d/	dental	antes, andando
	[n] + /s, l, r/	alveolar	ensalada, enlace, sonrisa
	[ň] + /č/	alveopalatal	ancho, hincho
	[ñ] + /y/	palatal	inyección
	[ŋ] + /k, g/	velar	banco, tengo,
	+ /x/	velar	monja, ángel

Fig. 8.4.   Distribución de nasales al interior de palabra. El mismo tipo de asimilación alofónica se da entre palabras, donde se trata también de variaciones condicionadas, i.e. obligatorias.

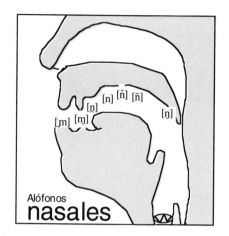

Alófonos
nasales

Fig. 8.5.   Los alófonos nasales del español.

Recuerde que hay sólo tres fonemas nasales en español, i.e., /n, m, ñ/.

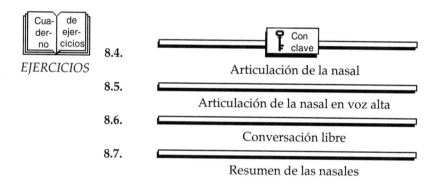

Cua-der-no de ejer-cicios

EJERCICIOS

8.4.   Articulación de la nasal   🔑 Con clave

8.5.   Articulación de la nasal en voz alta

8.6.   Conversación libre

8.7.   Resumen de las nasales

CAPITULO 9

Las obstruyentes sonoras
/b, d, g/ — /y/

Se clasifican como sonidos **obstruyentes** los que se caracterizan por la presencia de un obstáculo (o una obstrucción) durante toda su articulación (así, en la articulación de /p/, por ejemplo, hay obstrucción total del aire entre los labios, mientras que en /t/ la obstrucción se da en la región alveolar). Es importante notar que aunque todos los sonidos consonánticos se articulan con cierta obstrucción en el punto de articulación, en algunos de estos sonidos la clausura o cerrazón del órgano bucal en cuestión es sólo parcial, permitiendo así el pasaje parcial o intermitente de aire proveniente de los pulmones. Entre los obstruyentes que tienen una articulación obstruyente **parcial** se encuentran los sonidos fricativos del grupo (1) a continuación, mientras que los sonidos obstruyentes con obstrucción **total** son los del grupo (2):

		sordos	sonoros
1.	**Fricativos**, con clausura parcial:	[f, θ, s, x]	[β, ð, ɣ], [y]
2.	**Oclusivos**, con clausura total:	[p, t, k]	[b, d, g]
3.	**Africado**, con co-articulación que comienza con una oclusión total y termina con una fricción:[1]	[č]	

Obstru-yentes

---

[1] En la articulación de [č] se combinan rasgos articulatorios del grupo (1) y (2), es decir, oclusión total y oclusión parcial (= fricción).

Los sonidos obstruyentes se oponen a los sonidos **inobstruyentes** (también llamados *resonantes* o *sonorantes*). Las vocales y las consonantes nasales (/n, m, ñ/), laterales (/l/,λ/) y vibrantes (/r, r̄/) son todas inobstruyentes. En la articulación de estos sonidos no hay obstáculo, es decir, el aire puede pasar por la cavidad bucal o nasal de manera continua e ininterrumpida (es de allí que estos sonidos se llaman también *continuantes*).

Los fonemas /b, d, g/ y la yod

Los fonemas /b, d, g/ son, respectivamente, bilabial, dental y velar. La yod es palatal. Los cuatro sonidos son sonoros. En español /b, d, g/ tienen una articulación variable — [b, d, g] oclusivos vs. [β, ð, ɣ] fricativos — mientras que en inglés los tres fonemas /b, d, g/ son **siempre** sonidos oclusivos (cf. *boy*, *dog*, *gate*).[2] Antes de analizar la situación en español, veamos como se producen /b, d, g/ en inglés.

En **inglés**, al producir /b, d, g/ usamos los órganos articulatorios para efectuar una **oclusión total** que detiene el aire en su salida de los pulmones. Con el fonema /b/, por ejemplo, la oclusión es bilabial: se cierran totalmente los dos labios (cf. *bet*, *lab*). Con el fonema inglés /d/, la oclusión es **alveolar**: se detiene el aire cerrando el ápice de la lengua contra los alvéolos (cf. *debt*, *bad*). En la producción del fonema /g/ se detiene el aire al colocar la parte posterior de la lengua, el postdorso, contra la región velar del techo posterior de la boca (cf. *get*, *lag*). Normalmente, los tres fonemas /b, d, g/ tienen cada uno un solo alófono principal en inglés. Por lo tanto, el fonema /b/ se pronuncia con un alófono oclusivo bilabial sonoro [b], el fonema /d/ se pronuncia con su alófono oclusivo ápico alveolar sonoro [d] y el fonema /g/ se pronuncia con su alófono oclusivo postdorso velar sonoro, [g]. Veremos que en español la representación fonética de los fonemas /b, d, g/ es algo más compleja, y es esa complejidad y, al mismo tiempo, la inexistencia de los alófonos [β] y [ɣ] en inglés lo que dificulta la adquisición de una articulación (semi-) nativa del español.

Los fonemas españoles /b, d, g/ en su articulación fricativa [β, ð, ɣ]

En español, a diferencia del inglés, los fonemas /b, d, g/ normalmente se producen evitando la oclusión completa. El resultado son sonidos que hemos llamado *fricativos*. Esta fricción es, sin embargo, bastante ligera y mucho menos audible que la de fricativas como /f/ o /s/. Es esta relativa ausencia de fricción y a la vez la total ausencia de oclusión (o explosión) lo que da a las variantes alofónicas [β, ð, ɣ] una calidad fónica que los estudiantes a veces llaman "suave". Articule, por ejemplo, los siguientes ejemplos en voz alta para sentir esta "suavidad" de los sonidos subrayados (¡este experimento sólo funcionará si Ud. articula los ejemplos de manera nativa o semi-nativa!). Las explicaciones y los ejercicios a continuación le ayudarán a adquirir tal pronunciación:

---

2 Veremos en este capítulo que el fonema /g/ del inglés puede tener una articulación fricativa en palabras como *sugar*.

la<u>b</u>ios	(bilabial; sin oclusión)
mie<u>d</u>o	(ápico interdental; sin oclusión)
ma<u>g</u>o	(postdorso velar; sin oclusión)

En la palabra *la<u>b</u>ios* el fonema /b/ se produce con los dos labios, es decir, es bilabial, pero se evita la oclusión completa, es decir, los labios no llegan a tocarse o cerrarse con firmeza. El símbolo fonético que representa esta "b" es [β], aunque también puede representarse con una "b" con una barra, i.e., [ƀ]. **El mismo sonido fricativo [β] aparece en** *cava* **[káβa].** En el español hablado, las letras "b" y "v" tienen, pues, un solo valor fonológico — /b/ —, el cual tiene, como veremos, dos variantes alofónicas, [b] y [β].

El fonema /d/ de la palabra *cada* [káða] se produce de manera análoga, es decir, con el ápice de la lengua que toca el filo de los dientes superiores, pero sin oclusión completa. El resultado es un sonido muy suave que es muy semejante a la manifestación del fonema inglés /ð/, ortográficamente "th": *father*, *then*. El sonido [ð] del español es, sin embargo, considerablemente más suave, con menos fricción que el del inglés. Como el sonido [d] del inglés es ápico alveolar y no ápico dental como el del español, el alumno debe avanzar el ápice de la lengua hasta los dientes superiores de igual manera que sugerimos con el fonema /t/.

El fonema /g/ del español en palabras como *mago* [máɣo] es un sonido postdorso velar y sonoro. Al acercarse el posdorso de la lengua al velo del paladar, el hablante no cierra totalmente el pasaje entre el velo y la lengua, emitiendo así una [ɣ] muy suave (véase la Fig. 9.1 a continuación).

Fig. 9.1. Diferencia articulatoria entre la [g] oclusiva y la [ɣ] fricativa. Nótese que al articularse la "g" suave, la lengua se aproxima a la región **sin** tocarla, permitiendo así el (casi) libre escape del aire. Para el principiante, esta articulación suave de "g" — menos enérgica que la "g" de palabras inglesas como *get*, *bigger*, *leg* — es uno de los sonidos más difíciles de articular correctamente a pesar de que el sonido exista en palabras inglesas como *sugar*. Recomendamos al estudiante que se fije bien en cómo los nativos (o su profesor) articulan la variante suave para poder imitarla luego.

Hemos enfatizado ya que al articularse [β, ð, ɣ] del español estándar la fricción es bastante ligera y mucho menos audible que la de fricativas como /f/ o /s/. En varios dialectos, esta fricción en [ð] es generalmente tan ligera o tan suave que los hablantes han adquirido la costumbre de reducir este sonido por completo, eliminándolo así en posición intervocálica (damos este detalle aquí para que el estudiante se acostumbre a la a veces muy ligera pronunciación de las oclusivas sonoras intervocálicas):

Estándar	Variante dialectal
habla[ð]o	hablao
comi[ð]o	comío

Como ya hemos dicho, los símbolos fonéticos que usaremos para estos sonidos fricativos suaves son [β], [ð], [ɣ], equivalentes a [ƀ], [đ], [ǥ] ; repetimos este punto sólo para explicar que, al contrario de lo que se podría esperar dada la alta frecuencia de estos alófonos fricativos frente a sus variantes oclusivas, en la representación **fonémica** se usan los símbolos sin barra, i.e., /b, d, g/.

Los fonemas españoles /b, d, g/ no se pronuncian siempre con alófonos fricativos ya que existen asimismo manifestaciones **oclusivas** (en inglés, esta manifestación oclusiva suena mucho más "dura" que su contraparte suave, i.e., fricativa: cf. *ángulo* vs. *mago*). Los fonemas /b, d, g/ se articulan siempre como consonantes oclusivas [b, d, g] cuando siguen a las nasales /m, n/. Compare:

Oclusivo ("duro")		Fricativo ("suave")	
ambos	[b]	tubo, tuvo	[β]
envidia	[b]	lavar, uva	[β]
ando	[d]	lado	[ð]
tango	[g]	mago	[ɣ]

Esta pronunciación oclusiva es también típica cuando /d/ va precedida de /l/. La oclusión total en /ld/ se debe a que en la producción de la lateral alveolar /l/, el ápice de la lengua está en contacto con los dientes, y es este contacto el que se mantiene al iniciar la articulación de la [d] que le sigue, lo que resulta en una oclusión más que fricción. Queremos subrayar aquí que el estudiante debería producir esta articulación "dura" en el caso de /l + d/ y no en los de /l + g/ o /l + b/. Compare:

Oclusivo ("duro")		Fricativo ("suave")	
aldea	[d]	Alberto	[β]
Osvaldo	[d]	salvar	[β]
sueldo	[d]	algo	[ɣ]

En las palabras *tubo, tuvo, lado, mago* la manifestación fonética de /b, d, g/ es un sonido débil sin oclusión. Pero en palabras como *ambos, ando* y *tango*, la oclusión es completa y el alófono usado tiene que clasificarse como un verdadero sonido oclusivo.

Estos tres sonidos oclusivos [b], [d], [g] de los ejemplos *ambos, ando, tango,* son casi idénticos a los sonidos [b], [d], [g] oclusivos que hemos descrito para el inglés (la única diferencia notable es que la [d] es alveolar en inglés y dental en español). Debemos apuntar, sin embargo, que esta similitud articulatoria entre los sonidos oclusivos españoles e ingleses [b, d, g] fácilmente lleva a la falsa conclusión de que en el aprendizaje del español el estudiante no debe preocuparse por su correcta articulación. Resulta, sin embargo, que en realidad esta similitud entre las oclusivas sonoras se limita sólo a aquellos casos — muy poco comunes en relación con la frecuencia de [β], [ð], [ɣ] — donde las letras "b/v, d, g" españolas efectivamente se articulan de manera oclusiva (como veremos la distribución de oclusivas vs. fricativas es un caso de una alternancia **condicionada**, i.e., obligatoria). Es importante entonces que el estudiante se dé cuenta desde un principio que en español predominan con mucho los alófonos [β], [ð], [ɣ] sobre [b], [d], [g], y es este primer grupo el que típicamente crea dificultades para el anglohablante. En las Figuras 9.2-9.3 de abajo comparamos la distribución fonémica y alofónica de /b, d, g/ en los dos idiomas.

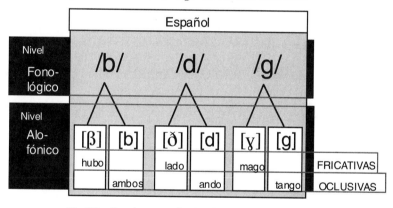

Fig. 9.2.   Los fonemas /b, d, g/ en español

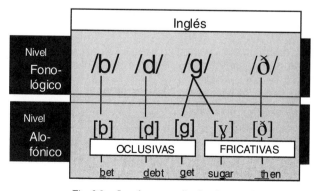

Fig. 9.3.   Los fonemas /b, d, g/ en inglés

La articulación de /b, d, g/ a principio de palabra

Hasta este punto hemos examinado la pronunciación de /b, d, g/ en posición interior de una palabra. En posición inicial de palabra, la articulación de /b, d, g/ también depende del contexto fonético. /b/ y /g/ son **fricativos** cuando la palabra precedente **no** termina en una nasal o cuando **no** siguen a una pausa.[3] El comportamiento de /d/ is idéntico al de /b/ y /g/ excepto que su realización es oclusiva no sólo después de nasal o pausa sino también después de /l/. A principio de palabra, /b, d, g/ tienen pues el siguiente comportamiento fónico:

Letra	Oclusivo		Fricativo	
		Ejemplos		Ejemplos
"b-", "v-"	después de nasal	en barcos;	en los demás casos	el barco
"g-"	o pausa	en varios		los varios
		un gato	en los demás casos	los gatos
		Gatos y ...		
"d-"	después de nasal,	son damas	en los demás casos	las damas
	pausa, o /-l/	al duque		
		Damas y ...		

Se habrá notado que, excepto después de pausa, a principio de palabra /b, d, g/ tienen esencialmente el mismo comportamiento que en el interior de palabra. Es, sin embargo, un error común del estudiante querer articular /b, d, g/ con una oclusión cada vez que una palabra empieza con las letras "b-/v-", "d-", o "g-", respectivamente. Por el contrario, los hablantes nativos observan con regularidad las reglas delineadas arriba. Por lo tanto la pronunciación de las letras "v/b-, d-, g-" (inicial de palabra) es fricativa en la gran mayoría de los casos. Observe los ejemplos a continuación y preste atención una vez más a la articulación "suave" (i.e., fricativa) de /b, d, g/ cuando éstos **no** siguen a una nasal o cuando **no** inician el grupo fónico:

Oclusivo [b, d, g]		Fricativo [β, ð, ɣ]
Inicio del grupo fónico	Después de nasal	No al principio de un grupo fónico
		No después de nasal
⌐ Pausa		
‖ Voy a cantar un	doble tango.	‖ Yo voy a darte las direcciones.
‖ ¡Dame un	beso¡	‖ ¡Oye¡ ¡dame diez besos!
"Articulación dura"		"Articulación suave"

---

3   Sin embargo, hay que notar que de vez en cuando puede oírse una pronunciación suave sin oclusión aun después de una pausa.

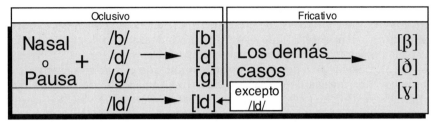

Fig. 9.4.   Regla general para la articulación de /b, d, g/. Esta regla se extiende a grupos fónicos y por lo tanto cubre /b, d, g/ y /l + d/ en posición inicial de palabra.

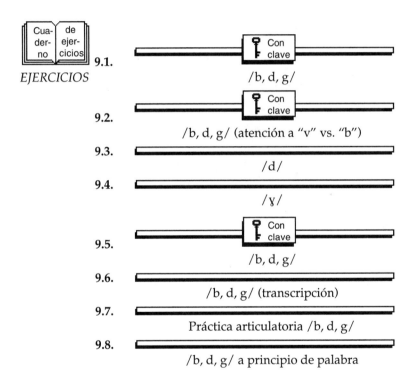

La variabilidad inherente de /b, d, g/

La variación en la oclusión o fricción de /b, d, g/ en el habla normal es una característica muy propia de la lengua española. Este rasgo representa una de las diferencias que existen en la pronunciación del español frente a la gran mayoría de las otras lenguas europeas como el inglés, el francés, el italiano, el portugués o el alemán. Hemos dicho que el hispanohablante evita normalmente la oclusión al pronunciar estos tres fonemas /b, d, g/. Sin embargo, al evitar la oclusión, pueden resultar grados distintos de apertura y fricción. Es decir, desde la oclusión completa hasta una consonante muy abierta, hay toda una gama de manifestaciones posibles. Para simplificar, en la sección precedente se presentaron solamente dos de estas posibilidades: los sonidos con oclusión completa [b, d, g] y los sonidos sin oclusión [β, ð, ɣ].

Una posible articulación algo más débil que el sonido oclusivo es un sonido con una mezcla de oclusión débil y fricción. Tal mezcla produce lo que llamamos *semi-oclusivas*. Al producir estas semi-oclusivas, los órganos articulatorios se acercan pero no se cierran totalmente, y el aire que pasa por estos órganos produce una fricción suave. La pronunciación semi-oclusiva es muy frecuente para /b, d, g/ en posición inicial absoluta (es decir, después de pausa): *¡Vámonos!* [βámonos] o *¡dámelo!* [ðámelo]. Asimismo, la pronunciación de la fricativa suele debilitarse algo: el resultado es una consonante sin oclusión y con fricción apenas perceptible. Esta pronunciación débil es común para /b, d, g/ **intervocálicos**: *iba, puedo, agua*.

Como ya hemos apuntado, sobre todo en el caso de la /d/ intervocálica, es también posible la debilitación completa. Esta tiene por resultado la eliminación total del fonema, transformando así palabras como *nada* o *hablado* en [náa] y [aβláo], respectivamente. Hay que añadir, sin embargo, que tal articulación es casi siempre estigmatizada, y se considera a menudo característica del habla de las clases bajas.

En el habla normal, sobre todo si la situación es formal, se evita la eliminación completa del fonema. Las variantes débiles son, sin embargo, normales en el habla familiar y rápida, especialmente cuando se habla sin énfasis. Las variantes oclusivas o semi-oclusivas aparecen mucho más en el lenguaje lento y formal y especialmente durante la lectura en voz alta.

Como ya hemos notado, los fonemas /b, d, g/ se pronuncian generalmente con alófonos fricativos en contacto con vocales o consonantes, y sólo después de una nasal o pausa obtenemos con regularidad una pronunciación "dura." Hay, sin embargo, casos — y en esto hay mucha variación en un mismo hablante — en los cuales la combinación CONSONANTE + /b, d, g/ se da con una pronunciación más bien oclusiva (parcial o total). Así pueden considerarse casos de variación libre los siguientes ejemplos (nótese que las oclusivas sonoras van siempre precedidas por una consonante, pero nunca por una nasal):

	Fricativo	Oclusivo
arbitro	ar[β]itro	ar[b]itro
arde	ar[ð]e	ar[d]e
órgano	ór[ɣ]ano	ór[g]ano
alba	al[β]a	al[b]a
algo	al[ɣ]o	al[g]o
desde	des[ð]e	des[d]e
rasgo	ras[ɣ]o	ras[g]o
largo	lar[ɣ]o	lar[g]o
	más común	menos común

En resumen, la manifestación más usual de /b, d, g/ consiste simplemente en evitar la oclusión completa (como la oclusión se hace automáticamente después de nasales — aún por hablantes de inglés — no hay que preocuparse por producir la oclusión donde debe ocurrir). Hemos visto que para describir este proceso podríamos caracterizar los fonemas /b, d, g/ con dos variantes principales, una variante oclusiva y una variante fricativa. Dentro de la variante fricativa podemos considerar como más común la fricativa suave con grados moderados de fricción. Sintetizando a un máximo podemos decir que /b, d, g/ son

1. obligatoriamente **fricativos** sólo en posición intervocálica,[4]
2. obligatoriamente **oclusivos** después de pausa o nasal (y, en el caso de /d/, también después de [l]),
3. **variables** en los demás casos (i.e., fricativos u oclusivos).

Para pronunciar bien los fonemas /b, d, g/ un principiante puede adoptar la estrategia de pronunciar siempre las letras "b/v, d" y "g" (ante "a, o, u") con una variante suave fricativa, evitando así la oclusión; en los pocos casos en que la oclusión sea más común (después de pausa, después de nasal y en la secuencia /l/+/d/) esta oclusión se hará automáticamente, como acabamos de explicar. Si se evitan las pausas entre palabras, se conseguirá prescindir de una excesiva y nociva oclusión en el habla. Recuerde que una pronunciación fricativa suave para "b, v, d, g" nunca denotará un acento extranjero, pero sí lo hará un uso exagerado de las oclusivas.

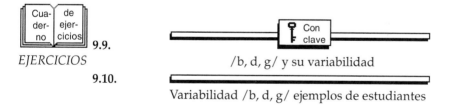

Cuaderno de ejercicios **9.9.**
EJERCICIOS
9.10.

/b, d, g/ y su variabilidad

Variabilidad /b, d, g/ ejemplos de estudiantes

Problemas ortográficos

No todos los problemas que tienen los principiantes con los fonemas /b, d, g/ surgen de la existencia y del uso de variantes fricativas en vez de oclusivas; a veces los problemas son puramente ortográficos.

En el caso del fonema bilabial /b/, la ortografía española representa este fonema con dos letras, la "b" llamada comúnmente *"'b'-grande"* (o, popularmente, *"'b' de burro"*) y la "v" llamada comúnmente *"'b'-chica"* (o *"'b' de vaca"*). La selección entre estas dos letras generalmente radica en su origen latino. Si en latín se escribía una palabra con "b", esta suele mantenerse en la

---

4   En algunos dialectos, esta obligatoriedad de /d/ = [ð] se extiende a la /d/ al final de palabra: *sed, verdad, Usted.* En Hispanoamérica y en España en ciertas zonas (Madrid = [maðrí]), esta [ð] final de palabra a menudo se elide por completo (cf. [usté]).

palabra correspondiente del español moderno; si se escribía con "v", también suele escribirse así en el español moderno. Lo más importante es recordar que **la diferencia gráfica entre las letras "b" y "v" no corresponde a ninguna diferencia fonética.**

El anglohablante tiene en su idioma dos fonemas distintos /b/ y /v/. El alófono principal de /v/ es fricativo labiodental sonoro (comparado con [b] que es bilabial) y hay pares mínimos: _base_, _vase_; _berry_, _very_. Por consiguiente, el anglohablante está acostumbrado a diferenciar claramente entre los dos fonemas, produciendo un alófono bilabial oclusivo para /b/ y uno labiodental fricativo para /v/. Así pues, cuando el principiante ve la letra "b" muestra una fuerte tendencia a pronunciar una bilabial oclusiva, y cuando ve la letra "v" produce una labiodental fricativa. Lo que tiene que recordar es que en español se usa siempre un sonido bilabial, casi siempre fricativo, indistintamente para ambas letras.

Nótese además, que tanto la letra "v" como la "b" pueden representar un sonido oclusivo si les precede una nasal o una pausa:

¡ojo! →	in_v_itar	[ɱb]
	a_mb_os	[mb]
	‖ _b_otaron	[b]
¡ojo! →	‖ _v_otaron	[b]

En el caso del fonema /d/ también hay problemas ortográficos. En español, la representación ortográfica es muy regular. El fonema /d/, tanto si se manifiesta con variantes oclusivas como con fricativas, siempre se representa ortográficamente con la letra "d": _anda_ [d], _nada_ [ð]. En inglés, en cambio, la letra "d" se usa solamente en el caso de representar un fonema cuyo alófono es siempre oclusivo y nunca fricativo: /d/ = [d] como en _dad_. El sonido más semejante a la variante fricativa del español [d] es un sonido dental fricativo que se usa en palabras como _father_ o _brother_. Pero este fonema, simbolizado con /ð/, siempre va representado por las letras "th" y nunca lo asocia el anglohablante con la letra "d". Así, aunque el sonido de la "th" inglesa le corresponde con bastante exactitud con la "d" de máxima ocurrencia en español, es difícil que el anglohablante se acostumbre a usar este sonido dental fricativo para la letra "d" del español.

El fonema /g/ también conlleva problemas ortográficos. En su variante oclusiva [g] o fricativa [ɣ], el fonema /g/ siempre se escribe con la letra "g". Hay otros casos donde la representación de /g/ es más problemática. Las complicaciones provienen del hecho de que la letra "g" tiene un doble valor fonético — "jota" y asimismo /g/ — que varía según la letra que le sigue. Estúdiense los siguientes ejemplos:

Letras				Sonido	Ejemplos	
g	+	a	=	/ga/	gato	**sonido [g]**
g	+	o	=	/go/	gota	
g	+	u	=	/gu/	gustar	
g	+	i	=	/xi/	gitano	**sonido jota**
g	+	e	=	/xe/	gesto	

Como puede desprenderse de los ejemplos anteriores, la "g" representa siempre /x/ cuando va seguida de una vocal anterior ("i" y "e"). Ahora bien, ¿cómo representar entonces las secuencias fonológicas /gi/ o /ge/, las cuales no pueden escribirse, como acabamos de ver, con "gi" y "ge", respectivamente, ya que estas dos ortografías producen los sonidos /xi/ y /xe/ en vez de /gi/ y /ge/? La respuesta a esta pregunta la encontramos en los ejemplos a continuación, donde la letra "u" se inserta para conservar el valor fónico /g/ de la letra "g" cuando ésta precede a las letras "i/e". Nótese cómo en *guitarra* y *guerra* la "u" ortográfica no tiene ningún valor fónico.

Letras			Sonido	Ejemplos	
g	+	i	[xi]	gitano	**sonido jota**
g	+	e	[xe]	gesto	
g + u +		i	[gi]	guitarra	**sonido [g]**
g + u +		e	[ge]	guerra	**de *gato***

Hay una complicación adicional, proveniente de las palabras relativamente raras que contienen el segmento fónico [gu̯i] o [gu̯e]. Obsérvense primero los ejemplos a continuación:

g + ü	+	i	[gu̯i]	lingüista	[lingu̯ísta]
g + ü	+	e	[gu̯e]	güero[5]	[gu̯éro]

En estos casos, cada letra tiene valor fónico y el símbolo especial encima de la "ü" — un símbolo que se conoce bajo el término *diéresis* — se coloca para expresar, ortográficamente, el sonido [u̯] cuando sigue a la letra "g". Compárese ahora la lista de ejemplos a continuación donde contrastamos varias combinaciones ortográficas con "g", y lea las explicaciones que acompañan estos ejemplos:

lengua	La "g" preserva su sonido /g/ porque no le sigue una vocal anterior ("e/i"). La "u" corresponde a [u̯] porque en combinación con "a, o, u" representa los diptongos [u̯a, u̯o, u̯u].
ungüento[6]	La "g" preserva su sonido /g/ porque no le sigue una vocal anterior ("e/i"). La "u" corresponde a [u̯] y no a "zero" porque lleva diéresis.
pingüino	(La misma explicación que en el caso anterior)
Lamborguini[7]	La "g" preserva su sonido /g/ porque le sigue

---

5   En México, un *güero* es una persona de pelo rubio.
6   Ingl. 'ointment'.
7   También deletreado *Lamborghini* (esta ortografía refleja el origen italiano de la palabra).

una "u" + "i". La "u" corresponde a "zero" (o nada) y tiene que escribirse para evitar la articulación */lamborx̱íni/ en lugar de /lamborgíni/.

g̲u̲erra

Sin la "u" "ortográfica" sería */xérra/ (cf. G̲e̲rardo).

ambigüedad

Sin diéresis (i.e., *ambiguedad) sería [ambix̱edáð] en lugar de [ambiy̱u̱eðáð]. Es interesante comparar *ambigüedad* con el adjetivo *ambig̲u̲o*. ¿Puede Ud. determinar por qué la forma adjetival *ambiguo* **no** necesita la diéresis sobre la "u"?

Finalmente, debemos llamar la atención sobre aquellos casos — generalmente problemáticos no sólo para principiantes sino también para hablantes nativos del español — donde la adición del sufijo diminutivo *-ito* conlleva ajustes ortográficos que se imponen por la misma lógica de las reglas ortográficas que acabamos de presentar arriba. Compárese:

"u"	>	"ü" = [u̯]	Explicación
ag̲u̲a	>	agüita	Sin diéresis sería */agíta/,
parag̲u̲as	>	paragüitas	es decir, faltaría el sonido [u̯].

"g̲"	>	"gu" = /g/	Explicación
lago	>	lag̲u̲ito	Sin "u" sería */lax̱íto/, es decir
vago	>	vag̲u̲ito	la "g" sería una jota en lugar del sonido /g/.

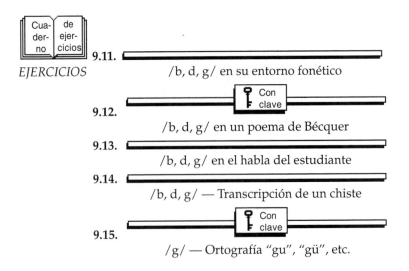

Cua-der-no	de ejer-cicios	

EJERCICIOS

9.11.

/b, d, g/ en su entorno fonético

9.12.

🔑 Con clave

/b, d, g/ en un poema de Bécquer

9.13.

/b, d, g/ en el habla del estudiante

9.14.

/b, d, g/ — Transcripción de un chiste

9.15.

🔑 Con clave

/g/ — Ortografía "gu", "gü", etc.

El fonema palatal /y/

El fonema palatal sonoro /y/ es muy semejante en su manifestación fonética a /b, d, g/ en el sentido de que se usan variantes que van de una oclusión total hasta su elisión completa. La norma, como en el caso de /b, d, g/, es una fricativa suave con grados muy moderados de fricción. La africción, simbolizada con [ŷ], es más rara. Cuando ocurre, se da en los mismos contextos que los oclusivos [b, d, g], es decir

1. después de la nasal (que se asimila a la palatal [ŷ], sufriendo así el cambio [n] → [ñ]: cf. *un llano* = [n+y] → [ñ+ŷ]);

2. a principio de oración: *Yo no lo sé* = [ŷo no lo sé] en lugar de [y̶o no lo sé].

Sin embargo hay gran variación en la manifestación del fonema /y/ en el mundo hispánico, y lo mejor para el estudiante es atenerse a la producción de una fricativa moderada, i.e., [y̶]. Usamos este símbolo [y̶] para el **alófono** fricativo suave paralelamente a [b̶, d̶, g̶]. En la representación **fonémica**, se omite la barra horizontal (/y/ y no */y̶/), lo que es consistente con la práctica de transcribir también sin barra horizontal los fonemas /b, d, g/ a pesar de que éstos tengan una articulación predominantemente fricativa (la ausencia de la barra en el fonema /y/ se hace otra vez por pura conveniencia).

En el habla familiar y espontánea la /y/ se pronuncia más suave, a veces debilitándose aún más que [b̶, d̶, g̶] (= [β, ð, ɣ]). Los alófonos débiles son idénticos a la semiconsonante del inglés en palabras como *you*, *yes*. Compare, por ejemplo, la palabra *yo-yo* del inglés con *yo* del español. La diferencia está en el hecho de que, aunque en español se permite una variante de /y/ tan débil como la del inglés, en español también se usan variantes más tensas con fricción audible o incluso la semi-oclusiva. Este refuerzo ocurre sobre todo en el habla más formal o enfática o bien en la lectura. Resumiendo esto al máximo, podríamos representar la articulación de /y/ de la manera siguiente (tendrá que tenerse en cuenta, sin embargo, que en el habla diaria la realización de la yod es muy variable):

nasal	+	/y/	=	[ŷ]	africada
pausa	+	/y/	=	[ŷ]	africada o
				[y̶]	fricativa moderada (menos común)
cualquier otra posición	+	/y/	=	[y̶]	fricativa moderada

El fonema /y/ en Hispanoamérica va representado indistintamente por las letras "y" y "ll" y — en pocos casos — también por "hi-". Las palabras que empiezan con hi- seguido de "e" (*hielo*, *hiedra*) pueden asimismo pronunciarse con la consonante /y/. No hay otro remedio que memorizar qué palabras se escriben con "y" y cuáles con "ll" o "hi-" ya que no hay una regla fija detrás del empleo de estos dos símbolos ortográficos.

Más adelante veremos que en ciertas zonas de España la pronunciación de "ll" es efectivamente distinta de la de "y" o "hi".[8] Ya que estamos hablando de

---

8   Examinaremos los fenómenos variados de la dialectología española en los últimos capítulos de este libro.

diferencias dialectales cabe mencionar también que es muy común, en varias partes de España y de Latinoamérica, variar considerablemente la articulación de la consonante /y/. Así, el elemento inicial de una palabra como *llamar* puede articularse con sonidos que se acercan a uno de los fonemas encuadrados de los ejemplos ingleses a continuación:

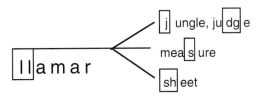

En inglés, la "y" de palabras como *mayor* o *player* suele articularse con muy poca tensión muscular. Por lo general, los estudiantes se equivocan cuando transfieren esta ausencia de tensión muscular de la /y/ inglesa a la **/y/ del español, la cual se pronuncia siempre con un alto grado de tensión muscular** (es similar esta articulación tensa de la /y/ española a la que se encuentra en la pronunciación **enfática** de la "y" de ingl. *yes*). Debemos insistir en que al realizar una /y/ el estudiante se acostumbre a colocar la lengua de manera tensa en la región palatal. Si aplica esta técnica articulatoria, podrá evitar el tipo de error articulatorio que ilustramos en la columna de la derecha a continuación:

	Correcto	Falso
mayo	[má-ẏo]	[mái̯-o]
ella	[é-ẏa]	[éi̯-a]
suyo	[sú-ẏo]	[súi̯-o]

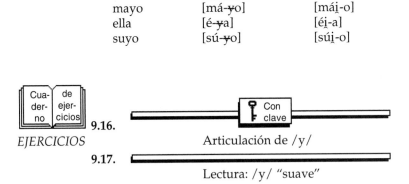

EJERCICIOS

9.16. Articulación de /y/

9.17. Lectura: /y/ "suave"

Transcripción fonológica vs. transcripción fonética

En los últimos tres capítulos hemos tenido la oportunidad de estudiar en considerable detalle los alófonos de los fonemas /p, t, k, č, n, m, ñ, b, d, g, y/. A estas alturas debe estar más clara la diferencia conceptual entre el fonema y el alófono, o entre transcripción fonológica y fonética. Para aclarar una vez más esta distinción sistemática, damos a continuación una breve transcripción, una fonológica y la otra fonética (subrayamos los elementos diferenciadores más notables).

A   estas   alturas   debería   estar   más   clara   la   diferencia
/ a éstas   altúras   d̪ebería   *estar*   más   klára   la   diferensi̯a/
[a éstas   altúras   ð̪eβería   *estar*   más   klára   la   ð̪iferénsi̯a]

← Ortografía
← Fonología
← Fonética

conceptual   entre   el   fonema   y   el   alófono,   o   entre
/ konseptu̯ál   én̪tre   el   fonéma   i   el   alófono   o   én̪tre/
[konseptu̯ál   én̪tre   el   fonéma   i   el   alófono   o   (w)én̪tre]

← Ortografía
← Fonología
← Fonética

la   transcripción   fonológica   y   fonética.
/ la   transkripsi̯ón̪   fonolóxika   i   fonétika/
[la   transkripsi̯óm̩   fonolóxika   i   fonétika]

← Ortografía
← Fonología
← Fonética

Resumen

Son **obstruyentes** los sonidos que se caracterizan por la presencia de un obstáculo (o una obstrucción) durante toda su articulación. En los obstruyentes [p, t, k, b, d, g], la obstrucción es total, mientras que en [f, θ, s, x, β, ð, ɣ, y] la clausura o cerrazón del órgano bucal en cuestión es sólo parcial. En la obstruyente [č] encontramos una co-articulación que comienza con una oclusión total y termina con una fricción.

A diferencia del inglés, en español /b, d, g/ normalmente se producen con fricción en vez de oclusión, dando lugar así a [β, ð, ɣ] (en varios dialectos, la fricción en [ð] es tan suave que el sonido se elimina por completo; cf. "hablao" = *hablado*). **La pronunciación fricativa de /b, d, g/ ocurre en todos los casos excepto después de (1) pausa o (2) nasales** (cf. *ando, con guitarra*), donde se da [b, d, g] (cf. [d̪os amburɣésas] *dos hamburguesas*). La pronunciación oclusiva es también típica cuando /d/ va precedida de /l/ (cf. [ald̪éa]). Las distribuciones **condicionadas** que acabamos de describir son válidas tanto en el interior de palabras como entre palabras (así, *envía* y *en vía* tienen la misma articulación, es decir, [embía]). Es un error común del estudiante querer articular /b, d, g/con una oclusión cada vez que una palabra empieza con las letras "b-/v-", "d-", o "g-", respectivamente. El estudiante debe acostumbrarse pues a pronunciar con regularidad [β, ð, ɣ] y no [b, d, g] en casos como *el ve dos gatos* = [el βe ð̪os ɣátos].

Los sonidos **oclusivos** [b, d, g] se articulan a veces con una mezcla de oclusión débil y fricción. Tal mezcla produce lo que hemos llamado *semi-oclusivas*. La pronunciación semi-oclusiva es típica para /b, d, g/ en posición inicial absoluta (es decir, después de pausa): ¡*Vámonos!* [β̞ámonos] o ¡*dámelo!* [ð̞ámelo]. Las variantes semi-oclusivas **no** son estigmatizadas, mientras que la debilitación completa de [β, ð, ɣ] sí lo es (así son estigmatizados tanto [náa] *nada* como [aβláo] *hablado*).

Hay casos — y en esto hay mucha variación en un mismo hablante — en los cuales la combinación CONSONANTE[9] + /b, d, g/ se da con una pronunciación oclusiva (parcial o total) en vez de fricativa. Tal **variación libre** se observa, por

---

[9]   Excepto las nasales, después de las cuales /b, d, g/ son siempre oclusivas.

ejemplo, en *ar[β]itro* vs. *ar[b]itro* o *ar[ð]e* vs. *ar[d]e*. Sintetizando a un máximo, podemos decir que /b, d, g/ son

1. obligatoriamente <u>fricativos</u> sólo en posición postvocálica,
2. obligatoriamente <u>oclusivos</u> después de pausa o nasal (y, en el caso de /d/, también después de [l]),
3. <u>variables</u> en los demás casos (i.e., fricativos u oclusivos; la variante fricativa es, sin embargo, más común).

Es importante recordar que **la diferencia gráfica entre las letras "b" y "v" no corresponde a ninguna diferencia fonética**, y que el español estándar **no** tiene el sonido [v] (cf. ing. *[v]ictory* vs. esp. *[b]ictoria*). En cuanto a la relación entre letras y sonidos, cabe mencionar también que el valor fónico de la letra "g" varía según su entorno: ante "a, o, u" corresponde a /g/ (cf. *gato, gota, gusto*), mientras que en *"g+i"* o *"g+e"* su valor es /x/ (cf. *gitano, gesto*). El término *diéresis* se emplea para describir el símbolo especial encima de la "ü" que se usa en palabras como *lingüista* o *güero* para "preservar" el sonido [w] (sin diéresis las ortografías **linguista* y **guero* corresponderían fonéticamente a */lingísta/ y */gero/, respectivamente).

La palatal sonora /y/ es muy semejante a /b, d, g/ en el sentido de que se usan variantes que van de una oclusión total hasta su elisión completa. Como en el caso de /b, d, g/, lo normal es una fricativa suave (i.e., [ɟ]) con grados muy moderados de fricción. La africción, simbolizada con [ỹ], es más rara, pero se da con cierta regularidad al principio de oración y siempre después de nasal. En el habla diaria la realización de la yod es muy variable. Es, sin embargo, posible, establecer las siguientes generalizaciones:

nasal	+	/y/	=	[ỹ]	africada
pausa	+	/y/	=	[ỹ]	africada o
				[ɟ]	fricativa moderada (menos común)
cualquier otra posición	+	/y/	=	[ɟ]	fricativa moderada

En inglés, la "y" de palabras como *mayor* o *player* tiene normalmente muy poca tensión muscular. Los estudiantes típicamente transfieren esta ausencia de tensión muscular de la /y/ inglesa a la /y/ **del español, la cual debería pronunciarse siempre con un alto grado de tensión muscular** para evitar pronunciaciones como *[mái̯-o] en vez de [má-ɟo] o *[súi̯-o] en vez de [sú-ɟo].

CAPITULO 10

Los sonantes vibrantes:
/r/ simple y /r̄/ múltiple

Los fonemas vibrantes del español: /r/ y /r̄/

Hay dos sonidos vibrantes en español: el de la **"r" simple** que se produce con un solo toque del ápice de la lengua contra los alvéolos; y el de la **"rr" múltiple**, articulada en el mismo punto alveolar, pero con múltiples toques de la lengua contra el techo de la cavidad bucal. En comparación a la /l/, cuyo punto de articulación es, como sabemos, alveolar en la mayoría de los casos, el de la "r" simple y "rr" múltiple es ligeramente posterior. Para ser más exactos, las vibrantes tienen un punto de articulación que es más bien alveopalatal que alveolar (sin embargo, muchos textos se refieren a estos dos sonidos simplemente como *vibrantes alveolares*).

Como lo ilustran los ejemplos transcritos a continuación, el símbolo fonético para la "r" simple es [r], el cual difiere del símbolo de la "r" múltiple — [r̄] — por no llevar una barra horizontal encima de la letra "r". Obsérvese que en los ejemplos a continuación **una doble "rr" se considera siempre un solo fonema**, i.e., /r̄/, y que por lo tanto las dos letras "rr" siempre pertenecen a la misma sílaba (i.e, *pe-rro* y no **per-ro*):

"r" simple		"rr" doble	silabificación
pero	[péro]	perro [pér̄o]	pe-rro (*per-ro = incorrecto)
caro	[káro]	carro [kár̄o]	ca-rro (*car-ro = incorrecto)

Ortografía vs. articulación de la "r"

La "rr" doble **ortográfica** tiene siempre una realización articulatoria múltiple que consta de dos o más toques de la lengua contra la zona alveopalatal.

La pronunciación de la "r" ortográfica **simple** varía considerablemente, y su articulación como [r] simple o [r̄] múltiple depende ante todo de la posición que ocupa dentro de la palabra.

Tanto la "r" simple como la múltiple se producen manteniendo una tensión considerable en la lengua como ya hemos mencionado. El sonido múltiple se obtiene cuando la lengua toca la zona alveolar dos o más veces con rapidez. Si el hablante desea articular esta "r" doble o múltiple con énfasis, puede prolongar (o, quizás mejor, hacer "re-vibrar") el sonido, formando así una cadena de toques, i.e., "r-r-r-r-r-r-r-r" (normalmente se dan aproximadamente de 2 a 6 toques en la "r" múltiple; más de seis toques se interpreta por lo general como representativo del habla enfática). Este efecto de énfasis se logra al forzar el aire por encima de la lengua para facilitar las vibraciones múltiples de la misma. Así es posible — y siempre correcto — variar la articulación de una palabra de tal manera que se produzca, por ejemplo, "carro", "carrro", "carrrro", "carrrrro", o hasta "carrrrrrrrro" (tal articulación "exagerada" se encuentra comúnmente en transmisiones de radio particularmente emocionantes [e.g., en partidos de fútbol ingl. 'soccer']).

Los dos ejemplos de *pero* y *perro* demuestran que la distinción entre la vibrante simple y la múltiple es contrastiva y funcional para el hispanohablante, y por lo tanto debe postularse la existencia de dos fonemas, /r/ y /r̄/. En efecto, hay muchos pares mínimos cuya única distinción estriba en el contraste entre vibrante simple y vibrante múltiple: *ahora/ahorra, coro/corro, para/parra*. Es importante notar, sin embargo, que esta diferencia articulatoria entre los dos sonidos [r] y [r̄] es sólo contrastiva en **posición intervocálica**. En las demás posiciones, la articulación de estos mismos sonidos es o libre o condicionada. Son estas variaciones alofónicas libres y condicionadas las que examinaremos en más detalle en los párrafos siguientes.

EJERCICIOS   **10.1.**

/r/ vs. /r̄/ en posición intervocálica

La [r] simple condicionada

Como ya hemos explicado, la articulación de la "r" es simple cuando ocurre en posición intervocálica (*caro, pero*). La misma articulación "simple" se impone — y por esto se trata de una variación alofónica **condicionada** — cuando una "r" POSTCONSONANTICA **no** ocupa la posicion inicial de una sílaba. De ahí que se articulen normalmente con una y no con dos o más vibraciones la "r" subrayada en *tra-go, tres, creo, a-grio, a-bril, o-bra, im-pro-vi-sar* o *dra-ma*. Expresado en forma de regla, podemos decir pues que al inicio de una sílaba la secuencia "Cr" corresponde fónicamente a "C[r]".

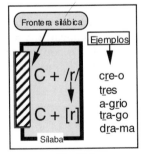

Fig. 10.1.

La "r" postconsonántica se articula con [r] **simple** cuando el grupo "Cr" sigue a una frontera silábica.

10.2.

EJERCICIOS   /r/ en: FRONTERA SILABICA + CONSONANTE + "r"

La [r̄] doble condicionada
    Al principio de una palabra, la "r-" se articula
siempre con dos toques o más. Observe:

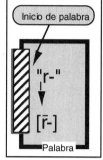

    Rosa   [r̄ósa]
    rojo   [r̄óxo]
    ramo   [r̄ámo]
    rico   [r̄íko]
    río   [r̄ío]
    resto   [r̄ésto]

Fig. 10.2.
La "r-" al principio
de palabra

    La misma articulación ("r"
múltiple) se presenta normalmente
cuando la /r/ es POSTCON-
SONANTICA pero ocurre al inicio de
una sílaba (Fig. 10.3a). Hay que
distinguir con cuidado entre esta
posición postconsonántica inicial
de sílaba y aquellos casos (ya
analizados arriba) donde la /r/
postconsonántica ocurre en el
interior de sílaba (cf. *a-grio* en la
Fig. 10.3b).

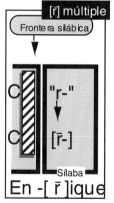

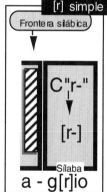

    En—rique   [en—r̄íke]
    en—rollar [en—r̄oɣar]
    al—rededor [al—r̄eðeðór]
    hon—ra   [ón—r̄a]

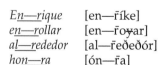
Fig. 10.3a
/r/ inicial de sílaba
(postcons.)

Fig. 10.3b.
/r/ **no** inicial de sílaba
(postconsonántica)

10.3.

EJERCICIOS   /r/ a principio de palabra

10.4.

                /r/ en: CONSONANTE + FRONTERA SILABICA + "r"

Variación libre entre la vibrante simple y la múltiple

Al final de sílaba y ante pausa, la articulación de la "r" es libre puesto que en estas posiciones se oye tanto [r] como [r̄]. La tendencia natural en posición **final de sílaba** es pronunciar una vibrante simple [r] algo debilitada. Sin embargo, si se quiere dar énfasis a la palabra, es posible reforzarla opcionalmente, pronunciando así una variante múltiple [r̄] (recuerde el comentario anterior sobre la articulación de la "r" en ciertos reportajes deportivos). En posición **final de palabra** (cf. *dar, comer, revólver*), la pronunciación normal es una vibrante simple, pero ésta también puede reforzarse en casos de énfasis (cf. *darr, comerr, revólverr*). Este refuerzo enfático en posición final de palabra se da ante todo en casos en los que la /r/ se encuentra ante pausa (cf. *¡Vamos a ir! = ¡Vamos a irr*) o ante consonante (*comer mucho = comerr mucho*).

Fig. 10.4.
Al final de sílaba o ante pausa, la "r" puede articularse con una o más vibraciones.

Antes de terminar nuestra exposición sobre la articulación de la /r/ debemos señalar que a veces los hablantes de español no desdoblan la "r" en casos como *contar algo* para evitar posibles confusiones de significado. Nótese, por ejemplo, como el mantenimiento de una "r" simple en *ver osas* abajo permite distinguir entre 'to see [female] bears' y 'he/she sees roses':

ver osas	[ve-ró-sas]	ingl. 'to see [female] bears'
ve rosas	[ver̄ó-sas]	ingl. 'he/she sees roses'

Cua-	de
der-	ejer-
no	cicios

10.5.

EJERCICIOS   /r/ en posición final de sílaba o palabra

Hemos avanzado lo suficiente para contrastar los fonemas /r/ y /r̄/ dentro de una oración. En el ejemplo a continuación, preste especial atención a las diferencias entre la transcripción fonémica y la fonética de /r/ y /r̄/:

Enrique compró dos carros caros que le costaron

Fonémico: /enríke kompró dos kár̄os káros ke le kostáron
Alofónico: [enr̄íke kompró ðos kár̄os káros ke le kostár̄on

alrededor de treinta millones de pesos.

Fonémico: alrededór de tréinta miyónes de pésos/
Alofónico: alr̄eðeðór ðe tréinta miɏónez ðe pésos]

La Figura 10.5 da un resumen de las cinco reglas generales que rigen la articulación de la /r/ simple. Téngase en mente que estas tendencias son bastante fuertes, y que en el habla diaria el estudiante debería tratar de imitarlas lo más fielmente posible.

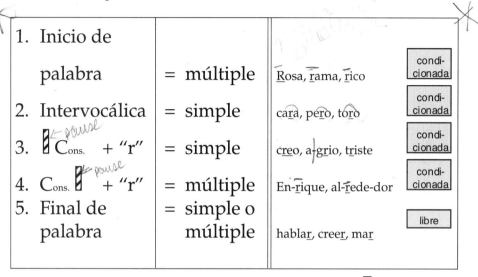

1. Inicio de palabra	= múltiple	R̄osa, r̄ama, r̄ico	condicionada
2. Intervocálica	= simple	car̲a, per̲o, tór̲o	condicionada
3. ▌Cons. + "r"	= simple	cr̲eo, a|gr̲io, tr̲iste	condicionada
4. Cons. ▌ + "r"	= múltiple	En-r̄ique, al-r̄ede-dor	condicionada
5. Final de palabra	= simple o múltiple	hablar̲, creer̲, mar̲	libre

Fig. 10.5.   Reglas generales para la articulación de /r/.   ▌ = Frontera silábica

Excepto en posición final de palabra (regla #5), la alternancia entre [r] y [r̄] es siempre condicionada, i.e., determinada por la posición de /r/ dentro de la palabra o sílaba. Hay que notar, sin embargo, que en grupos consonánticos del tipo FRONTERA SILABICA + CONS. + "r" (Regla #3), se producen a veces múltiples vibraciones (e.g., *trrrrriste*). Tal articulación es, sin embargo, poco común (y siempre enfática), lo que nos ha inducido a clasificar la realización de la /r/ en este contexto como condicionada y no libre.

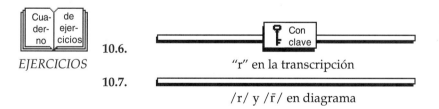

Cuaderno de ejercicios		
EJERCICIOS	10.6.	Con clave — "r" en la transcripción
	10.7.	/r/ y /r̄/ en diagrama

La /r/ del inglés

En inglés hay varios alófonos de /r/ cuyo uso viene determinado por la procedencia geográfica del hablante. En gran parte de los Estados Unidos, el sonido que se usa es un alófono que no tiene casi nada en común, auditivamente, con los sonidos vibrantes del español. El alófono principal del fonema inglés /r/ en palabras como *red, marry, barley, car* se produce normalmente sin ningún contacto entre la lengua y el techo de la boca.

Durante la producción de una "r" inglesa, el ápice de la lengua se dobla un poco hacia atrás sin tocar el techo de la boca en ninguna parte. La retracción de la lengua en esta posición produce lo que llamamos la *retroflexión del sonido*. El sonido resultante **retroflejo** es bastante notable auditivamente y su transferencia al español no produce errores de comprensión pero sí un acento extranjero muy fuerte. El uso de la retroflexión en la pronunciación de las letras "r" y "rr" del español es probablemente uno de los errores más notables que comete el anglohablante y debe evitarse a todo costo.

Existe en inglés un sonido muy semejante tanto auditiva como articulatoriamente al sonido vibrante del español. Aparece en palabras y frases como *pretty, ladder, pot of tea, put it on* o *edited it*. Como lo ilustran estos ejemplos, el sonido vibrante en inglés no se asocia con la letra "r" sino con "t" y "d" (hay que notar, además, que las letras "t" y "d" del inglés se asemejan a la "r" española sólo en ciertas posiciones dentro de la palabra o frase). A veces la enseñanza del fonema /r/ puede facilitarse al subrayar estas semejanzas entre la /r/ española y la /t/ y la /d/ inglesas de expresiones como *ladder* o *pot of tea* (pronunciadas rápidamente).

Resumen

Hay dos sonidos vibrantes en español: el de la /r/ **simple** y el de la /r̄/ **múltiple**, articuladas en el mismo punto **alveolar**. Tanto la "r" simple como la múltiple se producen manteniendo una tensión considerable en la lengua. El sonido múltiple se obtiene cuando la lengua toca la zona alveolar dos o más veces con rapidez.

Ejemplos de pares contrastivos como *pero* y *perro* demuestran que la distinción entre la vibrante simple y la múltiple es funcional para el hispanohablante, y por lo tanto debe postularse la existencia de dos fonemas, /r/ y /r̄/. Esta diferencia articulatoria entre los dos sonidos [r] y [r̄] es, sin embargo, sólo **contrastiva en posición intervocálica** (*pero* vs. *perro*). En las demás posiciones, la articulación de estos mismos sonidos es o libre o condicionada.

La [r] simple es **condicionada** (= obligatoria) en posición POSTCONSONANTICA **no inicial de sílaba** (cf. *tra-go, creo, im-pro-vi-sar*). La [r̄] doble es **condicionada** cuando ocurre **al principio de una palabra** (*rojo* = [r̄óxo]). La misma articulación **múltiple** se presenta normalmente **cuando la /r/ es** POSTCONSONANTICA **pero ocurre al inicio de una sílaba** (*al—rededor* = [al—r̄eðeðór]).

La **variación libre** entre la vibrante simple y la múltiple se da **al final de sílaba** (cf. *dar-lo, dar* = [darlo, dar], [dar̄lo, dar̄]) **y ante pausa** (cf. *van a comer*# = [ban a komér/komér̄]). En tales casos, lo normal es la articulación simple y no la múltiple ya que la segunda se interpreta más bien como un refuerzo enfático.

Resumiendo el comportamiento de /r/ a un máximo, podemos decir que **la "r" simple se articula como múltiple (1) al inicio de palabra, (2) después de una consonante que no pertenece a la misma sílaba que /r/** (cf. *En-rique*) **y (3) al final de palabra** (= enfático). En los demás casos, la /r/ se articula con un sólo toque.

En inglés la pronunciación de /r/ está determinada en parte por la procedencia geográfica del hablante. El alófono principal del fonema inglés /r/ en palabras como *red, marry, barley, car* se produce normalmente sin ningún contacto entre la lengua y el techo de la boca. El sonido resultante se llama *retroflejo*. El uso de la retroflexión en la pronunciación de las letras "r" y "rr" del español es un error muy notable en muchos anglohablantes.

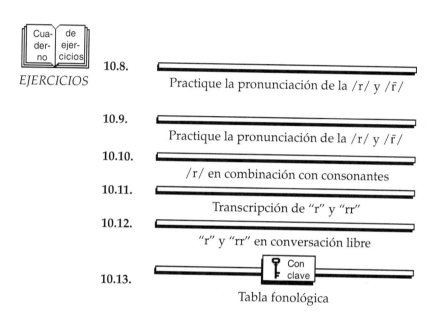

EJERCICIOS

10.8. Practique la pronunciación de la /r/ y /r̄/

10.9. Practique la pronunciación de la /r/ y /r̄/

10.10. /r/ en combinación con consonantes

10.11. Transcripción de "r" y "rr"

10.12. "r" y "rr" en conversación libre

10.13. Con clave

Tabla fonológica

CAPITULO 11

La consonante lateral /l/

El fonema lateral /l/ tiene normalmente una articulación **alveolar** sonora, i.e., [l], pero como los demás sonidos que hemos analizado en este libro, éste tiende a cambiar su punto de articulación según el contexto fónico.

El fonema lateral alveolar /l/ es común a todos los hablantes de español, distinguiéndose así del fonema lateral **palatal** sonoro /λ/ — representado en la ortografía por la doble "ll" (cf. *calle, muelle, llamar*) y articulado aproximadamente como las letras subrayadas en la palabra inglesa *medallion*. El uso de la lateral palatal /λ/ queda relegado a ciertas áreas del dialecto castellano de la Península Ibérica así como a unas pocas zonas de Suramérica (e.g., Bogotá).[1] En este capítulo nos concentraremos únicamente en el fonema lateral alveolar, dejando el estudio del sonido lateral palatal /λ/ para los Capítulos 18 y 19.

El fonema /l/ puede aparecer en posición inicial de sílaba (*lado, perla*), en interior de sílaba (*blusa, hablo*) y final de sílaba (*al final*). El alófono lateral principal se produce normalmente con el ápice de la lengua contra la región alveolar. Al articular esta /l/, el aire escapa por los dos lados de la lengua, lo que explica la denominación del sonido como "lateral."

/l/ es un **sonido tenso** en el cual la lengua mantiene una posición relativamente alta en la boca. La articulación tensa con el ápice de la lengua elevado se mantiene aún cuando el sonido aparezca en posición final de sílaba o de palabra (*al final*). Mencionamos este hecho porque los angloparlantes tienen una fuerte tendencia de relajar y retraer la lengua al pronunciar cualquier "-l" final de sílaba, dándole así una característica fónica que podríamos calificar popularmente como más "pesada" u "oscura." Volveremos en seguida sobre este

---

[1] No todos los hablantes de Bogotá usan esta /λ/ palatal.

problema, pero por el momento contrástense los siguientes pares de palabras inglesas y españolas:

Inglés	Español
Sal	sal
Al	al
mill	mil

Veamos ahora cuáles son las asimilaciones articulatorias que se efectúan al pronunciar el fonema /l/ del español. Ya hemos dicho que la posición neutra o normal es la alveolar (cf. *ala, pelo*). Hay tres entornos fónicos en los cuales esta posición alveolar de la lengua cambia ligeramente, y cada una de estas asimilaciones tiene su lógica en que la /l/ se acerca al punto de articulación de la consonante que le sigue (se trata, pues, de una asimilación **regresiva**). A estos ajustes en el punto de articulación lateral los llamaremos *asimilación lateral*. Damos aquí los tres entornos y ejemplos correspondientes en los cuales tiene lugar este tipo de asimilación regresiva (nótense los símbolos fonéticos para cada uno de los alófonos "especiales" de /l/):[2]

Combinación de /l/ + consonante	Asimilación	Nombre del alófono	Ejemplos
/l/ + fonema dental /t/ ~ /d/	→ [l̪t] ~ [l̪d]	[l̪] dental	alto, aldea
/l/ + fonema alveopalatal /č/	→ [l̬č]	[l̬] alveopalatal	colchón
/l/ + palatal [y]	→ [λy]	[λ] palatal	al llamar, al yate
/l/ + palatal [i̯]	→ [λi̯]	[λ] palatal	alianza

l̪ Dental	l Alveolar	l̬ Alveopal	λ Palatal	Alófonos laterales

La /l/ del inglés

En inglés, el fonema lateral /l/ tiene dos alófonos principales. Uno es casi idéntico al alófono lateral alveolar del español. Aparece esta variante alveolar [l] en posición inicial de sílaba (*alike, believe*) o inicial de palabra (*lake, leak*). El otro alófono se articula con la lengua baja y el ápice retraído a una posición más posterior en la boca. A este alófono velarizado lo llamamos en términos comunes la "ele oscura". Esta [ɫ] velarizada se usa normalmente en inglés si el fonema lateral se encuentra en posición final de sílaba o final de palabra: *all, ball, call*. El uso del alófono velarizado [ɫ] en palabras del español como *talco, algo, pedal* no

---

2 Al articular en voz alta los ejemplos de arriba, se notará que esta ligera variación en el punto de contacto de la lengua contra el techo de la boca no es muy perceptible al oído.

origina una palabra distinta y por lo tanto no causa problemas de comunicación pero sí produce un rasgo totalmente extraño al español. El empleo por influencia inglesa del alófono velarizado [ɫ] es, pues, un típico rasgo del habla de un principiante angloparlante. Los hispanohablantes a veces reaccionan negativamente a este tipo de acento anglosajón, y es precisamente esta /l/ velarizada una de las características más notorias de un acento norteamericano muy marcado. Por esta razón, el estudiante debe esforzarse en eliminar cualquier velarización de /l/ que pudiera manifestarse en su español.

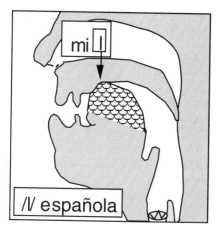
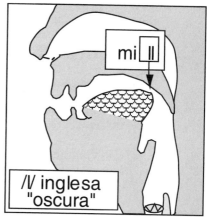

Fig. 11.1. Comparación de la /l/ española e inglesa en posición final de sílaba. Nótese que la /l/ inglesa es mucho más retraída y tiene un sonido más oscuro que la española. Además, la tensión muscular de la lengua es mayor en español que en inglés.

Resumen

La lateral /l/ es normalmente una **alveolar** sonora, i.e., [l], que tiende a cambiar su punto de articulación según la consonante que le sigue. La lateral alveolar /l/ es común a todos los hablantes de español, lo que no es el caso con el fonema lateral **palatal** sonoro /ʎ/ (ortográficamente "ll") que ocurre en ciertas áreas del dialecto castellano de la Península Ibérica así como a unas pocas zonas de Suramérica.

/l/ es siempre un **sonido tenso** en el cual la lengua mantiene una posición relativamente alta en la boca. Los angloparlantes tienen una fuerte tendencia de relajar y retraer la lengua al pronunciar cualquier "-l" final de sílaba (cf. *al final*), lo que produce una "l" que podríamos llamar "pesada" u "oscura." En la lingüística, esta "l" oscura retrofleja se representa con [ɫ].

Se efectúan las siguientes asimilaciones al pronunciar el fonema /l/ del español:

/l/ + fonema dental /t/ ~ /d/	→	[l̪t] ~ [l̪d]	[l̪] dental	al**t**o, al**d**ea
/l/ + fonema alveopalatal /č/	→	[l̬č]	[l̬] alveopalatal	col**ch**ón
/l/ + palatal [y]	→	[ʎy]	[ʎ] palatal	al **ll**amar,
/l/ + palatal [i̯]	→	[ʎi̯]	[ʎ] palatal	al**i**anza

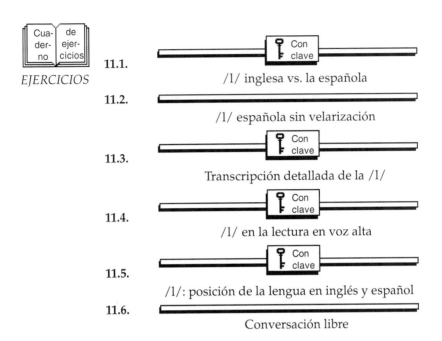

EJERCICIOS

11.1. /l/ inglesa vs. la española

11.2. /l/ española sin velarización

11.3. Transcripción detallada de la /l/

11.4. /l/ en la lectura en voz alta

11.5. /l/: posición de la lengua en inglés y español

11.6. Conversación libre

CAPITULO 12

Las fricativas /f, s, x/

La fricativa labiodental /f/

La fricativa /f/ es labiodental y tiene un solo alófono principal que es sordo. Este alófono [f] corresponde exactamente a la fricativa labiodental sorda del inglés en palabras como (*friend, finish*). La representación ortográfica de la /f/ también es regular ya que siempre se usa la letra "f".

La fricativa alveolar /s/

Como hemos explicado en el Capítulo 4, la /s/ pertenece al subgrupo de las **sibilantes**. Este fonema tiene varios alófonos, uno de los cuales es [z] (cf. [dezðe] *desde*, [razɣo] *rasgo*), el cual también pertenece al grupo de las sibilantes. La denominación de los sonidos [s] y [z] como sibilantes se debe al efecto acústico de silbato (ingl. 'whistling sound') que producen.

La manifestación fonética de la fricativa alveolar /s/ varía mucho de acuerdo con las regiones del mundo hispánico. La mayoría de los hispanohablantes utiliza su alófono principal, es decir, un sonido sordo, [s], que corresponde al fonema fricativo alveolar sordo del inglés, /s/.

En inglés tanto como en español existen variaciones en el punto de articulación de la /s/. Esta sibilante sorda puede realizarse de dos maneras básicas. En la primera, el ápice de la lengua toca contra los alvéolos, dejando así una apertura que produce una fricción la cual suena como un tipo de silbato suave. En la segunda variante, el ápice de la lengua se apoya contra los dientes inferiores. Esto causa que la lengua se abulte para que el predorso haga ligero contacto con los alvéolos. El silbato que resulta es casi igual puesto que ambas articulaciones producen fricción sibilante en el área alveolar. Veremos en la sección de la dialectología cómo se distribuyen estas dos maneras de pronunciar la "s" dentro del mundo hispanohablante.

La representación ortográfica de la /s/ en español es algo complicada. El fonema /s/ puede estar representado por la letra "s" ante cualquier vocal: _sí, sé, sapo, sopa, supo_. Para la gran mayoría de los hispanohablantes americanos y muchos de los españoles, el fonema /s/ también está representado por la letra "c" ante la vocal "e" y la "i," en palabras como _cine_ y _cena_. Para estos mismos hablantes el fonema /s/ se representa además mediante la letra "z" ante "a, o, u", por ejemplo en palabras como _zumo, zorro_ y _zapato_. Las reglas ortográficas del español son tales que, a excepción de unas palabras de uso poco común, **la zeta no ocurre ante "e" o "i"** ya que en este entorno la letra "c" es la que se emplea. Comparen los siguientes cambios ortográficos que obedecen a esta regla, observando siempre que la alternancia entre "c" y "z" no tiene ninguna consecuencia al nivel articulatorio (entre los hablantes mencionados):

Verbo _gozar_		Verbo _mecer_ (ingl. 'to rock')	
Indicativo	Subjuntivo	Indicativo	Subjuntivo
gozo	goce	mezo	meza
gozas	goces	meces	mezas
goza	goce	mece	meza
gozamos	gocemos	mecemos	mezamos
gozan	gocen	mecen	mezan

"s"	"c"	"z"	Combinaciones
si	ce	za	ortográficas po-
se	ci	zo	sibles en la repre-
sa		zu	sentación del so-
so			nido /s/.
su			

Fig. 12.1. El fonema /s/
la /s/ puede representarse ortográficamente por "s" o "c/z". El uso de "c/z" está restringido en el sentido de que la vocal siguiente dicta si debe usarse una o la otra.

En ciertas regiones de España (sobre todo en las regiones más norteñas), el fonema inicial de los grupos ortográficos "ci" (_cigarro_), "ce" (_centro_), "za" (_zapato_), "zo" (_gozo_) y "zu" (_azul_) tiene una articulación distinta de la que es corriente en Latinoamérica. En tales casos, lo que es normalmente /s/ en el español americano se articula en determinadas zonas de España con una fricativa interdental sorda, i.e., /θ/, la cual es muy similar al sonido inicial de la palabra inglesa _think_. Para esos hablantes españoles, la letra "s" no representa, pues, el mismo fonema que las letras "z" y "c" (cf. el par mínimo _casa_ [kása] 'house' vs. _caza_ [káθa] 'he/she hunts'). Esta diferenciación se examinará detalladamente en el Capítulo 19.

En resumen, las letras "z" y "c" (seguidas de vocal anterior /i, e/) y "s" representan en la ortografía del español americano el mismo fonema /s/, mientras que en ciertas zonas de España la /s/ tiene una articulación que difiere de la "z" seguida de /a, o, u/ y la "c" seguida de vocal anterior /i, e/.

El problema que tienen los angloparlantes con el fonema /s/ no es propiamente de interferencia fonética, ya que el sonido del inglés [s] se adapta perfectamente bien al español, sino que es un problema ortográfico de correspondencias entre sonidos y letras. En inglés, la letra "z" casi nunca corresponde al fonema /s/ sino que corresponde a otro fonema distinto, /z/ de *zoo, zap, zip.* La diferencia entre el sonido [s] que es fricativo alveolar **sordo** y el sonido [z] que es fricativo alveolar **sonoro** está en la sonoridad. Esta diferencia de sonoridad es contrastiva en inglés en el caso de la fricativa alveolar porque distingue entre palabras: *S̲ue* [sordo] vs. *z̲oo* [sonoro], *s̲ap* [sordo] vs. *z̲ap* [sonoro]. Por consiguiente, el sonido [s] y el sonido [z] pertenecen a dos fonemas distintos en inglés.

No es ésa la situación en español; la sonoridad en la fricativa alveolar no es un rasgo distintivo. Puede decirse [sopa] con [s] sorda pero no existe ninguna palabra [zopa], con [z] sonora. De igual manera existe [son] pero no existe [zon].

Un objetivo fundamental de este capítulo es que el estudiante empiece a acostumbrarse a usar el fonema /s/ con una pronunciación sorda, [s], cuando ve la letra "z", en palabras como *zapato,* pronunciado [s̲apáto] y no *[z̲apáto]; o en la palabra *Martínez* [martínes̲] y no *[martínez̲]. La regla es muy simple: siempre puede articularse [s] sorda cuando se ve la letra "z", y **nunca debe articularse la /s/ con [z] cuando está en posición intervocálica** (recomendamos que el principiante alargue la "s" en palabras como *pres̲idente* para articular una sibilante **sorda** y **tensa**):

Correcto		Falso	
pres̲s̲s̲s̲idente	[pres̲idénte]	*prez̲z̲z̲idente	*[prez̲idénte]
hes̲s̲s̲itar	[es̲itár]	*hez̲z̲z̲itar	*[ez̲itár]

Las reglas generales que acabamos de exponer para la correcta articulación de la /s/ en español naturalmente se aplican también cuando una "-s" al final de palabra llega a tener una posición **intervocálica** por su encadenamiento con una vocal siguiente. Nótese, por lo tanto, que en los ejemplos a continuación la sibilante final es **siempre sorda**, y que una articulación sonora es un error típico de estudiantes de habla inglesa:

Correcto		Falso	
mis̲ amigos	[mis̲ amíγos]	*miz̲ amigos	*[miz̲ amíγos]
sus̲ armas	[sus̲ ármas]	*suz̲ armas	*[suz̲ ármas]

Hasta este momento hemos dicho que el sonido principal de la fricativa alveolar /s/ es un alófono sordo, i.e., [s]. Indicamos que en inglés no solamente existe un sonido sonoro [z], sino que este sonido contrasta con el sonido sordo [s] y que los dos sonidos son, por consiguiente, dos fonemas distintos: /s/ vs. /z/.

En español también existe un sonido sonoro semejante al sonido [z] del inglés, pero, como ya hemos indicado, no existe ninguna posibilidad de contrastarlo con [s]. Además, y esto es un punto clave, en español **el fonema /s/ sólo puede convertirse de [s] a [z] cuando "sufre" una asimilación regresiva**, lo que equivale a decir que el cambio [s] > [z] sólo ocurre cuando le sigue una **consonante sonora**. Obsérvese, por ejemplo, cómo en la Figura 12.2 la "s" de *mismo* se asimila a la sonoridad de la "m" ([mízmo]).

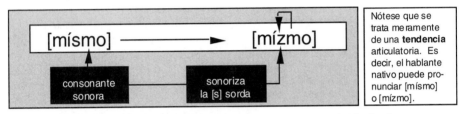

Fig. 12.2 . Asimilación regresiva del grupo consonántico [zm] < [sm].

Este tipo de asimilación de la sonoridad es común tanto en el interior de palabra (grupo #1, abajo), como entre palabras (grupo #2, abajo):

Grupo #1: Asimilación en el interior de palabra

| /désde/ | > | [dézðe] | [sð] | > | [zð] |
| /rásgo/ | > | [rázɣo] | [sɣ] | > | [zɣ] |

Grupo #2: Asimilación entre palabras

| /más léxos/ | > | [máz léxos] | [s l] | > | [z l] |
| /trés dédos/ | > | [tréz ðéðos] | [s ð] | > | [z ð] |

Esta clase de distribución de sonidos la llamamos *distribución complementaria* (recuerde que la distribución complementaria se contrasta con la *distribución libre*, es decir, con casos donde los alófonos pueden variar sin estar condicionados por el entorno fónico).

En resumen: el proceso que hemos descrito se denomina asimilación de sonoridad. Hemos visto que la asimilación es el proceso mediante el cual un sonido se hace más semejante a otro. El cambio asimilatorio de sonoridad de [s]

> [z] se produce solamente cuando aquélla ocurre ante consonante sonora. Además, y eso es importante ya que facilita las cosas para el angloparlante, siempre es correcto pronunciar [s] en lugar de [z] (cf. *mismo* = [mísmo]), aunque sí es cierto que los hablantes nativos tienen una tendencia más o menos fuerte a asimilar la /s/ a las consonantes sonoras.

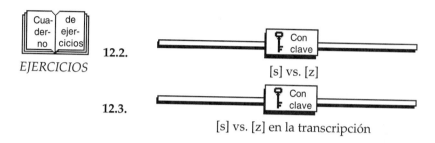

Cua-der-no de ejer-cicios

EJERCICIOS

12.2.

[s] vs. [z]

12.3.

[s] vs. [z] en la transcripción

Una nota más sobre la articulación de la "s" ortográfica

Volvamos ahora al problema ortográfico que mencionamos anteriormente. Dijimos que uno de los problemas que tiene el angloparlante con la /s/ es el de romper el hábito de asociar un sonido sonoro [z] con la letra "s". En inglés, se pronuncia a veces [z] incluso cuando la letra no es "z". La "s" **intervocálica**, por ejemplo, de *vi̠sit, pre̠sent*, o la final de *ha̠s, i̠s* y *wa̠s* se pronuncia con el sonido **sonoro** [z]. En español, la articulación de la letra "s" con [z] en contextos similares es un **grave defecto**, y se requiere mucha práctica para corregir articulaciones erróneas como *prezzzidente* o *rozzza* (= [ṝósa] con "s" sorda). Recomendamos que el principiante angloparlante pronuncie siempre [s] sorda y nunca sonora [z] ya que esta articulación es, como ya hemos dicho, siempre correcta. La asimilación de sonoridad (como en *mi̠smo* = [mízmo]) es un rasgo opcional tan fácil de adquirir que, una vez que el principiante haya alcanzado cierta práctica en hablar español sin separar anormalmente las palabras, lo hará inconscientemente sin explicación o ayuda alguna.

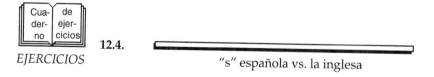

Cua-der-no de ejer-cicios

EJERCICIOS

12.4.

"s" española vs. la inglesa

La fricativa velar /x/ ("jota")

Usamos el símbolo /x/ para representar el fonema que ortográficamente puede escribirse en español con las letras "j" y "g", ésta última en caso de que aparezca ante las vocales "e" o "i".

La jota **española** (es decir, peninsular) es un sonido velar fuertemente fricativo y muy posterior, aunque el lugar de articulación exacto varía según el hablante. Sus alófonos principales son normalmente sordos. También es muy variable el grado de fricción.

La jota **hispanoamericana** es generalmente velar con grados moderados de fricción. Si relajamos la articulación y el grado de fricción de este sonido, el resultado es por lo común un sonido muy poco fricativo, algo débil y más posterior. Esta relajación de la articulación de la /x/ da lugar a un sonido muy parecido a la [h] del inglés de _hat_ o _heavy_. Esta manifestación de la /x/ es muy común en el mundo hispánico y por esta razón la adopción de la [h] del inglés normalmente no causará ningún problema. Dada la considerable variación en la articulación de la "jota" hispanoamericana, es natural pues que palabras como /xóta/ se articulen, aún por un mismo hablante, tanto [xóta] como [hóta] o [xhóta].

Ante "a, o, u" el sonido /x/ siempre se representa con la letra "j". Ante las vocales "e, i", la situación es más complicada ya que no hay reglas ortográficas fijas para aprender la ortografía de palabras como las que aparecen en la lista siguiente:

Con "jota"	Con "g"
jefe	gemelos[1]
Jesús	gesto
jinete[2]	giro
jira[3]	Egipto
extranjero	gente
eje	germano
jirafa	

Resumen

En este capítulo hemos analizado tres **fricativas sordas**: la /f/ labiodental, la /s/ alveolar y la /x/ velar. De estos tres fonemas, la **sibilante** /s/ tiene una variante alofónica libre que es la **sonora** [z]. El fonema /s/ sólo se convierte de [s] a [z] cuando "sufre" una asimilación regresiva del tipo **[s]** + CONSONANTE SONORA → **[z]** + CONSONANTE SONORA: cf. a_sn_o, = [á_zn_o], mi_sm_o = [mí_zm_o]).

La manifestación fonética de la fricativa alveolar /s/ varía mucho de acuerdo con las regiones del mundo hispánico. La mayoría de los hispanohablantes utiliza su alófono principal, es decir, un sonido sordo, [s], que corresponde al fonema fricativo alveolar sordo del inglés, /s/.

El fonema /s/ puede estar representado por la letra "s" ante cualquier vocal: _sí_, _sé_, _sapo_, _sopa_, _supo_. Excepción hecha de una zona peninsular centro-norteña, el fonema /s/ también está representado por la letra "c" ante la vocal "e" y la "i," en palabras como _cine_ y _cena_ y por "z" en palabras como _zumo_, _zorro_ y _zapato_. Como regla general puede decirse que **la zeta no ocurre ante "e" o "i"**

---

1   Ingl. 'twins'
2   Ingl. 'horseman, rider; cavalryman.'
3   Ingl. 'tour, trip.'

ya que en este entorno se emplea la letra "c" (cf. *goce* vs. *gozo*).

En ciertas regiones de España (sobre todo en las regiones centro-norteñas), el fonema inicial de los grupos ortográficos "ci" (*cigarro*), "ce" (*centro*), "za" (*zapato*), "zo" (*gozo*) y "zu" (*azul*) tiene una articulación fricativa interdental sorda, i.e., /θ/, lo que permite establecer pares mínimos a base del contraste entre /s/ y /θ/ (cf. *casa* [kása] 'house' vs. *caza* [káθa] 'he/she hunts').

El problema que suelen tener los angloparlantes con el fonema /s/ es doble: de un lado transfieren la sonoridad de la "s" intervocálica del inglés (cf. *president* = *prezzzzident*) al español (produciendo así *prezidente en vez de *presidente*), y del otro lado confunden sonidos con letras, lo cual les lleva a equivaler la letra "z" con el sonido [z] en palabras como *Martínez* (= [martínes] y no *[martínez]).

Paralelo a la /s/, la realización alofónica del fonema /x/ varía considerablemente en el mundo hispánico. La jota **peninsular** suele ser un sonido velar fuertemente fricativo y muy posterior, mientras que la jota **hispanoamericana** es generalmente velar con grados moderados de fricción, lo que puede dar resultados como [xóta], [hóta] o [xʰóta].

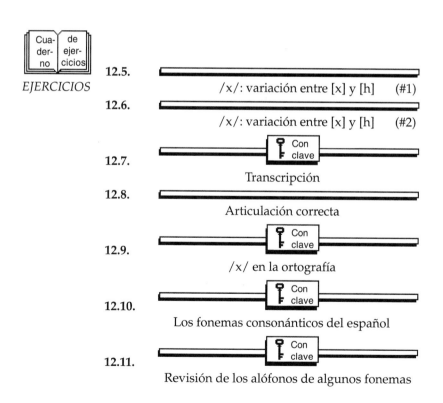

CAPITULO 13

Las secuencias de vocales y revisión de algunos puntos importantes

En los capítulos precedentes apenas hicimos mención de la pronunciación de las vocales contiguas, es decir, del encuentro de dos o más vocales. Hemos visto que, en ciertas circunstancias, el encuentro de dos vocales origina un diptongo, que definimos como la pronunciación de dos vocales en una sola sílaba (cf. _aire_, _causa_, _tiene_, _peine_, y _deuda_ y, sobre todo en el habla rápida, _mi hermano_, _su orgullo_).

En el Capítulo 6 observamos que cuando dos vocales entran en contacto entre dos palabras, el hablante las enlaza en su pronunciación por medio de la sinalefa, evitando así cualquier interrupción de sonoridad entre ellas. Por eso, en expresiones como _no la he visto_, hemos indicado en las transcripciones fonéticas que debe enlazarse la /a/ con la /e/ a fin de producir una transición suave: /no la͜e bísto/.

En este capítulo examinaremos el contacto de vocales entre palabras de manera más detallada. Volvemos ahora a este tema para corregir con mayor ahínco la tendencia general, entre principiantes, de separar (en vez de enlazar) fónicamente vocales contiguas en ejemplos como _no la he visto_ (= _no la͜he visto_), y sobre todo para llamar una vez más la atención sobre la común y errónea separación de elementos vocálicos que debe formar diptongos en vez de hiatos (cf. [pu̯é-ðo] vs. *[pu-e-ðo], o [di̯á-ri̯o] vs. *[di-á-ri-o]).

La diptongación entre palabras

Hasta este punto hemos indicado que hay enlace entre palabras si una palabra termina en vocal y la otra comienza con vocal (e.g., _habla͜español_). Se acordará el lector de que existe otro cambio fónico — el de la conversión de dos vocales contiguas en un diptongo **creciente** — cuando una /-i/ o /-u/ **final** de palabra entra en contacto con la vocal inicial de una palabra (recordemos que dicho cambio es particularmente común cuando la vocal final es átona):

Ejemplo	Habla cuidadosa (lenta)		Habla rápida/informal		Cambio		
	Vocal ➤ Semivocal						
su amigo	[su-a-mí-ɣo]	(4)	[su̯a-mí-ɣo]	(3)	[u]	→	[u̯]
su historia	[su-is-tó-rja]	(4)	[su̯is-tó-rja]	(3)	[u]	→	[u̯]
digo eso	[di-ɣo-e-so]	(4)	[dí-ɣu̯é-so]	(4)	[o]	→	[u̯]
sigo así	[sí-ɣo-a-sí]	(4)	[sí-ɣu̯a-sí]	(3)	[o]	→	[u̯]
mi amigo	[mi-a-mí-ɣo]	(4)	[mi̯a-mí-ɣo]	(3)	[i]	→	[i̯]
si es	[si-es]	(2)	[si̯es]	(1)	[i]	→	[i̯]
estudio historia	[es-tu-ðjo-is-tó-rja]	(6)	[es-tu-ðjo̯is-tó-rja]	(5)	[i]	→	[i̯]
	Vocal ➤ [y], [w]						
y él	[i-el]	(2)	[yel]	(1)	[i]	→	[y]
¿o es así?	[o-é-sa-sí]	(4)	[wé-sa-sí]	(3)	[o]	→	[w]
¿o hablas así?	[o-á-βla-a-sí]	(5)	[wá-βla-a-sí]	(4)	[o]	→	[w]

Un tipo de diptongación muy similar al que acabamos de ver puede darse también cuando una palabra que empieza con vocal átona entra en contacto con /-e, -a, -o, -u/ final de palabra. Como se ve en los ejemplos a continuación, en el habla rápida tales casos producen diptongos **decrecientes**:

Ejemplo	Habla cuidadosa (lenta)		Habla rápida/informal	
se interesó	[se-in-te-re-só]	(5)	[sei̯n-te-re-só]	(4)
la industria	[la-in-dús-trja]	(4)	[lai̯n-dús-trja]	(3)
lo importante	[lo-im-por-tán-te]	(5)	[loi̯m-por-tán-te]	(4)
tu industria	[tu-in-dús-trja]	(4)	[tui̯n-dús-trja]	(3)

Con respecto a las vocales en contacto entre palabras, cabe anotar aquí que, en el habla rápida, la articulación de la "-u" final átona es variable ya que puede constituir el núcleo, o bien el elemento creciente de un diptongo. Compárese *tu industria*, donde la variación entre [tu̯i-] (= diptongo creciente) y [tui̯-] (= diptongo decreciente) en el segmento inicial es libre, y en muchos hablantes depende, en parte, de la rapidez del habla (el creciente [tu̯i] quizás sea más típico del habla muy rápida e informal):

tu industria	[tui̯n-dús-trja]	= DIPTONGO DECRECIENTE
tu industria	[tu̯in-dús-trja]	= DIPTONGO CRECIENTE

Finalmente, deben analizarse también casos donde la vocal final de una palabra lleva el acento primario (e.g., *llevó, comió, comí*). Por lo general, esta vocal tónica

se mantiene aún en el habla rápida. Cuando le preceden o siguen las vocales átonas /i/ o /u/, éstas se convierten típicamente en semivocales:

Ejemplo	Habla cuidadosa (lenta)	Habla rápida/informal
terminó y se sentó	[ter-mi-nó-i ...]	[ter-mi-nói̯- ...]
habló un poco	[a-βló-un ...]	[a-βló̯un ...]
contó historias	[kon-tó-is-tó-ri̯as]	[kon-tói̯s-tó-ri̯as]
escribió historias	[es-kriβi̯ó-is-tó-ri̯as]	[es-kri-βi̯ói̯s-tó-ri̯as]

↑
Nótese la formación del triptongo [i̯ói̯]

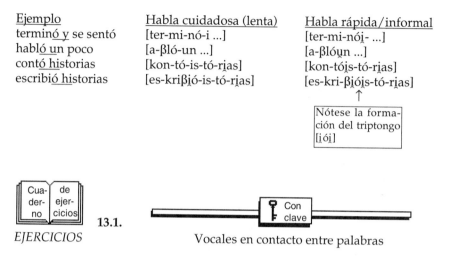

Cuaderno de ejercicios **13.1.**	🔑 Con clave

EJERCICIOS   Vocales en contacto entre palabras

La formación de triptongos

Señalamos en el Capítulo 1 que los triptongos (e.g., *Paraguay*) son poco comunes en interior de palabra. Es el contacto de vocales **entre** palabras el que produce un mayor número de triptongos en español. Compare:

Transcripción fonológica	fonética		
/iéi/	[i̯éi̯]	cambié incluso ...	[kam-bi̯éi̯ŋ-klú-so ...]
/ieu/	[i̯eu̯]	cambie usted ...	[kám-bi̯eu̯s-té(ð)...]
/iai/	[i̯ai̯]	cambia incluso ...	[kám-bi̯ai̯ŋ-klú-so...]
/iói/	[i̯ói̯]	cambió incluso ...	[kam-bi̯ói̯ŋ-klú-so...]
/iou/	[i̯ou̯]	cambio una ...	[kám-bi̯ou̯-na...]
/uéu/	[u̯éu̯]	fue una ...	[fu̯éu̯-na...]
/uai/	[u̯ái̯]	agua importada ...	[á-ɣu̯ái̯m-por-tám-por-tá-ða...]
/uau/	[u̯áu̯]	agua usada ...	[á-ɣu̯áu̯-sá-ða...]
/uoi/	[u̯ói̯]	antiguo y ...	[an-tí-ɣu̯ói̯...]
/uou/	[u̯óu̯]	antiguo uso ...	[an-ti-ɣu̯óu̯-so...]

Cuaderno de ejercicios **13.2.**	🔑 Con clave

Transcripción: triptongos

La reducción de vocales idénticas entre palabras

　　Cuando dos vocales **idénticas** entran en contacto entre dos palabras, entonces es opcional pero común su reducción a una sola vocal y una sola sílaba. Por ejemplo, en el habla rápida, *mi hijo* se pronuncia con dos sílabas, i.e., [mí-xo]. Por estar compuesta de dos vocales originalmente, esta nueva sílaba es, a veces, un poco más larga que una sílaba con una sola vocal, resultando así en [mí:-xo] en lugar de [mi-í-xo]. Por supuesto, si se produce una pausa entre las dos palabras, no habrá ni enlace ni reducción.

　　Como ya sabemos (Cap. 6), en la lingüística, éste y los otros tipos de enlaces vocálicos se llaman *sinalefa* (contacto de VV entre palabras) y *sinéresis* (reducción de VV en un diptongo dentro de palabras). Recordemos que el fenómeno contrario, es decir, la separación de vocales contiguas en sílabas distintas, se denomina *hiato*.

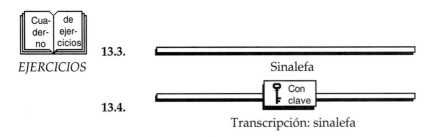

Cua-der-no de ejer-cicios		
EJERCICIOS	**13.3.**	Sinalefa
	13.4.	Con clave — Transcripción: sinalefa

Reducción de dos vocales idénticas en interior de palabra

　　Dentro de una palabra también pueden reducirse dos vocales idénticas en el habla rápida, pero esta reducción es menos común que en el caso de vocales en contacto entre palabras. Así pues, *alcohol* puede pronunciarse /alkoól/ o /alkó:l/, con una /o:/ más larga que la /o/ simple.

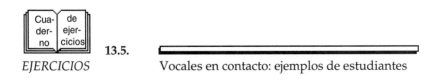

Cua-der-no de ejer-cicios		
EJERCICIOS	**13.5.**	Vocales en contacto: ejemplos de estudiantes

La reducción de las vocales /a, o, e/ átonas

　　Es frecuente en el habla rápida que se reduzcan, o incluso que se eliminen por completo, las vocales /a, e, o/ cuando van seguidas de vocales en las combinaciones vocálicas siguientes:

COMBINACIÓN	EJEMPLOS		ARTICULACIÓN
/-a + cualquier otra vocal/:	*la insistencia*	=	[li̯n-sis-tén-si̯a]
	la otra	=	[ló̯-tra]
	la UCLA	=	[lú̯k-la]
/-e + i/:	*le invité*	=	[li̯m-bi-té]
/-o + u/:	*lo unieron*	=	[lu̯-ni̯é-ron]

Lo más aceptable en el habla formal y esmerada es el enlace **sin** reducción.

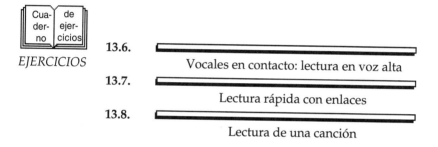

13.6.

Vocales en contacto: lectura en voz alta

EJERCICIOS

13.7.

Lectura rápida con enlaces

13.8.

Lectura de una canción

Finalmente, hay que mencionar que la tendencia a la reducción de dos vocales en contacto a una sola sílaba en el habla rápida es tan fuerte que las combinaciones

/e/ + VOCAL
/o/ + VOCAL

se convierten a veces en diptongos. Así, *teatro* a menudo se pronuncia [ti̯átro], *peor* [pi̯ór] y *toalla* [tu̯áya]. En otros casos se consigue la reducción a diptongo mediante un cambio en el lugar del acento tónico. Así, *maíz* se pronuncia [má̯is] y *país* [pá̯is] (en el español estándar, estas últimas palabras normalmente se articulan [ma-ís] y [pa-ís], respectivamente). Aunque este proceso de diptongación es muy natural y existe desde hace siglos en el habla de todos los países del mundo hispánico, no es aceptable para el uso de la lengua en situaciones formales o cuando uno quiere expresarse con mucho esmero.

En este capítulo hemos visto que el comportamiento de las vocales dentro de la cadena hablada puede ser bastante complejo, y que éste está en gran parte regido por la rapidez y formalidad/informalidad del habla. Es de suma importancia entender, sin embargo, que a pesar de esta relativa flexibilidad del sistema vocálico, **la lengua española no es lo suficientemente flexible para acomodar variaciones vocálicas que se acercarían al sonido neutro que hemos llamado** *schwa*. **El aumento en la rapidez del habla de un hispanohablante en ningún caso afecta la claridad de las vocales,** lo que equivale a decir que ni siquiera una pronunciación muy rápida incorporará vocales relajadas como la schwa del inglés.

En resumen, en los Capítulos 1, 2, 6 y 13 hemos visto que en español la articulación de vocales varía sobre todo cuando el contacto de palabras ocasiona el "encuentro" de dos o más vocales. Hemos visto que, con respeto a las vocales, una expresión como *la oficina* o *lo utópico* puede tener las siguientes realizaciones:

Habla cuidadosa	Habla rápida		
	Enlace sin formación de diptongo	Formación de diptongo	Reducción de vocal
[la - o - fi - sí - na]	[la_o - fi - sí - na]	_____[1]	[lo-fi-sí-na]
[lo - u - tó - pi - ko]	[lo_u - tó - pi - ko]	[lou̯- tó - pi - ko]	[lu-tó-pi-ko]

Recapitulación: división de sílabas

Téngase en cuenta que al hablar español, la relajación sucesiva de la actividad muscular debe ocurrir precisamente en las fronteras silábicas indicadas en los ejemplos abajo.

FORMULA   EJEMPLOS

V   —   CV   a - ma, A- ni- ta
CV   —   CV
VC   —   CCV[2]   im - ple-men-tar, an-cla,
                       siem-pre   ¡Léase la
                                               nota 2 al pie
                                               de la página!
VC   —   CV   al - to, an - te
VCC —   CCV   ins - crip - ción, cons - truc - ción

Simplificando estas reglas de silabificación al mínimo, podríamos decir que: (1) **en números PARES de consonantes, éstos se dividen en dos mitades; (2) en números IMPARES de consonantes entre vocales, siempre hay más consonantes después que antes de la frontera silábica.** Los principios que gobiernan la estructura silábica se aplican tanto a la palabra en sí, como al conjunto de palabras (grupo fónico): *lo-so-tros-va-nal-cam-po*. Estas reglas pueden representarse gráficamente de la manera siguiente:

---

1   Algunos especialistas mantienen que la formación de un diptongo se daría también en casos como *la oficina* (cf. [lau̯-fi-sí-na]). Los autores de este texto opinan, sin embargo, que esto no es un resultado típico.
2   Como hemos explicado en *Grupos de tres consonantes* en el Capítulo 1, la secuencia C+s+C constituye una notable excepción a esta regla general ya que ejemplos como *externo* o *instancia* se silabifican *eks-ter-no* y *ins-tan-cia*, respectivamente.

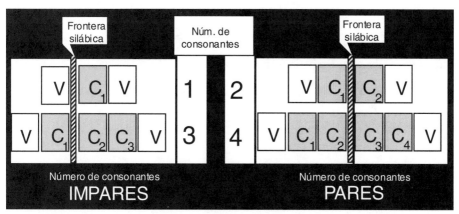

Fig. 13.1.   Secuencias pares e impares de consonantes y su silabificación.
(Excepciones: léase la nota #2 al pie de la página anterior).

Recapitulación de otros puntos importantes

En esta sección recapitularemos algunos de los puntos más importantes expuestos en capítulos anteriores, y a la vez introduciremos terminología nueva relacionada con conceptos ya examinados.

Vocales, sílabas, hiato, sinalefa, sinéresis: En el sistema fonológico del español son muy importantes las vocales, las cuales representan más o menos un cuarenta por ciento del total de frecuencia de los sonidos. Aproximadamente un 70% de las sílabas españolas terminan en sonido vocálico. Como hemos visto, las sílabas que tienen la estructura (C)V — es decir sílabas como *mi, ti, a, o, de* — se llaman *sílabas abiertas*; las que terminan en consonante (eg., *tan, van, han, al*) se llaman *sílabas cerradas*. La articulación de la sílaba se conserva invariable por más de prisa que se hable.

La sílaba de máxima fuerza o énfasis dentro de una palabra la llamamos *la sílaba **tónica.*** Las palabras suelen clasificarse según la posición de esta sílaba tónica:

Palabras **agudas**   =   con énfasis en la última sílaba
Palabras **graves**   =   con énfasis en la penúltima sílaba
Palabras **esdrújulas**   =   con énfasis en la antepenúltima sílaba

De estas tres formas principales, predominan las graves encima de las demás.

Hemos denominado *sinalefa* al enlace fónico que se da entre vocales contiguas. En el habla diaria (informal, menos cuidada), esta sinalefa es sumamente común en español. El **hiato** consiste en la articulación de dos vocales juxtapuestas al interior de una palabra en dos sílabas independientes: *Raúl = Ra-úl, María = Ma-rí-a,* o *tío = tí-o.* La **sinalefa**, unión de vocales entre palabras, puede hacer desaparecer los hiatos entre palabras por medio del fenómeno llamado *reducción*. Ejemplos: *casa en* Cuernavaca → *casan*[3] *Cuernavaca; la cama es para la casa* → *la camas para la casa*. La **sinéresis** es lo mismo que la sinalefa, excepto que se refiere a la unión de vocales que normalmente pertenecen a diferentes sílabas **dentro** de la misma palabra:

Sin sinéresis		Con sinéresis	
ma-es-tro	(3 sílabas)	*maes-tro*	(2 sílabas)
te-a-tro,	(3 sílabas)	*tea-tro*	(2 sílabas)
a-ho-ra.	(3 sílabas)	*a(h)o-ra*	(2 sílabas)

Asimilación consonántica, grupo fónico, golpe glótico, schwa: Otro de los fenómenos que se han señalado en capítulos anteriores es el de la sonorización de consonantes sordas cuando van seguidas de consonantes sonoras. Vea, por ejemplo, el caso de *mismo* = [mízmo] que vimos en el Capítulo 12:

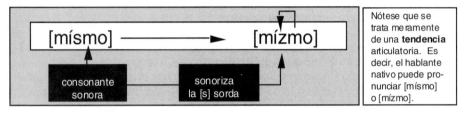

Fig. 13.2.   Asimilación regresiva del grupo consonántico -zm- < -sm-

Hemos visto también que la abundancia de sonidos **fricativos** [β, ð, ɣ] — más suaves y breves que los oclusivos [b, d, g] — es otra característica notable del español hablado. El no reproducir el carácter fricativo de los fonemas /b, d, g/ en los casos correspondientes es una de las razones principales por las cuales muchos estudiantes de habla inglesa tienen un fuerte acento extranjero al articular palabras como *podemos, hago, nueve, rubio*.

Acuérdese asimismo que en nuestra opinión, la unidad fonética más importante es la del grupo fónico. Entendemos por grupo fónico el conjunto de sonidos articulados que se dan entre pausas. Dos rasgos caracterizan el grupo fónico: la unidad de significación y la necesidad de inhalar aire suficiente para seguir hablando. Un grupo fónico no corresponde siempre a lo que se escribe entre puntos o comas. En la cadena hablada, una pausa puede insertarse prácticamente en cualquier momento, así que no deben sorprendernos agrupamientos fónicos como los siguientes (las pausas se indican con "#"): #micasaessucasavengavernos#; micasa# esucasa# vengavernos#. Son varias, y muy importantes, las razones por las cuales debemos insistir en que la enseñanza de la pronunciación se haga tomando como base el grupo fónico. El hablante nativo del español respeta siempre las reglas que rigen el grupo fónico, y al no hacer lo mismo, el hablante no nativo no se hará entender, o tendrá un fuerte acento extranjero. Es por esto por lo que la imitación cuidadosa y la práctica diaria son la mejor manera de adquirir una buena pronunciación.

---

3   También *casa en* → *casen*.

El no seguir de cerca los principios de la fonética en la enseñanza de las lenguas lleva a los alumnos a adquirir una serie de "vicios" articulatorios, tales como la omisión del enlace de las palabras, la articulación de hiatos en lugar de diptongos, el golpeo glótico (explicado en el próximo párrafo), la alteración del valor fónico de los sonidos hacia una articulación más bien extranjera, así como la imposición de una curva de entonación no nativa. (Este último factor se estudiará en detalle más adelante). Es particularmente grave la alteración del valor fónico de ciertos sonidos según hábitos "naturales" del inglés que son inexistentes en español. Es cierto, por ejemplo, que cualquier vocal **débilmente** acentuada en inglés se convierte automáticamente en **schwa**. Sin embargo, esta schwa jamás ocurre en español. Compare los siguientes ejemplos en los cuales las vocales inacentuadas (subrayadas) tienen todas el valor fónico de la schwa:

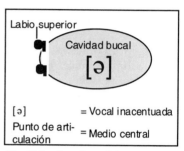

another	=	ǝnothǝr
university	=	unǝversǝty
telephone	=	telǝphone
beverages	=	bevǝrǝgǝs
Los Angeles	=	Los Angǝlǝs
Tamara	=	Tamǝrǝ
latches	=	latchǝs

Labio superior
Cavidad bucal
[ǝ]

[ǝ] = Vocal inacentuada
Punto de articulación = Medio central

Fig. 13.3. La schwa del inglés.

La transferencia de esta schwa anglosajona a sílabas inacentuadas en español es uno de los rasgos más sobresalientes de un acento extranjero anglosajón. Es de suma importancia, pues, reconocer que **no existe la schwa en español**, y el angloparlante debe recordar que la articulación de una vocal española **no** cambia de acuerdo con la cantidad de acento tónico ('stress') que recibe.

Ejemplo	Articulación extranjera	Articulación correcta
universidad	unǝversǝdad	[uniβersiðáð]
teléfono	tǝleyfǝnou	[teléfono]

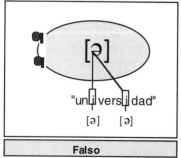

[ǝ]
"unḷi versḷi dad"
[ǝ] [ǝ]
Falso

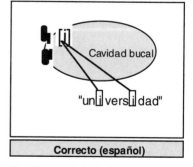

[i]
Cavidad bucal
"unḷi versḷi dad"
Correcto (español)

Fig. 13.4a. Inexistencia de la schwa en español

Fig. 13.4b. Articulación correcta de [i] en español

Un fenómeno fonético que puede observarse en inglés, si bien en pequeña escala, es lo que el profesor Tomás Navarro Tomás ha llamado "ataque duro", pero que en inglés recibe el nombre de "glottal stop". Este fenómeno consiste en la separación **brusca** de las cuerdas vocales, cuya oclusión cede a la presión del aire acumulado en la tráquea, provocando así una ligera explosión laríngea. Este sonido es muy similar al efecto que siente uno en la laringe al pujar para hacer un esfuerzo mayor. Se fuerza el aire de los pulmones con el diafragma y después se suelta el aire de golpe sin voz por las cuerdas vocales. El sonido resultante se indica en la transcripción fonética con [ʔ]. Ocurre este fonema por ejemplo en la última sílaba de las palabras inglesas *button* [butʔn] o aún más claramente en la expresión negativa informal [əʔə] *no* (comparen este *no* con el *yes* inglés informal [əhə]). Sugerimos el término de **golpeo glótico** para designar este fenómeno de oclusión glotal. En realidad, dicho sonido se forma cuando las membranas del orificio llamado glotis se abren repetinamente, produciendo así un golpe de aire.

Lo más importante para nosotros no es tanto que el alumno americano golpee o no golpee los sonidos vocálicos en su idioma, sino que al hablar español también produzca este golpeo glótico, lo cual es un defecto bastante notable en muchos principiantes (así, por ejemplo, es incorrecto pronunciar *[aʔóra]). Recomendamos hacer lo siguiente para eliminar el golpeo glótico: empiece lo más pronto posible a aplicar los principios ya mencionados del (1) ENLACE, (2) de la SINALEFA y (3) de la SINÉRESIS que rigen la estructura silábica del grupo fónico en una pronunciación de rapidez normal.

En español, el valor fónico de un sonido puede variar según su **entorno** ('environment'), es decir la articulación de un sonido se deja condicionar o influir por elementos fónicos a los cuales está juxtapuesto. Hay varios factores que pueden condicionar alteraciones en los sonidos. Entre ellos los más prominentes son: (1) la **asimilación,** o sea el acercamiento físico del punto o modo de articulación de un sonido al de otro inmediatamente contiguo o precedente (véanse las Figs. 13.5-13.6 de abajo); y (2) la **rapidez** de la pronunciación. Para el estudiante angloparlante, el fenómeno de la asimilación es sin duda el más importante, y por lo tanto requiere atención especial. Hay que destacar, primero, que el fenómeno de la asimilación también ocurre en inglés, y que ésta opera por lo general a nivel **subconsciente**. En segundo lugar, las reglas que rigen la asimilación en inglés no son siempre aplicables en español (y vice versa). Un excelente ejemplo de una asimilación en español se obtiene al analizar la producción del fonema /n/ (consonante ápicoalveolar) cuando éste va seguido de /f/ (consonante labiodental). Como lo ilustran las Figuras 13.5-13.6 más abajo, en español la /n/ se labiodentaliza a [ɱ] delante de /f/ (en inglés, la /n/ se mantiene normalmente alveolar aún cuando le siga una /f/). Esta asimilación opera no sólo dentro sino también entre palabras (cf. *en frente* en la Fig. 13.6.).

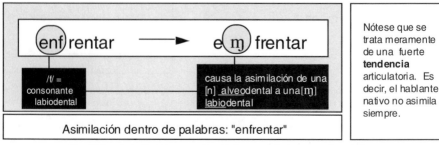

Fig. 13.5.   Asimilación regresiva de la nasal /n/ **dentro** de palabras.

Fig. 13.6.   Asimilación regresiva de la nasal /n/ **entre** palabras.

Desgraciadamente, muchos profesores de español no enfatizan lo suficiente la importancia de conseguir una pronunciación correcta (es decir "nativa"). Omiten, por ejemplo, corregir el problema de la schwa, o dejan de explicar las reglas que rigen la sinalefa, la sinéresis o el enlace de las palabras. El resultado es una pronunciación lenta, caracterizada por el hiato y el golpeo glótico de los sonidos vocálicos al principio de palabra, la falta de precisión en el timbre de los mismos sonidos y otros defectos de pronunciación.

Por lo que respecta a la "mala" entonación, es inevitable que suceda si se ignora la unión estrecha del grupo fónico y se le da unidad fónica a la palabra y no al grupo fónico.

Resumen

En el habla rápida, el contacto entre dos vocales contiguas resulta a menudo en la formación de diptongos (o, según el caso, triptongos). La diptongación entre palabras puede darse, por ejemplo, en expresiones como *se* *interesó* [se̲in-te-re-só] o *tu industria* [tu̲in-dús-tria], donde la vocal alta [i] se convierte o en semivocal [i̯]. Hemos notado que esta conversión de hiatos en diptongos es mucho menos común cuando la vocal final de una palabra lleva el acento primario (e.g., *comí eso* [komí éso]), lo que equivale a decir que por lo general las vocales tónicas **se mantienen** inalteradas aún en el habla rápida.

Hemos señalado que los triptongos (e.g., *Paraguay*) son poco comunes en el interior de palabra. El contacto de vocales **entre** palabras puede, sin embargo, producir toda una serie de triptongos (cf. *antiguo uso* = [an-ti-ɣu̯óu̯-so]; *antiguo y* ... [an-tí-ɣu̯ói̯...]). Este y los otros tipos de enlaces vocálicos que hemos mencionado se llaman **sinalefa** (la cual no debería confundirse con la *sinéresis* = reducción de VV en un diptongo dentro de palabras: [ma-ís] → [máis]).

Cuando dos vocales **idénticas** entran en contacto entre dos palabras, es común su reducción a una sola vocal (cf. [mí:-xo] vs. [mi-í-xo] *mi hijo*). Esta alternancia es **libre** como en los demás casos donde dos vocales idénticas entran en contacto entre dos palabras. En el interior de palabras, tal reducción es también común (cf. *vehemente* = [be̲:ménte] o [bee̲ménte]), pero este proceso de reducción sólo se da cuando ninguna de las vocales en cuestión es tónica (cf. *lee* = [lée] pero no *[lé]).

La reducción de las vocales /a, o, e/ **átonas** es frecuente en el habla rápida, y puede llevar a la eliminación completa de la vocal (cf. *la otra* = [lo̲-tra], *le invité*

= [ḷimbité]). Hay que notar, sin embargo, que lo más aceptable en el habla formal y esmerada es el enlace sin reducción.

Las combinaciones /e/ + VOCAL y /o/ + VOCAL se convierten a veces en diptongos (cf. [tḭátro] = *teatro;* [pḭór] = *peor* ; [tṵáya] = *toalla*). En otros casos se consigue la reducción a diptongo mediante un cambio en el lugar del acento tónico (cf. *maíz* = [ma-ís] → [máḭs]).

Queremos subrayar una vez más que el sistema vocálico de **la lengua española no es lo suficientemente flexible para acomodar el sonido neutro de la** *schwa*. En español, las vocales son claras y esta claridad se mantiene aun cuando el habla es rápida.

Con respecto a las reglas de silabificación hemos dicho que es válida la siguiente generalización: (1) **en números** PARES **de consonantes, éstos se dividen en dos mitades;** (2) **en números** IMPARES **de consonantes entre vocales, siempre hay más consonantes después que antes de la frontera silábica** (para un resumen gráfico de estas reglas, véase la Fig. 13.1 más arriba).

Para eliminar el golpeo glótico (e.g. *[aʔóra] en vez de [aóra] *ahora*) pueden aplicarse los principios del (1) ENLACE, (2) de la SINALEFA, y (3) de la **sinéresis.** Para la eliminación completa de un acento extranjero es también importante que el estudiante aprenda a manejar los procesos de **asimilación** descritos en este y otros capítulos. Así debería de pronunciar siempre con una **nasal labiodental** (en vez de alveolar) ejemplos como *enfrentar* o *en frente*.

CAPITULO 14

La entonación

Al escuchar una oración, uno percibe algo más que el simple conjunto de consonantes y vocales. Este va acompañado del acento prosódico de las palabras así como de acentos que dan énfasis a determinados fragmentos de la oración entera. Asimismo, los segmentos articulatorios van acompañados de una serie regular de ritmos y cambios de volumen propios de las frases declarativas, interrogativas o exclamativas. La melodía total incluye, entre otras cosas, efectos de volumen, de tono, de duración, de ritmo. A este conjunto de efectos audibles le damos el nombre general de *rasgos suprasegmentales.*

Uno de estos rasgos suprasegmentales es el **acento espiratorio** (ingl. 'stress'), el cual juega un papel esencial en el significado de algunos vocablos españoles. Nótese cómo en los ejemplos contrastivos a continuación el acento espiratorio es un rasgo que distingue entre pares mínimos:

límite	'limit'
limite	'(that) he/she limit'
limité	'I limited'

En inglés, la tendencia general es a acentuar las palabras en el segmento inicial de las mismas. En español suele ocurrir lo contrario ya que es por lo general la última o la penúltima sílaba la que recibe el mayor peso acentual. En inglés se carga tanto el acento de intensidad en la sílaba acentuada que las demás sílabas se debilitan notablemente, causando así un aglutinamiento relajado que reduce la claridad de los sonidos (esta reducción típicamente se manifiesta en la conversión de cualquier vocal inacentuada en **schwa**).

En español, las vocales conservan su claridad aún cuando no lleven acento primario. Además, y esto es importante para los alumnos americanos, ha de notarse que, por lo menos dentro del grupo fónico, **el acento de intensidad de las palabras no va acompañado de la fuerte elevación del tono** que suele acompañar a las vocales acentuadas inglesas.

En este capítulo queremos estudiar cómo los hablantes nativos del español elevan y bajan su voz en la cadena hablada. En la lengua hablada, existen varios tipos de subidas y bajadas en el tono de la voz, y el conjunto de tales variaciones es lo que llamamos *entonación*. Acabamos de ver arriba que un factor que puede influir en la entonación es el **acento espiratorio** (también denominado *acento prosódico*), el cual suele hacer subir la voz en inglés pero no en español. Otro factor que determina el nivel de la voz es el **tono,** o sea la alta o baja frecuencia de vibraciones (del aire) que causa la voz al producir un sonido. En este capítulo vamos a presentar de modo detallado los rasgos suprasegmentales del español. Veamos primero cómo se terminan oraciones en español desde el punto de vista del tono.

Tipos de entonación final

Hay tres maneras básicas de terminar una oración en español, es decir, tres formas de pasar de la comunicación al silencio.

1. El tono cae al final (indicado con "↓").
2. El tono sube al final (indicado con "↑").
3. El tono ni sube ni baja, indicado con "→").

El tono baja o cae al final de las oraciones declarativas y de las preguntas que comienzan con pronombres interrogativos como *cuándo, cómo, quién, cuánto, qué,* etc.

1. Oraciones declarativas: *Nosotros estudiamos mucho.* (↓)
2. Oraciones interrogativas: *¿Cuándo viene el maestro?*   (↓)
                               ¿De dónde son ustedes?   (↓)

El tono sube al final de las preguntas que requieren una contestación de sí o no:
                               ¿Tienes hambre mi hijito?   (↑)
                               ¿Le puedo ayudar con algo? (↑)

El tono continúa inalterado (ni sube ni baja) para señalar al oyente que sigue algo más, como en las pausas breves de la cadena hablada. Ejemplo:

                               Estela vino a la fiesta, (→) trajo los tamales y el
                               pan dulce, (→) y también preparó una olla grande
                               de chocolate. (↓)

Todo este grupo de cambios tonales ocurre al final de la frase y por tanto se les denomina *entornos terminales*.

El tono dentro de la oración

La frecuencia de las ondas sonoras (tono) depende de la tensión de las cuerdas vocales. Cuanta más tensión tengan, más rápidas resultan las vibraciones de las ondas y, por lo tanto, más alto el tono.

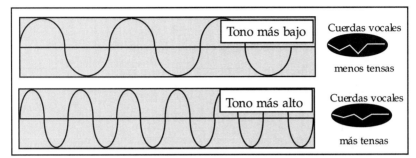

Fig. 14.1.   Frecuencia de las ondas sonoras y su relación con el tono alto o bajo de la voz.

En el habla normal, **el hispanohablante utiliza esencialmente tres niveles de tono mientras que el angloparlante usa cuatro.** Por lo tanto es natural que, para el oído de un angloparlante, el tono del español suene más "plano" y hasta cierto punto más monótono.

Naturalmente, se considera el tono de forma relativa y no absoluta para indicar las subidas y bajadas del tono. El tercer tono, el más alto, generalmente se reserva para corregir, contradecir o pronunciar algo con un **énfasis**. Las pautas siguientes con respecto al tono pueden aprenderse con relativa facilidad. Sin embargo, habrá que considerar estas pautas como una mínima parte de la entonación total, la cual es mucho más compleja de lo que se expondrá a continuación. Recuerde también que con los términos *tono bajo*, *tono mediano*, y *tono alto* no nos referimos al volumen de la voz sino a la **altura del tono** de la voz

El tono al inicio de una oración

La entonación, que es el elemento musical del idioma, varía mucho más que la pronunciación de los sonidos en los países del mundo hispánico y dentro de las diferentes regiones de cada país; por eso es muy difícil ser preciso en este respecto. En cualquier parte del mundo hispánico, la entonación de sílabas **iniciales no acentuadas** se articula con un tono que es más bajo que el tono normal (cf. Fig. 14.2).

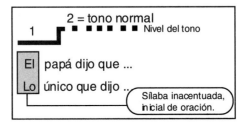

Fig. 14.2.   Tono bajo de sílabas inacentuadas al inicio de oraciones.

Las oraciones que empiezan con una sílaba **acentuada** se caracterizan por un entorno tónico que es distinto del entorno de las sílabas **iniciales inacentuadas** que acabamos de examinar. Como lo ilustra la Figura 14.3., el tono normal en sílabas **acentuadas** a principio de la oración es el nivel dos.

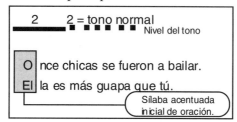

Fig. 14.3.   El tono normal de sílabas acentuadas al inicio de oraciones.

Luego, a partir de la primera sílaba acentuada, varían los esquemas de la siguiente forma:

El tono entre el inicio y final de una oración

Enunciados declarativos: la primera sílaba acentuada, y todas las demás sílabas acentuadas o no, se entonan con un tono normal; la última acentuada desciende gravemente y algo más la siguiente o siguientes. El esquema forma una línea horizontal con brusca caída hacia el final de la oración.

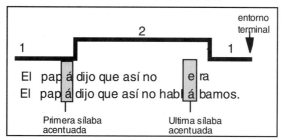

Fig. 14.4.   La subida y bajada del tono en enunciados declarativos.

Enunciados interrogativos: la primera sílaba acentuada se alza algo sobre el tono normal; las siguientes forman escala ligeramente descendente; la última sílaba acentuada vuelve a elevarse. El esquema forma una línea inclinada con subida al final.

Fig. 14.5.   Entonación interrogativa.

Enunciados exclamativos: A veces, la entonación exclamativa tiene también un alza de tono al final. Al contrario de la interrogativa que alza la última sílaba y le da modulación ascendente, la exclamativa alza la última sílaba acentuada y le da modulación **descendente**. Compárese:

Fig. 14.5.   Entonación exclamativa.
Nótese que la curva de entonación exclamativa es similar a la interrogativa excepto que el entorno terminal es **descendente** en lugar de ascendente en exclamativas.

Oraciones enfáticas:
    En las oraciones enfáticas, la voz sube en la sílaba tónica de la palabra enfatizada. Esta subida puede alcanzar hasta el tono del nivel tres:

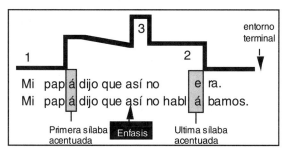

Fig. 14.6.   En casos de énfasis, el tono puede subir hasta el nivel tres.
Compárese esta figura con la Figura 14.7 más abajo, donde el énfasis cae en la partícula negativa *no* en lugar de *así*.

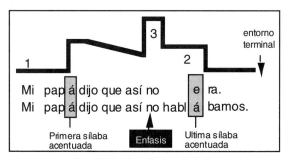

Fig. 14.7.   Oración con énfasis

Resumen

La melodía de la lengua hablada incluye efectos de volumen, de tono, de duración, de ritmo, etc. Este conjunto de efectos audibles se llaman *rasgos suprasegmentales*, los cuales incluyen el **acento espiratorio** (o simplemente *acento*, ingl. 'stress'). En español, el acento tiene funcionalidad ya que sirve para distinguir palabras (cf. *límite, limite, limité*).

Dentro del grupo fónico, **el acento de intensidad de las palabras no va acompañado de la fuerte elevación del tono** que suele acompañar a las vocales acentuadas inglesas. Además, las vocales tónicas se alargan mucho menos que las tónicas del inglés.

Hay **tres** maneras básicas de terminar una oración en español (decaída "↓", subida "↑" y mantenimiento "→" del tono al final de la oración). Las oraciones declarativas y las preguntas que comienzan con pronombres interrogativos (e.g., *cuándo, cómo*) tienen un tono que baja o cae al final. Las preguntas que requieren una contestación de sí o no tienen un tono ascendente, i.e., "↑". El tono inalterado (i.e.,"→") está reservado para señalar al oyente que sigue algo más.

La frecuencia de las ondas sonoras (**tono**) depende de la tensión de las cuerdas vocales. Cuanta más tensión tengan, más rápidas resultan las vibraciones de las ondas y, por lo tanto, más alto el tono. **En español se usan esencialmente tres niveles de tono** mientras que **en inglés se usan cuatro**.

La entonación varía mucho más que la pronunciación de los sonidos en los países del mundo hispánico, y son a menudo variaciones entonacionales que permiten distinguir con relativa facilidad entre ciertos dialectos. Así, el español andino del Ecuador o Perú— condicionado desde hace siglos por lenguas indígenas como el quechua — tiene una curva entonacional que sólo difícilmente se podría confundir con la del español caribeño, por ejemplo. A pesar de estas diferencias, puede decirse, sin embargo, que en cualquier parte del mundo hispánico, la entonación de sílabas iniciales no acentuadas se articula con un tono que es más bajo que el tono normal de la frase. En cuanto al tono entre el inicio y final de una oración puede decirse que, en términos generales, se presentan las curvas entonacionales ejemplificadas en las Figuras 14.4. a 14.8. más arriba.

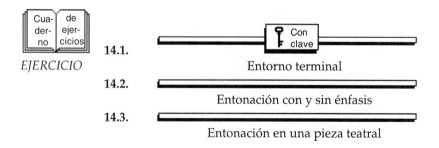

Cua- de
der- ejer-
no   cicios   **14.1.**

EJERCICIO   Entorno terminal

              14.2.

                        Entonación con y sin énfasis

              14.3.

                        Entonación en una pieza teatral

Con
clave

CAPITULO 15

El acento ortográfico

Antes de proceder a explicar el concepto de acento ortográfico, es necesario aclarar el concepto de acento de intensidad ingl. 'stress' (al acento de intensidad se le dice también *acento de intensidad, acento tónico, acento prosódico, acento primario* o simplemente *acento*).

En español, todas las palabras **léxicas** llevan **un** — y sólo un — **acento primario.** Hay una serie de palabras **gramaticales** (e.g., los artículos *un, el, los;* o los pronombres *me, te, se*) que no llevan ningún acento primario. En este capítulo centraremos nuestra atención especialmente en aquéllas palabras que sí tienen acento primario.

¡OJO!

"acento"

↓

[asénto]

La palabra *acento* se pronuncia [asénto] y no *[aksénto].

En español, la acentuación cae normalmente en el segmento **final** de las palabras. La gran mayoría de las palabras se acentúan en la **última** o en la **penúltima** sílaba.

Se emplea en la lingüística una terminología especial para categorizar la posición del acento primario dentro de la palabra. Los lingüistas hablan de palabras **agudas, llanas, esdrújulas** y **sobreesdrújulas**. El significado de estos cuatro términos se explica gráficamente en la Figura 15.1.

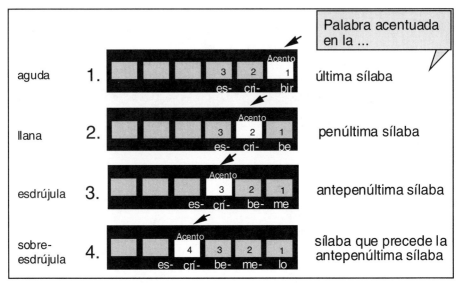

Fig. 15.1   Acentuación de palabras en español. Las agudas y llanas son las más comunes. Puesto que el acento primario suele caer hacia el final de palabras, analizaremos las palabras de la derecha a la izquierda, empezando así con la última sílaba.

Habiendo expuesto las cuatro posibilidades en la acentuación **fónica** de las palabras españolas, ya podemos introducir una observación general sobre la acentuación **ortográfica** de palabras esdrújulas y sobreesdrújulas:

Observación general: **Todas las palabras ESDRUJULAS y SOBREESDRUJULAS llevan una tilde. Esta tilde siempre se escribe donde cae el acento primario.**

Ejemplos: *Esdrújulas*   *Sobreesdrújulas*
tér-mi-no   ter-mí-ne-me-lo
pú-bli-co   ter-mí-na-me-lo
pu-blí-ca-nos   pu-blí-ca-se-lo
es-drú-ju-la
vá-mo-nos
pro-só-di-co

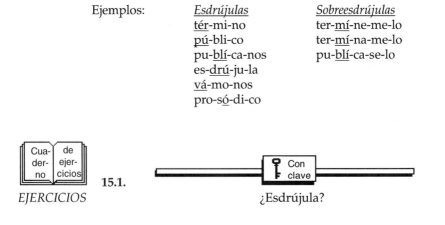

EJERCICIOS   **15.1.**

¿Esdrújula?

Para considerar la acentuación de palabras agudas o llanas hay que tener en cuenta la siguiente tendencia general del español: **las palabras que terminan**

en VOCAL o en "-n" y "-s" suelen ser LLANAS; las que terminan en CONSONANTE
(excepto "-n" o "-s") suelen ser AGUDAS. Caen dentro de esta tendencia general
los ejemplos a continuación (subrayamos las vocales acentuadas):

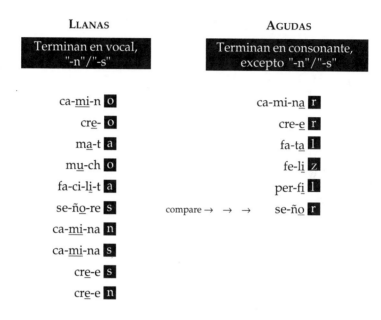

	LLANAS	AGUDAS
	Terminan en vocal, "-n"/"-s"	Terminan en consonante, excepto "-n"/"-s"

ca-<u>mi</u>-n **o** ca-mi-n<u>a</u> **r**

cr<u>e</u>- **o** cre-<u>e</u> **r**

m<u>a</u>-t **a** fa-t<u>a</u> **l**

m<u>u</u>-ch **o** fe-l<u>i</u> **z**

fa-ci-l<u>i</u>-t **a** per-f<u>i</u> **l**

se-ñ<u>o</u>-re **s**   compare → → → se-ñ<u>o</u> **r**

ca-<u>mi</u>-na **n**

ca-<u>mi</u>-na **s**

cr<u>e</u>-e **s**

cr<u>e</u>-e **n**

Las palabras que cargan la fuerza espiratoria según esta tendencia general **no**
llevan tilde. La regla general o universal para la acentuación ortográfica de
palabras españolas no es sino una consecuencia lógica de lo antedicho:

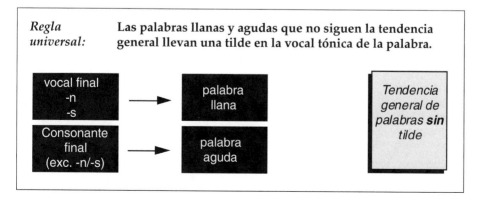

Regla universal: **Las palabras llanas y agudas que no siguen la tendencia general llevan una tilde en la vocal tónica de la palabra.**

vocal final / -n / -s → palabra llana

Consonante final (exc. -n/-s) → palabra aguda

*Tendencia general de palabras **sin** tilde*

Ejemplos de palabras que **no** siguen la tendencia general y por lo tanto llevan
tilde:

LLANAS		AGUDAS	
fácil	lápiz	mamá	saldrá
inútil	Fénix	comeré	iré
útil	González	París[1]	comején[2]
cárcel	mártir	Berlín	salí

Los ejemplos anteriores llevan todos una tilde porque van en contra de la tendencia general. Así *cárcel, inútil* y *útil* se pronuncian [kársel], [inútil] y [útil] y no *[karsél], *[inutíl] y *[utíl], respectivamente. En *Berlín*, la "-n" final de palabra asigna la palabra al grupo de voces que deberían de ser llanas (i.e. *[bérlin]). Puesto que esta no es la articulación correcta, hay que indicar la pronunciación aguda con una tilde en la vocal acentuada: *Berlín*.

Son muchos los casos en los que un cambio en la acentuación prosódica ('stress') conlleva un cambio en la significación de la palabra. El acento prosódico puede producir contraste fonémico en pares mínimos como *hábito* 'habit' vs. *habito* 'I inhabit', *cortes* 'courts' vs. *cortés* 'courteous', *hacia* 'toward' vs. *hacía* 'he/she did/made', *trabajo* vs. *trabajó*. Es de notar, sin embargo, que el cambio de acentuación en tales pares mínimos de ninguna manera complica la acentuación ortográfica de palabras españolas ya que éstas siempre siguen las dos reglas generales que hemos expuesto más arriba: así la palabra llana *trabajo* — acentuado /trabáxo/ — naturalmente no lleva tilde porque termina en vocal. Lleva tilde *trabajó* porque sin tilde su terminación vocálica daría por resultado una pronunciación llana, i.e., */trabáxo/, lo cual significaría 'work' o 'I work' en lugar de 'he/she worked'.

Resumamos aquí una vez más los principios generales que rigen la acentuación ortográfica:

1. **Palabras agudas terminadas en vocal o en las consonantes "-n, -s"** llevan tilde en la vocal tónica. Cf. *mamá, estudié, llegó, desdén, cortés*.

2. **Palabras llanas terminadas en cualquier consonante excepto "-n" y "-s"** llevan tilde en la vocal tónica. Cf. *árbol, carácter, difícil*.

3. **Todas las palabras llamadas esdrújulas o sobreesdrújulas llevan acento ortogáfico en la vocal tónica:** *bárbaro, gramática, dígamelo*.

Las reglas de colocación del acento ortográfico las formuló la Real Academia Española para poder indicar el lugar del acento prosódico en el mayor número de casos sin tener que escribir siempre el acento ortográfico. Como hemos visto, para llegar a entender la formulación de las reglas hay que examinar la correspondencia entre la forma ortográfica de las palabras y el lugar del acento prosódico.

---

1   Contrario al inglés, en español esta palabra se acentúa en la última sílaba ([parís] y no *[páris]).
2   Animal similar al mosquito.

La mayoría de las palabras que terminan en consonante (con la excepción de "-n" y "-s") son agudas: *neutral, hablar, verdad*. Por consiguiente, siguiendo la regla (2), llevan acento ortográfico solamente las palabras llanas: *carácter, fácil*. Cabe ahora preguntarse por qué constituyen una excepción a estas reglas las letras "-n" y "-s". Si consideráramos solamente los sustantivos y adjetivos, no tendríamos que clasificar estas letras como excepciones, porque la mayoría de los sustantivos y adjetivos que terminan en "-n" o "-s" son agudos: *hombrón, cortés*. Pero dentro de la conjugación verbal la "-n" y "-s" son desinencias muy comunes. Estas desinencias no afectan la colocación del acento prosódico, así que *hablas* y *hablan* se acentúan prosódicamente igual que *habla*. Al formular la regla de colocación del acento ortográfico era pues necesario clasificar la "-s" y la "-n" dentro del grupo de las vocales para no tener que escribir un acento ortográfico en miles de formas verbales.

Adverbios en -*mente*:
   Considere los siguientes ejemplos de adverbios que terminan en -*mente* (fonéticamente [ménte]):

Con tilde	Sin tilde
comúnmente	seguramente
hábilmente	regularmente
cómodamente	simplemente

¿Cuál es el razonamiento detrás de la ortografía — aparentemente errónea — de las formas en -*mente* con tilde? La respuesta la encontramos en la trayectoria histórica de estas palabras. Originalmente, cada una de estas voces era no una sino dos palabras (i.e., *común + mente* 'de manera común" *hábil + mente* 'de manera hábil', etc.), y como tal cada una llevaba un acento tónico. Cuando los dos elementos se fundieron en una sola palabra, estos **no** abandonaron su acento prosódico, manteniendo así — en contra de la norma general del español — no uno sino dos acentos primarios dentro de una sola palabra: /komúnménte/, /kómodaménte/. Hoy día, la acentuación ortográfica de adverbios en -*mente* obedece la siguiente regla: si el ADJETIVO original al cual se añade -*mente* lleva tilde, esta tilde se mantiene en el adverbio que resulta de la amalgama ADJETIVO + -MENTE. Puesto que los adjetivos *común, hábil, cómodo* llevan tilde y *seguro, regular, simple* **no** la llevan, es natural que *comúnmente, hábilmente* y *cómodamente* tengan también acento escrito.

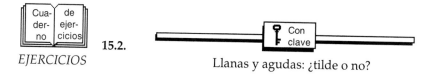

Cua-der-no de ejer-cicios

15.2.

EJERCICIOS

Con clave

Llanas y agudas: ¿tilde o no?

Centrémonos ahora brevemente en las formas verbales. Son dos los tiempos que necesitan atención especial en la colocación correcta del acento ortográfico. Son las formas del futuro: *hablaré, hablarás, hablará, hablarán* y la primera y tercera personas del pretérito: *hablé, habló*. En algunos casos, podemos crear pares mínimos cuya diferencia radica solamente en la posición de la sílaba tónica. Por ejemplo:

(él) hablar<u>á</u>	vs.	*quería que él habl<u>a</u>ra*
(yo) habl<u>é</u>	vs.	*h<u>a</u>ble Ud.*
(él) habl<u>ó</u>	vs.	*(yo) h<u>a</u>blo.*

Nótese que, frente a prácticas corrientes todavía en la primera mitad de este siglo, la siguiente forma del pretérito del verbo *ser* **no lleva** tilde: *fue* (explicaremos más abajo porque esta palabra no lleva tilde). En cuanto a los verbos que tienen formas irregulares en el pretérito, éstos siguen las reglas generales con respecto a su acentuación. Por lo tanto, casos como *puso, tuvo, estuvo* o *puse, tuve, estuve* se deletrean **sin** tilde puesto que su acentuación llana sigue la tendencia general de palabras que terminan en vocal.

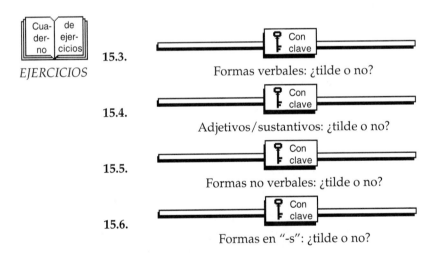

EJERCICIOS

15.3. Formas verbales: ¿tilde o no? — Con clave

15.4. Adjetivos/sustantivos: ¿tilde o no? — Con clave

15.5. Formas no verbales: ¿tilde o no? — Con clave

15.6. Formas en "-s": ¿tilde o no? — Con clave

Los diptongos

La colocación del acento ortográfico presupone la capacidad de dividir las palabras en sílabas. Hasta este punto la división silábica en los ejercicios ha sido bastante simple porque cada sílaba consistía en un solo sonido vocálico.

Como hemos aprendido, dos o tres vocales **escritas** seguidas pueden constituir una sola sílaba. Compare, por ejemplo:

fue	[fu̯é] =	1 sílaba con un diptongo
buey	[bu̯éi̯] =	1 sílaba con un triptongo

Para determinar si un diptongo o triptongo deben llevar una tilde **se aplica
nuevamente la regla universal,** lo que equivale a decir que, en cuanto a la
colocación de tildes, las palabras con diptongo o triptongo no se distinguen de
cualquier otra palabra. Por lo tanto se aplica nuevamente la regla siguiente:

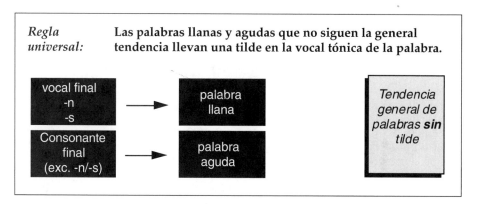

| *Regla* | **Las palabras llanas y agudas que no siguen la general** |
| *universal:* | **tendencia llevan una tilde en la vocal tónica de la palabra.** |

Si hay que poner una tilde en un diptongo o triptongo, **esta tilde se coloca
siempre en el núcleo** de la sílaba puesto que es allí donde se encuentra la vocal
tónica de la palabra. Compare los siguientes ejemplos con y sin tilde:

	Sin tilde	*Con tilde*
Ejemplos:	mues-tra	mués-tra-me-lo
	muer-do	muér-de-lo
	pier-de	piér-de-lo
	peine	péi-na-te

Las cosas se complican un poco cuando la letra "i" y la "u" aparecen
juxtapuestas a otra vocal. Como recordamos de los Capítulos 1 y 2, estas letras
"i" y "u" pueden tener un valor fónico variable, es decir, o son una vocal propia
o son una semivocal.[3] Compare:

Vocal	Semivocal creciente	Semivocal decreciente
dí-a = [dí-a]	dia-grama = [dia-...]	peine = [péi-ne]
tu = [tú]	muerto = [muér-to]	auto = [áu-to]

Habiendo aclarado el variado valor fónico de la "i"/"u" podemos ahora
introducir una regla general adicional:

| **Regla adicional:** | Cuando las letras "i" o "u" se combinan con otra vocal **sin
formar diptongo o triptongo con esta vocal,** entonces la "i"
o la "u" lleva una tilde para indicar que se trata de un hiato. |

---

[3]   Como ya sabemos, la letra "u" puede también representar la consonante waw en
      ejemplos como *hueco,* fonéticamente [wé-ko].

Ejemplos con dos vocales en hiato:

Ma-rí-a   te-o-rí-a
san-dí-a   Mí-a
ven-dí-a   re-úne
rí-e (de *reir*)   o-í-do
rí-o   ca-fe-í-na
o-ír   a-ún
ca-í-da   pa-ís
grú-a (ingl. 'crane')

Para aclarar el por qué de esta regla adicional un poco más, vamos a considerar en más detalle dos de las palabras citadas en los ejemplos anteriores: *re-úne* y *pa-ís*. En el caso de *reúne*, la omisión de la tilde produciría un diptongo decreciente en la primera sílaba — o sea *[r̄eu̯-ne]. Puesto que esta articulación (i.e., *[r̄eu̯-ne]) no corresponde a la pronunciación nativa de la primera persona singular del presente de *reunir*, debe colocarse la tilde para obtener una correspondencia entre la ortografía y la articulación correcta, es decir [r̄e-ú-ne]. En el caso de *país* podemos comprobar el hiato (más bien que diptongo) con relativa facilidad si comparamos la palabra con la voz *paisano*:

[pa-ís]   = hiato
[pai̯-sá-no] = diptongo

Sugerimos que el lector articule en voz alta estas dos palabras, contrastando así el segmento silábico inicial *pa-í-* de *país* con [pai̯-] de *paisano*. Se notará que el segmento vocálico inicial de *paisano* contiene un diptongo decreciente mientras que *país* contiene un hiato. Si no pusiéramos una tilde en la vocal tónica de *pa-ís*, obtendríamos una voz monosilábica — [pái̯s] — lo cual no coincide con la articulación nativa de [pa-ís].

Hemos avanzado ya lo suficiente para considerar un caso de acentuación ortográfica que generalmente confunde al principiante (y también a los hablantes nativos de español). Nos referimos en particular a la voz *aún*, la cual difiere de *aunque* por llevar una tilde en la "u". ¿Por qué se escribe con tilde *aún*, pero sin tilde *aunque*? La respuesta es relativamente simple una vez que detallamos la articulación de estas dos palabras:

aún: /a-ún/ | aú- | = | hiato
aunque: /áu̯n-ke/ | au- | = | diptongo

Ahora bien, si la palabra *aún* no se escribiera con una tilde en la vocal tónica "u", la articulación resultante sería */áu̯n/ en lugar de /a-ún/.[4] Y como *aunque* se pronuncia efectivamente como palabra bisilábica (i.e., /áu̯n-ke/) y no trisilábica

---

4   Se explicará más adelante en este capítulo que la palabra /a-ún/ en realidad tiene **dos** ortografías posibles, i.e., *aún* (con tilde) y *aun* (sin tilde). Como veremos, esta diferencia ortográfica **no** conlleva ninguna diferencia articulatoria, y sólo sirve para distinguir el significado de dos palabras homónimas.

(i.e., */a-ún-ke/) es sólo natural que no pongamos una tilde sobre la "u" (*aúnque).

Finalmente, queremos tratar un caso de acentuación ortográfica — el de la palabra *ahínco* [5] (con tilde en la "i") — que puede parecer algo extraño, pero que es lógico si recordamos un detalle de los primeros capítulos de este manual sobre el valor de la letra "h". Como habrá notado el lector, *ahínco* (pronunciado con un hiato, es decir, /aínko/), es una palabra llana que termina en vocal. Si recordamos la "Regla Universal" presentada al principio de este capítulo, podría parecer que *ahínco* (= palabra llana) no debería de llevar tilde. Pero esto no es así porque se considera que la "h" de *ahínco* no cuenta nada, y que por lo tanto hay que analizar la palabra como si fuera compuesta solamente de la secuencia de letras "a+i+n+c+o" (*ainco). Puesto que esta voz contiene un hiato (i.e., [a-íŋ-ko] y no *[áiŋ-ko]), debe de colocarse una tilde sobre la "i", observando así la misma regla de acentuación ortográfica que hemos aplicado a palabras con hiato como *día, grúa, reúne,* etc.

ahínco

/aínko/

¿Sabría Ud. explicar en sus propias palabras porqué *ahínco* lleva una tilde?

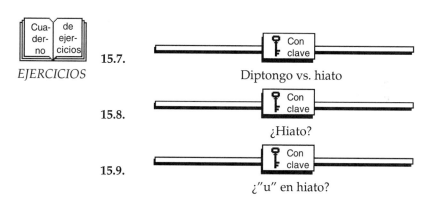

15.7.	Con clave
EJERCICIOS	Diptongo vs. hiato
15.8.	Con clave
	¿Hiato?
15.9.	Con clave
	¿"u" en hiato?

Cua-der-no de ejer-cicios

Otras funciones del acento ortográfico

1. El acento ortográfico en homónimos: palabras monosilábicas

Hasta ahora hemos visto que la tilde se emplea para indicar **el acento prosódico** en

- **palabras terminadas en vocal o las consonantes "-n, -s"** que no se acentúan fónicamente en la **penúltima** sílaba (*mamá, estudié, llegó, desdén, cortés*).

---

[5]   *Ahínco* 'zeal, dedication, interest' (e.g., *estudiar español con mucho ahínco*).

- **palabras terminadas en cualquier consonante excepto "-n" y "-s"** que no se acentúan fónicamente en la **última** sílaba (*árbol, carácter, difícil*).

El lector habrá notado que todas las palabras examinadas hasta este punto han sido voces **polisílabas**, i.e., palabras que constan de más de una sílaba. En español, **los monosílabos no llevan tilde a menos que sea para diferenciarlas de otra voz ortográficamente idéntica.** Compárense los siguientes pares de voces monosilábicas — todos **homónimos** (ingl. 'homonyms') — con y sin tilde:

M o n o s í l a b o s

Sin tilde		Con tilde	
de	'of, from'	dé[6]	(cf. *quiero que Ud. le dé esto*)
mi	'my' (posesivo)	mí	'me' (cf. *para mí*)
si	'if'	sí	'yes'
tu	'your' (posesivo)	tú	'you' (cf. *tú hablas*)
el	'the' (art. masc.)	él	'he' (cf. *él habla*)
se	'himself/herself'	sé	' I know'
		sé	'be!' (cf. *sé bueno* 'be good')
mas	'but' (arcaico)	más	'more'
ve	'sh/e sees' (del verbo *ver*)	vé[7]	'go!' (del verbo *ir*)

Al examinar la ortografía de estos monosílabos hay que considerar dos puntos importantes: **(1) una palabra monosilábica sólo lleva tilde para distinguir su significado de otra palabra monosilábica fónicamente idéntica; y (2) si una palabra** NO PRONOMINAL **se contrapone a una palabra** PRONOMINAL **ortográficamente idéntica** (cf. el adjetivo *tu* 'my' vs. el pronombre *tú* 'you'), **la forma** PRONOMINAL **es la que lleva la tilde.** Examinemos estos dos puntos más en detalle:

a.   **Una palabra monosilábica sólo lleva tilde para distinguir su significado de otra palabra monosilábica fónicamente idéntica:**

En casos como *solo* 'alone' vs. *sólo* 'only' o de los demás ejemplos de la lista de homónimos expuestos arriba, se ve que la adición de una tilde sirve para distinguir el significado entre dos palabras fónicamente idénticas. La mayoría de las palabras monosilábicas no tienen homófonos y por lo tanto no necesitan llevar acento puesto que no hay necesidad de distinguirlas de otras palabras idénticas. Así, en el caso de la forma verbal *vi* 'I saw' no se pone una tilde porque no hay otra palabra *vi*. Compárense también las palabras monosilábicas a continuación, ninguna de las cuales lleva tilde:

---

6   1ª persona del presente de subjuntivo de *dar*; también imperativo: cf. *¡dé Ud. lo que quiera!*

7   La misma forma se emplea a menudo con la adición de *-te*: cf. *¡vete allí!* 'go there' (en este caso, la forma verbal **no** lleva tilde ya que es palabra llana que termina en vocal).

dio	vio
lo	en
ni	no
va	da
red	ten
ven	van
fue	fui

¡Nunca
llevan
tilde!

b. Si una palabra **no pronominal** se contrapone a otra palabra **pronominal** ortográficamente idéntica (cf. *tu* vs. *tú*), la forma **pronominal** es la que lleva la tilde:

Esta observación es útil para determinar que miembro de un par de palabras homólogas lleva la tilde (veremos más abajo que esta misma regla será también útil para diferenciar homónimos polisílabos). *Mí* (ingl. 'me') es un *pronombre objeto* (cf. *lo hace para mí*) y como tal lleva tilde. *Mi* 'my' es un *adjetivo posesivo* (cf. *mi papá*) y como tal no lleva tilde. Similares observaciones podrían hacerse con respecto a:

tu	'your' (adjetivo)	vs.	tú	'you' (pronombre)
el	'the' (artículo)	vs.	él	'he' (pronombre)

2. El acento ortográfico en homónimos: palabras polisílabas

Existe una serie de homónimos polisílabos en los cuales la tilde se coloca, como en las voces monosilábicas que acabamos de examinar, para distinguir el significado. Aunque es verdad que en estas palabras la tilde siempre se pone donde cae el acento tónico, esta tilde no se pondría si no se tratara de palabras homónimas. Así, en el caso de *sólo* 'only' la acentuación ('stress') cae efectivamente en la vocal que, según las reglas generales que hemos establecido al principio de este capítulo, debería de recibir el mayor peso fónico. No debería acentuarse ortográficamente, pero la oposición con el homónimo *solo* 'alone' en este caso requiere la presencia de una tilde.

Son relativamente numerosas las palabras plurisílabas que se diferencian de un homónimo en la ortografía por la adición de una tilde. La memorización de estas palabras con y sin tilde puede facilitarse, sin embargo, al observar unas guías generales, expuestas a continuación:

Pronombres: La forma **pronominal** de los homónimos polisílabos lleva la tilde.[8] Esta guía sigue la lógica de lo expuesto arriba para palabras monosilábicas.

---

[8] En realidad, las reglas sobre la acentuación de palabras pronominales como *éste ése*, y *aquél* son un poco más flexibles de lo que presentamos aquí ya que *éste, ése* y *aquél* pueden escribirse sin tilde cuando no hay posibilidad de ambigüedad. Sin embargo, creemos que, para no complicar las cosas, es preferible acentuar siempre estas formas pronominales.

Sin tilde (adjetivos demonstrativos)			Con tilde (pronombres demonstrativos)		
ese	'that'	(cf. *vi ese chico*)	ése	'that one'	(cf. *vi ése*)
esa	'that'	(cf. *vi esa chica*)	ésa	'that one'	(cf. *vi ésa*)
esos	'those'	(cf. *vi esos chicos*)	ésos	'those ones'	(cf. *vi ésos*)
esas	'those'	(cf. *vi esas chicas*)	ésas	'those ones'	(cf. *vi ésas*)
aquel	'that'	(cf. *vi aquel chico*)	aquél	'that one'	(cf. *vi aquél*)
aquella	'that'	(cf. *vi aquella chica*)	aquélla	'that one'	(cf. *vi aquélla*)
aquellos	'those'	(cf. *vi aquellos chicos*)	aquéllos	'those ones'	(cf. *vi aquéllos*)
aquellas	'those'	(cf. *vi aquellas chicas*)	aquéllas	'those ones'	(cf. *vi aquéllas*)

La misma lógica se extiende a las formas *este, esta, estos, estas* (= adjetivos) y *éste, ésta, éstos, éstas* (= pronombres). Compárense los siguientes ejemplos:

> *estos libros me cuestan más que éstos.*
> *esos libros me cuestan más que ésos.*
> *aquellos libros me cuestan más que aquéllos*

Para evitar posibles errores ortográficos, habrá que considerar en detalle las palabras pronominales *esto, eso, aquello* y *ello*. Podría pensarse a primera vista que estas cuatro palabras — todas pronombres — deberían de escribirse con tilde. Sin embargo, éste no es el caso. Estas formas pronominales **jamás** llevan tilde porque nunca se contraponen a otra palabra homónima, frente a lo que ocurre en pares como *este/éste* 'this/this one' o *aquel/aquél* 'that/that one'. Esta falta de oposición es más aparente si establecemos la siguiente comparación en la cual se ve que *esto, eso, aquello* **no** pueden usarse como adjetivos y por lo tanto no necesitan una tilde en su función pronominal:

Adjetivo

Compré <u>este</u> regalo.
Compré <u>ese</u>   regalo.
Compré <u>aquel</u> regalo.

Compré esto regalo.
Compré eso regalo.
Compré aquello regalo.

Pronombre

Compré <u>éstos</u>.
Compré <u>ésos</u>.
Compré <u>aquéllos</u>.

Compré <u>esto</u>.
Compré <u>eso</u>.
Compré <u>aquello</u>.

Es un error muy común escribir *ésto, éso, aquéllo* con tilde y recomendamos que el estudiante memorice simplemente que estas palabras nunca llevan tilde.

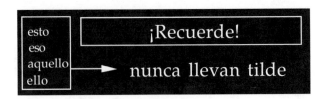

Se acentúan ortográficamente las siguientes palabras cuando sirven para formar una **pregunta** o **exclamación**: *dónde, cómo, cuándo, cuál(es), quién(es), cuánto(s)/cuánta(s), qué.* Ejemplificamos estas palabras de manera contrastiva en las oraciones siguientes:

Con tilde (pregunta/exclamación)	Sin tilde
¿Dónde estas?	No me dijo donde estás.
¿Quién te lo dijo?	No importa quien lo haga.
¿Cómo lo hiciste?	Como no vino, me fui.
¡Cómo no!	Como no viniste, no pude dártelo.
¿Qué te dijo?	No me dijo que iba a venir.
¡Qué sorpresa!	No me dijo que era una sorpresa.
¿Cuántos años tienes?	No diré nada en cuanto a eso.
¿Cuál es?	Dale a cada cual (= cada uno) lo que merece.
¿Cuántos vinieron?	Tengo unos cuantos dólares en mi bolsa.
¡Cuánto no me costó!	
¿Por qué no vino?	No vino porque no le faltó la plata.
¿Cuándo llegas?	El día cuando llegue, te avisaré.

El último ejemplo contrastivo *por qué* vs. *porque* requiere explicación adicional. Aunque estas dos voces entran dentro de la categoría de palabras homónimas (su articulación es idéntica) que se diferencian por la presencia o ausencia de una tilde (cf. *por qué* 'why' vs. *porque* 'because'), éstas se distinguen también por la separación ortográfica de una de ellas en dos palabras (cf., *por qué* = 2 palabras; *porque* = 1 palabra).

También se acentúan todas las palabras que funcionan como interrogativas **aunque se encuentren en oraciones indirectas.** Compare:

Directo	Indirecto
El me preguntó: ¿Cuándo murió Paco?	El me preguntó cuándo murió Paco.
Ella nos dijo: ¿Por qué no había carne?	Ella nos dijo por qué no había carne.
¿Cúantos hay?	Yo me pregunto cuántos hay.
¿Quién era el jefe?	El nos escribió para preguntar quién era el jefe.
¿Cómo estás?	El te llamó para ver cómo estabas.

Para completar la acentuación de palabras polisílabas falta explicar un detalle más con respecto a la palabra /a-ún/, la cual siempre es, como ya hemos indicado, voz bisilábica. Esta palabra es una posible fuente de error ortográfico porque tiene no uno sino dos significados, diferenciados gráficamente por medio de una tilde:

| Con tilde: | *aún* | ingl. 'still, yet' (cf. *aún no ha llegado*). |
| Sin tilde: | *aun* | ingl. 'even though, even if, even when') (cf. *aun los tontos lo saben*). |

Compárense los siguientes ejemplos en los cuales se notará que: (1) *aún* siempre lleva tilde cuando puede sustituirse por *todavía* y (2) *aun* sin tilde suele combinarse con adverbios como *así, cuando* o con gerundios (i.e., formas verbales que terminan en *-iendo*):

Aún con tilde (= 'todavía'):   Aún no ha llegado Manuel.

                                  Ella dijo que aún no ha podido terminarlo.

                                  No sé aún si puedo ir a tu casa.

                                  Aún no sé si puedo ir a tu casa.

Aun sin tilde: Aun cuando no tienes plata puedes ser feliz.

                                  Me dijo que aun si no tuviera plata podría ir de vacaciones con él.

                                  Aun teniendo mala suerte de vez en cuando, uno puede tener éxito en la vida.

La acentuación de palabras como *examen* vs. *exámenes*

Los sustantivos **llanos** terminados en "-n" (cf. *examen, crimen, joven*) no constituyen ninguna excepción a las reglas de acentuación ortográfica expuestas hasta ahora. Queremos mencionar, sin embargo, que en el plural estas palabras son esdrújulas y por lo tanto requieren la adición de una tilde en la vocal tónica: *exámenes, crímenes, jóvenes.*

La acentuación de palabras como *salón* vs. *salones*

Como ya sabemos, las palabras **agudas** terminadas en "-n" o "-s" llevan una tilde en la última sílaba (cf. *dirección, salón, revés, interés*). La adición del sufijo plural *-es* convierte estas palabras en llanas, y como tales ya no necesitan la tilde puesto que terminan en "-s" (cf. *direcciones, salones, reveses, intereses*).

Inconsistencias en las reglas de acentuación ortográfica

Aunque las reglas generales que hemos presentado hasta ahora — inclusive las que rigen la acentuación de los homónimos — sirven para determinar la acentuación ortográfica de prácticamente el 99% de todas las voces españoles, debe reconocerse que hay unas pocas inconsistencias. Así no es lógico, por ejemplo, distinguir el significado 'only' de 'alone' por medio de una tilde en *sólo* vs. *solo* sin que esta misma diferenciación se haga también en el caso de *fue* 'he went' vs. *fue* 'he was' o de *fui* 'I went' vs. *fui* 'I was' — escritos siempre **sin tilde**. Es igualmente ilógico *vino* para denotar 'wine' y *vino* 'he/she came' (más lógico habría sido **víno* 'he/she came' vs. *vino* 'wine'). La misma inconsistencia ocurre en *di,* el cual puede significar tanto 'I gave' (cf. *le di los regalos ayer*) como 'say, tell' (cf. *di la verdad* 'tell the truth'). ¿Y si *mi* 'my' y *mí* 'me' deben distinguirse por una tilde, por qué no aplicar la misma regla en 'our' vs. 'ours' (cf. *nuestro problema* vs. *es nuestro* 'it's ours')?

Sea como sea, a pesar de tales inconsistencias, no cabe duda de que el sistema de acentuación ortográfica del español es útil en muchos respectos y sirve, sobre todo para los hablantes no nativos de español, como guía relativamente poco complicada para determinar la acentuación fónica de palabras.

Antes de terminar con el tema de la acentuación ortográfica queremos hacer una observación más: dentro de la cultura hispana, saber escribir "bien", i.e., sin errores ortográficos, es importante. Para los hispanos "cultos," una tilde no es simplemente un adorno innecesario que hay que colocar en su lugar apropiado de vez en cuando. Por lo tanto, el estudiante de español debe de tomar en serio estos signos "adicionales" colocados encima de las letras y considerarlos como esenciales en cualquier comunicación escrita.

Las siguientes frases ejemplifican algunas de las reglas que hemos discutido en este capítulo. Estudie cada ejemplo y trate de determinar por qué las palabras subrayadas llevan (o no llevan) una tilde.

1A. Yo quiero que Ud. me lo <u>dé</u>. (verbo dar)
1B. El libro es <u>de</u> Juan.

2A. <u>¿Quién</u> es él?
2B. <u>¿Dónde</u> está el libro?

3A. No sé <u>si</u> se puede pasar.
3B. <u>Sí</u>, se puede pasar si quiere.

4A. ¿Es esto para <u>mí</u>?
4B. No sé dónde puse <u>mi</u> libro.

5A. ¿Quieres <u>más</u> agua?
5B. Trataron de hacerlo, <u>mas</u> no pudieron.

6A. <u>Sé</u> que no irán.
6B. <u>Se</u> levantó temprano.

7A. ¿Cómo te llamas <u>tú</u>?
7B. ¿Es <u>tu</u> libro éste?

8A. ¿Es <u>éste</u> el que buscabas?
8B. ¿Es <u>este</u> libro el que buscabas?

9A. ¿Quieres <u>ese</u> libro?
9B. Sí, quiero <u>ése</u>.

10A. <u>Aquel</u> libro es bastante interesante.
10B. ¿Cuál? ¿<u>Aquél</u>?

11A. <u>Aquellas</u> muchachas son guapísimas.
11B. ¿Cuáles dices? ¿<u>Aquéllas</u>?

12A. ¿Me das <u>esos</u> vestidos?
12B. No, prefiero darte <u>éstos</u>.

13A. ¿Cómo estás?
13B. El baila tan bien como yo.

14A. ¿Cuál quieres?
14B. Dale a cada cual lo que merece.

15A. ¿Cuánto dinero quieres hoy?
15B. Su padre le da cuanto ella desea.

16A. ¿Cuándo vas a volver, Juan?
16B. Volverá cuando tenga dinero.

17A. ¿A dónde va hoy?
17B. Colombia es el país de donde viene el mejor café.

18A. ¿Qué hora es?
18B. No quiero que te vayas.

19A. ¿Quién conoce a Jorge?
19B. Ese muchacho con quien tú querías hablar no ha llegado aún.

20A. Este té se hace con una hierba especial. (*te* = 'tea')
20B. Esto te lo doy. (*te* = pronombre)

Resumen

En español, la colocación de un acento **ortográfico** coincide siempre con el acento **fonético**, pero no todas las vocales tónicas llevan un acento escrito. Al hablar de las reglas de acentuación ortográfica es útil distinguir entre palabras **agudas, llanas y (sobre)esdrújulas**. Las (sobre)esdrújulas siempre llevan tilde, mientras que las demás son regidas por los siguientes criterios:

POLISÍLABOS

las palabras AGUDAS **terminadas en vocal o en "-n, -s"**
llevan tilde en la vocal tónica (cf. *mamá, estudié, llegó, desdén, cortés*).

las palabras LLANAS **terminadas en consonante excepto "-n" y "-s"**
llevan tilde en la vocal tónica (cf. *árbol, carácter, difícil*).

MONOSÍLABOS

Los monosílabos no llevan tilde. Excepción: homónimos (véase la regla a continuación).

HOMÓNIMOS

La tilde sirve para diferenciar entre homónimos (tanto mono- como polisilábicos: cf. *tu* 'your' vs. *tú* 'you', *sólo* 'only' vs. *solo* 'alone').

CASOS ESPECIALES

En **preguntas** (directas o indirectas) y en **exclamaciones** se acentúan las palabras *dónde, cómo, cuándo, cuál(es), quién(es), cuánto(s)/cuánta(s)*, y *qué*.

HIATOS

Cuando "i" o "u" se combina con otra vocal sin formar diptongo, debe colocarse una tilde sobre la vocal tónica del hiato (cf. *tío, hacía, baúl, cafeína, reúne*).

INCONSISTENCIAS

La acentuación ortográfica de algunos homónimos es inconsistente ya que **no** se diferencian por medio de una tilde (cf. *fue* 'he went' vs. *fue* 'he was'; *fui* 'I went' vs. *fui* 'I was').

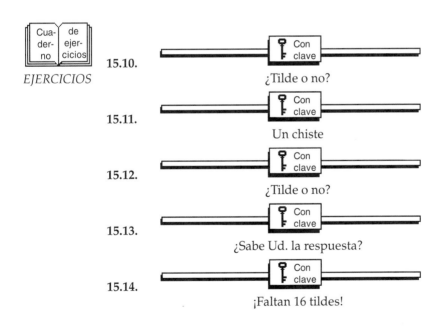

Cuaderno de ejercicios

EJERCICIOS

15.10.   Con clave
¿Tilde o no?

15.11.   Con clave
Un chiste

15.12.   Con clave
¿Tilde o no?

15.13.   Con clave
¿Sabe Ud. la respuesta?

15.14.   Con clave
¡Faltan 16 tildes!

CAPITULO 16

El sistema vocálico del inglés

El sistema vocálico del inglés es más complejo que el del español. Las vocales inglesas varían considerablemente según la procedencia geográfica de cada hablante (en los Estados Unidos, por ejemplo, hay una considerable variación dialectal en la articulación de las vocales subrayadas de c*ar*, sh*e* o m*u*sic). En español, en cambio, son relativamente insignificantes los cambios vocálicos que pueden observarse entre distintas regiones aun cuando éstas estén muy apartadas geográficamente. Así, prácticamente todas las áreas de habla española tienen un sistema básico de cinco fonemas vocálicos (/a, e, i, o, u/), los cuales suelen mantener su calidad en todos los contextos fonéticos (así, una /a/ se articula de la misma manera tanto cuando es tónica como cuando es átona).

En este capítulo, la presentación del sistema vocálico del inglés se hará de manera muy simplificada, y sólo se introducirán datos y conceptos realmente básicos e imprescindibles para una comparación entre los sistemas vocálicos inglés y español. Naturalmente, nos interesan ante todo los rasgos del inglés que causan interferencia (= acento extranjero) en el español de estudiantes principiantes.

Contrastemos algunos pares mínimos en inglés para determinar cuáles son los 11 fonemas vocálicos del inglés (nótense en particular los símbolos fonéticos especiales que se usan para representar algunos de los fonemas; los ejemplos a continuación ilustran la articulación del oeste de los Estados Unidos; así *bought* está transcrito por /bat/, lo que equivale, por ejemplo, a una articulación californiana; /bɔt/ sería más bien una pronunciación bostoniana):

Ejemplos contrastivos	Símbolo **fonémico**		Símbolo **fonético**[1]	Ejemplos adicionales
		VOCAL		
b<u>ea</u>t	/i/	**larga**	[i] o [i<u>i</u>][2] ←	s<u>ea</u>t, kn<u>ee</u>l, r<u>ee</u>d
b<u>i</u>t	/I/	breve	[I]	l<u>i</u>d, <u>i</u>t, f<u>i</u>ddle
b<u>ai</u>t	/e/	**larga**	[ei̯] ←	w<u>ai</u>t, w<u>a</u>de, m<u>a</u>de, m<u>ai</u>d
b<u>e</u>t	/ɛ/	breve	[ɛ]	m<u>e</u>t, s<u>ai</u>d, wh<u>e</u>n
b<u>a</u>t	/æ/	breve	[æ]	m<u>a</u>t, m<u>a</u>d, f<u>a</u>n, cl<u>a</u>d
b<u>u</u>t	/ə/	breve	[ə]	p<u>u</u>tt, c<u>u</u>t, n<u>u</u>t,
n<u>o</u>d	/a/	breve	[a]	f<u>a</u>r, r<u>o</u>t, l<u>o</u>t, n<u>o</u>t
n<u>o</u>de	/o/	**larga**	[ou̯] ←	r<u>o</u>de, l<u>o</u>nely, b<u>o</u>ne
b<u>o</u>re (contr. con *bar*)	/ɔ/	breve	[ɔ]	m<u>o</u>re, c<u>o</u>re, f<u>o</u>r
b<u>oo</u>t	/u/	**larga**	[u] o [uu̯] ←	r<u>u</u>de, s<u>oo</u>the, m<u>oo</u>d
b<u>oo</u>k	/ʊ/	breve	[ʊ]	g<u>oo</u>d, w<u>ou</u>ld, sh<u>ou</u>ld

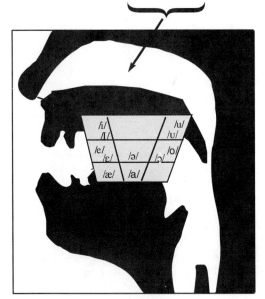

Fig. 16.1 . Los 11 fonemas vocálicos del inglés americano.

El sistema fonémico del inglés se caracteriza por tener vocales breves y vocales largas. Esta distinción está basada en la mayor duración de /i, e, o, u/ vis-à-vis las demás vocales. Esta distinción "larga" vs. "breve" no existe en español. Por razones que examinaremos en las próximas páginas, la transferencia, por parte de hablantes americanos, de esta distinción "larga vs. breve" al sistema español causa un fuerte acento extranjero y por lo tanto debería evitarse a toda costa.

---

[1]   Damos aquí sólo los alófonos que son de interés en nuestra discusión, breve y simplificada, sobre los contrastes entre vocales inglesas y españolas.

[2]   Como en los demás ejemplos, la articulación exacta varía según el dialecto. Así, [bit] es, por ejemplo, más típico de los dialectos del oeste de los EE.UU., mientras que [bi<u>i</u>t] es característico de muchos dialectos del sur de nuestro país.

Como puede desprenderse de la columna de **símbolos fonéticos** en la lista anterior de pares mínimos, una característica notable de las vocales largas /i/ y /u/ es que suelen articularse como diptongos decrecientes (i.e., [ii] y [uu], respectivamente): [biit] *beat*, [buut] *boot*. Además — y esto es un punto central para comprender por qué los estudiantes de habla inglesa generalmente tienen un fuerte acento extranjero al pronunciar la /e/ y /o/ españolas — **las vocales largas /e/ y /o/ del inglés obligatoriamente van acompañadas de un diptongo DECRECIENTE** (cf. [béit] *bait*, [bóut] *boat*). Para facilitar la comprensión de este importante punto, repetimos aquí una vez más los ejemplos que hemos citado para contrastar las vocales largas:

LAS CUATRO VOCALES LARGAS DEL INGLÉS

Ejemplos contrastivos	Símbolo **fonémico**	Símbolo **fonético**	Ejemplos adicionales
beat	/i/	[ii] o [i]	seat, kneel, reed
bait	/e/	[ei]	wait, wade, made, maid
boat	/o/	[ou]	rode, lonely, bone
boot	/u/	[uu] o [u]	rude, soothe, mood

↑
diptongos decrecientes

La manifestación fonética de estas vocales largas consisten en un núcleo vocálico relajado y largo, que en ciertos contextos suele convertirse en diptongo decreciente. Esta diptongación es particularmente acentuada en el caso de los fonemas /e/ y /o/: [beit] *bait*, [bout] *boat*. Si recordamos de lo dicho en las lecciones anteriores de que, frente al inglés, en español la articulación de las vocales es siempre breve (o "seca") y que los **fonemas** vocálicos son todos monoptongos (i.e., /a, e, i, o, u/), no es difícil prever los dos problemas mayores que pueden surgir en la pronunciación de vocales de un estudiante principiante:

1. alargamiento excesivo de vocales   (cf. **muuucho*   en lugar de   *mucho*)
2. diptongación de /e/ y /o/   (cf. **muchou*   en lugar de   *mucho*)
   (cf. **habley*   en lugar de   *hablé*)

Inglés			Español		
Ejemplos	FONEMA	DURACION	Ejemplos	FONEMA	DURACIÓN
b<u>ea</u>t	/i/	LARGO	s<u>i</u>, m<u>i</u>	/i/	breve
b<u>i</u>t	/I/	breve			
b<u>ai</u>t	/e/	LARGO			
b<u>e</u>t	/ɛ/	breve	s<u>e</u>, m<u>e</u>	/e/	breve
b<u>a</u>t	/æ/	breve			
b<u>u</u>t	/ʌ/	breve			
b<u>ough</u>t	/a/	breve	s<u>a</u>l, m<u>a</u>l	/a/	breve
b<u>oa</u>t	/o/	LARGO	s<u>o</u>l, l<u>o</u>	/o/	breve
b<u>o</u>re	/ɔ/	breve			
b<u>oo</u>t	/u/	LARGO	s<u>u</u>, t<u>u</u>	/u/	breve
b<u>oo</u>k	/ʊ/	breve			
11 fonemas (4 largos, 7 breves)			5 fonemas (todos breves)		

Fig. 16.2.   Los fonemas vocálicos del inglés y del español.

Recuérdese que en inglés las vocales largas /i/, /e/ suelen diptongarse (/i/ = [i̯i]; /u/ = [uu̯]), y que /e/, /o/ son obligatoriamente diptongados (por lo tanto, /e/ equivale fonéticamente a [ei̯] y /o/ equivale a [ou̯]). En español, una sola vocal nunca diptonga así que una palabra como *mucho* nunca puede articularse *[múčou̯].

En la Figura 16.2 se encuentran las correspondencias vocálicas del inglés y español. Si comparamos, de manera sistemática, los alófonos principales del español con los del inglés, vemos que existen tantas semejanzas como diferencias. Al comparar, por ejemplo, el sonido [i̯i] del inglés *heat* y el sonido [I] del inglés *sin* ('pecado') con el sonido correspondiente [i] del español de *sin* ('without'), notamos que auditivamente estos sonidos del inglés son relativamente semejantes a la /i/ del español. Pero si analizamos estos fonemas de cerca, podemos observar ciertas distinciones articulatorias que son de gran importancia para quienes quieran pronunciar el español de manera (semi-) nativa. En cuanto a la diferencia entre ingl. /i:/ (vocal larga) y esp. /i/, la diferencia está en que **el sonido del inglés es mucho menos tenso, más largo y típicamente diptongado**. En español, el alófono principal es normalmente tenso, corto y simple, así que *sin* ('without') jamás se articularía con diptongo, i.e, *[si̯in]. El sonido [I] (vocal breve) del inglés, aunque comparable al sonido español [i] por ser muy corto y no diptongado, se diferencia de la [i] española en cuanto a su timbre: **en el caso del sonido [I] del inglés, la lengua está en una posición un poco más baja en la boca que en la producción de la [i] del**

español. Compárese la posición de la lengua en la articulación de los pares contrastivos ingl. *sin* ('pecado') vs. esp. *sin* ('without') en la Figura 16.3 (sugerimos al estudiante que articule estos ejemplos en voz alta para percibir la diferencia):

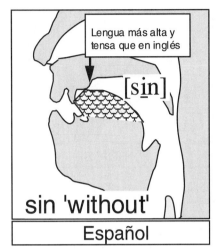 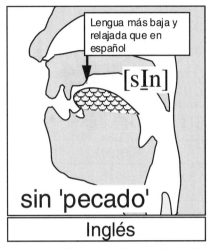

Fig. 16.3. /i/ española vs. /I/ inglesa. Se notará que la diferencia en la posición de la lengua es mínima. Sin embargo, esta pequeña diferencia articulatoria es suficiente para causar un acento extranjero que le puede parecer considerable al hablante nativo del español. Desde el punto de vista pedagógico, es práctica útil **estirar los labios** al articular la /i/ española para evitar la /I/ inglesa.

De igual manera podemos comparar el sonido /U/ del inglés (*put, should, could*) con la /u/ del español (*mucho, pudo, usted*). El sonido [U] del inglés, aunque comparable al sonido español [u] por ser corto y no diptongado, se diferencia de la vocal [u] española en cuanto a su timbre: **la [U] inglesa se articula con la lengua en una posición un poco más baja** que en la articulación de la [u] española.

Sería falso pensar, sin embargo, que la diferente posición de la lengua en la articulación de ingl. /U, I, u, i/ vs. esp. /u, i/ es lo único que causa las notables diferencias acústicas que hemos mencionado. Es igualmente importante la **posición de los labios,** los cuales se mantienen, por ejemplo, mucho más tensos y estirados en la /i/ española que en la /i/ inglesa. Así, en palabras inglesas como *me, see, tea* — todas articuladas con una "i" larga, i.e., [mi:, si:, ti:] o [miɨ, siɨ, tiɨ] — los labios asumen una posición neutra y relajada, mientras que sus (casi) homónimos españoles *mi, si, ti* suelen articularse con los labios estirados y tensos. De manera paralela, en la articulación de la /u/ del español, los labios se mantienen en una posición mucho más redondeada que en la de las correspondientes inglesas. Esta importante diferencia aparece ilustrada de manera gráfica en la Figura 16.4, la cual debería servirle de modelo al estudiante al tratar de pronunciar, de manera nativa, pares contrastivos como ingl. *Sue* vs. esp. *su.*

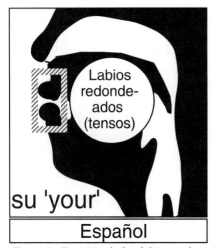
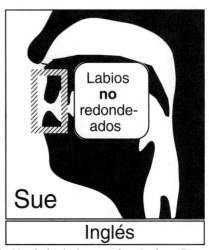

Fig. 16.4. Posición de los labios en la articulación de la /u/ española e inglesa. Para pronunciar correctamente la /u/ española, recomendamos que el estudiante forme una "trompeta" con sus labios **antes** de empezar a articular la palabra *su*.

Resumamos una vez más las principales diferencias articulatorias entre la articulación de la /i/ y /u/ inglesas y /i/ y /u/ españolas, recordando siempre que las mismas observaciones podrían hacerse nuevamente para la distinción articulatoria entre la /u/ inglesa y española:

Fonema	Ejemplos	Labios	Lengua	Duración
/i/ inglesa /i/ española	m<u>e</u>, s<u>ee</u>, t<u>ea</u> m<u>i</u>, s<u>i</u>, t<u>i</u>	relajados, neutros estirados, tensos	rel. alta, anterior muy alta, anterior	larga breve
/u/ inglesa /u/ española	S<u>ue</u>, t<u>oo</u> s<u>u</u>, t<u>u</u>	relajados, neutros redondeados, tensos	rel. alta, posterior muy alta, posterior	larga breve

Fig. 16.5. Características articulatorias de /i/ y /u/ en español e inglés.

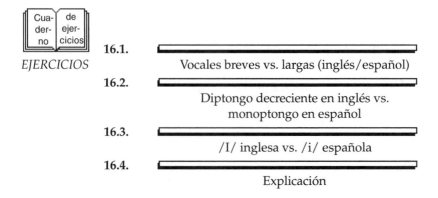

EJERCICIOS

16.1.
Vocales breves vs. largas (inglés/español)

16.2.
Diptongo decreciente en inglés vs. monoptongo en español

16.3.
/I/ inglesa vs. /i/ española

16.4.
Explicación

Otras interferencias vocálicas entre el español e inglés

De vez en cuando el estudiante principiante transfiere ciertas vocales cortas del inglés a palabras españolas. Tal transferencia ocurre sobre todo en homónimos o casi homónimos. Así por ejemplo, en palabras como *intención* 'intention', *interesante* 'interesting', *diplomático* 'diplomatic', algunos anglohablantes transfieren el sonido corto del inglés /I/ al español, pronunciando así, falsamente, *[Intensión], *[Interesánte], *[dIplomátiko] en lugar de [interesánte], [diplomátiko], [intensión]. Para evitar esta tendencia se puede exagerar la tensión en los labios (posición estirada) al articular la /i/ española.

De modo similar, el principiante transfiere a veces el sonido /æ/ (cf. ingl. *rat, bad, rag*) al español a pesar de que este sonido no existe en el sistema de esta lengua. Así, entre principiantes, puede oírse *[sǽntə ǽnə] *Santa Ana*, *[kǽləfórniə] *California* o *[pǽtiou] *patio* cuando naturalmente debería articularse [sánta ána], [kalifórnia] y [pátio], respectivamente. El estudiante tendrá que esforzarse, pues, en evitar estas interferencias.

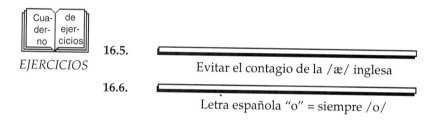

EJERCICIOS

16.5.

Evitar el contagio de la /æ/ inglesa

16.6.

Letra española "o" = siempre /o/

En la historia del inglés, la presencia del sonido palatal [y] o de la semivocal [i̯] ha producido ciertas asimilaciones consonánticas que pueden agruparse bajo el término *palatalización*. Por ejemplo, la palabra *nation*, antaño articulada (como sugiere la ortografía) con una /t/ alveolar seguida por el elemento palatal [i̯] (i.e., *na[ti̯]on*), ahora se pronuncia con la fricativa palatal /š/, i.e., [neišən]. Otras asimilaciones históricas similares son: *delicious* [s] + [i̯] > [š] (cf. [dəlíšəs]); *question* [t] + [i̯] > [č] (cf. [kuɛščən]); *cordial* [d] + [i̯] > [dž] (cf. [kɔrdžl]). Este proceso de palatalización no existe en español actualmente. El problema no es la dificultad que tiene el anglohablante en pronunciar grupos como *ci* en palabras españolas (e.g., *delicioso*) con la secuencia correcta [s] + [i̯], sino la automática asociación que hace entre la combinación de las letras *ci* y el sonido palatal [š]. Habrá que recordarse pues que, en español, combinaciones ortográficas como las subrayadas en *nation* 'nación', *patience* 'paciencia', *question* 'cuestión, pregunta', *delicious* 'delicioso' nunca representan una articulación palatal.

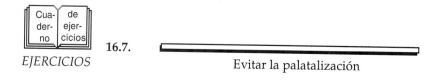

EJERCICIOS

16.7.

Evitar la palatalización

Otro problema que puede surgir de la asociación sonido-letra consiste en atribuir a la letra "u" un elemento palatal precedente [y] o [i̯]. Por ejemplo, en las palabras inglesas *cute, Cuban, futility* o *pure*, se intercala la semivocal [i̯] entre la [u] y la consonante precedente: *cute* [ki̯ut], *Cuban* [ki̯ubən]. Los principiantes hacen a veces en su español esta identificación de "u" con [i̯u], articulando así falsamente **yuniversidad* 'universidad', **myudo* 'miudo', **myuro* 'muro', etc.

Resumen

Comparado al inglés, en español son relativamente insignificantes las diferencias en el sistema vocálico entre distintas regiones. Además, el inglés tiene un total de once fonemas vocálicos, mientras que el español tiene sólo cinco.

El sistema fonémico del inglés se caracteriza por tener vocales breves y vocales largas. Esta distinción — inexistente en español — está basada en la mayor duración de /i, e, o, u/ (= 4 vocales **largas**) frente a las vocales breves. Las vocales largas /i/ y /u/ del inglés suelen articularse como diptongos decrecientes (cf. [i̯] en [bi̯it] *beat* o [u̯] en [bu̯ut] *boot*). Además, las largas /e/ y /o/ del inglés siempre se articulan como un diptongo **decreciente** (cf. [béi̯t] *bait*, [bóu̯t] *boat*). Es un error común transferir al español la duración larga o la diptongación de las vocales largas inglesas. Es incorrecto, por lo tanto, pronunciar **muchou* o **hablei̯*.

Excepción hecha quizás de la /a/, las vocales /i/ e /u/ son las más difíciles de articular correctamente para hablantes del inglés. La dificultad proviene del hecho que la /iː/ y la /uː/ del inglés son mucho menos tensas, más largas y típicamente diptongadas. En español, la /i/ y la /u/ son tensas, cortas y jamás diptongadas (*sin ti* = *[si̯in ti̯i]). La /i/ y la /u/ del español nunca se pronuncian con la lengua baja como en los sonidos [I] o [U] del inglés (cf. *sin* [sIn] 'pecado'; véase la Fig. 16.3). Además, los labios se mantienen mucho más tensos en la /i/ española que en la /i/ inglesa, y en la /u/ española los labios suelen redondearse más que en la /u/ o /u/ inglesa (cf. esp. *su* vs. ingl. *Sue*).

Existe toda una serie de otras posibles interferencias entre los sistemas vocálicos del inglés y español. Así, la transferencia de la /I/ breve inglesa al español lleva a pronunciaciones erróneas como *[dIplomátiko] o *[Interesante]. De modo similar, es un error introducir la /æ/ inglesa en oraciones como *[sǽntə ǽnə] *Santa Ana* o *[kǽləfórni̯ə] *California*. Finalmente, es asimismo incorrecto pronunciar a la manera inglesa los segmentos subrayados en *yuniversidad* 'universidad' **myudo* 'mudo'.

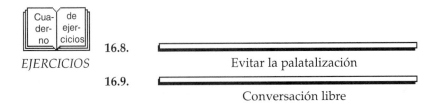

CAPITULO 17

El español ayer y hoy

El lugar del español en el mundo moderno

Hoy en día más de 300 millones de personas hablan español como lengua nativa. Es la lengua oficial de una veintena de países así como una de las lenguas oficiales de las Naciones Unidas. En cuanto al número de hablantes, ocupa el cuarto lugar en el mundo, superado solamente por el chino, el inglés y el hindú.

Lengua	Número de hablantes
1. Mandarín (China)	800'000'000
2. Inglés	450'000'000
3. Hindú (India)	310'000'000
4. Español	**300'000'000**
5. Ruso	297'000'000
6. Arabe	182'000'000
7. Bengali (Bangladesh, India)	180'000'000
8. Portugués	170'000'000

Como es sabido, las principales áreas donde se habla español son España y Latinoamérica. Menos sabido es el hecho de que el español también se habla en Asia (Filipinas) así como en Africa (Guinea Ecuatorial), donde goza de considerable prestigio. En las últimas décadas, el español hablado en los Estados Unidos ha ganado en importancia ya que la fuerte inmigración latina ha resultado en un rápido aumento del número de hispanohablantes.

El español: sus raíces y su relación con otras lenguas románicas

Sabemos que el español hunde sus raíces en el latín, es decir, en la lengua de los antiguos romanos que conquistaron la Península Ibérica unos 200 años antes del nacimiento de Jesucristo. Se oye muchas veces que el latín es una lengua "muerta", i.e., no hablada hoy. Esto es verdad solamente en un sentido restringido: el latín que se hablaba en Roma, en el período de la República o del Imperio, ya no se habla como lengua materna en ningún país del mundo. Sin embargo, la lengua latina no es una lengua muerta en el sentido de que aquélla desapareciera en el pasado. Lo que ocurrió es que el latín hablado (llamado a veces "latín vulgar", es decir, "latín del pueblo") cambió paulatinamente a lo largo del primer milenio, evolucionando así en varios tipos de latín. Cuando las diferencias entre estas variedades de latín llegaron a ser tan profundas que los hablantes de las distintas variedades difícilmente se entendían entre sí, surgió la necesidad de designar cada una de ellas con un nombre propio. Así, en España un tipo de "latín" hablado llegó a denominarse *español*; en Francia, el latín llegó a conocerse, según la región, como *langue d'oc* (sur de Francia) y *langue d'oil* (norte de Francia). En los Alpes suizos, otro tipo de latín acabó por denominarse *romanche*.

De lo dicho anteriormente pueden deducirse dos conclusiones lógicas: en primer lugar, hay una relación histórica directa e ininterrumpida entre el español moderno y el latín hablado antiguamente en la Península. En segundo lugar, el francés, italiano, rumano, o cualquier habla que evolucionó del latín no es sino un "hermano" lingüístico del español. La Figura 17.1 ilustra este tipo de relación **genética** entre el latín y las varias lenguas románicas[1] (las lenguas románicas a veces se denominan también *lenguas neolatinas* o simplemente *lenguas latinas*):

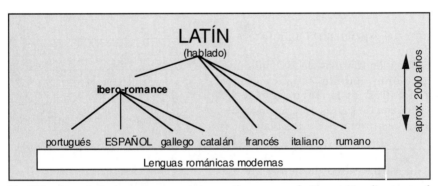

Fig. 17.1.   Las principales lenguas románicas modernas y su relación genética directa con el latín. El español pertenece al subgrupo de lenguas ibero-romances (también llamado *ibero-románico*), es decir, a las lenguas indo-europeas que se hablan en la Península Ibérica.

---

[1]   En inglés, *lenguas románicas* significa 'Romance languages.'

En el nivel de la pronunciación, los cambios que afectaron a la lengua latina en las diversas áreas del antiguo Imperio Romano eran bastante desiguales. Así puede decirse, por ejemplo, que los antiguos habitantes de la Península Ibérica eran más conservadores en su modo de hablar latín que, por ejemplo, los de la zona francesa, pero que estos mismos hablantes a la vez eran más innovadores lingüísticamente que, por ejemplo, los de Italia central. Sea como fuere, aún hoy es relativamente fácil percibir la relación histórica o genética entre palabras románicas. Compárese, por ejemplo, la siguiente lista de voces neolatinas:

Los símbolos ">" y "<" en la lingüística

Nótese el significado de los siguientes símbolos, usados en los capítulos 17-21 de este libro:

> \>   = 'se convierte en, cambia a'

> \<   = 'viene de, ha originado de'

Ejemplos:

Lat. *lupus*	>	esp. *lobo*
Esp. *lobo*	<	lat. *lupus*

Ambos ejemplos muestran que el esp. *lobo* proviene del latín *lupus*. Con los mismos símbolos pueden representarse cambios que están afectando al español moderno. Así, ciertos hablantes a veces omiten la articulación de la "d" intervocálica en palabras como *comido* o *cantado*, produciendo así *comío* y *cantao*, respectivamente. Usando el símbolo ">", este cambio puede representarse de la manera siguiente:

comido	>	comío
cantado	>	cantao

Latín		Español	Francés[2]	Italiano
DECEM	>	diez	dix	dieci
LIBRUM	>	libro	livre	libro
FORTEM	>	fuerte	fort	forte
DIGITUS	>	dedo	doigt	ditto
OCULUM	>	ojo	oil	occhio
PLENUM	>	lleno	plein	pieno

Otras palabras españolas y su procedencia latina:

Español		Latín	Español		Latín
hablar	<	FABULARE	pan	<	PANE
estudiar	<	STUDIARE	entero	<	INTEGRUM
mano	<	MANUM	tiempo	<	TEMPUS
hoy	<	HODIE	con	<	CUM

Volvamos una vez más sobre la idea general de que el latín es una lengua muerta. Podemos apreciar mejor ahora por qué debe interpretarse con cuidado la ecuación "latín = lengua muerta". Por un lado es verdad que hoy día nadie habla latín ya que formas como *decem, librum, fortem* (o cualquiera de las palabras

---

2   Los cambios fonéticos que han afectado al francés son mayores de lo que parece sugerir la ortografía. Así, *doigt* , por ejemplo, ha sido reducido fónicamente a /dua/, eliminando así la "-t" final que antiguamente se articulaba con regularidad.

latinas expuestas arriba) han desaparecido como tales y que por lo tanto el latín como lengua está "muerta". Sin embargo, es también cierto que estas mismas palabras nunca desaparecieron sino que sufrieron una evolución fonética continua y lenta hasta transformarse en las formas modernas *diez, libro, fuerte,* etc.

El período post-romano: germanos, árabes y la formación de nuevas lenguas peninsulares

Una vez instalados en la Península Ibérica, los romanos tuvieron un impacto profundo en todos los aspectos de la vida diaria peninsular por más de 400 años. Con la decadencia del Imperio Romano (siglo III-IV) disminuyó el contacto entre los habitantes de la Península y los de otras áreas del conglomerado lingüístico latino. En el siglo V empezaron a entrar a España varias **tribus germánicas**. Entre ellos figuraban los pueblos **godos** y **vándalos**,[3] los cuales habían emigrado desde áreas centroeuropeas que modernamente corresponderían aproximadamente al área alemana. Al principio, estos inmigrantes germánicos no se integraron fácilmente con los habitantes latinos de la Península, lo cual limitó el contacto lingüístico entre el latín hablado y las lenguas iberogermanas. No es sorprendente, pues, que el habla de los germanos no se generalizara en la Península y que el pueblo en general siguiera hablando latín (o latín vulgar). Con los años, los mismos germanos de la Península Ibérica terminaron por abandonar su propio idioma, adoptando así el latín ibérico.

En el año 711 tuvo lugar un acontecimiento de gran trascendencia para la historia lingüística y social de la Península: empujados por una fuerte convicción religiosa, miles de árabes — musulmanes — invadieron prácticamente todo el territorio peninsular, introduciendo así en la península hispanorromana una lengua (el árabe) cuyo prestigio igualaba el del latín clásico. Como veremos más adelante, el dominio de los árabes duró más de 700 años, lo que equivale a decir que durante prácticamente toda la Edad Media el árabe fue una lengua de gran importancia en la Península.

Durante la época árabe, muchos habitantes de la Península que vivían bajo el régimen musulmán seguían hablando un tipo de latín vulgar que por supuesto ya era muy distante del de los días del antiguo Imperio Romano. Dada la larga convivencia entre este tipo de latín y el árabe, estas dos lenguas se influyeron mutuamente, acelerando así la evolución lingüística que ya había empezado a apartar el latín vulgar del latín de otras zonas del antiguo Imperio Romano. Esta variedad mixta de latín y árabe se denominó *mozárabe*, palabra que proviene del árabe *mustáᶜrib* 'el que se ha hecho semejante a los árabes'.

Aunque las invasiones árabes a principios del siglo VIII afectaron, como ya hemos dicho, a prácticamente toda la Península, éstas jamás llegaron a una pequeña área montañosa en el centro norte de la Península que incluye la primitiva zona castellana (véase la Figura 17.2). Como veremos en seguida, el hecho de que los árabes nunca conquistaran este pequeño enclave norteño tuvo profundas consecuencias para la historia social y lingüística de España: es allí

---

3   De esta tribu alemana viene el nombre de la región meridional "Andalucía" (< Vandalucía).

donde los habitantes cristianos — todos hablantes de latín vulgar (o, quizás mejor, español antiguo) — empezaron a organizar la famosa **reconquista**, i.e., la reocupación progresiva de la Península.

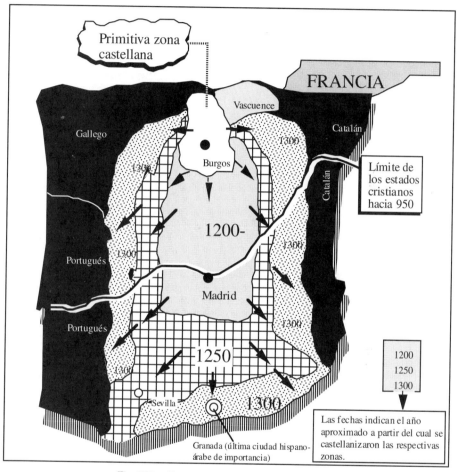

Fig. 17.2.   Expansión progresiva del castellano.

Alrededor del año 1000, la mitad de la Península ya estaba bajo el control de estados cristianos. Mientras que la arabización fue rápida, la Reconquista fue lenta, con lo cual el multilingüismo (árabe/español) en el sur de España duró más de 700 años. (Adaptado de Rafael Lapesa, *Historia de la Lengua Española*).

La Reconquista de la España musulmana por parte de los cristianos, iniciada desde la pequeña zona montañosa de Cantabria, duró hasta la caída de Granada en 1492, la cual coincidió con la expulsión final de los árabes de la Península Ibérica y asimismo con el descubrimiento de América. Como es natural, el latín que inicialmente fue implantado en Iberia por los romanos durante esos 800 años fue desarrollándose y evolucionando. Lo que había sido una lengua relativamente unitaria en la Península aún en el momento de las invasiones germánicas en el siglo V, empezó a fragmentarse hasta que se produjeron diferencias notables en el latín vulgar de una región a otra. Esta evolución lingüística impactó la pronunciación, dando así a cada dialecto hispano-latín características fonéticas netamente locales.

Los mapas de la Figura 17.3 muestran las divisiones más importantes de esta variación regional de la Península desde el año 930 al 1300. En el año 930 podemos encontrar ya zonas en que se habla gallego, leonés, castellano, aragonés y catalán (obviamente, la datación del "nacimiento" de estos dialectos sólo sirve propósitos conceptuales; en realidad es imposible determinar de manera objetiva cuando exactamente "empezaron" a hablarse estos dialectos).

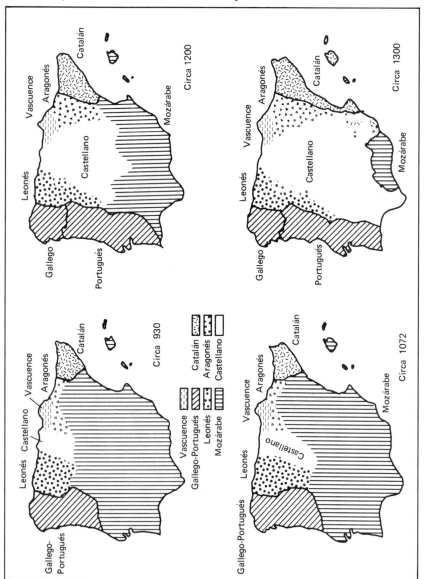

Fig. 17.3. El nacimiento y la expansión del castellano (De W. J. Entwistle: *The Spanish Language*)

Como puede desprenderse de los mapas en la misma Figura 17.3, cada uno de los reinos cristianos creció hacia el sur con la Reconquista de los territorios árabes. Sin embargo, fue la zona castellana la que poco a poco fue ganando mayor terreno. Esta "super-expansión" del reino castellano tuvo un efecto dramático en la historia lingüística del país: la gran mayoría de los hablantes de mozárabe terminaron por adoptar los rasgos característicos del dialecto castellano. Así, el castellano que inicialmente no era más que una de las numerosas variedades del latín hablado en la Península Ibérica, ya en el año 1492, había llegado a ser la variedad de más prestigio en la mayor parte de la Península.

Las otras variedades del latín tuvieron destinos diferentes. El leonés, el aragonés y el asturiano sobrevivieron como dialectos rústicos, hablados hoy por relativamente pocas personas. Junto con el portugués, el español y el vascuence (también llamado *vasco*) el catalán y el gallego[4] llegaron a constituir las cinco lenguas habladas hoy en la Península Ibérica. En la Figura 17.4 se encuentran delimitadas las lenguas y las variedades del español habladas actualmente en la Península Ibérica.

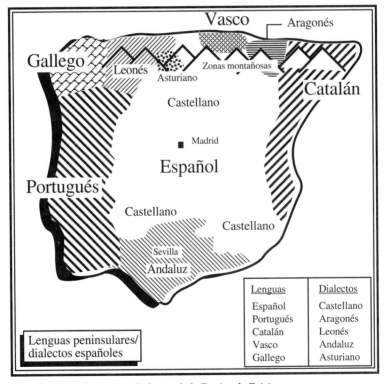

Fig. 17. 4.   Lenguas y dialectos de la Península Ibérica.
El portugués, español, catalán, vasco y gallego constituyen las

---

4   También conocido como *gallego-portugués* por su afinidad al portugués. Tradicionalmente, algunas personas preferían categorizar el gallego como dialecto más que como lengua. El gallego es ahora una de las cuatro **lenguas** oficiales en España.

cinco lenguas modernas de la Península. El castellano es el dialecto de mayor prestigio del español, seguido por el andaluz, el leonés, el asturiano y el aragonés (los últimos tres se consideran dialectos rústicos). El vascuence (o vasco) es la única lengua ibérica moderna que no desciende del latín. A pesar de muchos intentos, los lingüistas no han podido encontrar el origen del vascuence, haciéndola así (junto con el japonés) una de las pocas lenguas del mundo que no pertenecen a una determinada familia lingüística.

El predominio del castellano y el español de América

No han sido el leonés, el aragonés, el catalán o el gallego sino el castellano y el andaluz los que han servido de base principal al español del Nuevo Mundo.

Al extenderse el término *castellano* a toda la Península Ibérica y luego al Nuevo Mundo, muchas personas empezaron a usar la palabra *castellano* en el sentido más amplio de *español*. No sorprende, pues, que en la actualidad para muchos latinoamericanos la expresión "hablar castellano" equivalga a "hablar español". Sin embargo — y eso es el caso sobre todo entre lingüistas — aún hoy el término *castellano* sigue aplicándose de manera más restringida para designar únicamente la variedad dialectal del español moderno hablado en la zona castellana peninsular (centro y norte de España).

Al terminarse la Reconquista en 1492, la lengua que se hablaba en los dominios castellanos naturalmente siguió evolucionando. Lo que constituía al principio una relativa homogeneidad, pronto empezó a diferenciarse otra vez, con lo que surgieron nuevas variaciones en el castellano hablado en las diferentes áreas de la Península Ibérica y también en el Nuevo Mundo. En la Península, la diferenciación más tajante es la que existe entre el castellano hablado en el centro y norte de España y la variedad hablada en el sur. En este texto usaremos el término *español* para referirnos a todas las variaciones surgidas en el mundo hispánico, pero el estudiante tendrá que tener en mente que son ante todo las variedades centrales (castellano/andaluz) las que más importancia tuvieron en la formación del español americano.

El español americano mantuvo al principio una actitud conservadora en sus características y puso resistencia a los nuevos cambios que se efectuaron en algunas partes de la Península después de la colonización del Nuevo Mundo. Así, ciertos rasgos innovadores (como, por ejemplo, el uso de /θ/ en /θerbéθa/ *cerveza*) de la región peninsular castellana nunca fueron adoptados en América.

Tradicionalmente, los dialectólogos han dividido el español americano en dos zonas: (1) las **tierras bajas** y (2) las **tierras altas** (para la localización de estas áreas, véase la Fig. 17.5). Durante la primera etapa de la colonización, parecen haber llegado a estas dos zonas innovaciones lingüísticas típicas del habla andaluza. Entre éstas pueden señalarse el **seseo**, el cual se opone a la sistemática diferenciación entre la fricativa alveolar /s/ y la fricativa interdental /θ/ (esta /θ/ es muy similar a la "th" de ingl. *think, math,* o *ethics*). Si tomamos como punto de partida la ortografía, podemos distinguir fácilmente entre lo que constituye el seseo y el uso de la /θ/: en el seseo, las letras "s", "z" y "c" (ante "e" o "i") se articulan siempre con /s/; en el dialecto castellano, sólo la letra "s"

Fig. 17.5. La aspiración y la elisión de la /s/ (Adaptado de D. L. Canfield: *La pronunciación del español en América*. Bogotá: Instituto Caro y Cuervo, 1962.)

equivale a /s/, mientras que "z" y "c" ante vocal anterior se pronuncian con la interdental /θ/.[5] Compare:

---

5   En algunas partes de Andalucía existe un fenómeno que se llama *ceceo* (articulado /θeθéo/). Es, en cierto sentido, lo contrario del seseo ya que los hablantes ceceantes pronuncian /θ/ donde el hablante americano articula /s/: cf. /θenθaθyóneθ/ sen<u>s</u>a<u>c</u>ione<u>s</u>.

Ejemplo	Castellano	Andaluz/Esp. americano (seseo)
zapato	/θapáto/	/sapáto/
cinco	/θínko/	/sínko/
cerveza	/θerbéθa/	/serbésa/
son	/son/	/son/
masa	/mása/	/mása/

Otras características procedentes de Andalucía llegaron solamente a las tierras bajas, principalmente a los puertos de San Juan (Puerto Rico), Santo Domingo (La República Dominicana), Habana (Cuba), Panamá, las costas de Colombia, Venezuela, Ecuador y la región porteña (Buenos Aires). El más conocido y quizás el más típico entre estos rasgos dialectales es la llamada aspiración y elisión (o pérdida) de "s" **final de sílaba**: esto [éʰto] o [éto], niños [níñoʰ] o [níño], ¿cómo estás tú? [kómo eʰtáʰ tú] o [kómo etá tú].

Aún en la actualidad, los especialistas en dialectología latinoamericana no están de acuerdo por qué ciertos rasgos andaluces (e.g., la aspiración de la -s) han podido implantarse sólo en las tierras bajas mientras que otros (e.g., el seseo) se han podido generalizar en toda Latinoamérica. A lo largo de los años, los lingüistas han expuesto toda una serie de teorías, algunas de ellas contradictorias. Para algunos especialistas, patrones migratorios explicarían los hechos dialectales: en las tierras bajas supuestamente se habría establecido una mayoría de habitantes originarios del Sur de España, dando preferencia así a costumbres lingüísticas andaluzas, mientras que en las tierras altas se habrían asentado personas procedentes ante todo del área castellana.[6] Otra teoría, la más plausible para los autores de este texto, mantiene que, en tiempos coloniales, las hablas de las ciudades de México, Lima y Bogotá favorecían los rasgos castellanos (más que los andaluces) por ser las sedes principales de los virreinatos (ingl. 'viceroyalties') españoles, en los cuales se preferían, sobre todo entre las clases dominantes, las costumbres lingüísticas y sociales más bien tradicionales de los centros urbanos castellanos.

¿Quién pronuncia mejor el español en América?

A lo largo de este texto (Caps. 1-15), nos hemos centrado en el español americano culto general, es decir, en los rasgos comunes a México, Centroamérica y la zona andina de Sudamérica.

Dentro del mundo hispánico, el español americano general de las tierras altas (sobre todo el de las ciudades de Lima, Bogotá y México) es lo que

---

6   En un estudio reciente, Penny nota que "since there is absolutely no evidence of the exercise of such preferences by settlers of the New World, it is preferable to explain the broad differences between varieties of American Spanish in … terms of proximity or distance from the main centres of colonial government and the cultural influence (including linguistic influence) they exercised. (Ralph Penny. 1991. *A History of the Spanish Language*, pág. 19).

normalmente se considera la versión del español menos marcada (o más culta) al oído, y su pronunciación es la que normalmente se enseña en las escuelas o universidades de los Estados Unidos. Sin embargo, **la pronunciación del español americano general es solamente una de las que pueden encontrarse en el mundo hispánico** y que el estudiante de español debe conocer. El estudiante de ninguna manera debería concluir que la pronunciación del español americano culto que hemos presentado en este libro es necesariamente la mejor o la más preferible. Este español "culto" sí puede ser — y normalmente lo es — una variedad muy útil en situaciones formales (entrevistas de trabajo, congresos profesionales, televisión, radio, etc.), pero es poco probable que este tipo de habla formal le sirva bien a uno al tratar de conseguir una tremenda ganga en un mercado popular de México.

Hemos hablado hasta ahora del español de la Península Ibérica y de Latinoamérica. No queremos dejar de mencionar que, como sabrá ya el lector, en los Estados Unidos hay tres concentraciones importantes de hispanohablantes que son el **mexico-americano** en el suroeste de los Estados Unidos, el **cubano-americano** localizado principalmente en la Florida y el **puertorriqueño-americano** agrupado en la zona metropolitana de Nueva York. Examinaremos estas tres variedades del español en detalle en los Capítulos 18-19.

Resumen

En este capítulo hemos visto que el español tiene una relación genética directa con otras lenguas románicas (francés, rumano, etc.) y asimismo con el latín, del cual desciende. A pesar de las inmigraciones de Vándalos y Godos en el siglo V, el latín hablado de la Península no se vio afectado profundamente por la llegada a la Península de dialectos germánicos.

En el siglo VIII, las rápidas invasiones árabes produjeron una transformación lingüística y social radical: se trajo a España la fe musulmana, y asimismo un nuevo idioma — el árabe — que llegó a ser la lengua oficial en la mayoría de la Península por más de medio milenio. El contacto entre el latín vulgar y el árabe produjo un habla mixta, el mozárabe, la cual se diferenciaba del español antiguo de la primitiva zona castellana por contener toda una serie de rasgos árabes o arabizantes. La Reconquista, iniciada por los cristianos residentes en una pequeña zona norteña jamás invadida por los árabes, tuvo un importante efecto lingüístico: preparó el camino para que una lengua latina (y no el árabe) llegase a ser, de nuevo, el idioma oficial de todo el territorio español, y a la vez causó la desaparición, en el centro de la Península, del mozárabe.

La progresiva evolución del latín vulgar llevó a que el pueblo hispano empezara a llamar su lengua *español* o *castellano*. Alrededor del fin del primer milenio, el latín hablado se había diversificado hasta tal punto que podían distinguirse nuevos dialectos, entre los cuales hemos incluido el catalán, el aragonés, el leonés, el gallego, el portugués y el andaluz. El catalán, el portugués y el gallego siguieron distanciándose del español con relativa rapidez. Hoy, estos antiguos dialectos son tan distintos entre sí que el catalán, el gallego y el portugués se categorizan como *lenguas* y no como *dialectos*.

En la formación del español de América intervinieron dos dialectos hispanos en particular: el castellano y el andaluz. En las tierras bajas son más típicos los rasgos andaluces. Un rasgo característico castellano — la /θ/ — nunca llegó a implantarse en nuestro continente, donde el seseo es general entre hispanos.

La Figura 17.6 conceptualiza de manera muy simplificada el desarrollo del español a través los últimos 3000 años.

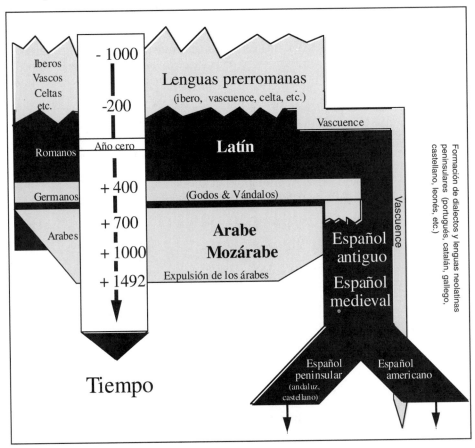

Fig. 17.6.   Conceptualización (muy simplificada) de la historia del español.

Las lenguas en contacto (por ejemplo el vascuence y el latín o el árabe y el español antiguo) se influyeron mutuamente en mayor o menor grado. Como puede desprenderse del gráfico, el español peninsular y americano descienden directamente del latín. El árabe, hablado por más de 700 años en la Península Ibérica, dio gran cantidad de vocablos al español (cf. *alfombra, alquiler, almacén*). Todavía no está claro cuanto condicionó el contacto entre el latín tardío y el árabe (o mozárabe) la pronunciación de las hablas neolatinas en la Península.

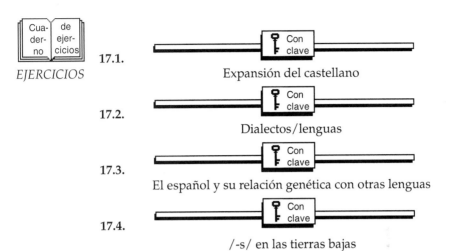

Cuaderno de ejercicios

EJERCICIOS

17.1. Con clave

Expansión del castellano

17.2. Con clave

Dialectos/lenguas

17.3. Con clave

El español y su relación genética con otras lenguas

17.4. Con clave

/-s/ en las tierras bajas

CAPITULO 18

El español peninsular

Hay dos zonas muy diferentes en España en lo que a la pronunciación se refiere: el centro/norte y el sur. A la modalidad de pronunciación del centro y norte de la Península Ibérica le damos el nombre de *español castellano* o simplemente *castellano*. Al usar este último término hay que recordar que **no** nos referimos al español de la península (y mucho menos aún al de Latinoamérica) sino al **dialecto** castellano, hablado, por ejemplo, en Madrid o en otras áreas del norte o centro de España.

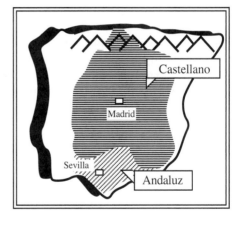

El habla del sur recibe el nombre de *andaluz*. Esta tiene rasgos más semejantes a los del español del área del Caribe que a los del resto de la Península; además comparte, como ya hemos tenido ocasión de mencionar en el capítulo anterior, importantes rasgos (e.g., el seseo) con el resto de Hispanoamérica.

En este capítulo estudiaremos cuatro rasgos que se dan casi exclusivamente en la pronunciación que hemos llamado castellano. Este tipo de pronunciación se localiza en las zonas de las que partió la colonización temprana, organizada desde la antigua Castilla, es decir, desde las provincias que antaño se llamaron Castilla la Vieja y Castilla la Nueva (los nombres modernos de estas dos provincias son *Castilla La Mancha* y *Castilla León*, respectivamente). En esta región se han producido posteriormente algunos cambios fonéticos que alteraron la manifestación fonética de ciertos fonemas. Por otra parte, en estas mismas regiones se originaron algunos fonemas que jamás se formaron en el sur de

España o en el resto del mundo hispanohablante. Por lo tanto, las características más sobresalientes del (dialecto) castellano se deben tanto a **innovaciones** lingüísticas locales como a la **preservación** de antiguas costumbres dialectales.

Rasgo #1: La zeta castellana

Ya hemos visto que en el mundo hispánico las letras "s, z" y "c" (ante "i, e") representan generalmente un solo fonema fricativo alveolar sordo, i.e., /s/. Sin embargo, en gran parte de España, sobre todo la región norte y el centro (inclusive Madrid) son dos los fonemas que corresponden a estas letras. Uno de estos fonemas es /θ/, al cual los hablantes del dialecto castellano llaman *zeta* /θéta/.[1] Habitualmente se articula como un sonido fricativo interdental sordo [θ], muy semejante a la pronunciación inglesa de "th" en <u>th</u>in, <u>th</u>ick, <u>th</u>ink. El sonido de [θ] es suave y muy poco sibilante comparado a la [s].

El **no** emplear el fonema /θ/ en palabras como <u>c</u>erve<u>z</u>a o <u>z</u>apato se denomina *seseo*. En términos ortográficos, el seseo se define como la correspondencia de un solo fonema /s/ con las letras "s, z" y "c" (ante "i", "e"). El seseo lo practican casi todos los hispanohablantes menos los de la zona de España que hemos llamado castellana.

Las principales diferencias articulatorias entre /s/ y /θ/ residen en que el alófono principal de /θ/ es interdental y el de /s/ es alveolar. Además, comparado con la interdental /θ/, la /s/, ya sea apical (= castellano) o predorsal (= americano), es muy sibilante. Este efecto sibilante se debe a la forma que toma la lengua al producir este sonido alveolar.

Históricamente, la *zeta* castellana es una innovación relativamente reciente, ya que se generalizó en el castellano sólo después del siglo XV (esta innovación tardía explica, en parte, por qué este sonido es desconocido en el español de América). Compárense otra vez los ejemplos de **seseo** en la zona andaluza con la /θ/ castellana que habíamos contrapuesto en el capítulo anterior:

Ejemplo	Castellano		Andaluz/esp. americano	
1. <u>z</u>apato	/θ/	/<u>θ</u>apáto/	/s/	/<u>s</u>apáto/
2. <u>c</u>inco		/<u>θ</u>ínko/		/<u>s</u>ínko/
3. <u>c</u>erve<u>z</u>a		/<u>θ</u>erbé<u>θ</u>a/		/<u>s</u>erbé<u>s</u>a/
4. ca<u>z</u>a		/ká<u>θ</u>a/		/ká<u>s</u>a/
5. ca<u>s</u>a	/s/	/ká<u>s</u>a/	/s/	/ká<u>s</u>a/
6. <u>s</u>on		/<u>s</u>on/		/<u>s</u>on/
7. ma<u>s</u>a		/má<u>s</u>a/		/má<u>s</u>a/

Particularmente interesantes son los ejemplos contrastivos #4 y #5, donde *ca<u>z</u>a* 'hunt(ing)' y *ca<u>s</u>a* 'house' son contrastivos en castellano pero no en el español andaluz o americano.

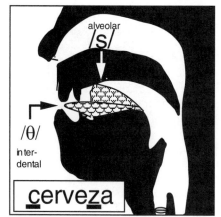

Fig. 18.1.   La zeta [θ] castellana interdental vs. la /s/ alveolar

---

[1]   Esta zeta también se da en Extramadura, es decir, en una región suroccidental de España. Extremadura colinda con Portugal y por lo general comparte rasgos dialectales con Andalucía más bien que con el centro o norte de España.

18.1.

EJERCICIOS

La zeta castellana

Rasgo #2: La ş apical castellana

El fonema /s/ en el español castellano tiene un uso más restringido que en el español andaluz y americano ya que se emplea solamente en palabras que tienen /s/ ortográfica y nunca en palabras que se escriben con "z" o "c". La manifestación de la /s/ castellana es generalmente un sonido **fricativo alveolar sordo apical**, a diferencia de la manifestación más común que es **predorsal** (la /s/ del español americano es predorsal).

La diferencia articulatoria entre la apical y la predorsal radica en la forma de la lengua durante la producción de /s/. En el alófono **predorsal** de la /s/ **americana**, el ápice de la lengua normalmente está en posición de descanso contra los dientes inferiores y es la parte predorsal de la lengua la que hace contacto con el techo de la boca para producir la fricción. En el **castellano** es el **ápice de la lengua** el que hace ese contacto, lo que resulta auditivamente en un resultado algo distinto de la [s] predorsal. En la realización de la [ş] existe una apertura plana y muy estrecha debida a la configuración que adquiere la cavidad bucal. Usaremos el símbolo fonético [ş] para representar el alófono ápico-alveolar castellano, aunque el símbolo fonémico sigue siendo igual, i.e., /s/ (el símbolo fonémico es el mismo porque no pueden formarse pares mínimos con [s] vs. [ş]).

En la zona castellana, la [ş] apical es y sigue siendo de rigor, es decir, este rasgo identificador de los dialectos de la España central y septentrional es muy estable, distinguiéndose así del próximo rasgo que discutiremos — "l" lateral palatal — el cual hoy día se emplea sólo en áreas lingüísticamente conservadoras del territorio castellano.

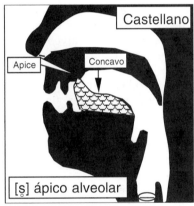

Fig. 18.2. La "s" castellana.
La "s" castellana se aproxima acústicamente a un sonido que cae entre la "sh" y "s" inglesas. La posición de la lengua que origina la [ş] **apical del castellano es cóncava**, mientras que en la **[s] americana es convexa** (compárese la Fig. 18.2 con la Fig. 18.3 de abajo).

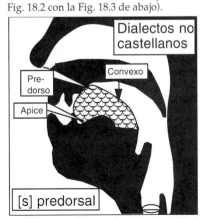

Fig. 18.3. La [s] predorsal. Es la "s" típica del español americano.

18.2.

Imitar el dialecto castellano

18.3.

Imitar el dialecto castellano en oraciones completas

Rasgo #3: La lateral palatal /ʎ/

En el español **castellano** peninsular y en algunas zonas de Suramérica (e.g., parte de la zona andina del Ecuador) se conserva, aunque cada vez menos, un fonema que antiguamente era de uso general en la Península. Este fonema /ʎ/ tiene como alófono principal un sonido lateral, palatal y sonoro [ʎ]. Es representado ortográficamente con la doble "l" (i.e. "ll") en palabras como <u>ll</u>amar, <u>ll</u>ueve, ca<u>ll</u>ar. Este sonido **palatal** se produce de manera semejante a la lateral **alveolar** /l/ (cf. <u>l</u>ama, ma<u>l</u>o). La principal diferencia entre la /l/ y la /ʎ/ es que la primera es alveolar mientras que la segunda es palatal. Acústicamente, /ʎ/ es similar a las letras subrayadas de la palabra inglesa meda<u>lli</u>on, lo que a su vez es similar a la secuencia fónica [l<u>i</u>] del español americano o andaluz.

En el español peninsular, en contraste con el español americano, hay pues dos sonidos palatales, uno el fricativo palatal sonoro /y/ de ma<u>y</u>o, y otro el lateral palatal sonoro /ʎ/ de ma<u>ll</u>o. Como prueban los pares mínimos mayo/mallo, cayó/calló, en el dialecto castellano /y/ y /ʎ/ son dos fonemas claramente distinto. Entre la gran mayoría de los hispanohablantes de América Latina, la lateral palatal /ʎ/ no existe, y el signo ortográfico "ll" se identifica con el fonema palatal fricativo sonoro /y/. Este fenómeno, es decir, la falta de distinción entre /y/ y /ʎ/ se denomina **yeísmo**. Lo contrario, i.e., la diferenciación fonemática entre "y" y "ll" se conoce bajo el término **lleísmo** (pronunciado /ʎeísmo/).

En Madrid — un centro cultural y económico que sirve de modelo lingüístico para muchos españoles — la distinción entre la lateral palatal /ʎ/ y la yod /y/ ha desaparecido recientemente, lo que ha convertido la capital española en un lugar yeísta. No sorprendería si dentro de unas décadas la /ʎ/ castellana entrara a formar parte del grupo de sonidos desapareceidos que, en un pasado no muy remoto, eran todavía generales en la Península (uno de estos sonidos "desaparecidos" es /š/, el cual pasó a la /x/ moderna hace unos 500 años, cambiando así la articulación de palabras como Don Quijote /don kiš<u>ó</u>te/ a /don ki<u>x</u>óte/ o la de jamás /<u>š</u>amás/ a /<u>x</u>amás/.

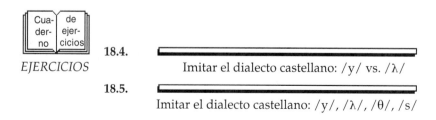

18.4.

Imitar el dialecto castellano: /y/ vs. /ʎ/

18.5.

Imitar el dialecto castellano: /y/, /ʎ/, /θ/, /s/

Rasgo #4: La jota castellana /x̟/

Ya vimos que el fonema /s/ existe en el español peninsular pero que éste tiene como alófono principal [s̺], un sonido ápico-alveolar algo diferente del alófono principal del español americano. De manera parecida, en el español castellano, el alófono principal de /x/ no es el sonido fricativo velar [x] (cuya fricción es relativamente débil) sino un sonido velar o postvelar **fuertemente fricativo**. Usaremos el símbolo fonético [x̟] para transcribir este sonido fuertemente fricativo típico del habla castellana.

Para los hablantes mexicanos y asimismo para los de muchas otras zonas latinoamericanas, la jota castellana suena muy gutural y hasta extraña. Esto se debe en parte a que la jota mexicana, al contrario de la castellana, es muy suave, es decir, articulada con los alófonos aspirados [h] o [ˣh]. Así en palabras como *jamás, justo, ajo* etc. los mexicanos suelen aspirar los elementos consonánticos que en el centro de España se pronuncian con [x̟].

Al aprender el español general americano, el estudiante americano no tendrá que esforzarse innecesariamente para pronunciar el sonido [x̟] — inexistente en inglés — ya que las articulaciones más suaves (i.e., [x], [ˣh], [h]) son consideradas perfectamente aceptables aún en el habla culta muy formal. Por lo tanto, pueden considerarse dentro de la norma las siguientes pronunciaciones de *lejos*:

Lejos: [léx̟os]   [léxos]   [léˣhos]   [léhos]

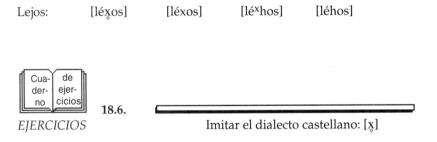

Cua-der-no	de ejer-cicios	**18.6.**	
EJERCICIOS			Imitar el dialecto castellano: [x̟]

Resumen

El español castellano peninsular difiere del español americano en que hay dos fonemas consonánticos inexistentes en el español americano general que funcionan de manera contrastiva en la península: /θ/ y /λ/ (hemos observado que el fonema castellano /λ/ está en vía de desaparición). Además, hay dos fonemas que tienen como representación alofónica principal dos alófonos auditiva y articulatoriamente diferentes. Son la /s/, cuyo alófono principal es [s̺], un sonido apical y no predorsal como en el español americano, y la /x/, cuyo alófono principal [x̟] es mucho más fricativo que la jota del español americano estándar. Vemos entonces que la serie de las laterales /l/ y /λ/, las palatales /λ/ y /y/, y las fricativas sordas /f/, /θ/, /s/ = [s̺], /x/ = [x̟] tiene una estructura diferente en el español castellano que en el español americano.

EJERCICIOS

18.7.

Imitar el dialecto castellano: /y/, /λ/, /θ/, /s/

18.8.

Dos tipos de "s"

CAPITULO 19

El español americano:
variación dialectal y sociolingüística

En este capítulo estudiaremos otros rasgos de la pronunciación del español americano que no hemos tratado hasta el momento y analizaremos un ejemplo de un texto de habla popular para ilustrar cuántos dialectos hispanoamericanos pueden diferir del tipo de español que hemos denominado "culto."

Los procesos fonéticos que estudiaremos afectan sobre todo a los fonemas /s, n, r/ cuando éstos están en posición **final de sílaba,** y a la yod (*yo, mayo, calle, llamar*). La tabla a continuación ilustra el tipo de variantes alofónicas que examinaremos y da los nombres técnicos de los procesos que producen estas variantes:

Fonema	Posición	Ejemplo	Variante	Nombre técnico
/s/	final de sílaba	¿cómo e<u>s</u>tá<u>s</u> tú?	[kómo e^htáʰ tú] ↑ ↑	Aspiración de "s"
			[kómo etá tú] ↑↑	Elisión de "s" [1]
/-n/	final de palabra	¿cómo está<u>n</u>?	[kómo estáŋ] ↑	Velarización
/r/	final de sílaba	pa<u>r</u>te	[pálte] ↑	Lateralización
/y/	inicio de sílaba	<u>y</u>o me <u>ll</u>amo	[žo me žámo] ↑ ↑	Rehilamiento

---

[1] O pérdida de "s".

Los procesos ejemplificados en la tabla que afectan a los fonemas /s, n, r, y/ no se aplican en el habla de manera sistemática sino que se emplean individualmente de manera variable. Además — y esto es importante — el tipo de pronunciación ejemplificado arriba generalmente conlleva cierta estigmatización social, la cual puede variar según factores geográficos, socioeconómicos y generacionales entre otros.

Al leer las próximas páginas, el lector tendrá que tener en mente que la manifestación fonética de procesos variables como los que pueden afectar a los fonemas /s, n, r, y/ del español americano (y también el de Andalucía) está condicionada por toda una serie de factores, muchos de ellos sumamente complejos. En general, los procesos ilustrados más arriba se aplicarán con mayor frecuencia en situaciones **informales** donde el habla es rápida y natural; en situaciones **formales**, en las que el habla es más lenta o más controlada, las variantes alofónicas usadas se acercarán más a las de la norma culta. Veremos también que los hablantes de las clases populares (o clases bajas[2]) tienden a aplicar con mayor frecuencia estos procesos (será útil recordar que en la mayoría de los países latinoamericanos, las clases bajas constituyen la gran mayoría de la población).

Antes de examinar en detalle cada uno de los rasgos en cuestión, deben mencionarse dos puntos cuya comprensión es importante para la correcta apreciación de los tipos de habla que presentaremos a continuación: en primer lugar, sería falso pensar que los hablantes que usan ciertas variables estigmatizadas no sepan dominar (o, por lo menos, imitar) el registro del español culto general, el cual se caracteriza por el tipo de pronunciación que hemos presentado en los Capítulos 1-14. En segundo lugar, el hecho de que procesos como la aspiración de /s/ al final de sílaba (i.e., [s] → [h]) se apliquen de manera no categórica, quiere decir que un mismo hablante puede variar, aun dentro de una misma oración, la aplicación de tal proceso. Así, no tendría nada de extraordinario si un hablante caribeño pronunciara las "s" en *¿Desde hace cuántos años estudias?* según la manera expuesta en la Figura 19.1:

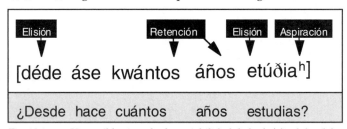

Fig. 19.1.   Un posible ejemplo de variabilidad de la /s/ final de sílaba

La aspiración y la elisión (o pérdida) de la /s/

Se acordará el lector que la aspiración y elisión de la /s/ final de sílaba es una de las características más notables de (1) el sur de España (Andalucía), (2) el

---

2   *Clase baja* es un término que se aplica comúnmente en lingüística a grupos de personas con bajos recursos económicos. Con esta terminología no queremos expresar ningún juicio de valor peyorativo con respecto a la cultura o habla de tales personas.

Caribe hispánico, que incluye Puerto Rico, Cuba, La República Dominicana, Panamá, las costas atlánticas de Venezuela y Colombia y el Golfo de México (sólo el área de Veracruz), (3) las áreas costeras del Pacífico de México, Colombia, Ecuador y Perú, (4) El Salvador, Honduras y Nicaragua, (5) Chile, (6) la mayor parte de los países rioplatenses de Argentina, Uruguay y Paraguay y, finalmente, (7) de Nuevo México.

Con el término *aspiración* de la /s/ nos referimos a la manifestación fonética del fonema /s/ como una aspiración simple, [h], sonido que es semejante a la /h/inicial del inglés (cf. h̲at, h̲ot) o, quizás más semejante aún, a la aspiración que acompaña las oclusivas en palabras inglesas como [pʰat] *pot* o [tʰi] *tea*. Con el término *elisión* de la /s/ indicamos que dicho fonema no se pronuncia, es decir, que ha desaparecido sin dejar huella alguna. Los lingüistas a veces representan esta "s" elidida con el símbolo *cero*, transcribiendo así *¿Desde hace cuántos̲ años̲ estudias?* con [déØde k̲uántoØ áñoØ eØtúðiaØ].

Mapa 19.1.   Localización del español caribeño.

Para algunos lingüistas, el término *español caribeño* se refiere sólo al español isleño de Cuba, Puerto Rico y la República Dominicana. Para otros — y entre ellos se encuentran los autores de este texto —, el término designa los dialectos españoles que, además de las tres islas mencionadas, abarcan los de las costas atlánticas de Panamá, Colombia y Venezuela. Por su proximidad fonética a estas hablas, el habla mexicana alrededor de Veracruz también suele considerarse un dialecto caribeño (hay, además, razones históricas que no podemos incluir aquí que invitan a considerar el español de la zona de Veracruz, Tabasco y Campeche parte del complejo dialectal caribeño). El español hablado en las costas caribeñas de Belice, Honduras, Nicaragua o Costa Rica normalmente no se agrupa con el español caribeño ya que los dialectos hablados en estas zonas carecen de los rasgos característicos de las hablas isleñas de Puerto Rico, Cuba y de la República Dominicana. Con respecto a las costas caribeñas centroamericanas es de notar también que allí predominan lenguas criollas (de base léxica inglesa) y no el español. Finalmente, debido a la fuerte inmigración a Miami de dominicanos y especialmente de cubanos y de puertorriqueños se ha extendido en años recientes el área del español caribeño hacia la Florida y asimismo al noreste de los Estados Unidos (especialmente Nueva York).

El comportamiento del fonema /s/ está regido por su posición dentro de la sílaba. En la mayoría de los dialectos que aspiran o eliden la /s/, el fenómeno sólo se da **en posición final de sílaba** (indicaremos esta frontera silábica con el símbolo "#"; así /s#/ significará '/s/ final de sílaba'). En algunos dialectos (e.g., costa norteña de Colombia), la aspiración se extiende también a la /#s/ inicial de sílaba (cf. [ɟo hé] = *yo s̲é*). En este capítulo, sin embargo, no nos concentraremos en este último tipo de aspiración.

La aspiración o elisión de /s#/ opera en el **nivel de la palabra** y no en el nivel de la **cadena hablada**. Con esto queremos decir que la "s" de la palabra *tus̲* puede aspirarse o elidirse aun cuando la /s#/ adquiera una posición inicial de sílaba en expresiones como *tus̲ amigos̲ —* silabificado, como sabemos, *tu-s̲a-mí-gos̲* y no **tus̲-a-mí-gos̲*.

/s/ final de sílaba	/s/ en otros contornos
es̲te	s̲aber
des̲de	en-s̲eñar
is̲la	merc̲ed
los̲ amigos̲	ins̲-tructivo
/s/ = [s, h, Ø]	/s/ = [s]

El hecho de que la aspiración o elisión de /s#/ opere en el nivel de la palabra y no en el de la cadena hablada no significa, sin embargo, que la silabificación en sí sea diferente de lo que aprendimos en el Capítulo 1. Al contrario, la aspiración [h#] regularmente se junta con la sílaba de la próxima palabra cuando ésta empieza con una vocal, como en:

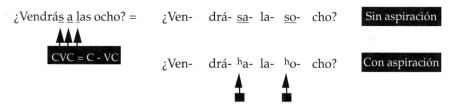

| ¿Vendrás̲ a las ocho? = | ¿Ven- | drá- | s̲a- | la- | s̲o- | cho? | Sin aspiración |
| CVC = C - VC | ¿Ven- | drá- | ʰa- | la- | ʰo- | cho? | Con aspiración |

Cuando decimos que un proceso se aplica de manera variable nos referimos a que es opcional. Muchos textos sólo reconocen tres posibles articulaciones opcionales de la /s#/ final de sílaba, es decir, (1) la retención, (2) la aspiración y la (3) elisión.[3] Es un hecho incontestable, sin embargo, que existe un estadio intermedio entre la aspiración y la elisión, el cual consta de una aspiración y retención parcial (menos audible) de la /s#/, que representaremos con [ʰs#] (véase ejemplo #4). En las tierras bajas pueden encontrarse, pues, las siguientes pronunciaciones de una palabra como *niños*:

---

3   Omitimos aquí otra variante obvia que se da por asimilación de la sonoridad: [mísmo] > [mízmo].

1. [níños]   =   RETENCION DE LA /s/
2. [níñoʰ]   =   ASPIRACION DE LA /s/
3. [níño] ~ [níñoØ]   =   ELISION DE LA /s/
4. [níñoʰˢ]   =   ASPIRACION Y RETENCION PARCIAL DE LA /s/

En las áreas del mundo hispánico en las que se usan la aspiración y la elisión de /s#/, estos procesos los aplican prácticamente todos los hablantes, y a todos los niveles de la sociedad. Donde se aspira o se elide la /s#/ final de sílaba, tal articulación es efectivamente tan común y "natural" que la consistente articulación del fonema /s#/ con manifestación sibilante [s] probablemente revelaría el origen forastero del hablante.

Es imposible predecir exactamente en qué contexto o situación un hablante aspirará o elidirá una /s#/. Esto no quiere decir, sin embargo, que no puedan hacerse ciertas generalizaciones sobre dónde y cuándo la "s" final de sílaba tiene mayor o menor frecuencia. Así, en los medios de comunicación como la radio o la televisión, los cuales generalmente se caracterizan por un discurso más formal, más educado y más representativo de las clases media o alta, habrá una fuerte tendencia hacia la retención de la [s#]. Naturalmente, puede haber importantes diferencias en la selección de la /s#/ aun dentro de una misma emisión. Recordamos, por ejemplo, una transmisión de un partido de fútbol colombiano, en el cual el reportero — muy emocionado — aspiraba o elidía practicamente todas las /s#/. En una entrevista con el Presidente de la Organización Internacional de Fútbol durante la pausa de este partido, el mismo reportero cambió a un registro más formal en el cual predominaba con mucho la retención de la [s#] .

Las diferentes pronunciaciones de la /s#/ se deben pues a toda una gama de complejos factores, entre los cuales los más prominentes son :

1. el contexto (o la situación),
2. la distribución de la "s" dentro de la palabra,
3. el nivel socioeconómico
4. el origen geográfico del hablante.

Examinaremos a continuación cada uno de estos factores en detalle para ilustrar cómo éstos influyen en la elección entre la retención, la aspiración o la elisión de /s#/.

Factor #1:   el contexto
El contexto o la situación generalmente determina el tipo de **estilo** que el hablante selecciona. Mientras la variedad alta se usa esencialmente en situaciones formales (siendo el estilo formal el más típico del gobierno, la enseñanza, los medios de comunicación, los tribunales y la "alta" cultura), la variedad baja es el vehículo de comunicación en contextos cotidianos, informales, familiares, es decir, en momentos donde los hablantes no sienten la fuerte presión social que en otras ocasiones puede hacerles adoptar a una norma lingüística idealizada y más cercana a la norma culta. A manera de ejemplo, presentamos a continuación una muestra de posibles situaciones formales e

informales en las cuales típicamente prevalecería uno de los dos tipos básicos de articulación de la /s#/, es decir, frente a la retención vs. la aspiración o elisión:

Situación/contexto	Aspiración o elisión [h#], [Ø#]	Retención [s#]
Conversación con la familia, amigos, colegas	x	
Conferencia en la universidad		x
Entrevista de trabajo		x
Conversación diaria entre una empleada doméstica y el ama de casa (familia de clase media-baja)	x	
Conversación diaria entre la sirvienta de casa y el Presidente del país		x
Llamada telefónica de <u>larga</u> distancia a una operadora telefónica		x
Llamada telefónica <u>local</u> a una operadora telefónica	x	
Noticias por la radio		x
Comedias radiofónicas	x	
<u>Lectura en voz alta</u>: Editorial de un diario		x
Texto de una caricatura popularizante	x	
Poesía		x
Literatura folklórica	x	

Naturalmente, se trata aquí sólo de tendencias articulatorias. Hay, por ejemplo, personas que, por una razón u otra, preferirán manejar un estilo informal en una entrevista formal; por otra parte, es posible que una empleada doméstica trate de mantener siempre un estilo "alto" con su ama de casa, reteniendo así la "s" con mayor frecuencia.

En los últimos años, los lingüistas han estudiado con gran detalle las variaciones de estilo que están determinadas en menor o mayor grado por el contexto. Como lo ilustra la Figura 19.2 a continuación, en el habla de Cartagena (costa caribeña de Colombia) **hay una clara disminución de la frecuencia de las variantes de menor prestigio (i.e., [h#] o [Ø#]) a medida que aumenta el grado de formalidad**. En otras palabras, se da entre cartageneros una marcada diferencia entre el estilo de habla menos cuidada y la más cuidada (en el caso de la **lectura** de un texto, los hablantes cartageneros retuvieron el 66% de todas las [#s], mientras que en el **habla casual** optaron por pronunciar [s#] en sólo 20% de los casos). Al interpretar los datos expuestos a continuación, tendrá que tenerse en mente que los resultados han sido obtenidos del habla de un total de 83 cartageneros, entre los cuales figuraban hablantes de todas las principales clases sociales (clase alta <——> clase baja):

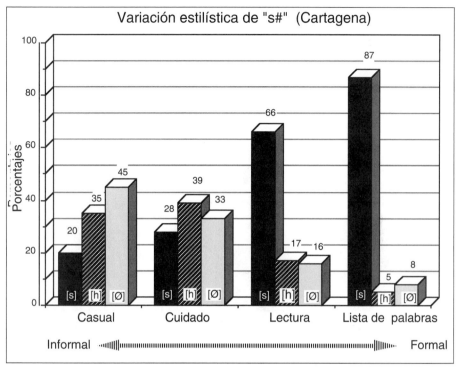

Fig. 19.2.   La "s#" cartagenera y su variabilidad según el estilo.

La figura muestra que la articulación de la /s#/ varía considerablemente según el estilo. La [s#] suele mantenerse mucho más en la lectura en voz alta que en el habla; como es de esperar, el habla casual favorece la aspiración y aún más la pérdida de la /s#/. Veremos en la Figura 19.3 que estas variaciones estilísticas son prácticamente las mismas a través de todos los estratos socioeconómicos de Cartagena.

Adaptado de B. A. Lafford (1982) *Dynamic synchrony in the Spanish of Cartagena, Colombia* (tesis inédita, Cornell University).

Factor #2:   el nivel socioeconómico

Los datos sobre el español cartagenero que acabamos de presentar indican que la sibilante [s#] disminuye a medida que se reduce el nivel de formalidad en el habla. La /s#/ también es sensible a las diferencias sociales, y esta variabilidad es en cierto grado predecible. Como lo indica la Figura 19.3, hay, por ejemplo, una diferencia cuantitativa en la retención del fonema en cuestión: los hablantes de todas las clases vacilan entre la retención, la aspiración o la elisión de /s#/, pero es la clase alta la que menos se inclina a elidir la [s#]. Se notará en el gráfico de la Figura 19.3 que la aspiración — aparentemente una variante "neutra", es decir, no estigmatizada en el español de Cartagena — exhibe muy poca diferenciación según los niveles socioeconómicos:

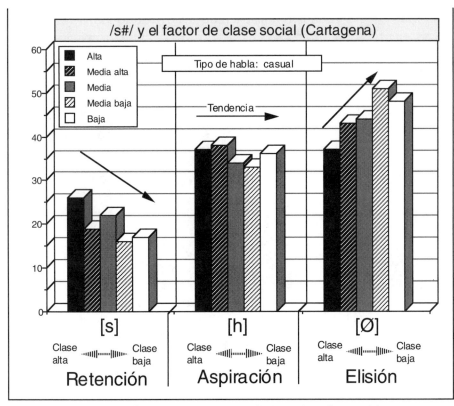

Fig. 19.3.   Porcentaje de retención, aspiración y elisión en cinco clases sociales.

En Cartagena, las barreras sociales más importantes parecen estar entre la clase alta y la media alta, por una parte, y la clase media y media baja, por otra. Comparando esta Figura con la Figura 19.2 podemos observar que la estratificación social es menos pronunciada que la estilística: la variabilidad articulatoria es relativamente pequeña entre clases, pero relativamente alta entre tipos de estilo (recordemos que entre el estilo casual y la lectura de palabras había más de un 60% por ciento de diferencia en cuanto a la retención de [s#]; como se ve aquí, las diferencias en la retención de la [s#] no alcanzan ni un 10% por ciento (la clase alta la retuvo un 26%, lo cual contrasta con un 17% de retención en la clase baja).

Factor #3: la distribución de la "s" dentro de la palabra[4]

En las páginas anteriores hemos examinado el comportamiento de la [s#] en correlación con la clase social o el estilo. Creemos de interés presentar aquí también otra variable, la distribución de [s#] según su posición en el interior de palabra. La importancia del factor distribucional puede observarse, por ejemplo, en la realización de la /s#/ del español de las Palmas (Islas Canarias). Los datos de la Figura 19.4 muestran que la posición interior de palabra favorece la aspiración

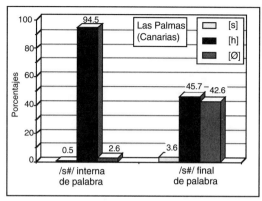

Fig. 19.4. Realizaciones de /s#/ en las Palmas según su distribución.

La aspiración predomina sobre [s#] y [Ø#] tanto en el interior como a final de palabra. Sin embargo, en posición interior, la aspiración es mucho más común que al final, donde la elisión se da casi la mitad de las veces.

(94.5%), mientras que la posición final propicia la aspiración y la elisión (42.6% frente a 2.6% en el interior de palabra). Dicho de otra manera, en las Palmas, los hablantes aspiran casi siempre cuando la /s#/ está en interior de palabra, y sólo la mitad de las veces en posición final de palabra.

Hay otros factores internos (es decir, puramente lingüísticos más que sociales, i.e., externos) que pueden intervenir en la selección de uno de los posibles alófonos de /s#/. La /s#/ final de palabra, por ejemplo, puede ocurrir ante consonante, vocal o pausa, y cada uno de estos tres contextos fónicos condiciona la articulación de manera distinta. En Argentina, por ejemplo, el contexto prevocálico favorece con mucho la retención de la sibilante mientras que el contexto preconsonántico no propicia esta misma tendencia (Figs. 19.5 a-b):

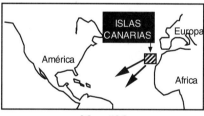

Mapa 19.2.

Las islas canarias jugaron un papel de gran importancia en la colonización de Latinoamérica. En los siglos XVI y XVII, es decir en el período cuando se formó la mayoría de los dialectos hispanoamericanos, los barcos europeos solían pararse en las Canarias antes de salir al Nuevo Mundo, ocasionando así un continuo contacto (y mezcla) de dialectos españoles y portugueses. Además, ya tempranamente se importaron a las Canarias contingentes de esclavos negros para la producción de la caña de azucar, lo que debe de haber producido en dichas islas un temprano multilingüismo afro-europeo.

---

[4]   Los datos expuestos a continuación han sido tomados de Humberto López Morales *Sociolingüística* (1989), donde se reúnen de manera panorámica varios estudios sobre el comportamiento de la /s#/ en español.

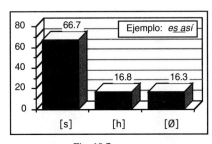

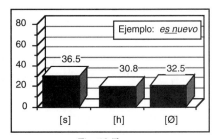

Fig. 19.5a.   Fig. 19.5b.
/s#/ ante **vocal** (Argentina)   /s#/ ante **consonante** (Argentina)

Una comparación entre los dos gráficos muestra que, en Argentina, la variante [s#] se ve favorecida si le sigue una vocal. Cuando /s#/ va seguida por una consonante, la distribución entre [s#], [h#], [Ø#] es muy pareja, alcanzando más de un 30% en cada caso.

Factor #4:   la función (gramatical o léxica) de la "s"

No es producto de la casualidad que los lingüistas hayan estudiado con tanto detalle el comportamiento de la /s#/ en el español americano y peninsular. La /s#/ es de especial interés porque si ésta ocurre al final de palabra puede tener **relevancia funcional**, es decir gramatical. Así, la "-s" final de palabra en los ejemplos de la columna izquierda a continuación indica "pluralidad" o "segunda persona del singular":

/s/ funcional	Función gram.	/s/ léxica	Función gramatical
canta<u>s</u>	2ª singular	despué<u>s</u>	ninguna
comerá<u>s</u>	2ª singular	a<u>s</u>no	ninguna
chico<u>s</u>	plural	mientra<u>s</u>	ninguna
bonito<u>s</u>	plural	me<u>s</u>	ninguna

Fig. 19.6.   /s#/ funcional vs. /s#/ léxica.

Nótese que el fonema funcional contiene información gramatical mientras que la léxica no expresa tal información (en el caso de la /s/ léxica, el sonido /s/ es simplemente parte de la raíz de la palabra, y por lo tanto no tiene significado gramatical adicional).

Ahora bien, no es difícil ver que la elisión total de la /s#/ en las palabras de la columna izquierda de la Figura 19.6 puede tener consecuencias profundas a nivel gramatical ya que implica la pérdida, en la superficie, de las categorías "plural" y "segunda persona singular" lo cual podría causar problemas de comunicación:

Lejos de lo que podría pensarse, parece que en la mayoría de los dialectos que se han estudiado, la función gramatical **no** refuerza el uso de las variantes no elididas ([s#] o [h#]), y en algunos dialectos, por ejemplo el de San Juan (Puerto Rico), el factor gramatical (vs. léxico) queda completamente neutralizado. En otras palabras, el español de las tierras bajas (y asimismo el de Andalucía) no parece resistir la elisión de la /s/a pesar de que ésta tiene una importante función gramatical en palabras como *cantas, comerás* o *chicos.* Son interesantes al respecto los datos que expone López Morales en su libro *Sociolingüística* (véase la Fig. 19.7), donde se muestra que las realizaciones de /s#/ **no** parecen estar condicionadas por posibles consideraciones funcionales (gramatical vs. léxica).

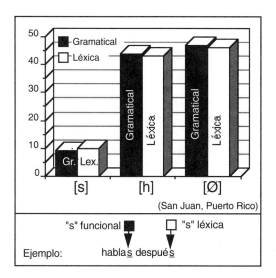

Fig. 19.7. Ausencia de diferenciación entre "s" léxica y gramatical en San Juan, Puerto Rico.

Contrariamente a las expectativas, la funcionalidad de la "s" no influye en la selección de los alófonos [s#], [h#], [Ø#]. Por lo tanto, la "s" final de *hablas* (gramatical) y la de *después* (léxica) tienden a aspirarse o perderse con la misma frecuencia. (Datos adaptados de H. López Morales, *Sociolingüística* [1989], pág. 89)

Hacemos mención de la ausencia de correlación entre factores gramaticales y la articulación de la /s#/ porque algunos lingüistas han avanzado una hipótesis funcionalista según la cual categorías gramaticales (como la del plural o de la marca de segunda persona singular) impedirían reducciones fonéticas del tipo /s/ > [Ø] en mayor grado que en el caso de fonemas estrictamente léxicos. Según los defensores de esta tesis, oraciones como *cuentas estos chistes* o *cantas después* preservarían más las "s" subrayadas con raya doble (i.e., "s" = funcional) que las con raya simple (i.e., "s" = léxica). Sin embargo, los datos expuestos arriba, así como los de muchos otros estudios recientes han cuestionado la hipótesis funcionalista hasta tal punto que es mejor descartarla por completo. Además, y esto tiene gran relevancia para la dirección que parece estar tomando el español en el plano gramatical, en casos donde la /#s/ desaparece de la superficie se mantienen otras marcas de pluralidad nominal o de persona verbal, asegurando así la inteligibilidad del mensaje (en algunas zonas parece haber aumentado, por ejemplo, el uso del pronombre *tú* para deshacer la ambigüedad de expresiones como [kánta] *canta* vs. [kántaØ] *cantas*).

Factor #5:   **procedencia geográfica del hablante**
Al distinguir entre dos principales zonas dialectales — las tierras altas y las tierras bajas — hemos dicho que la retención de la /s#/ es (casi) categórica en las capitales de Lima, Bogotá y México, todas ellas ubicadas en altiplanos. No todas las distinciones geográficas en el tratamiento de /s#/ son tan marcadas como la que caracteriza la bien conocida división entre tierras altas y tierras bajas. Hay dialectos en los cuales el factor geográfico influye no tanto en la presencia o ausencia de la retención categórica, sino en la frecuencia relativa de la aspiración o pérdida de /s#/. En las páginas anteriores hemos tenido la ocasión de examinar la frecuencia [s#] vs. [h#, Ø#] en el habla de Cartagena. Otras ciudades caribeñas muestran distribuciones cuantitativas similares, pero no exactamente iguales. Estas diferencias geográficas afectan tanto el promedio de [s#, h#, Ø#] que puede darse en un texto como a las diferentes actitudes de los hablantes hacia ciertas variables.

/s#/: resumen intermediario

Hemos visto que la variada articulación del fonema /s#/ está condicionada por una serie de factores sumamente complejos. La retención, aspiración o elisión de la /s#/ final de sílaba no es, pues, un proceso aplicado por el hablante al azar, sino que está controlado de modo sistemático. El sistema de aplicación de reglas variables que hemos descrito es el que rige, en menor o mayor grado, en todas las clases de Puerto Rico, Panamá, Cuba, Venezuela, las costas de Colombia, Ecuador y Chile y asimismo en el resto de las tierras bajas (Argentina, Chile, Panamá, etc.). La variación /s#/ —> [s#], [h#], [Ø#] es también característica del sur de España y de las Islas Canarias.

En estas áreas, el hablante nativo selecciona — de manera consciente o subconsciente — [s#], [h#] o [Ø#] según **el contexto**, el cual dicta un tipo de **estilo** que puede variar de muy formal a muy informal. A esta selección de estilo corresponde normalmente una repartición desigual de alófonos: **el estilo formal favorece la retención de la [s#], mientras que el muy informal favorece la aspiración o pérdida.** Al escoger entre [s#], [h#] o [Ø#] intervienen asimismo otras consideraciones, entre las cuales las más importantes son:

1. **la distribución de la "s" dentro de la palabra** (hemos visto que en las Palmas, por ejemplo, la aspiración es mucho más frecuente en interior que al final de palabra),
2. **el nivel socioeconómico** (suele ser más predominante la retención de la /s#/ entre las clases altas), y
3. **la procedencia geográfica del hablante**.

Finalmente, hemos notado que, frente a lo que podría pensarse, no hay ninguna correlación entre la función (gramatical o léxica) de la /s/ y su articulación.

Hemos dejado entrever en varias ocasiones que los factores examinados están lejos de ser los únicos que contribuyen a las diferentes pronunciaciones de /s#/ en las tierras bajas, las Islas Canarias o en el Sur de España. No hemos estudiado, por ejemplo, la correlación que hay en ciertas áreas entre el nivel de educación y la retención de [s#]. Tampoco hemos examinado el impacto que pueden tener variaciones en la rapidez del habla (como es de esperar, el habla lenta y cuidadosa produce más retenciones de [s#] que el habla rápida).

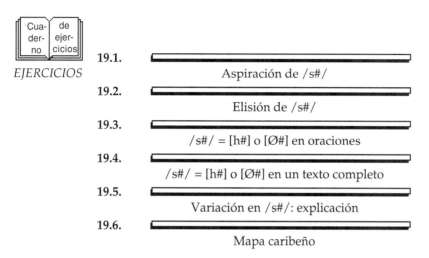

Cua-der-no de ejer-cicios

EJERCICIOS

19.1. Aspiración de /s#/

19.2. Elisión de /s#/

19.3. /s#/ = [h#] o [Ø#] en oraciones

19.4. /s#/ = [h#] o [Ø#] en un texto completo

19.5. Variación en /s#/: explicación

19.6. Mapa caribeño

La velarización y elisión de /n#/

En el Capítulo 8 ("Las nasales") vimos cómo la nasal /n/, cuyo alófono principal es [n], se asimila con regularidad a las consonantes velares en el interior de palabra. Considere nuevamente los ejemplos a continuación, en los cuales los fonemas velares /x, k, g/ condicionan la articulación [ŋ] de la nasal precedente:

ángel	[áŋxel]	**Velarización obligatoria de la nasal**
banco	[báŋko]	
ángulo	[áŋgulo]	

En ciertos dialectos, el fonema /n#/ en posición final de palabra está sujeto a un proceso de velarización [ŋ#] libre (es decir, opcional) incluso cuando no haya una consonante velar que le siga:

son así	[soŋ así]	**Velarización libre (= opcional) de la nasal**
pan y vino	[paŋ i βíno]	
comen siempre	[kómeŋ siémpre]	
¡ven!	[beŋ]	

En los mismos dialectos, este fonema nasal final puede elidirse completamente, pero no sin dejar su nasalidad en la vocal precedente: *pan* [pã], *hablan* [áβlã]. La elisión y consecuente nasalización de la /n/ en posición final de sílaba es particularmente frecuente si el sonido siguiente es un sonido fricativo. Así, palabras como *énfasis, entonces* o *monja* se oyen articuladas a menudo como [ẽfasis], [ẽntõses], [mõxa].

La velarización y elisión de /n/ son comunes en muchas áreas del mundo hispánico, pero destacan tal vez más en el Caribe. Allí, el proceso se ha extendido a la posición interna de la vocal cuando ésta va seguida de una consonante. Entre muchos hispanos caribeños, la articulación de esa nasal es a menudo tan débil que podemos decir que lo único que se percibe es la nasalización de la vocal precedente, algo como *canto* [kãto], *tanto* [tãto], *tengo* [tẽgo]. En este caso, si a la vocal nasalizada le sigue una obstruyente sonora (i.e., /b, d, g/), esta obstruyente ya no se manifestará en su forma "normal" oclusiva [b, d, g] sino en su forma fricativa [β, ð, ɣ], es decir, como el alófono normal después de cualquier vocal.

Ejemplo	Español estándar	Español popular caribeño	
ambos	[ámbos]	[ãβos]	(1) Nasalización de la vocal
mango	[máŋgo]	[mãɣo]	(2) Elisión de la nasal
ando	[áṇdo]	[ãðo]	(3) Fricatización de /b, d, g/

Antes de pasar a otro sonido variable — la /r/ — queremos mencionar que esta nasalización de vocales precedidas por nasales elididas puede tener consecuencias importantes a nivel del sistema fonemático. Se observará, por ejemplo, que la nasalización — un rasgo puramente alofónico en el español estándar — adquiere **función fonémica** en pares contrastivos como [mõxa] *monja* vs. [móxa] *moja*.

19.7.

EJERCICIOS   Variación en /n#/: velarización

La lateralización de la vibrante /r/
    Un rasgo común a grandes áreas del mundo hispánico es la llamada **lateralización** de la /r/ final de sílaba, es decir, la sustitución de [r] por [l]:

Estándar	Con lateralización completa
parte	[pál-te]
color	[kolól]
hablar	[aβlál]
el ser angustioso	[el sél aŋgustjóso]

Este proceso de lateralización, a diferencia del de la aspiración y elisión de la /s#/ y del de la velarización y elisión de la /n#/, no está muy extendido en el habla de las clases sociales más altas y educadas. Según la información que tenemos, es muy común en el Caribe, sobre todo entre los hablantes de Cuba, Puerto Rico y de la República Dominicana. También se da con frecuencia entre los habitantes negros de las costas del Pacífico y Atlántico colombiano.

En estas zonas caribeñas, ocurre también otro fenómeno muy similar, es decir, la sustitución [l] > [r].[5] Así, el ejemplo anterior "el ser angustioso" se articula a veces "er sel angustioso". En zonas negrohispanas, ambos procesos — i.e., [l] > [r] y [l] < [r] — parecen haber sido condicionados por causas múltiples — de origen europeo y africano.

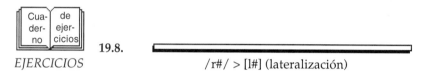

Cua-der-no de ejer-cicios

19.8.

EJERCICIOS

/r#/ > [l#] (lateralización)

El rehilamiento de la /y/: [me yámo] vs. [me žámo]

El rasgo tal vez más representativo del español de la región del Río de la Plata (Argentina) consiste en la producción de un alófono muy asibilado [ž] para el fonema palatal sonoro /y/ (recuérdese que [ž] es el sonido sibilante que ocurre en *pleasure*). Es decir, a principio de sílaba el alófono principal de /y/ es un sonido palatal o a veces alveopalatal fricativo sonoro igual que en el español americano general, pero con más sibilancia debido a la forma que adquiere la lengua en su producción. En la articulación de [ɟ] (= español americano culto), la forma de la lengua es convexa, pero en la de la [ž] argentina es más bien plana. Además, la parte dorsal de la lengua que se utiliza, es decir, la zona del punto de contacto con el techo de la boca, es algo más posterior en [ɟ] que en la [ž]. La corriente de aire y la tensión muscular son algo más fuertes en la [ž]. El timbre de [ž] es más áspero y, en su variedad rioplatense, es casi idéntico al del sonido [ž] de la palabra inglesa *measure* o la francesa *Jean*. A esta articulación sibilante tan característica del habla rioplatense se le ha dado el nombre de *rehilamiento*.

---

[5]   [r] > [l] se da, de modo esporádico, en Andalucía; en muchas lenguas africanas, [r] y [l] son intercambiables.

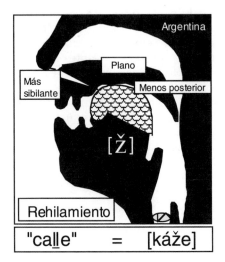
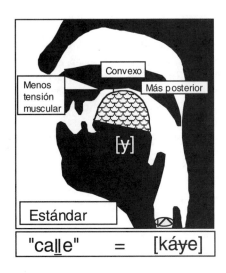

Fig. 19.9.   El rehilamiento de la yod.

El uso de alófonos rehilados no está restringido a la región del Río de la Plata, pero allí podemos decir que se emplea con gran frecuencia por casi todos los hablantes. Debe notarse que, en el español rioplatense, el uso del alófono rehilado [ž] para el fonema /y/ corresponde también a la letra "ll", y por eso decimos que los hablantes de este dialecto son yeístas, ya que no distinguen en el habla los sonidos representados por las letras "y" y "ll". Sin embargo, entre muchos de los hablantes de esta región sí se distingue el fonema /y/, con representación rehilada [ž] en palabras como *yate, llano, llueve, yeso*, de las palabras representadas ortográficamente con "hi" (en estas últimas suele pronunciarse la consonante yod con [ɏ] (= fricativo) o [y] (= semi-oclusivo]):

Con [ž]	Con [ɏ]	
yate	hiedra	Tendencias
llano	hiena	articulatorias
llueve	hielo	en el español
yo	hierro	argentino

EJERCICIOS   **19.10.**

Rehilamiento de /y/

Resumen

En este capítulo hemos examinado cuatro fonemas — /s, n, r, y/ — cuya articulación está condicionada por la interacción de varios factores. Algunos de estos factores son puramente "internos", es decir estrictamente lingüísticos más que sociolingüísticos (externos). Hemos visto, por ejemplo, que una de las principales condiciones internas para la variada articulación de /s#/ o /n#/ tiene que ver con la **posición final** de estos sonidos **dentro de la sílaba**. Otros factores internos incluyen **la posición del sonido dentro de la palabra**. Así, hemos aprendido que en el español de las Palmas, la /s#/ se aspira mucho más en el interior que al final de palabras. La /n/, a su vez, suele velarizarse ante todo en posición final de palabra; en Argentina, puede rehilarse la yod (siempre inicial de sílaba) hacia [ž] (cf. [žo] '*yo*') pero no la semivocal [i̯], la cual nunca empieza una sílaba (por lo tanto no se oye jamás *[plžego] por *pliego*).

Mucho más complejas aún son las condiciones externas (sociolingüísticas) que afectan al modo de hablar de los hispanoparlantes. Sólo hemos podido analizar en detalle el comportamiento de la /s#/, reduciendo así a un mínimo la descripción de los factores que entran en juego en la selección entre alófonos como la "-n" final de palabra (cf. [kómen] vs. [kómeŋ] *comen*) o la "l" o "r" final de sílaba (cf. *parte* vs. *palte*). Dichos factores son: (1) el estilo, (2) la formalidad, (3) la rapidez del habla, (4) el nivel socioeconómico y educacional y (5) el tipo de habla (e.g., lectura vs. conversación libre). Todos éstos influyen en la selección o no de los alófonos que hemos examinado en este capítulo.

Como hemos visto, las variaciones alofónicas de /s, n, r, y/ no obedecen a reglas categóricas; sin embargo, hay cierta correlación entre la aspiración o elisión de la /s#/ y el nivel socioeconómico o educativo de una persona, y es en parte esta regularidad relativa lo que le permite al hablante nativo evaluar o, quizás mejor, adivinar el nivel educacional o socioeconómico de hablantes que no conoce bien.

Como resumen, damos aquí una vez más los sonidos y los nombres técnicos de los procesos que hemos discutido en este capítulo:

Fonema	Posición	Ejemplo	Variante	Nombre técnico
/s#/	final de sílaba	¿cómo estás tú?	[kómo eʰtáʰ tú]	Aspiración de "s"
			[kómo etá tú]	Elisión de "s"
/-n#/	final de palabra	¿cómo están?	[kómo estáŋ]	Velarización
/r#/	final de sílaba	parte	[pálte]	Lateralización
/#y/	inicio de sílaba	yo me llamo	[žo me žámo]	Rehilamiento

Ejemplo de un dialecto específico: el habla del Chocó (Colombia)[6]

A modo de ejemplo quisiéramos presentar a continuación la transcripción estrecha de un breve segmento de un dialecto rural colombiano (para la ubicación de este dialecto véase el mapa 19.3). Es una excelente muestra no sólo porque ilustra varios fenómenos que hemos discutido en este capítulo sino también porque ejemplifica bien las grandes diferencias que hay entre el español americano llamado "culto" y ciertos dialectos populares hispanoamericanos.

En la transcripción a continuación se notará, entre otras cosas, que el hablante, un profesor (nacido en 1954) de una escuela secundaria de Bagadó

1. alterna entre la retención, aspiración y elisión de la /s#/,
2. lateraliza la /r/ a /l/ con frecuencia,
3. articula a veces [l] donde la lengua estándar tiene [r],
4. rehila la /y/ y
5. velariza la "-n" final de palabra.

Para facilitar la lectura de la transcripción damos la transliteración ortográfica a la derecha del texto fonético original. Las siguientes convenciones tipográficas son de notar en la transcripción:

Símbolo	Explicación	Símbolo	Explicación
[ɸ]	Fricativa bilabial sorda	ː	Alargamiento de vocal. Ejemplo: [naːða] *nada*.
[y]	Consonante palatal sonora		
[ŷ]	Consonante palatal sonora con fricción moderada	' (punto realzado)	Consonante extra tensa; similar pero menos enérgico que, por ejemplo, el toque cartagenero. Ejemplo: [kál'o] *Carlos*, [su̯ét'e] *suerte*.
[ž]	Fricativa palatal sonora		
[dž]	Africada palatal sonora		
[č]	Africada palatal o prepalatal sorda (predomina la articulación prepalatal que, sin embargo, nunca llega a despalatalizarse).	‖	Pausa
		...	Vacilación (con o sin pausa). Ejemplo: [ɛl {tenía una} ... doˢéna ðe serβésa] *él tenía una ... docena de cervezas*.
Acentuación	El acento primario se indica directamente sobre la vocal (ejemplo: [kílo, káma]). Dificultades tipográficas impiden colocar esta acentuación en vocales **nasales**. Por lo tanto, éstas llevan el signo de acentuación en forma de apóstrofe (ejemplo: [tẽ'ŋgo]).	{ }	Transcripción dudosa. Ejemplo: [ɛl {tenía una} doˢéna ðe serβésa] *él tenía una ... docena de cervezas*.
		{...?...}	Palabra o segmento incomprensible. Ejemplo: [ɛl {...?...} doˢéna ðe serβésa] *él {...?...} docena de cervezas*.

---

6   La transcripción completa de los textos chocoanos presentados en esta sección pueden encontrarse en: Armin Schwegler "El habla cotidiana del Chocó (Colombia)," *América Negra* (1991), núm. 2, págs. 85-119. El segmento presentado aquí ha sido adaptado ligeramente para el propósito de este manual.

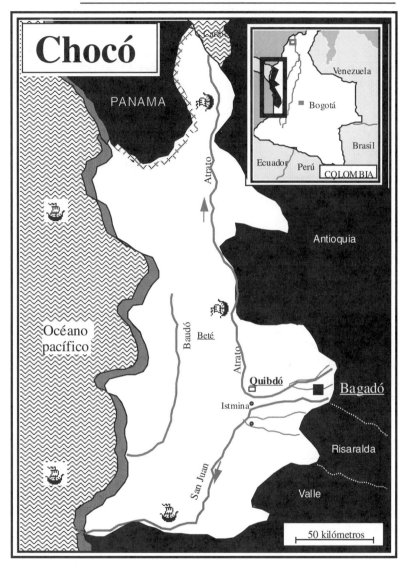

Mapa 19.3. Localización de Bagadó, lugar donde se ha hecho la grabación chocoana transcrita en este capítulo. El Chocó es una zona selvática muy lluviosa (¡la precipitación anual es de más de 15 metros [= 45 pies]!) La gran mayoría de los desplazamientos humanos siguen haciéndose en canoa o bote. Los habitantes — mayormente negros — se dedican a la agricultura y la minería.

Texto chocoano (Colombia)

Situación: un profesor de escuela secundaria trata de imitar el habla de chocoanos de la clase baja. Para este propósito, el profesor cuenta la historia de un paisano que va donde el alcalde para quejarse de su compadre Antonio que le debe 500 pesos (el peso es la moneda nacional de Colombia). En el texto a continuación, el profesor hace el papel del compadre y asimismo el de paisano.

EMPIEZA EL HABLANTE IMITANDO LA VOZ DEL COMPADRE:

01 "bu̯ó día, arkárðe. ¿usté kõmo ɛtá?" ‖	"Buenos días, alcalde. ¿Ud. cómo
02 tõ'nse le ðíˢe l alkálde: "mũi̯ bi̯ɛ̃'m,	está?" Entonces le dice el alcalde:
03 mũ'ča ɣrási̯as. ‖ ¡si̯ɛ̃ntate!, ¿kɛ	"Muy bien, muchas gracias. ¡Siéntate!
04 tal?" ‖ ɛ̃ntõ'nsɛ le ðíse: ɛl	¿Qué tal?" Entonces le dice el
05 kõmpáðre: ‖ "no no no no, alkálde,	compadre: "No no no no, alcalde, es
06 ‖ ɛs una kɛdéỹa ‖ kõ'ntra kõmp	una querella (= 'quarrel') contra compa
07 ãntõ'ni̯o kɛ una tálde ð ɛ́ˢta ‖ se le	Antonio que una tarde de estas se le
08 ɛ̃ntró ɛl ðɛmõ'ni̯o. ‖ ži̯ó {...?...}	entró el demonio. Yo {...? ...} cobrando
09 koβrã'ndo ‖ kini̯ɛ̃'nto mãndúko" ‖	quinientos manducos" — o sea
10 — o séa kini̯ɛ̃'nto pésos — ‖ "por	quinientos pesos — " por una palanca
11 una palã'ŋka k ɛ pɛhurikó." ‖	(= 'oar') que él perjudicó (= 'broke')."
12 tõ'nsɛ le ðíse ɛl alkálde: "¡bái̯ža!	Entonces le dice el alcalde: "¡Vaya!
13 ¡éso me asústa! ‖ ¡bái̯ya {kaso kuko[7]}!	¡Eso me asusta! ¡Vaya caso
14 ‖ ¡eksplíke βi̯ɛ̃ŋ kláro lo kɛ	cuco!¡Explíqueme bien claro lo que
15 susɛði̯ó!" ‖ tõ'nse le ðíse ɛ kõpáðre:	sucedió!" Entonces le dice el compadre:
16 "¡bémõ alkálde! ‖ ói̯ áse béi̯nte	"¡Veamos alcalde! Hoy hace veinte
17 áɲos yó mɛ̃ wʰi a mĩɲi̯á. ‖ βi̯éne	años yo me fui a minear (= 'to mine').
18 kõmp ãntõ'ñi̯o po yu̯apalirá[8] i βe	Viene compa Antonio por casualidad y
19 la paláŋka kɛ tába klaβára ɛ̃m mĩtá	ve la palanca que estaba clavada en
20 ðɛl páti̯o ðe mĩ aβitasi̯õ'ŋ, ‖ i kómo	mitad del patio de mi habitación, y
21 traía la rɛl tóa ðaɲára ‖ se la ˣʰu̯é	como traía la red toda dañada se la fue
22 kohi̯ɛ̃'ndo kõn aβusasi̯õ'ŋ. ‖ dɛ̃'nde	cogiendo con abusación. Desde que la
23 kɛ la trũ'ho[9], ‖ no síbe pa nára. ‖	trujo, no sirve para nada.
24 yo mi palã'ŋka tɛ̃nía rɛsára[10] ‖ kõn	Y yo mi palanca tenía rezada con las
25 la si̯éte sárbe ‖ i ɛl kréo a rɛβéʰ. ‖ ¡i	siete salves y el credo al revés. ¡Y ella
26 éya éa taŋ gu̯ɛ̃'na, le ðíˠo, éa ɛ́!" ‖ ...	era tan buena, le digo, vea ver!" ...

EJERCICIOS

19.11.   Ud. el lingüista: análisis del texto chocoano

19.12.   Preparaciones iniciales para el proyecto de investigación del ejercicio 20.2.

7	Expresión local cuyo significado es similar a la exclamación ¡hijo mío!.
8	Ignoramos la etimología de este vocablo. ¿Se tratará de una deformación de juatalirá (< fatalidad [?])?
9	Forma arcaica para trajo.
10	= 'I had my oar protected (against evil) with a prayer.'

CAPITULO 20

El español en los Estados Unidos

Como revela la Figura 20.1, en el año 1989 20 millones del total de 243 millones de habitantes estadounidenses eran hispanos (12 millones de éstos eran de origen mexicano). Entre los grupos de hispanohablantes que han inmigrado a los Estados Unidos destacan numéricamente tres: (1) los mexicanos en el oeste y el suroeste de los Estados Unidos, sobre todo en los estados de California, Colorado, Nuevo México, Arizona y Texas; (2) los cubanos, esparcidos por todos los Estados Unidos pero agrupados especialmente en el estado de la Florida y sobre todo en el área metropolitana de Miami; y (3) los puertorriqueños, concentrados en el área metropolitana de Nueva York.

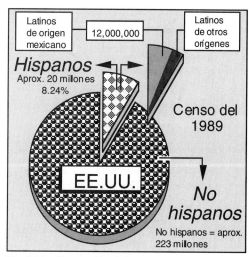

Fig. 20.1.   Proporción de hispanos en los EE.UU. Más de 12 millones (del total de 20 millones) de hispanos de los EE.UU. son de origen mexicano.

Las condiciones políticas y económicas que motivaron la inmigración de estos tres grupos son distintas y en muchos casos, las clases sociales que componen los tres grupos también lo son. En los últimos años, la población hispánica de los Estados Unidos ha crecido con gran rapidez, aumentando así de unos 15 millones a principios de 1980 a más de 20 millones a fines de la misma década. En California, por ejemplo, la población hispana constituye ya una cuarta parte de la población total. Mayor aún es la proporción de habitantes hispanos en ciertas ciudades del sur de los Estados Unidos (Fig. 20.3). Así, en 1988 alcanzó el 65% en El Paso, 56% en Miami, 54% en San Antonio y 25% en Tucson.

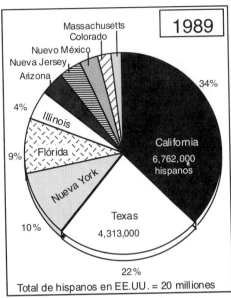

Fig. 20.2. Población hispana según estados. Los porcentajes indican la importancia de cada estado en relación al total de habitantes hispanos de los E.E.U.U. [1]

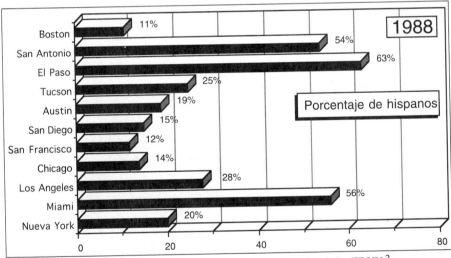

Fig. 20.3. Porcentaje de hispanos en algunas ciudades de los EE.UU.[2]

1   Basado en *The Hispanic Population in the United States: March 1989*. Jorge H. del Pinal y Carmen de Navas. Washington, D.C.: U.S. Department of Commerce, Bureau of the Census.

2   Fuente: *County and City Data Book 1988*. Washington, D.C.: U.S. Department of Commerce, Bureau of the Census.

Al estudiar o describir el español de los grupos latinos en los Estados Unidos hay que tener en cuenta que dentro de los grupos generacionales hay una gran diferencia en el uso del idioma español. Dentro de la primera generación de inmigrantes, el español se conserva por lo general con los rasgos del lugar de origen del hablante. El español del mexicano recién inmigrado revela pocas diferencias con respecto al español mexicano en la zona de origen del hablante; el español cubano de la primera generación sigue siendo una variedad del español de Cuba, al igual que el español puertorriqueño de Nueva York que difiere poco del puertorriqueño isleño. Sin embargo, dentro de la segunda generación, surgen normalmente anglicismos debido a la fuerte influencia del inglés en el habla de estas personas. En el nivel popular (habla informal), hay ciertos rasgos que caracterizan a más de una variante. Así, particularmente entre personas de origen rural, es muy común la pérdida de la /d/ intervocálica, lo que ha llevado a formas como *hablao* (= *hablado*), *ganao* (= *ganado*) o *deo* (= *dedo*).

En esta sección nos limitaremos primero a señalar brevemente las características de la pronunciación de estos tres grupos hispánicos cuando usan el español. Luego estudiaremos brevemente cómo algunos hablantes bilingües cambian — a veces con gran frecuencia y aun dentro de una misma oración — entre el código español y el inglés.

El español puertorriqueño y el cubano

El español cubano y puertorriqueño, como la mayoría de las variedades americanas del español, es yeísta, es decir, las letras "y" y "ll" son representaciones de un mismo fonema; estos mismos dialectos son también seseantes, es decir, las letras "s, z" y "c" (ante "e, i") representan un solo fonema, i.e., /s/. En el español puertorriqueño y cubano operan los procesos fonológicos de asimilación lateral (e.g., [al‿ɟamár] → [aʎ ɟamár])[3] y nasal (e.g., [taŋ‿kómiko] → [taŋ‿kómiko][4]). Existe en estas hablas la misma distribución de alófonos de /b, d, g/, aunque éstos tienden a ser variantes más suavizadas que en el resto de América. La /s/ en posición final de sílaba y palabra casi nunca se convierte en [z] como en otras variedades (cf. [déẕðe]) ya que este mismo fonema se aspira o se elide en esta posición (cf. [déØde]). Las clases educadas cubanas y puertorriqueñas tienden a seguir el sistema descrito en el Capítulo 19 ("El español americano"), es decir, éstas exhiben, por ejemplo, una mayor retención de la /s#/ que las clases bajas. Tanto el cubano como el puertorriqueño velarizan normalmente la /n/ ante vocal ([eŋ éso]) o ante pausa ([ya no komeráŋ]). La lateralización de la /r/ es común pero varía muchísimo de un individuo a otro. Parece mucho más corriente entre los puertorriqueños que entre los cubanos.

---

3   Véase el Cap. 11.
4   Véase el Cap. 8.

Existe otro rasgo del español de Puerto Rico que distingue esta variedad de las otras variedades del mundo hispánico: algunos hablantes articulan la /r̄/ múltiple, tanto intervocálica (cf. *ca<u>rr</u>o*) como inicial (cf. *<u>R</u>osa*), con un alófono **velar fricativo** o **uvular fricativo**, a veces sordo y a veces sonoro (esta "r" o "rr" uvular es similar a la "r" francesa). Cuando esta realización es sorda, existe la posibilidad de que los hablantes de otros dialectos del español interpreten este sonido uvular fricativo sordo como perteneciente al fonema /x/ y así, al oír *Ramón*, entienden *jamón*. Normalmente, el contexto semántico de la oración resuelve tales problemas de comunicación y una vez que el oído extranjero se acostumbra a oír los alófonos uvulares como representación del fonema vibrante múltiple, la comprensión del español puertorriqueño se facilita en gran medida.

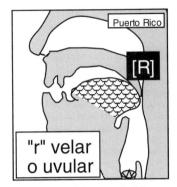

Fig. 20.4. Algunos hablantes puertorriqueños velarizan o uvularizan la "r" intervocálica o inicial de palabra. El sonido resultante es similar a la "r" del francés. Este tipo de "r" se transcribe a menudo con el símbolo [R] (cf. [káRo]).

Finalmente, queremos destacar un rasgo cubano — típico sólo del habla coloquial de las clases bajas — que no es típico del español puertorriqueño pero que sí se da también en la costa caribeña de Colombia (especialmente el área de Cartagena). Nos referimos al **reforzamiento de consonantes oclusivas y nasales** por medio de asimilaciones regresivas como las que ilustramos con los ejemplos a continuación. El lector notará que en cada caso los grupos consonánticos analizados se reducen a una sola consonante, y que esta reducción suele acompañarse por una oclusión glotal, i.e., [ʔ] (esta secuencia fónica, OCLUSION GLOTAL + CONSONANTE, representada ortográficamente en la literatura popular según la manera expuesta en la columna de la derecha abajo, da un efecto fónico que se ha denominado *toque* o *golpe*; así se habla, por ejemplo del *toque cartagenero*):

Ejemplo:	Grupo cons.	Esp. estándar	Con toque	Ortografía[5]
a<u>l</u>go	CONS. + [g]	[álɣo]	[áʔgo]	aggo
a<u>l</u>dea	CONS. + [d]	[alðéa] ~ [aldéa]	[aʔdéa]	addea
a<u>l</u>ba	CONS. + [b]	[álβa]	[áʔba]	abba
ta<u>l</u>co	CONS. + [k]	[tálko]	[táʔko]	tagco ~ tagko
mi<u>l</u>pa	CONS. + [p]	[mílpa]	[míʔpa]	mippa
a<u>l</u>to	CONS. + [t]	[álto]	[áʔto]	atto
ca<u>r</u>ne	CONS. + [n]	[kárne]	[káʔne]	canne
Ca<u>r</u>men	CONS. + [m]	[kármen]	[káʔmen]	Cammen

---

5   Es sólo una de las varias ortografías usadas por autores que buscan representar el lenguaje popular.

Es interesante notar que en el caso de /b, d, g/, estas asimilaciones siempre convierten una consonante normalmente fricativa (i.e., [β, ð, ɣ]) en una consonante **oclusiva** (i.e., [b, d, g]). En muchos casos se omite la oclusión glotal, dejando así una consonante **muy tensa** en posición intervocálica (cf. [ágo] *algo*, [aḏéa] *aldea*).

En el nivel del sistema, este cambio articulatorio FRICATIVA → OCLUSIVA es de gran importancia ya que produce en ciertos dialectos populares cubanos y colombianos un inesperado **contraste fonémico** en el cual /b, d, g/ vs. /β, ð, ɣ/ forman pares mínimos (recordará el lector que en el español estándar [β, ð, ɣ] jamás tienen valor fonemático):

Fonemas	Pares mínimos				
	Oclusivo			Fricativo	
/b/ vs. /β/	/sábes/	sal<u>v</u>es	vs.	/sáβes/	sa<u>b</u>es
/d/ vs. /ð/	/súdo/	zur<u>d</u>o	vs.	/súðo/	su<u>d</u>o
/g/ vs. /ɣ/	/ágo/	al<u>g</u>o	vs.	/áɣo/	ha<u>g</u>o

El español méxico-americano y el español chicano

Para algunos, los términos *méxico-americano* y *chicano* son sinónimos, mientras que para otros estos términos no significan lo mismo. Es imposible decir a ciencia cierta quién es o no méxico-americano o chicano puesto que las personas de descendencia mexicana que residen en los EE.UU. suelen autoidentificarse con uno de estos dos grupos según toda una gama de criterios—algunos de ellos muy complejos. Dada esta incertidumbre en la definición de *chicano*, es lógicamente imposible describir con exactitud el español de los méxico-americanos o chicanos. Generalmente, se ha definido esta variante del español como un dialecto del español mexicano con préstamos léxicos del inglés. Naturalmente esta variedad exhibe también muchos de los rasgos que hemos descrito como característicos del español mexicano.

Para el propósito de este capítulo consideraremos que *español chicano* y *español méxico-americano* son dos términos que se refieren a una misma variedad dialectal que, desde luego, varía considerablemente de hablante a hablante (a partir de ahora usaremos el término *méxico-americano* en vez de *chicano*). Los rasgos descritos a continuación no son más que generalizaciones.

El rasgo más destacado del español méxico-americano es que comparte, por lo general, las características generales y extendidas en la variedad del español que hemos denominado *español americano general*. El hispanohablante de Los Angeles o de El Paso, por ejemplo, comparte, en general, las mismas características de pronunciación con los hablantes de Guadalajara, México, Guatemala, Bogotá, Quito y Lima; es decir, la mayoría de los rasgos del español del méxico-americano son comunes a otras variedades del español de las tierras altas. Debemos, pues, repasar esas características.

En términos generales, el español de las tierras altas se caracteriza por un **consonantismo fuerte**. Así, en contraste con los dialectos del Caribe, el méxico-americano no aspira ni elide la /s#/, sino que la conserva en estos casos: [ésto, últimos, tántos]. Esa /s#/ conservada no está sujeta a la aspiración o a la elisión, pero sí está sujeta al proceso normal de asimilación de sonoridad, teniendo así una manifestación sonora en palabras como desde [dézðe], isla [ízla], los dedos [loz ðéðos]. El español méxico-americano tampoco velariza la /n/; así, en posición final de palabra (cf. pan y vino, van a ir), la /n/ se pronunciará siempre con una manifestación alveolar (cf. [pán]) y no velar (cf. [páŋ]). Tampoco se lateraliza la /r/ en posición final de sílaba; por lo tanto, puerta, hablar y comer se pronuncian con vibrantes y no con sonidos laterales (cf. puelta, hablal, comel).

El español méxico-americano tiene en común con los otros dialectos americanos el ser un dialecto yeísta y seseante. Hay otros procesos y rasgos fonológicos que caracterizan la pronunciación del méxico-americano. Se ha observado, por ejemplo, que en ciertas palabras existe la tendencia a convertir los hiatos VOCAL + /i/ y VOCAL + /u/ en diptongos, lo cual puede cambiar la posición del acento hablado a la vocal más abierta de la combinación:

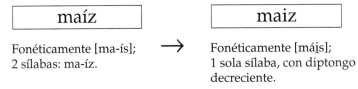

| maíz | maiz |

Fonéticamente [ma-ís];   →   Fonéticamente [máis];
2 sílabas: ma-íz.   1 sola sílaba, con diptongo
                                       decreciente.

Esta tendencia es a veces tan fuerte que se extiende desde las vocales medias contiguas a las abiertas. Una palabra trisílaba como teatro, con las vocales [e] y [a] en hiato, puede convertirse así en tiatro, i.e., una palabra bisílaba con diptongo [iá]. Sin embargo, debe de recordarse que este fenómeno no es exclusivo del dialecto méxico-americano sino que se encuentra entre cualquier grupo de hablantes en el que la lengua escrita ejerza poca influencia.

Otro rasgo es la suavización de la pronunciación del fonema /č/, lo que origina un alófono fricativo [š], sonido muy parecido, y a veces idéntico, al sonido "sh" de palabras inglesas como show. Este proceso tampoco es exclusivo del méxico-americano ya que se da esporádicamente en gran parte del mundo hispánico. El cambio /č/ → [š] no ocasiona ningún problema en la comprensión de las palabras españolas: chico, [šíko], muchacho [mušášo].

Otro fenómeno, tampoco exclusivo al español méxico-americano, es el uso de una variante labiodental, [v], como alófono ocasional del fonema /b/. La alternancia entre la fricativa bilabial [β] del español normal y la fricativa labiodental, [v], idéntica al sonido inglés "v" de Victor o have, podría hacer sospechar que el uso de este sonido se debe a la influencia del inglés. Los estudios que se han hecho sobre este fenómeno revelan que sí hay una cierta correlación entre el uso de este alófono labiodental y la letra "v", pero que esta correlación es siempre débil. Sea como fuere, en el español méxico-americano se oye tanto el sonido bilabial /b/ como el labiodental /v/ como representación de las letras "b" y "v".

Otro rasgo importante es la manifestación fonética del fonema /r/ la cual es una variante relajada con menos tensión y con cierta fricción, no sólo entre méxico-americanos sino también en muchas zonas y en muchas variedades del español. Esta relajación se da especialmente en posición final de sílaba (cf.

puer̲ta) y final de palabra (cf. *da̲r*). El uso esporádico de variantes fricativas suaves en lugar de vibrantes es absolutamente general en español. Sin embargo, en el méxico-americano (y entre muchos otros hablantes del mundo hispánico), este uso parece ser más bien la norma en tal posición. En posición intervocálica (cf. *pe̲ro*, *ca̲ra*) es más fuerte la tendencia a mantener la tensión requerida para la producción de una vibrante simple. En el caso de la vibrante múltiple /r̄/, es muy común que este sonido se relaje de forma paralela a la /r/ simple para convertirse así en un sonido fricativo, en este caso más largo y con fricción claramente audible. Este sonido se oye sobre todo en posición inicial de palabra (cf. *r̲osa*, *r̲ima*).

Las vocales en la variante méxico-americana están sujetas a dos procesos fonológicos: reducción y ensordecimiento. La reducción es a veces drástica en su duración pero no en su timbre (es decir, **no** se reducen hasta convertirse en una *schwa*). Se da generalmente en sílabas átonas, sobre todo si éstas preceden o siguen inmediatamente a la sílaba tónica: *ordinario*, *pas̲e*, *U̲sted*. **Las vocales átonas en contacto con sibilantes tienen una tendencia especial a reducirse:**

$$
\begin{array}{lcl}
\text{la}\underline{\text{s}}\ \text{co}\underline{\text{sa}}\underline{\text{s}} & \rightarrow & \text{l}^{a}\text{s}\ \text{c}^{o}\text{s}^{a}\text{s} \\
\text{parte}\underline{\text{s}} & \rightarrow & \text{part}^{e}\text{s}
\end{array}
$$

En los capítulos anteriores hemos mantenido que en español las vocales son siempre sonoras. Existen, sin embargo, dialectos en los cuales las vocales pueden ensordecerse (estas vocales se representan en la transcripción fonética con un punto debajo de la vocal: por ejemplo [o̦] = [o] sorda). Tal es el caso en el habla mexicana o méxico-americana **cuando una vocal va precedida de una consonante sorda**, sobre todo si la vocal va en posición final seguida de pausa: *ocho* [óčo̦], *coco* [kóko̦]. En algunas palabras, este proceso es general. En otras el mismo proceso es sólo esporádico. Como en otras características dialectales que hemos examinado, el ensordecimiento de vocales no está restringido al español méxico-americano, ni siquiera al mexicano, ya que se da esporádicamente en todos lo dialectos hispánicos.

La sílaba átona inicial, especialmente /a-/, se pierde fácilmente en el habla de los méxico-americanos: *(a)cordar, (a)rreglar, (a)hora, (a)cabar, (es)tar, (ha)cer*. Por **hipercorrección** a veces se agrega una /a-/ a palabras que no la tienen, dando lugar así a formas como: *(a)tocar, (a)gastar*. A veces se suprime una sílaba pretónica entera: *zanahoria > zanoria, alrededor > alredor*.

> **Hipercorrección =**
>
> "La extensión de una regla gramatical (normalmente prescriptiva) donde ésta no debería aplicarse."
>
> En el inglés americano, por ejemplo, suele hipercorregirse la expresión *between you and me* a **between you and I*. Se aplica esta hipercorrección porque los hablantes están conscientes de que en otros entornos (e.g., *you and I̲ will leave tomorrow*) el uso popular de *me* en vez de *I* es considerado incorrecto (*e.g., *John and me̲ go jogging together all the time*).

Ya hemos mencionado que la dislocación del acento en palabras como *maíz* (= 2 sílabas) → *maiz* (= 1 sílaba) reduce hiatos en diptongos. Esta eliminación de hiatos no ocurre sólo mediante la dislocación del acento, sino que también se da, con relativa frecuencia, por la cerrazón de /e/ y también de /o/:

pelear	[peleár]	>	*peliar*	[peliár]
trae	[tráe]	>	*tray*	[trái]
toalla	[toáya]	>	*tualla*	[tuáya]

Ciertos diptongos tienden a su vez a reducirse a vocales simples: [ie] > [e]. Así, *paciencia* se articula a menudo *pacencia*, y *ciencia* se convierte en *cencia*. Las vocales **átonas** pueden variar mucho; se intercambian sobre todo la /i/ con la /e/ y la /o/ con la /u/:

policía	>	polecía		entender	>	intender
historia	>	hestoria		manejar	>	manijar
cumplir	>	complir		seguro	>	siguro
recuperar	>	recoperar		morir	>	murir

La /y/ palatal intervocálica suele desaparecer con facilidad sobre todo si va precedida o seguida de /i/:

estrellita:	[estreíta]	en vez de	[estreyíta]
gallina:	[gaína]	en vez de	[gayína]
cuchillo:	[kučío]	en vez de	[kučíyo]

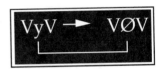

Se da también el proceso inverso, i.e., la adición de una yod entre dos vocales que normalmente están en hiato: *creo* > *creyo*, *mío* > *míyo*, *maestro* > *mayestro*, *leer* > *leyer*.

Aunque sí es verdad que la pronunciación del español méxico-americano comparte los rasgos esenciales de las otras áreas de las tierras altas, también es verdad que hay, entre ciertos hablantes (procedentes sobre todo del norte de México) una característica — poco estudiada — que destaca notablemente. Nos referimos aquí a la muy fuerte nasalización **general** de vocales aun cuando éstas no están en contacto con fonemas nasales. Compárese, por ejemplo, la siguiente oración con y sin nasalización, donde hemos añadido (con el símbolo ":") el alargamiento de vocales que típicamente acompaña tal pronunciación nasalizada:

	¿Oye, chico, que has hecho?
Sin nasalización:	[óye číko ké as éčo]
Con nasalización y alargamiento:	[õːyẽ cĩːkõː kẽ ãs ẽːcõː]

Igual a otras lenguas u otros dialectos, el español méxico-americano tiene toda una serie de modalidades, estilos y registros. La modalidad popular (más "relajada" que la estándar) reproduce fenómenos que se encuentran en el habla popular de otras regiones del mundo hispánico, pero difiere de ésta por la frecuente incorporación al idioma de palabras inglesas (e.g., *parquear, lunchear, un raid* 'a ride', *yarda* 'yard') así como, y esto es un punto importante, por un frecuente cambio de código ('code switching'). En los últimos diez años, algunos lingüistas han empezado a estudiar esta alternación entre el inglés y español con mucho ahínco. Han descubierto, entre otras cosas, que hay toda una serie de factores complejos que rigen este tipo de lenguaje "mixto", y que no es, por ejemplo, posible cambiar de código en cualquier parte de una oración. Para dar un ejemplo de este cambio de código, reproducimos a continuación un segmento de una conversación transcrita en un estudio por Guadalupe Valdés sobre el habla méxico-americano:[6]

Friend:	Are you hungry?
Susie:	Uh, uh.
Friend:	Porque allí hay **cashews. You don't like them?**
Susie:	No puedo comer.
Friend:	¿Por qué?
Susie:	(unclear)
Friend:	Ah, pero ... **yeah. You do break out with all that stuff? But your complexion** se ha compuesto mucho.
Susie:	Si, pues se me quitó, ¿te acuerdas?
Friend:	**I know.** De a tiro. No ... pero no se nota.

Curiosamente, esta frecuente alternancia entre el inglés y el español no ha tenido efectos profundos a nivel articulatorio. Es decir, es más bien atípico, por ejemplo, la transferencia al español de la "r" retrofleja del inglés, y tampoco se da, como sería de esperar quizás, una transferencia al inglés de las reglas españolas que rigen la selección de alófonos de /b, d, g/ (así, los méxico-americanos bilingües pronuncian palabras inglesas como *frugal* con [g] oclusiva y no [ɣ] fricativa, ignorando así correctamente una regla que en español pide una articulación fricativa y no oclusiva: cf. [luéɣo] *luego*).

Existe sin embargo un contexto fónico en el cual el habla de muchos méxico-americanos bilingües (y más aún, semi-bilingües) se ve afectada por el inglés. Se acordará el lector de que en inglés cada vocal inacentuada se convierte en schwa, y que este mismo sonido — muy frecuente en inglés — no existe en el español fuera de Norteamérica. Son relativamente numerosos los méxico-americanos que aplican esta regla general del inglés a su español, convirtiendo así palabras como [uniβersiðáð] o [peliɣróso] en [unəβersiðáð] y [peləɣróso], respectivamente.

El futuro del español de los Estados Unidos

Suponiendo que el español continúe hablándose en los Estados Unidos, ¿cómo será esta lengua en el futuro? ¿Podrá, por ejemplo, hablarse algún día de un "español (norte-)americano" como lengua propia? ¿Y qué actitud habrá que tomar frente a cambios articulatorios (como VOCAL INACENTUADA → SCHWA) que nos llevarán a tal situación?

---

6   Social interaction and code-switching patterns: a case study of Spanish/English alternation. *Spanish in the United States: Sociolinguistic Aspects* (1982), ed. Jon Amastae and Lucía Elías-Olivares. Cambridge: Cambridge University Press.

Desde luego, no podemos saber la dirección exacta que tomará el español americano en comunidades bilingües como las que tenemos en la actualidad en Los Angeles, El Paso, Miami, Nueva York o en muchos otros lugares de los Estados Unidos. Sin embargo, sí podemos estar seguros de que muchos cambios lingüísticos continuarán afectando nuestra manera de hablar, y que en este sentido la historia futura del español norteamericano no será distinta de la de cualquier idioma del mundo. Como ya hemos visto en el capítulo sobre la historia del latín al español moderno, todas las lenguas se transforman continuamente, y es precisamente esta continua transformación el mejor indicio de vitalidad del idioma que hemos estudiado en este texto (¡sólo las lenguas "muertas" no cambian!).

Visto desde esta perspectiva podemos comprender mejor ahora por qué, en un sentido amplio, cada dialecto del español es igualmente válido, y que por lo tanto, no existe entre hablantes nativos del español lo que popularmente se considera un habla "mala", "incorrecta" o "corrupta". Aunque sí es verdad que la sociedad adopta ciertas normas lingüísticas, estas mismas normas (y la actitud hacia ellas) pueden cambiar con relativa rapidez, transformando así un dialecto de alto prestigio en uno de menos prestigio (o vice-versa). Tal ha sido el caso en las últimas dos o tres décadas del famoso inglés de Oxford, el cual se ha visto "superado", al menos a nivel internacional, por el inglés del occidente de los Estados Unidos.

El méxico-americano (o cualquier otra persona) no tiene, pues, por qué menospreciar el español "mixto" de su comunidad. La complejidad y a la vez la utilidad de su lengua no es menor que la del español llamado "culto", y nadie sabe si los cambios léxicos, fonéticos y morfosintácticos que siguen transformándolo no formarán la base de una lengua nueva que, en un futuro quizás no muy remoto, despierte tanto interés a nivel nacional e internacional como el palenquero — una lengua neo-española mixta cuya historia estudiaremos en el próximo capítulo de este libro.

Resumen

En la actualidad, más de 20 millones del total de 243 millones de habitantes estadounidenses son hispanos. Aproximadamente la mitad de estos hispanos estadounidenses son de origen mexicano. En los últimos años, la población hispánica de los Estados Unidos ha crecido con gran rapidez, aumentando así de unos 15 millones a principios de 1980 a más de 20 millones a fines de la misma década.

Al estudiar o describir el español de los grupos latinos en los Estados Unidos hay que tener en cuenta que dentro de los grupos generacionales hay una gran diferencia en el uso del idioma español. Dentro de la primera generación de inmigrantes, el español se conserva por lo general con los rasgos del lugar de origen del hablante. Es por lo general dentro de la segunda generación donde surgen ciertos rasgos (e.g., el frecuente uso de anglicismos) que caracterizan el habla de estas personas. Sea como fuese, las comunidades hispanas, además de ciertas innovaciones propias, normalmente siguen manteniendo el tipo de habla dialectal que es típico de inmigrantes de primera generación de determinadas zonas.

Así en el **español cubano** y **puertorriqueño** de inmigrantes (aun de segunda o tercera generación) suele exhibir, como la mayoría de las variedades americanas del español, el yeísmo, es decir, las letras "y" y "ll" son representaciones de un mismo fonema; estos mismos dialectos son también seseantes, es decir, las letras "s, z" y "c" (ante "e, i") representan un solo fonema, i.e., /s/. También operan los procesos fonológicos de asimilación lateral (e.g., [al ɣamár] → [aλ yamár])[7] y nasal (e.g., [tan̪ kómiko] → [tan̪ kómiko]).[8] La /s/ en posición final de sílaba y palabra (cf. /desde entonses/) se aspira o se elide con frecuencia (cf. /deøde entonseø/), pero hay que notar que las clases educadas cubanas y puertorriqueñas tienden a una mayor retención de la /s#/ que las clases bajas. Tanto el cubano como el puertorriqueño velarizan normalmente la /n/ ante vocal ([eŋ éso]) o ante pausa ([ya no komeráŋ]). La lateralización de la /r/, particularmente frecuente entre los puertorriqueños, es común pero varía muchísimo de un individuo a otro. Otro rasgo del español de Puerto Rico — la pronunciación de la /r̄/ múltiple, tanto intervocálica (cf. *carro*) como inicial (cf. *Rosa*) con un alófono **velar fricativo** o **uvular fricativo** (que es similar a la famosa "r" francesa) es un rasgo que distingue el español puertorriqueño de las demás variedades dialectales del mundo hispano (hay que notar, sin embargo, que muchos puertorriqueños nunca usan esta vibrante velar o uvular sino la normal del español estándar). En cuanto al español cubano, hemos dicho que se da en él (y también en el de la costa caribeña de Colombia un **reforzamiento de consonantes oclusivas y nasales** (e.g., *addea* 'aldea', *atto* 'alto', *canne* 'carne'). En el nivel del sistema, esta innovación articulatoria es de gran importancia ya que produce en ciertos dialectos populares cubanos y colombianos un **contraste fonémico** en el cual /b, d, g/ vs. /β, ð, ɣ/ forman pares mínimos (cf. /ágo/ *algo* vs. /áɣo/ *hago*).

Con respecto al **español méxico-americano** y el **español chicano** hemos subrayado que es imposible decir a ciencia cierta quién es o no méxico-americano o chicano, lo que ha llevado a la dificultad de describir con exactitud el español de los méxico-americanos o chicanos. Generalmente, se ha definido el español de los méxico-americanos o chicanos como un dialecto del español mexicano con préstamos léxicos del inglés. Naturalmente esta variedad exhibe también muchos de los rasgos que hemos descrito como características del español mexicano (e.g., **consonantismo fuerte; no aspiración o elisión de la /s#/; no velarización de la /-n/** final de palabra; **no lateralización de la /r/** en posición final de sílaba; **yeísmo, reducción y ensordecimiento de vocales**: [lᵃs kᵒsᵃs]; **creación de vocales sordas**, sobre todo cuando éstas van seguidas de una consonante sorda [óčo̜]; **pérdida de sílaba átona inicial**, especialmente /a-/, en palabras como *(a)rreglar, (a)hora*; **dislocación del acento en palabras** como *maíz* → *maiz* ; **variación en el timbre de vocales átonas** como en [polesía] *policía*; **pérdida de la /y/ palatal intervocálica**: [estreíta] en vez de [estreɣíta] *estrellita*; **adición de una yod entre dos vocales** que normalmente están en hiato: *creo* > *creyo*; fuerte nasalización de vocales; etc.).

Lo que quizás caracterice mejor al español de méxico-americanos es el (en algunos hablantes) constante **cambio de código** entre el inglés y el español. Por

---

7   Véase el Cap. 11.
8   Véase el Cap. 8.

lo general, esta frecuente alternancia entre inglés y español no ha tenido efectos profundos a nivel articulatorio. Existe sin embargo un contexto fónico en el cual el habla de muchos méxico-americanos bilingües (y más aún, semi-bilingües) se ve afectada por el inglés. Son relativamente numerosos los méxico-americanos en cuyo dialecto cada vocal inacentuada se convierte en schwa.

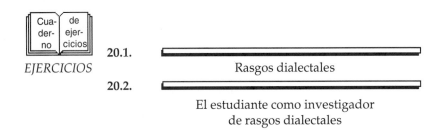

Cua-derno de ejercicios

EJERCICIOS

20.1. Rasgos dialectales

20.2. El estudiante como investigador
de rasgos dialectales

CAPITULO 21

El palenquero:
¿una lengua mixta neo-española?

En este texto hemos insistido en que las lenguas cambian continuamente, y que a largo plazo tales cambios históricos afectan tanto a la pronunciación como a la gramática (morfología y sintaxis) de lenguas. En el Capítulo 17 hemos mostrado que en el primer milenio de nuestra era, múltiples cambios lingüísticos transformaron el latín en lenguas "nuevas", produciendo así el tipo de relaciones genéticas conceptualizadas en la Figura 21.1.

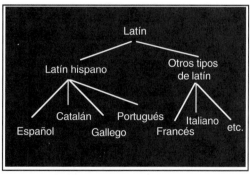

Fig. 21.1 Relación genética entre el latín y las lenguas románicas peninsulares.

En los últimos mil años, las diferentes hablas de la Península Ibérica han seguido desarrollándose, diversificando así progresivamente tanto las lenguas principales (español, portugués, etc.) como los dialectos regionales (castellano, andaluz, leonés, etc.). En cuanto al español, la fragmentación dialectal ha sido relativamente menor, lo que hace que hoy día hablantes de diferentes zonas del mundo hispano todavía puedan entenderse con relativa facilidad. Todavía no se ha producido pues en territorios hispanos una diversificación lingüística tan fuerte que haga que ciertas variantes del español deban clasificarse ya como "lenguas" distintas.

Existe, sin embargo, una lengua — el palenquero (Colombia) — que posiblemente pueda considerarse como una lengua neo-española puesto que su léxico desciende casi enteramente del español. Como veremos, la estructura gramatical del palenquero es, sin embargo, tan mixta — europea y africana — que su afiliación genética es sumamente dificultosa. La clasificación del palenquero como lengua neo-española es también problemática porque en su breve historia de menos de 500 años se han producido numerosas **innovaciones** que no están basadas en lenguas europeas ni subsaháricas. La Figura 21.2 trata de captar de manera conceptual cómo la confluencia de elementos africanos/españoles y la adaptación de muchas innovaciones intervinieron en la formación del palenquero.

Fig. 21.2.   El problema de la afiliación genética del palenquero.
El palenquero es una lengua mixta, constituida esencialmente de tres componentes: elementos heredados del español, elementos heredados de lenguas subsaháricas y gran cantidad de innovaciones propias.

En este capítulo examinaremos el palenquero por varias razones. En primer lugar, queremos mostrar cómo ciertos procesos dialectales del español caribeño (por ejemplo la elisión de /s#/ o el intercambio de [r] con [l], ambos examinados en el Cap. 20) han avanzado en el palenquero a tal punto que allí se aplican de manera categórica. En segundo lugar, un examen del palenquero nos servirá para ejemplificar que la interacción y consiguiente mezcla de dos o más lenguas (tal como ocurre, por ejemplo, en el español chicano) puede producir resultados lingüísticos que, a pesar de ser juzgados subestándardes en un lugar y un momento dados, pueden llegar a constituir la forma estándar en una comunidad determinada. En tercer lugar, este capítulo nos servirá para subrayar el impacto que pueden haber tenido ciertas lenguas subsaháricas en la formación del español caribeño.

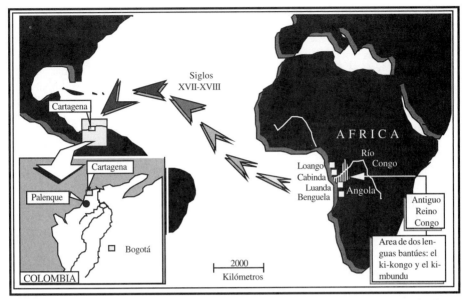

Mapa 21.1. Localización del Palenque de San Basilio y algunos puertos africanos de donde se exportaron numerosos contingentes de esclavos bantúes a Cartagena en el 1600. Un porcentaje relativamente alto de los antepasados de los palenqueros seguramente hablaban lenguas bantúes, especialmente el ki-mbundu y el ki-kongo, habladas en o cerca del antiguo reino Congo.

Breve historia del Palenque de San Basilio[1]

Situado a unos 70 kilómetros en el interior de la Costa Atlántica de Colombia (ver mapa 21.1), El Palenque de San Basilio es una comunidad negra de unas 4000 personas, descendientes, en su mayoría, de antiguos cimarrones (ingl. 'maroons') que se escaparon de Cartagena de Indias a principios del siglo XVII. Después de salvarse de la Corona esclavista, debieron de haberse instalado en varios **palenques**[2] (primitivas fortificaciones) en lugares apartados de la Costa, de donde se trasladaron a fines del mismo siglo hacia el Palenque actual. Gracias a su aislamiento cultural y geográfico, los palenqueros han logrado conservar su propia "lengua" (nombre local del idioma afrohispano *palenquero*), la cual está perdiendo terreno rápidamente frente al castellano regional.

El palenquero con toda probabilidad desciende de un **pidgin** afroportugués, hablado antaño en las costas occidentales del Africa subsahárica.

---

1   Dos estudios panorámicos del palenquero son: Nina de Friedemann & Carlos Patiño Rosselli *Lengua y sociedad en el Palenque de San Basilio* (1983) y William Megenney *El palenquero: un lenguaje post-criollo de Colombia* (1986). Véase también John Lipski & Armin Schwegler "Creole Spanish and Afro-Hispanic" en *Bilingualism and Linguistic Conflict in Romance*, Trends in Romance Linguistics and Philology, 5 (1993), ed. John N. Green, and Rebecca Posner, págs. 407-32, Berlín: Mouton de Gruyter.

2   La raíz de la voz *palenque* está relacionada con *palo* (ingl. 'stick'). Para defenderse contra los españoles, los antiguos palenqueros construyeron cercas (ingl. 'fences') de palos alrededor de su pueblo.

Dicho pidgin era una **lengua simplificada** (con un vocabulario reducido y una gramática rudimentaria) que servía de medio de comunicación entre exploradores portugueses y africanos. Al llegar a las Américas, muchos de los esclavos de territorios hispanocaribeños probablemente usaban este pidgin afroportugués para comunicarse entre sí. Es natural que en centros esclavistas como Cartagena, donde el español siempre fue la lengua dominante, el léxico de esta lengua de contacto afroportugués se asemejara al del español, cambiando así con relativa rapidez la articulación de palabras portuguesas de la manera expuesta a continuación:[3]

Portugués		Palenquero		Español
corpo	→	kueppo	<	cuerpo
casa [káza]	→	kasa	<	casa [kása]
muito	→	mucho	<	mucho
chorar [šorár]	→	yorá	<	llorar [yorár]
depois	→	ripué	<	después

Las nuevas generaciones de esclavos cartageneros seguían hablando este pidgin como lengua materna, transformándolo así en un criollo ('Creole'), es decir, una lengua capaz de cumplir funciones comunicativas mucho más complejas que las del antiguo pidgin afroportugués.

Hoy día, los palenqueros son aún conscientes de su pasado. Siguen practicándose en el pueblo no sólo esta "lengua" especial sino también una serie de costumbres de clara raigambre africana. Los palenqueros están particularmente orgullosos de su *lumbalú* (voz tomada del ki-kongo, donde significa 'melancolía, tristeza'), el cual es un canto funerario ancestral. Uno de estos cantos — el más conocido en la comunidad — evoca la procedencia africana de los antepasados de los palenqueros:

Chi ma nKongo	De los Congos soy
Chi ma ⁿkongo	De los Congos soy
Chi ma luango	De los de Luango
Chi ma ri Luango di Angola, e,	De los de Luango de Angola, eh,
Huan Gungú me ñamo yo	Juan Gungú me llamo yo
Huan Gungú me a de nyamá, ee.	Juan Gungú me han de llamar, eh.

El palenquero: una lengua criolla mixta

Si miramos el segmento palenquero que damos a continuación, no es difícil ver, aun para el no especialista, que la gran mayoría del léxico de esta lengua tiene un origen mayormente español, pero que las estructuras gramaticales son muy distintas de las lenguas peninsulares románicas.

---

[3]   Las voces portuguesas a continuación muestran que por lo general las diferencias fónicas entre lexemas portugueses y españoles son relativamente menores así que el reajuste articulatorio que tuvieron que hacer los esclavos recién llegados a Cartagena era relativamente fácil de implementar.

Concentrándonos por el momento en la primera oración del texto a continuación, reconoceremos con facilidad que cuatro de las cinco primeras palabras (*kuando yo era moná chikito* ...) son de origen peninsular. A pesar de esta fuerte semejanza, a nivel léxico, entre el español y el palenquero, en su forma hablada las dos lenguas son, por lo general, mutuamente ininteligibles.

Un palenquero habla de los tiempos pasados cuando él era niño:

| Abreviaturas: | T/A | = | marcador de tiempo/aspecto |
| | PL | = | marcador de pluralidad |

1   Kuando yo era moná chikito k i sibirí -ba pa na nu- ba.
    cuando yo era chico chiquito que yo servir T/A para nada no T/A
    Cuando yo era chico chiquito [es] que yo no servía para nada.

2   Y- asé - ba miná ma hende ... ma jʰindio.   → Palenquero
    yo T/A T/A mirar PL gente(s) ... PL indios   → Trad. lit.
    Yo miraba la gente ... [es decir] los indios.   → Traducción

3   Ané se- a pasá po akí ku karga ñame,
    ellos T/A T/A pasar por aquí con carga ñame,
    Ellos pasaban por aquí con cargas de ñame,

4   kagka yuka. I suto se- ba trabahá tambié.
    carga yuca y nosotros T/A T/A trabajar también
    [y con] cargas de yuca. Y nosotros trabajamos también [la tierra].

5   Lo ke suto se- ba trabajá era aló- ba, pogké a ese
    lo que nosotros T/A T/A trabajar era arroz T/A porque a ese
    Lo que nosotros producíamos era el arroz porque en ese

6   tiembo suto asé -ba semblá yuka nu.
    tiempo nosotros T/A T/A sembrar yuca no
    tiempo nosotros no sembrábamos yuca.

Igual a otras lenguas criollas, el palenquero se caracteriza por una nítida simpleza estructural, y por la expresión de categorías gramaticales por vía de construcciones analíticas. Compárense, por ejemplo, los siguientes paradigmas verbales, en los cuales se ve la ausencia de complicadas flexiones (o terminaciones) que tanto caracterizan al español así como a muchas otras lenguas indoeuropeas:

yo	ta	sibirí	'estoy sirviendo'	yo	a	sibirí	'he servido'
bo	ta	sibirí	'estás sirviendo'	bo	a	sibirí	'has servido'
eli	ta	sibirí	'está sirviendo'	eli	a	sibirí	'ha servido'
suto	ta	sibirí	'estamos sirviendo'	suto	a	sibirí	'hemos servido'
utere	ta	sibirí	'están sirviendo'	utere	a	sibirí	'(Uds.) han servido'
ané	ta	sibirí	'(están sirviendo'	ané	a	sibirí	'(ellos) han servido'
yo	ta-ba	sibirí	'estaba sirviendo'	yo	tan	sibirí	'serviré'
bo	ta-ba	sibirí	'estabas sirviendo'	bo	tan	sibirí	'servirás'
eli	ta-ba	sibirí	'estaba sirviendo'	eli	tan	sibirí	'servirá'
suto	ta-ba	sibirí	'estábamos sirviendo'	suto	tan	sibirí	'serviremos'
utere	ta-ba	sibirí	'estaban sirviendo'	utere	tan	sibirí	'(Uds.) servirán'
ané	ta-ba	sibirí	'estaban sirviendo'	ané	tan	sibirí	'(ellos) servirán'

La simplicidad estructural del palenquero no está limitada al sistema verbal. Es típicamente criolla, por ejemplo, la eliminación de la categoría de género. Nótese, por ejemplo, cómo el artículo indefinido *un* y los adjetivos *guapo, bonito* y *blanko* son invariables en los ejemplos a continuación:

Palenquero	Traducción
un muhé guapo	'una mujer guapa'
un kusa bonito	'una cosa bonita'
ese kasa blanko	'esa casa blanca'

Una similar economía gramatical se observa en los pronombres personales, donde no hay distinción formal, por ejemplo, entre *el* y *ella*, ambos expresados por *eli* (el contexto normalmente aclara el sexo del sujeto).

Se ha simplificado también la pluralización de sustantivos por medio de la eliminación de la "-s" final (señal de plural en español) y de la adopción de la partícula *ma*. Compare la regular elisión de la /s#/ y la adición del pluralizador *ma* en los siguientes ejemplos:

ma etudiante	'los estudiantes'	ma kasa	'las casas'
ma sapato	'los zapatos'	ma kusa	'las cosas'
ma problema	'los problemas'	ma hende	'las gentes'
ma etudiante kolombiano	'los estudiantes colombianos'	ma etudiante nuebo	'los estudiantes nuevos'

Esta tendencia hacia la economía estructural fue introducida bajo las difíciles circunstancias de la temprana esclavitud, es decir, en un momento cuando los *bozales* (negros americanos nacidos en Africa) se vieron obligados a "inventar" — dentro de una sola generación — un medio de comunicación que les permitiera comunicarse entre sí con relativa facilidad (recuérdese que los esclavos traídos a América hablaban literalmente centenares de lenguas africanas que eran mutuamente ininteligibles).

El carácter **mixto** del palenquero se evidencia en la adopción de categorías gramaticales africanas y europeas. Así, el artículo indefinido singular *un* 'un, una' proviene del español, mientras que el pluralizador *ma* tiene un origen bantú (posiblemente ki-mbundo o ki-kongo). Dentro del sistema pronominal palenquero, se nota una similar multiplicidad de orígenes:

De origen peninsular			De origen africano	
yo	(< esp. *yo*)	'yo'	**enu** (arcaico)	'Uds.' (2ª pers. plural)
bo	(< port. o esp. *vos*)	'tú'	**ané**	'ellos'
eli	(< port. *ele* 'el, ella')	'él, ella'		

Son también de origen africano algunas de las palabras más comunes en el habla diaria del Palenque. Entre ellas se encuentran *moná* 'joven, chico, chica' y el ya mencionado *lumbalú*.

Algunos rasgos fonéticos del palenquero

El sistema fonético del palenquero exhibe características que en su mayoría se registran también en las variedades del español de la costa caribeña. Para explicar algunas de estas características se ha aludido a la acción de un substrato africano. La aclaración de esta cuestión exigirá investigaciones adicionales, pero está fuera de duda a estas alturas que rasgos articulatorios como la prenasalización (cf. *ndo* 'dos', *mbala* 'bala') o la sonorización de grupos consonánticos como [mp] (cf. *tiembo* < *tiempo*, linea #6) son de procedencia subsahárica segura.

Mucho más controvertido es el origen de peculiaridades fonéticas que tradicionalmente se habían relacionado de manera exclusiva con el español andaluz. Tal es el caso, por ejemplo, con la elisión de la /s#/ final de sílaba. Aunque no está fuera de duda que los colonos españoles procedentes del sur de España trajeron este rasgo a América, algunos lingüistas se han preguntado — con razón — si el alto porcentaje de elisiones en zonas negras no pudiera haber sido causado por la confluencia de **múltiples** factores, africanos y europeos. El lector atento habrá notado en el texto palenquero citado que la /s#/ final de sílaba se elide de manera categórica (cf., *hende* < *gentes*, *jʰindio* < *indios*, *aló* < *arroz*) y que algunas sílabas originalmente cerradas se han convertido en sílabas abiertas debido a la pérdida de consonantes (cf. *sem-blá* 'sem-brar', *tam-bié* 'también' [lín. #6]).

En los últimos años se ha podido demostrar que es precisamente esta tendencia hacia la sílaba abierta una de las características más notables de la mayoría de lenguas africanas traídas a América por los esclavos. Lo que es más, en el caso del palenquero, esta tendencia "africanizante" hacia la sílaba abierta era tan fuerte que los hablantes "inventaron" múltiples estrategias para transformar sílabas cerradas en sílabas abiertas. Obsérvese, por ejemplo, cómo la introducción de una vocal "extra" en el verbo *sibirí* < *servir* (línea #1) ha transformado el esquema CVC-CVC en CV-CV-CV, y cómo la misma estructura silábica **abierta** se ha obtenido al cambiar *dios* y *dioso* o *dio*:

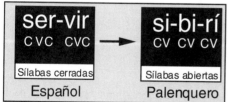
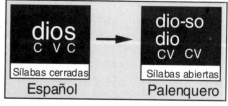

Apertura de sílabas cerradas en sílabas abiertas en el palenquero. En la actualidad, tanto *dioso* como *dio* se emplean en el habla diaria para expresar *dios*.

A la vista de lo expuesto, no hace falta insistir por qué el palenquero ha generalizado una regla —la elisión de la /s#/— que en el español peninsular meridional (y luego en el español cartagenero) se aplica sólo esporádicamente. En la temprana habla criolla, los esclavos han podido pues generalizar un rasgo articulatorio *variable* del español de las tierras bajas para lograr una silabificación que esencialmente reproducía la de sus lenguas africanas nativas.

Habiendo explicado la importancia de la sílaba abierta, estamos ahora en mejores condiciones de apreciar un posible factor causal en un proceso articulatorio que habíamos examinado en el capítulo anterior. Se acordará el lector de que en el español popular de las clases bajas de Cuba y del norte de Colombia suelen simplificarse ciertos grupos consonánticos, y que esta simplificación produce el tipo de oclusión o "toque"' ilustrado en los ejemplos siguientes:[4]

Ejemplo:	Grupo cons.	Con oclusión glotal	Con toque pero sin oclusión glotal	
algo	CONS. + [g]	[áʔgo]	[á'go]	
aldea	CONS. + [d]	[aʔdéa]	[a'déa]	*(con oclusivas*
alba	CONS. + [b]	[áʔba]	[á'ba]	*muy tensas)*
talco	CONS. + [k]	[táʔko]	[tá'ko]	

Ahora bien, no es difícil ver que esta reducción de grupos consonánticos — e.g., /r + k/ > /'k/ en *porque*—tiene un efecto que a nivel de la sílaba es esencialmente idéntico al de la elisión de /s#/, es decir, la simplificación de estos grupos consonánticos siempre lleva a la apertura de sílabas cerradas, conformándolas al patrón silábico característico de muchas lenguas subsaháricas:

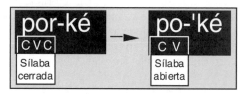

Fig. 21.3.   La asimilación consonántica y su efecto en la estructura de las sílabas. Se notará que la asimilación produce siempre sílabas abiertas, conformando así el palenquero a un patrón que ya hemos observado en palabras palenqueras como *sibirí* 'servir' o *dioso* 'dios'.

Volviendo al criollo palenquero, puede también observarse en éste el trueque [r] > [l] o [l] > [r]. Similar a lo que ocurre en otros dialectos que exhiben este rasgo, la alternancia entre estos sonidos es libre, así que pueden oírse, por ejemplo, *era ~ ela* por *era* o *karo ~ kalo* por *caro*. Lo que es particular del palenquero, sin embargo, es que en unas pocas palabras este trueque no está permitido. Tal es el caso con *aló* 'arroz' (línea #5) y *semblá* 'sembrar' (línea #6). Formas invariables como *aló* o *semblá* sugieren al especialista que antiguamente

---

4   Como lo ilustran los ejemplos palenqueros *kagka* 'carga' (línea #4 en el texto palenquero arriba) y *pogké* 'porque' (línea #5), el mismo toque también se da en el criollo del Palenque de San Basilio.

el cambio [r] > [l] o [r̄] > [l] era más común — y quizás general — entre los negros cartageneros.[5] Esta observación puede servir, además, para explicar por qué la lateralización de la [r] es particularmente frecuente en comunidades negrohispanas: si gran parte de los bozales (y sus descendientes) efectivamente manejaban un lenguaje pidgin o criollo afroportugués en el cual la lateralización de [r] era de rigor, es de esperar que esta misma lateralización se hiciera sentir durante y, en ciertas zonas conservadoras, aun después de la descriollización de hablas negrohispanas hacia el español estándar.

Observaciones morfosintácticas

Como ya se indicó, es en el terreno propiamente gramatical donde el idioma afrohispano del Palenque de San Basilio contrasta más notoriamente con el español. Como hemos tenido la ocasión de ver en los paradigmas verbales expuestos anteriormente (donde el verbo es esencialmente invariable), en el campo gramatical el palenquero muestra una serie de rasgos estructurales innovadores — i.e., no presentes en el español o en las lenguas subsaháricas habladas por los *bozales* — que conforman un sistema lingüístico muy diferente del castellano.

Las observaciones morfosintácticas que siguen están guiadas por el propósito de delinear por qué creemos que el palenquero es, en cierto sentido, clave para entender la historia lingüística del español caribeño. Esta breve exposición servirá además para mostrar que existen ciertos rasgos — poco conocidos aún entre los especialistas — en el habla popular hispano-caribeña que no son de ninguna manera relacionables con el español andaluz, ni con otras variedades españolas de la Península Ibérica, pero que sí son atribuibles a la temprana lengua de contacto afroportuguesa (pidgin o criolla) de los esclavos recién llegados a América.

La doble negación del tipo *no hablo inglés no*[6]

Considere nuevamente el segmento palenquero citado en las líneas 5-6 de la transcripción presentada al inicio de este capítulo:

5-6	...	pogké	a	ese tiembo	suto	asé	-ba	semblá	yuka	**nu**.
	...	porque	a	ese tiempo	nosotros	T/A	T/A	sembrar	yuca	no
	...	porque en ese tiempo nosotros no sembrábamos yuca.								

---

5   La confusión entre [r] y [l] es típica en muchas lenguas subsaháricas y, particularmente, en las que más se hablaban en Cartagena en el siglo XVII, es decir, el período formativo del palenquero.

6   Algunos de los datos expuestos en esta sección todavía no han sido publicados. El artículo de Armin Schwegler "Negation in Palenquero: Synchrony" en *Journal of Pidgin and Creole Languages* 6:165-214 ofrece un estudio esencialmente sincrónico de la negación palenquera. En un estudio ("La doble negación dominicana y el origen del español caribeño") que aparecerá en *Lingüística* (tomo 3), el mismo autor investiga el origen de la doble negación desde una perspectiva comparativa.

Notará el lector que la partícula negativa *nu* 'no' ocupa una posición al final de la oración que es agramatical en español, donde *no* 'not' debe siempre ocupar una posición preverbal: *no sembrábamos* (hay que aclarar aquí que el *nu* final del palenquero no está separado fonotácticamente del resto de la oración; por lo tanto, la función de este *nu* es muy diferente de la de la partícula negativa en oraciones españolas como *yo no dije esto, no*). Desde la perspectiva del español esta morfosintaxis de la negación palenquera es extraña no sólo por su posición sino también por su capacidad de combinación y variabilidad. Como muestran los ejemplos a continuación, en el palenquero la partícula *nu* puede ocupar también la misma posición preverbal que en español, y ésta es a la vez combinable con el *nu* postverbal para formar una doble negación del tipo *nu ... nu:*

Pal.	i	**nu**	ta	ablá	inglé		NEG_1 (preverbal)
	i	**nu**	ta	ablá	inglé **nu.**		NEG_2 (doble: pre- y post-verbal)
	i		ta	ablá	inglé **nu.**		NEG_3 (postverbal)
	yo	*NEG*	*estar*	*hablar*	*inglés*	*NEG*	

En palenquero, la selección entre NEG_1 , NEG_2 y NEG_3 depende de complejos factores que no es necesario analizar aquí. Para nuestros propósitos, la importancia de la morfosintaxis "negativa" del palenquero es que idénticas estructuras se den también en otros dialectos hispanoamericanos, y que éstos se hablen precisamente en zonas donde el negro siempre ha sido un factor social de gran importancia. Como muestra el mapa 21.2, ha podido confirmarse el uso de construcciones postverbales NEG_2 como *yo no hablo inglés no* en Cuba, el norte de Colombia (Cartagena y Palenque), el occidente de Colombia (tierras bajas, inclusive el Chocó) y la República Dominicana. La construcción NEG_3 es más restringida geográficamente ya que se da sólo en el español de Palenque, Cartagena y áreas aisladas de las tierras bajas de Colombia.

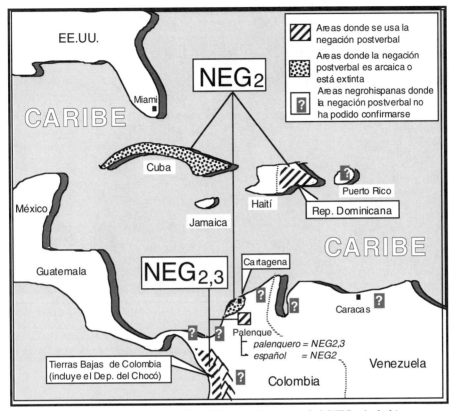

Mapa 21.2.   Distribución geográfica de la negación postverbal (NEG$_{2-3}$) afrohispana

Nótese que hasta hoy la negación estrictamente postverbal (NEG$_3$) se ha podido documentar para el español sólo en una pequeña comarca de las tierras occidentales de Colombia. En vista de la escasez de información fidedigna sobre ciertas áreas afrohispanas es posible que la distribución geográfica de VERBO + *no* sea menos limitada en la actualidad. Esta incertidumbre es particularmente grave en el caso de las Tierras Bajas de Colombia, las cuales pertenecen a una zona selvática muy lluviosa (más de 10 metros de precipitación anual) de muy difícil acceso.

Sorprende la ausencia de negación postverbal en ciertas zonas afrohispanas. No están documentados NEG$_2$/NEG$_3$, por ejemplo, para el habla congo de negros panameños o para el español negro-venezolano o puertorriqueño. El hecho de que NEG$_2$ y sobre todo NEG$_3$ se empleen hoy en áreas lingüísticamente muy conservadoras (Palenque, Chocó) sugiere, sin embargo, que la negación postverbal tenía una distribución geográfica mayor en el pasado.

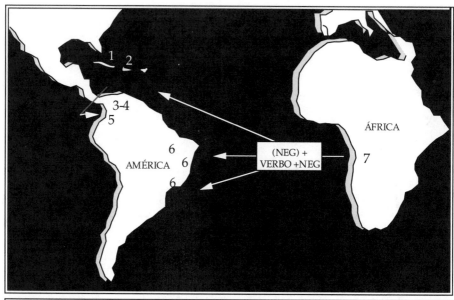

1. Cuba	4. Palenque	7. Angola
2. República Dominicana	5. Tierras Bajas de Colombia	
3. Cartagena	6. Brasil	

Mapa 21.3.   La negación postverbal y su probable difusión hacia América por medio de un pidgin o criollo afroportugués.

Es igualmente notable que el portugués popular del Brasil y asimismo el de Angola exhiban patrones negativos muy similares a los de las zonas que acabamos de citar:

Não	falo	inglês.		NEG_1	Portugués popular brasileño y angoleño
Não	falo	inglês	não.	NEG_2	
	falo	inglês	não.[7]	NEG_3	
NEG	*hablo*	*inglés*	*NEG*		

El hecho de que estas estructuras "extrañas" de negación postverbal (NEG_{2-3}) sean enteramente desconocidas en España pero estén muy arraigadas en el Palenquero y en varios dialectos hispanos y portugueses negroamericanos abre la posibilidad de una conexión entre el fenómeno en cuestión y el código pidgin o criollo **afroportugues** de los esclavos procedentes de Angola y otras zonas centro-occidentales de Africa. En otras palabras, es posible (y en nuestra manera de ver las cosas, hasta probable) que construcciones populares como *yo no hablo inglés no* representen un raro testimonio morfosintáctico del lenguaje de contacto que debió de haberse hablado en muchas áreas del Caribe hispánico.

---

[7]   La construcción NEG_3 aparentemente no se da en Angola.

Si esto es así, tenemos aún mejores argumentos para considerar rasgos fonéticos caribeños como la elisión de /s#/ o la fuerte tendencia a la sílaba abierta (e.g., *car-ga* > *ca-gga*) como resultado de **múltiples** factores causales— europeos y africanos. Esta constatación en sí es suficiente para recordarnos que el español americano que nos rodea tiene una historia mucho más compleja de lo que podría pensarse a primera vista.

Resumen

En este capítulo hemos visto que, en tiempos coloniales, el contacto entre africanos y europeos produjo en el Caribe un lenguaje mixto que parece haber intervenido en la formación del habla popular de Cuba, Puerto Rico, Colombia y de otras zonas caribeñas. Es esta intervención, en nuestra opinión, la que ha favorecido y hasta acelerado ciertos rasgos articulatorios, entre los cuales son quizás los más notables la elisión de la /s#/ final de sílaba así como el intercambio de [r] y [l].

Hemos constatado también que la sin duda rápida "invención" de una lengua criolla como la palenquera produjo un sistema morfológico relativamente simple y regular. Sin embargo, a pesar de esta simplicidad estructural y a pesar de las difíciles condiciones humanas bajo las cuales tuvo que formarse este habla de contacto, el palenquero es un idioma que satisface todas las necesidades comunicativas de sus hablantes, y por lo tanto constituye un código que, a pesar de una larga discriminación lingüística por parte de los colombianos costeños, es hoy admirado tanto dentro como fuera de Colombia.

Finalmente, hemos podido ver que el carácter mixto del palenquero, junto con innovaciones propias de esta lengua criolla, dificultan y hasta imposibilitan su clasificación genética. Desde la perspectiva del léxico, el palenquero sí es una lengua neo-española, pero una vez que salimos fuera de este dominio restringido hay muy poco con que poder justificar tal afiliación genética.

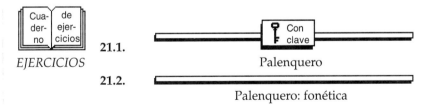

| Cuaderno de ejercicios | 21.1. | Con clave — Palenquero |
| EJERCICIOS | 21.2. | Palenquero: fonética |

Ejercicios

Ejercicios Capítulo 1

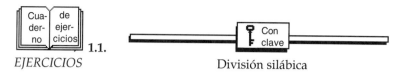

EJERCICIOS **1.1.**   División silábica

Divida las siguientes palabras en sílabas. Ponga la letra "h" entre paréntesis para indicar que no se pronuncia. Haga la división en este manual (o, si prefiere, en una hoja aparte), siguiendo el ejemplo.

Ejemplo: #1.   (h)i | go

              #2.   a | la

1. h i g o	6. I d a	11. h i j o
2. a l a	7. A n a	12. h a c e
3. e s e	8. a t a	13. A l a b a m a
4. a j o	9. h a g o	14. M á l a g a
5. o r o	10. u n a	15. s í l a b a

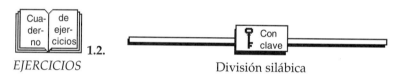

EJERCICIOS **1.2.**   División silábica

Determine el total de sílabas de cada una de las siguientes oraciones.

1. E s e   h a   d e   s e r   u n   o s o   d e   o r o .

2. H e   d e   v e r   a   m i   h i j o   y   a   m i   h i j a   a   e s a   h o r a .

3. N o   h a s   d e   h a c e r   h á b i t o   d e   c o m e r   h i g o ,   m i   h i j o .

Total de sílabas: #1 = [   ]   #2 = [   ]   #3 = [   ]

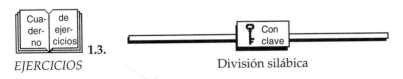

1.3.

EJERCICIOS   División silábica

Indique la silabificación con una barra vertical.

> *Ejemplo:* pago = pa | go

1. po|co	6. sa|la	11. co|sa	16. ma na da
2. ta|za	7. bo|la	12. me|sa	17. sí|la|ba
3. ca|so	8. ta|co	13. ca|ma	18. Ca|na|dá
4. di|go	9. na|da	14. pe|ro	19. sá|ba|na
5. pa|ra	10. pi|do	15. de|do	20. pa|ta|ta

1.4.

EJERCICIOS   División silábica: grupos consonánticos

Indique la silabificación; preste atención a los grupos consonánticos. Subraye todas las sílabas cerradas (recuerde: las sílabas cerradas son las que terminan en consonante).

> *Ejemplo:* costo = <u>cos</u> | to

1. pensar	13. libro
2. hablan	14. Carlos
3. busco	15. palabra
4. mismo	16. conozco
5. banco	17. consonante
6. están	18. agradable
7. ando	19. español
8. abrir	20. cinco
9. hermano	21. once
10. salgo	22. ladrón
11. Pedro	23. tengo
12. antes	24. arte

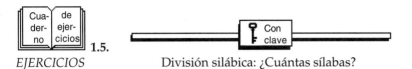

1.5.

EJERCICIOS   División silábica: ¿Cuántas sílabas?

Determine el total de sílabas de cada una de la siguientes oraciones.

    1. Busco a Pedro Pardo pero no lo conozco.
    2. Es difícil pero no imposible subirse a las montañas suizas.
    3. Nosotros sabemos dividir palabras con grupos de dos consonantes.

Total de sílabas: #1 = [   ]   #2 = [   ]   #3 = [   ]

1.6.

EJERCICIOS   Silabificación: grupos consonánticos

Indique la silabificación; ponga especial atención a los grupos de tres y
cuatro consonantes.

    Ejemplo: entrar = en | trar

1. s o m b r e r o	11. s a l d r é
2. h o m b r e	12. c o m p l e t o
3. d e s t r o z a r	13. d i s t r a e r
4. e j e m p l o	14. e n t r e
5. c o m p r a r	15. i n s t i n t i v o
6. i n t r í n s e c o	16. e x t r a o r d i n a r i o
7. e s d r ú j u l a	17. i n s t a l a r
8. t e n d r e m o s	18. s o l s t i c i o
9. e s c r i b i r	19. c o n s p i r a c i ó n
10. c o m p l i c a r	20. i n s t r u m e n t o

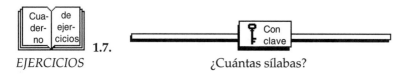

EJERCICIOS   ¿Cuántas sílabas?

Determine el número de sílabas de cada una de las siguientes oraciones. La doble "-r" (rr) y doble "ll" no deben separarse nunca.

   1. Tendremos que escribir una narrativa completa de las aventuras.
   2. La palabra esdrújula era un ejemplo intrínseco del caso.
   3. Al llegar saldré para comprarte una comida sabrosa.

Total de sílabas: #1 = [   ]   #2 = [   ]   #3 = [   ]

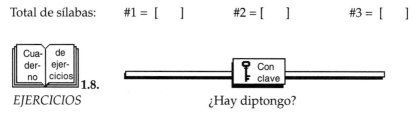

EJERCICIOS   ¿Hay diptongo?

Decida si la palabra contiene un diptongo. Si la palabra contiene un diptongo, subráyelo. Recuerde que las semivocales nunca ocurren en posición inicial de sílaba.

1.	Jaime	11.	nuevo
2.	Mayra	12.	llanta
3.	machista	13.	reina
4.	pliego	14.	coyote
5.	mientras	15.	hielo
6.	guardo	16.	guacamole
7.	huevo	17.	iguana
8.	criado	18.	cuatro
9.	yo	19.	hay
10.	calle	20.	allí

Cua-der-no de ejer-cicios 1.9.
EJERCICIOS

Con clave
[y] y [w]

Observe primero el modelo abajo, prestando especial atención a la transcripción de la yod o waw, y a su correcta colocación dentro de las cajas en el centro de la página. Luego complete el resto del ejercicio (no se olvide de dividir las sílabas).

	¡Recuerde! [y] y [w] sólo ocurren al principio de una sílaba.		Ortografía		Transcripción fonética
			Yod Waw	Núcleo vocálico	
llamar			ll	a	-mar	[ya]-mar
Yucatán			Y	u	-catán	[yu]-ca-tán
gallego	ga-		ll	e	-go	ga-[ye]-go
huevo		h	u	e	-vo	[we]-vo
hiedra		h	i	e	-dra	[ye]-dra
yo			Y	o		[yo]
calle	Ca		ll	e		~~ca~~ ~~[ye]~~ ka -ye -je
huerta	h	U	e	rta	
callejón	Ca		ll	e	jón
coyote	co		Y	o	te
hielo	h	i	e	lo
hueco	h	U	e	co
el wáter	el	W	a	ter
hierba	h	i	e	rba
Nahatl	Na	la	a	tl

Repita aquí los ejemplos donde ha cometido errores:

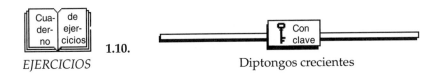

Observe primero el modelo de abajo, prestando especial atención a la transcripción de los diptongos, y su correcta colocación dentro de las cajas en el centro de la página. Después de haber estudiado los ejemplos a continuación, complete el resto del ejercicio. No se olvide de hacer la división silábica.

| | | Ortografía | | | Transcripción fonética |
		Semi-vocal	Núcleo del dipt.		
pliego	pl	i	e	-go	pl[i̯e]-go
mientras	m	i	e	n-tras	m[i̯e]n-tras
guardo	g	u	a	r-do	g[u̯a]r-do
criado	cr	i	a	-do	cr[i̯a]-do
nuevo	n	u	e	-vo	n[u̯e]-vo
piedra ?	p	i	e	-dra	p[i̯e]-dra
Miami	M	i	a	-mi	M[i̯a]-mi
mientras	m	i	e	n-tras	M[i̯e]n-tras
iguana	i	g	u	a-na	ig[u̯a]-na
cuatro	c	u	a	-tro	c[u̯a]-tro
lingüístico	lin-g	ü	i	s-ti-co	lin-g[u̯i]s-ti-co
ciudad	c				
hacia					
cuota					
cual					

Repita aquí los ejemplos donde
ha cometido errores:

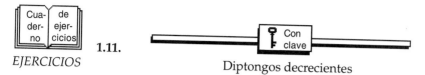

EJERCICIOS **1.11.**

Diptongos decrecientes

Observe primero el modelo de abajo, prestando especial atención a la transcripción de las semivocales y a la correcta colocación de éstas dentro de las cajas en el centro de la página. Después de haber estudiado los ejemplos a continuación, trate de completar la división silábica y transcripción de los ejemplos aún sin solución.

	Ortografía			Transcripción fonética (parcial)
	Núcleo del dipt.	Semi-vocal		
auto		a	u	-to [au̯]-to
aumento		a	u	-men-to [au̯]-men-to
Mayra	M	a	y	ra m[ai̯]-ra
Eusebio		E	u	-se-bio[eu̯]-se-bio
Europa		E	u	-ro-pa [eu̯]-ro-pa
ley	l	e	y	l[ei̯]
plausible	pl	a	u	si ble pl[au̯]-si-ble
(p)seudo				
soy	S			
neutro				
Mauricio				
aislar				
Austria				
ausencia				
aunque				
reina				
doy				

Repita aquí los ejemplos donde ha cometido errores:

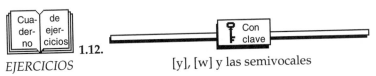

EJERCICIOS   [y], [w] y las semivocales

Observe primero el modelo de abajo. Estudie la transcripción de [y], [w] y de las
semivocales, y note la correcta colocación de estos sonidos dentro de las cajas en
el centro de la página. Luego complete el ejercicio.

		Ortografía			
	[y], [w], semi-vocal	Vocal	semi-voc.		Transcripción fonética (parcial)
ciego	c	i	e		-go	[ci̯e]-go
hielo	h	i	e		-lo	[ye]-lo
auto			a	u	-to	[au̯]-to
hay			a	y		[ai̯]
calle	ca-	ll	e			ca-[ye]
mayo	ma-	y	o			ma-[yo]
hiedra	h	i	e		-dra	h[ye]-dra
huevo						
Saudi						
llanta						
miércoles						
aislamiento						
jueves						
callejón						
coyote						
hielo						
reina						
Eliana						
guacamole						
iguana						
sauna						
fue						
Jaime						
whisky						
Washington						

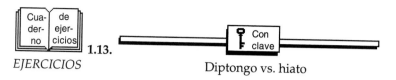

1.13.

EJERCICIOS

Diptongo vs. hiato

En el siguiente ejercicio, distinga entre los diptongos y las vocales en hiato, y dé siempre la transcripción fonética de cada hiato y diptongo (haga también la división silábica). Si las dos vocales forman un **diptongo**, indíquelo juntando las dos vocales en una sola sílaba y subraye el núcleo: *cau-sa, pier-na, quie-re*. Si las dos vocales están en **hiato**, indíquelo separándolas y poniéndolas en dos sílabas distintas (*ma-iz*). Recuerde que la letra "-y" al final de palabras representa una semivocal (*ley* = [léi]).

Ejemplos:

reina	=	r[ei] - na	(DIPTONGO)
pierna	=	p[ie]r-na	(DIPTONGO)
leí	=	l[e-í]	(HIATO)

1. veinte v[ei]s-te -llana
2. baúl   b[a-ú]l hiato aguda
3. automático [au]to-má-ti-co
4. boina   [oi]-na
5. cual   [ua]l aguda
6. aún   [a-ú]n
7. oír
8. puente p[ue]n-te
9. peine
10. Europa
11. ciudad
12. teatro

13. aula
14. aire
15. también
16. muy
17. cuidado
18. hacía
19. hacia
20. día hiato d[ía]
21. Dios
22. María
23. suelo
24. suave

EJERCICIOS 1.14.   Transcripción de diptongos/División silábica

Indique la silabificación en las siguientes palabras poniendo atención en la separación correcta de los grupos consonánticos y en la identificación de los diptongos y de las vocales en hiato.   Al escribir los diptongos y sílabas que contienen [y] o [w], use transcripción fonética.

Ejemplo: emplear = em-ple-ar / amplio = am-pl[i̯o] / llama = [ya]-ma

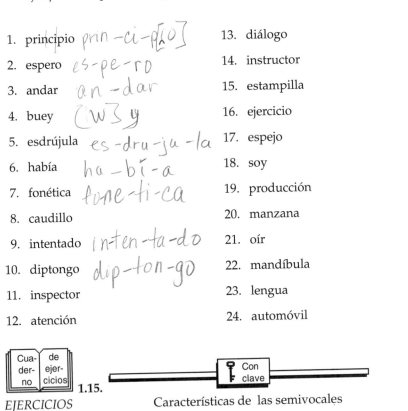

1. principio prin-ci-p[i̯o]
2. espero es-pe-ro
3. andar an-dar
4. buey [wey]
5. esdrújula es-dru-ju-la
6. había ha-bí-a
7. fonética fo-ne-ti-ca
8. caudillo
9. intentado in-ten-ta-do
10. diptongo dip-ton-go
11. inspector
12. atención

13. diálogo
14. instructor
15. estampilla
16. ejercicio
17. espejo
18. soy
19. producción
20. manzana
21. oír
22. mandíbula
23. lengua
24. automóvil

EJERCICIOS 1.15.   Características de las semivocales

Sin mirar el texto, trate de dar por lo menos 5 características de las semivocales.

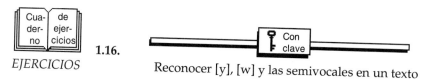

1.16.

Reconocer [y], [w] y las semivocales en un texto

Lea el siguiente texto y coloree ('highlight')
1. todas las semivocales **crecientes** con color azul,
2. todas las semivocales **decrecientes** con color rojo, y
3. **yod** y **waw** con color verde.

Semivocales crecientes	=	azul
Semivocales decrecientes	=	rojo
Yod/waw	=	verde

Hay que presentar ahora un concepto que es de suma importancia y que suele confundir a los estudiantes principiantes en fonética y fonología (por lo tanto aconsejamos que Ud. estudie los párrafos siguientes con especial cuidado). Existen en español (y también en inglés) palabras que exhiben dos o más vocales escritas que sin embargo no contienen ningún diptongo o triptongo porque cada una de estas vocales escritas se articula efectivamente como una vocal completa (el estudiante particularmente astuto habrá notado ya que en los ejemplos anteriores, *adiós* o *miedo*, la articulación de la "i" era algo distinta de lo que es, por ejemplo, en palabras como *día*, *mía*).

Palabras que tienen dos vocales escritas juxtapuestas pero que no contienen un diptongo o triptongo son, por ejemplo, *leí* o *leído*. En estas palabras no hay una sola sino múltiples sílabas. En ambos ejemplos la segunda sílaba consta de una sola vocal. Nos preguntamos entonces: ¿si aparecen dos vocales contiguas en una palabra (por ejemplo *miedo*), cómo determinamos si se trata efectivamente de un diptongo o de dos vocales independientes?

La solución a este problema es bastante simple. Normalmente los diptongos tienen que constar de dos elementos: una vocal — que puede ser cualquiera de las cinco vocales y que es siempre el elemento vocálico más fuerte de la sílaba — más lo que llamaremos semivocal. Una de las características de semivocales es que nunca llevan el acento primario (llamado también acento prosódico), lo que equivale a decir que las semivocales son por definición vocales átonas. Las vocales que llevan el acento primario o prosódico se llaman vocales tónicas. Así en la palabra *bien*, por ejemplo, la "i" es átona y la "e" es tónica.

EJERCICIOS   **1.17.**

División silábica: reglas generales

Dé un breve resumen de las reglas que se aplican en la división de sílabas. En este resumen, responda a las siguientes preguntas (considere también casos "excepcionales" como e*x*tra, i*nstr*umento, etc.; dé ejemplos):

1.   ¿Cómo se dividen los grupos de **dos** consonantes?
2.   ¿Cómo se dividen los grupos de **tres** consonantes?
3.   ¿Cómo se dividen los grupos de **cuatro** consonantes?
4.   ¿Cómo se divide la secuencia "VCV"?
5.   ¿Cómo se dividen dos vocales escritas cuando éstas forman un hiato?

Ejercicios Capítulo 2

EJERCICIO   **2.1.**   División silábica

Haga la división silábica del siguiente texto, siempre recordando que las fronteras silábicas no corresponden siempre con las fronteras de palabras. Para facilitar la tarea imprimimos el texto con letras más separadas. **Tipo de habla: cuidadosa y lenta.**

Ejemplo: Nos ǀ re ǀ fe ǀ ri ǀ **mo** ǀ **s a** ǀ quí ...

Nos referimos aquí al hecho de que al analizar fronteras silábicas es necesario interpretar secuencias de palabras como si éstas fueran una sola palabra encadenada. Para conceptualizar esta idea considérese la oración "en estos años es algo difícil ir ...", la cual puede articularse como un solo grupo fónico cuyas sílabas están íntimamente interconectadas o encadenadas. Las fronteras silábicas de esta oración no coinciden siempre con el principio o fin de palabra, y palabras aisladas como *en* que originalmente tenían una estructura silábica cerrada abandonan esta estructura original a favor de una estructura abierta.

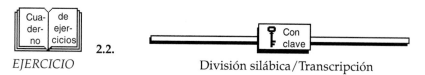

2.2.

EJERCICIO   División silábica/Transcripción

Transcriba las siguientes expresiones y haga también la división silábica. Ponga las deslizadas, [y] o [w] entre corchetes para indicar su articulación correcta.

	Habla cuidada/lenta	Habla rápida/informal
Ejemplo:	#1. di-go- es-to	di-g[u̯é]s-to

1. *digo esto* ___di-go es-to___   ___di-g[u̯é]s-to___

2. *su amistad* ___su-a-mi-stad___   ___su-a___

3. *ocho amigos* _____   _____

4. *no es así* _____   _____

5. *dámelo hecho* _____   _____

6. *ni uno* _____   _____

7. *digo al director* _____   _____

8. *es único en el mundo* _____   _____

   _____   _____

9. *no es esto* _____   _____

10. *al hablarlo así ...* _____   _____

11. *¿o es eso?* _____   _____

EJERCICIO **2.3.**   Sílaba tónica

En el siguiente ejercicio, pronuncie las palabras en voz alta prestando atención a la pronunciación correcta de las vocales, e identifique las sílabas átonas (sin acento) y las sílabas tónicas (con acento). Ponga un círculo alrededor de la vocal tónica.

Ejemplo: mañana = mañ(a)na

1. p a t(a)d a	7. t r(a)b a j o	13. s o b r(i)n o
2. e s p a ñ o l	8. d i v e r t i d o	14. o p o r t u n(i)d a d
3. p r i m(e)r o	9. á m i g o	15. h(i)j o
4. o f i c(i)n a	10. p r e s(i)d e n t e	16. f(a)t a l
5. h e r m(a)n o	11. h a b l á r	17. c a r p(i)n t e r o
6. l(i)b r e r o	12. i m p(o)r t a n t e	18. b a n(a)n a

EJERCICIO **2.4.**   La schwa inglesa

Pronuncie **en voz alta** las siguientes palabras del inglés, e indique la sílaba tónica con un acento ortográfico. Luego subraye las sílabas (siempre átonas) que se articulan con schwa (¡no todas las palabras de la lista abajo contienen una schwa!). Téngase en mente que una palabra inglesa puede contener más de una schwa, y que la variable articulación (o acentuación) de palabras inglesas puede convertir vocales "medio fuertes" en schwas (véase el ejemplo [b] de abajo).

Ejemplo: (a) another   = ənóthər,   mother = móthər

         (b) legality   = legáləty[1] o ləgáləty

1. chéated	6. children	11. dishes
2. personal	7. normative	12. football
3. mentality	8. melted	13. safety
4. telephone	9. mechanism	14. India
5. California	10. eyelashes	15. Germany

---

1   Articulado como "leeegality", o sea, con acentuación relativamente fuerte en la primera sílaba.

2.5.

EJERCICIO

Duración (sílabas breves en español)

Lea las siguientes palabras en voz alta prestando especial atención en (1) mantener igual duración en las sílabas átonas y tónicas; (2) no reducir la vocal átona; y (3) no transferir el sonido *schwa* del inglés.

1. hermano	6. Guadalajara	11. delicioso
2. hermana	7. particularmente	12. lingüística
3. corbata	8. interesante	13. teléfono
4. durante	9. Africa	14. principio
5. ejercicio	10. América	15. diferente

2.6.

EJERCICIO

Vocales átonas en español

Pronuncie las siguientes palabras y preste atención a las sílabas átonas. No use el sonido reducido átono *schwa* del inglés. Preste particular atención a la pronunciación de la "-a" átona final.

1. chica	8. días	15. trabaje	22. estudia
2. hermosa	9. semana	16. hermosa	23. linda
3. lástima	10. periódico	17. bonita	24. escuela
4. teléfono	11. sílaba	18. mesa	25. esa
5. buenas	12. ese	19. camisa	26. muchacha
6. interesante	13. casa	20. fonética	27. camisa
7. música	14. estudie	21. trabaja	28. lentamente

2.7.

EJERCICIO   La schwa en un acento extranjero

Lea el texto de abajo y coloree todas las vocales que en una pronunciación
extranjera (anglosajona) se convertirían en schwa. Luego lea este párrafo en voz
alta y preste atención para no producir el sonido schwa en las letras coloreadas.

La lingüística es la ciencia que estudia el lenguaje humano.
Dentro de este amplio marco, la lingüística tiene el
propósito fundamental, pero no único, de tratar de explicar
cómo funciona la comunicación por medio del lenguaje
entre los seres humanos. El lingüista se propone explicar
los procesos usados para formular una oración. Así, es
central en el estudio de la lingüística describir y luego
explicar todas las oraciones existentes o posibles en una
lengua humana. Para lograr este fin el lingüista tiene que
valerse de varios subcampos dentro de su disciplina.

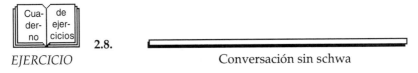

2.8.

EJERCICIO   Conversación sin schwa

Cuéntele a un compañero algún viaje que le gustó. Fíjese bien en no usar una
vocal reducida en las sílabas átonas.

2.9.

EJERCICIO   Duración de sílabas

Pronuncie las sílabas tónicas y átonas de las siguientes palabras con igual duración. No prolongue las tónicas ni reduzca las átonas. Mantenga un ritmo silábico "stacato", articulando así todas las sílabas con un ritmo constante y regularizado.

1. indispensable
2. interesado
3. entonación
4. conocidísimo
5. antisociológico

6. anatómico
7. calificativo
8. entusiasmadísimo
9. tranquilamente
10. unificación

11. intensidad
12. atómico
13. posibilidades
14. equivalente
15. hipotético

16. anterioridad
17. universalidad
18. precipitadamente
19. amplificación
20. polifacético

EJERCICIO   **2.10.**   Ritmo silábico

Lea los siguientes versos en voz alta, fijándose en mantener el ritmo silábico.

En este mundo traidor
Nada es verdad ni es mentira.
Todo es según el color
Del cristal con que se mira.
                         Campoamor

Juventud divino tesoro
Te vas para no volver
Cuando quiero llorar no lloro
Y a veces lloro sin querer.
                         Rubén Darío

Adivinanzas con ritmo

1. Lana sube y lana baja.
   Sabe la respuesta el que la trabaja.
   ¿Qué es?   —la navaja
2. Oro parece, plata no es.
   ¿Qué es?   —el plátano
3. Yo loco loco y ella loquita.
   ¿Que es?   —el candado
4. Agua pasa por mi casa,
   cate de mi corazón.
   ¿Qué es?   —el aguacate
5. El tren se parece a la manzana. ¿Por qué? —no espera
6. El preso se parece a un gabán. ¿Por qué?   —no escapa
7. El decir te la digo es nombrarla y sin embargo te la
   digo y no entiendes. ¿Qué es?   —la tela
8. Ve la vieja larga y seca que le escurre
   la manteca. ¿Qué es?   —la vela

Frases rítmicas
(con música del verso de *La Cucaracha*)

1. Una cosa que da risa
2. Pancho Villa sin camisa
3. Ya se van los Carrancistas
4. Porque vienen los Villistas.

5. Una vieja y un viejito
6. se cayeron en un pozo
7. Y le dice la viejita
8. Qué viejito tan sabroso.
9. La vecina de enfrente
10. me robó mi gallo fino
11. porque se estaba comiendo
12. la semilla del pepino.

Comercial de la televisión mexicana
Estaban los tomatitos
muy contentitos
cuando llegó el verdugo
a hacerlos jugo.
¡Qué me importa la muerte!
dicen en coro
si muero con decoro
en las botellas
Del Fuerte.

2.11.

EJERCICIO   Diptongos: habla lenta vs. habla rápida

Haga la división silábica de las dos oraciones a continuación y transcriba al mismo tiempo las semivocales con los símbolos fonéticos correctos ([i̯, u̯]). Ponga un círculo alrededor de las partes donde la división y transcripción varía según la rápidez del habla.

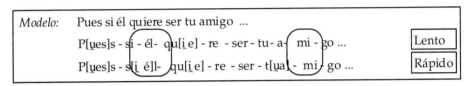

Modelo:	Pues si él quiere ser tu amigo ...	
	P[u̯es]s - si - él- qu[i̯ e] - re - ser - tu- a- mi - go ...	Lento
	P[u̯es]s - s[i él]- qu[i̯ e] - re - ser - t[u̯a - mi go ...	Rápido

1. Aquí eso es un problema muy grande.
2. La importancia de una isla depende de su industria.

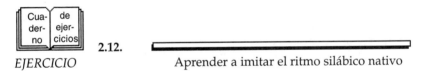

2.12.

EJERCICIO   Aprender a imitar el ritmo silábico nativo

En casa, sintonice[1] una estación de radio (o televisión) de habla española. Preste atención al ritmo silábico en la articulación de los locutores (para este propósito es particularmente útil escuchar las noticias). Trate de repetir oraciones con el mismo ritmo silábico (sería buena idea grabar un programa para escuchar y repetir en voz alta las oraciones que contiene).

---

1   *Sintonizar* 'tune into'

Ejercicios Capítulo 3

3.1.

EJERCICIOS   Posición de la lengua

En los dibujos a continuación las respectivas posiciones de la lengua son iguales. Usando un lápiz, dibuje la curvatura **correcta** de la lengua según la vocal indicada.

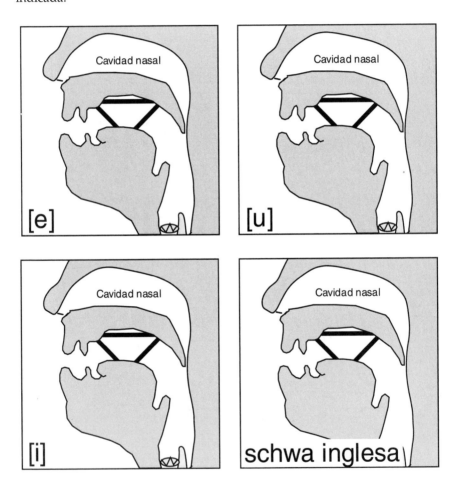

Cua-	de
der-	ejer-
no	cicios

3.2.

Con clave

EJERCICIOS   Posición de las vocales

Usando el dibujo de la derecha como guía, identifique la posición de la lengua en la producción de cada una de las letras subrayadas en las siguientes palabras.

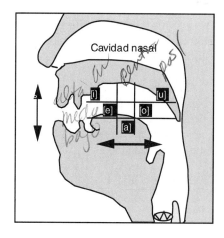

Cavidad nasal

Ejemplo:	el =	[e] vocal ANTERIOR	MEDIA
1.	Ana	*abierta* *central*	
2.	Mimí	*vocal alta*	*anterior*
3.	Lulú	*alta*	*posterior*
4.	bebé	*anterior*	*media*
5.	Rodolfo	*postero*	*media*
6.	inoportunamente	*anterior*	*media*
7.	antediluviano	*anterio*	*alta*
8.	duro	*posteiro*	*alta*
9.	desafortunadamente	*poster* *posov*	*meda*
10.	universalismo	*postereu*	*media*

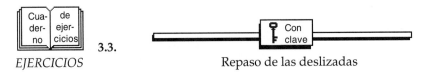

3.3.

EJERCICIOS   Repaso de las deslizadas

En el siguiente texto, identifique las palabras que contienen un diptongo o triptongo. Transcriba estas palabras fonéticamente (con los símbolos fonéticos ya estudiados).

> *Ahora bien. Una vocal es un sonido que se produce al pasar el aire de los pulmones a la laringe y luego por la boca (o por la nariz y la boca) sin ninguna obstrucción audible con la excepción de las vibraciones de las cuerdas vocales. Normalmente, si existe alguna obstrucción o alguna parada del aire, el resultado es una consonante.*

Ejemplo: b[i̯é]n

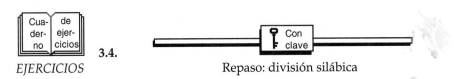

3.4.

EJERCICIOS   Repaso: división silábica

Haga la división silábica del texto a continuación, donde hemos indicado las pausas con "[PAUSA]". No se olviden de encadenar las sílabas donde sea necesario.

> *Una vocal es un sonido que se produce al pasar el aire de los pulmones a la laringe y luego por la boca (o por la nariz y la boca) sin ninguna obstrucción audible con la excepción de las vibraciones de las cuerdas vocales. [PAUSA] Normalmente, si existe alguna obstrucción o alguna parada del aire, el resultado es una consonante. [PAUSA]*

Ejemplo: u—na—vo—ca—le— ...

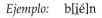

3.5.

EJERCICIOS

Vocales tensas

En el siguiente ejercicio, preste mucha atención al pronunciar las vocales [a, e, i, o, u]; manténgalas muy tensas, muy cortas y estables, y fíjese bien en la posición de los labios: redondeados con [u, o], neutros con las demás.

Monosílabas

1. mí	6. sí	11. con	16. van
2. se	7. te	12. sin	17. ver
3. la	8. va	13. han	18. pan
4. no	9. lo	14. por	19. tan
5. tu	10. su	15. son	20. fin

Dos sílabas

1. fama	6. mono	11. bese	16. parte
2. musa	7. dime	12. beso	17. cine
3. tina	8. diga	13. puso	18. Paco
4. mira	9. mango	14. tuya	19. taco
5. misa	10. pluma	15. habla	20. carne

Tres sílabas

1. sílaba	6. tercera	11. típico	16. médico
2. público	7. directo	12. romance	17. camina
3. termina	8. comida	13. cantante	18. sincero
4. hermano	9. catorce	14. frescura	19. lágrima
5. suplico	10. describa	15. hospital	20. castillo

Mixtos

1. divertido	6. policía	11. interesante	16. peligroso
2. fantástico	7. elementos	12. oportunidad	17. necesario
3. últimamente	8. naturaleza	13. desafortunadamente	18. completamente
4. república	9. imposible	14. originalmente	19. hablante
5. bombero	10. apetito	15. capítulo	20. profesor

3.6.

EJERCICIOS   Conversación libre

En una conversación con un compañero, describa un día típico en su vida. Ponga especial atención en pronunciar bien las vocales [a, e, i, o, u] muy tensas y estables, con la redondez correcta de los labios.

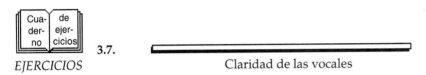

3.7.

EJERCICIOS   Claridad de las vocales

Lea los siguientes párrafos en voz alta poniendo mucha atención en la claridad de las vocales.

LOS REFRANES Y LOS DICHOS POPULARES

El mundo de habla española tiene numerosos refranes y dichos populares. Estos dichos representan el sentir común de una verdad basada en la experiencia del pueblo hispánico. Con frecuencia aparecen en la letra de las canciones o en la literatura de una nación. Los refranes suelen revelar pequeños detalles o aspectos de la personalidad de un pueblo.

Una inesperada idiosincracia española se manifiesta en la gran variedad humorística y en las contradicciones entre estos refranes. No hace falta un estudio detenido para reconocer que el humor y la inteligencia del pueblo hispánico se reflejan en gran parte en sus refranes.

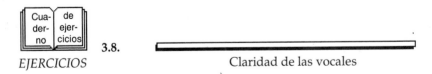

3.8.

EJERCICIOS   Claridad de las vocales

Lea los siguientes refranes en voz alta, poniendo atención en la claridad de las vocales.

1. A buen hambre, no hay pan duro.
2. Lo poco agrada, lo mucho enfada.
3. A palabras necias, oídos sordos.
4. Cada uno sabe donde le aprieta el zapato.
5. En boca cerrada, no entran moscas.
6. Una golondrina no hace verano.
7. Aunque la mona se vista de seda, mona se queda.
8. Ojos que no ven, corazón que no siente.

9. Perro que ladra no muerde.
10. No hay mal que por bien no venga.
11. No hay mal que cien años dure.
12. Lo barato cuesta caro.
13. De tal palo, tal astilla.
14. Del dicho al hecho hay gran trecho.
15. Cortesía de boca, mucho vale y poco cuesta.
16. Voy despacio porque tengo prisa.
17. De músico, poeta y loco todos tenemos un poco.
18. Nada sabe el que nada duda.
19. El que de veras sabe es él que sabe que no sabe.
20. El hombre tiene tres caras, la que tiene, la que quiere y la que cree tener.
21. Cada cabeza un mundo.

3.9.

EJERCICIOS   Conversación

Cuéntele a un compañero sus planes para el verano. Fíjese bien en la correcta pronunciación de las vocales (cortas y tensas) y en mantener el ritmo silábico.

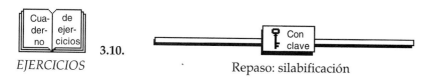

3.10.

EJERCICIOS   Repaso: silabificación

Separe las sílabas en las oraciones siguientes con una barra vertical. Preste atención al enlace de palabras. Imagínese que sólo los puntos al final de las frases constituye el fin de un grupo fónico (= pausa). Tipo de habla = habla rápida.

1. A buen hambre, no hay pan duro.
2. Lo poco agrada, lo mucho enfada.
3. A palabras necias, oídos sordos
4. Cada uno sabe donde le aprieta el zapato.
5. En boca cerrada, no entran moscas.
6. Una golondrina no hace verano.
7. Aunque la mona se vista de seda, mona se queda.

8. Ojos que no ven, corazón que no siente.

9. Perro que ladra no muerde.

10. No hay mal que por bien no venga.

11. No hay mal que cien años dure.

12. Lo barato cuesta caro.

13. De tal palo, tal astilla.

14. Del dicho al hecho hay gran trecho.

15. Cortesía de boca, mucho vale y poco cuesta.

16. Voy despacio porque tengo prisa.

17. De músico, poeta y loco todos tenemos un poco.

18. Nada sabe él que de nada duda.

19. El que de veras sabe es él que sabe que no sabe.

20. Ellos saben hablar en voz tan alta que uno los oye
    desde lejos.

21. El hombre tiene tres caras, la que tiene, la que quiere y
    la que cree tener.

22. Cada cabeza un mundo.

Cua-	de
der-	ejer-
no	cicios

3.11.

EJERCICIOS   Repaso: silabificación de C+s+C

Separe las sílabas en las oraciones siguientes con una barra vertical. Recuerde
que la secuencia C+s+C no se divide como los demás grupos fónicos de tres
consonantes.

1. cons|tan|cia
2. ins|ti|tu|to
3. abs|trac|to
4. pers|pec|ti|va
5. ads|cri|bir

6. sols|ti|cio
7. ins|tru|men|to
8. ex|ter|no (= eksterno),
9. ins|tan|cia
10. abs|te|ner|se

Ejercicios Capítulo 4

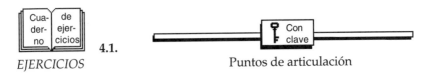

4.1.

EJERCICIOS   Puntos de articulación

Localice en el siguiente esquema los puntos de articulación enumerados en el dibujo.

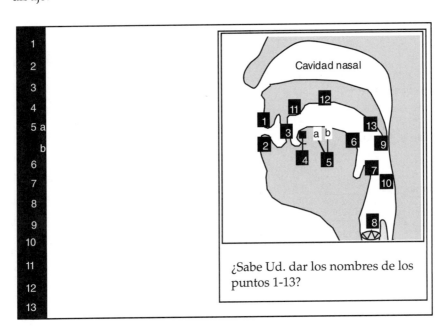

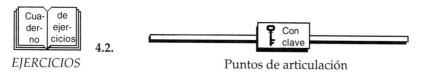

4.2.

EJERCICIOS   Puntos de articulación

Determine el punto de articulación de los sonidos subrayados en los ejemplos de abajo. Trate de entender la razón por la que usamos la terminología anterior sin memorizar directamente la clasificación de los sonidos nombrados. Pronuncie el sonido subrayado de cada una de las siguientes palabras y averigüe la zona y el punto de articulación por medio de su propia introspección. Después de cada intento vuelva a leer las partes pertinentes de los párrafos anteriores para revisar su respuesta. Recuerde que [y̶] es un sonido **fricativo** y que [y] representa el sonido de la yod oclusiva ([y̆] es una variante más enfática (africada) de este sonido consonántico).

Ejemplo: nada = [n] alveolar

1. fuerte   [f]   _____
2. lana   [l]   _____
3. cayó   [y]   _____
4. coco   [k]   _____
5. nada   [n]   _____

6. dando   [d]   _____
7. Pepe   [p]   _____
8. Chucho [č]   _____
9. sí   [s]   _____
10. Tito   [t]   _____

11. caber   [β]   _____
12. águila [ɣ]   _____
13. cine   [s]   _____
14. mamá   [m]   _____
15. uña   [ñ]   _____

16. hacer   [s]   _____
17. llave   [y̆]   _____
18. cada   [ð]   _____
19. calle   [y̆]   _____
20. gente   [x]   _____

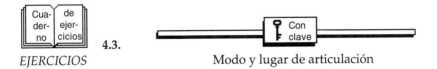

4.3.

EJERCICIOS   Modo y lugar de articulación

En el siguiente ejercicio identifique **el modo y el lugar de articulación** de los sonidos indicados en las siguientes palabras.

Ejemplo: Pedro [p] = oclusivo bilabial. Oclusivo porque hay oclusión total que impide la salida del aire; bilabial porque intervienen los dos labios.

1. costa   [k]   _Oclusivas_   _Velar Sorda_
2. nosotros   [n]   _Nasales_   _alveolar Sonora_
3. sal   [s]   _Fricativas_   _alveolar Surda_
4. papel   [p]   _Oclusivas_   _Bilabial sordos_
5. madre   [m]   _Nasales_   _Bilabia Snora_
6. baño   [ñ]   _Nasales_   _alvo-palatal -Sonra_
7. todo   [t]   _____   _____
8. chico   [č]   _____   _____
9. Javier   [x]   _____   _____
10. fino   [f]   _____   _____
11. líder   [l]   _____   _____
12. carro   [r̄]   _____   _____
13. pero   [r]   _____   _____
14. nada   [ð]   _____   _____
15. haga   [ɣ]   _____   _____
16. haber   [β]   _____   _____
17. manda   [d]   _____   _____
18. bomba   [b]   _____   _____
19. tango   [g]   _____   _____
20. ajo   [x]   _____   _____

Repaso de las vocales: **posición** de la lengua (para un ejemplo, véase la respuesta en el #21 a continuación)

21. h<u>a</u>ber   [a]   *vocal baja*_____   *central*_____

22. mand<u>o</u>   [o]   _____   _____

23. s<u>i</u>   [i]   _____   _____

24. t<u>u</u>   [u]   _____   _____

25. <u>e</u>l   [e]   _____   _____

Repaso de las vocales: los labios

Ejemplo: [o] = redondo(s)

26. h<u>a</u>ber   [a] =   _____   _____

27. mand<u>o</u>   [o] =   _____   _____

28. s<u>i</u>   [i] =   _____   _____

29. t<u>u</u>   [u] =   _____   _____

30. <u>e</u>l   [e] =   _____   _____

Anote aquí los 3 sonidos que más problemas le causaron en este ejercicio.

[ ]   _____   _____

[ ]   _____   _____

[ ]   _____   _____

4.4.

EJERCICIOS   Punto y modo de articulación

Indique el punto de articulación y el modo de articulación en los dibujos
siguientes según el modelo. Indique el lugar de articulación con un punto (como
en el modelo). Dibuje también la posición de la lengua. Marque la fricción con
una 'x' como en el modelo.

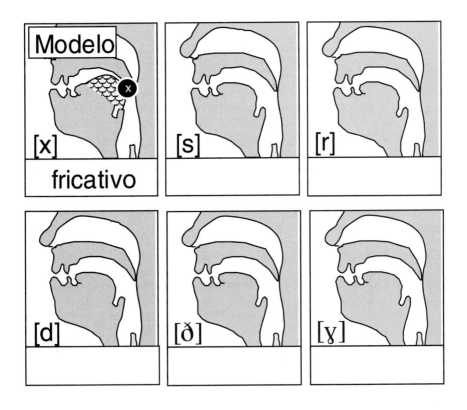

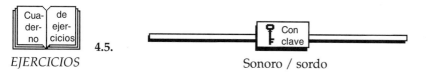

4.5.

EJERCICIOS   Sonoro / sordo

Diga si vibran o no las cuerdas vocales en la articulación de los sonidos
indicados en las siguientes palabras. Al pronunciar las palabras escritas abajo en
voz alta, tenga cuidado en no producir también una vocal acompañante con el
sonido consonántico porque las vocales son siempre sonoras y pueden crear
confusión contagiando su sonoridad a las consonantes. Por lo tanto, al articular
el primer ejemplo, no confunda la sonoridad de la "a" en *pasa* con la sordez de la
[p] inicial. Dé las respuestas de la manera siguiente: sonoro = (+), sordo (-).

Ejemplo: pasa [p] = (-)

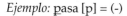

1. pasa	[p]	= ( )		6. carro	[r̄]	= ( )
2. tasa	[t]	= ( )		7. nado	[n]	= ( )
3. casa	[k]	= ( )		8. fino	[f]	= ( )
4. masa	[m]	= ( )		9. dado	[ð]	= ( )
5. ambos	[b]	= ( )		10. lado	[l]	= ( )

11. haga	[ɣ]	= ( )		16. zorro	[s]	= ( )
12. quien	[k]	= ( )		17. gitano	[x]	= ( )
13. sana	[s]	= ( )		18. cine	[s]	= ( )
14. gesto	[x]	= ( )		19. cava	[β]	= ( )
15. jota	[x]	= ( )		20. mayo	[y]	= ( )

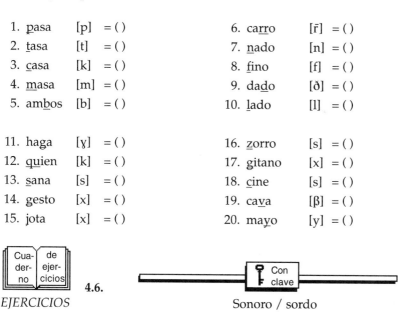

4.6.

EJERCICIOS   Sonoro / sordo

Tápese los oídos y pronuncie en voz alta la siguiente secuencia de sonidos, y
determine si los segmentos subrayados son sonoros o sordos. Marque su
respuesta entre paréntesis: (+) sonoro; (-) = sordo

[díɣɣɣɣɣo]   'digo'   ( )   [díxxxxxxxo] 'dijo'   ( )

[áɣɣɣɣɣo]   'hago'   ( )   [áxxxxxxxo] 'ajo'   ( )

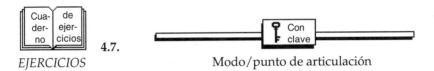

4.7.

EJERCICIOS   Modo/punto de articulación

Indique el modo y punto de articulación de los sonidos subrayados (ver texto en la caja de abajo). Use los símbolos "+" y "-" para indicar la sonoridad/ sordez.

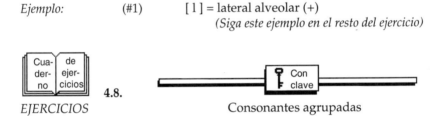

De la Sierra Morena CielitoLindo viene   bajando.   Un par   de
    1   2   3   4   5   6 789 10   11   12

ojitos negros Cielito Lindo de contrabando.   Fin del ejercicio.
 13   14   15   16   17   18

Ejemplo: (#1)   [l] = lateral alveolar (+)
                                  (Siga este ejemplo en el resto del ejercicio)

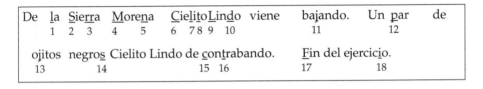

4.8.

EJERCICIOS   Consonantes agrupadas

Sin mirar el texto de este capítulo, trate de encontrar todos los sonidos ...

                   1.   alveolares del español
                   2.   fricativos del español
                   3.   oclusivos del español

Apúntelos a continuación:

ALVEOLARES:
(a) sonoros

(b) sordos

FRICATIVOS:
(a) sonoros

(b) sordos

OCLUSIVOS:
(a) sonoros

(b) sordos

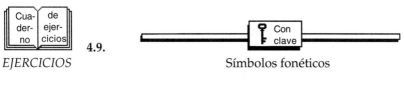

4.9.

EJERCICIOS   Símbolos fonéticos

¿Cuáles son los símbolos fonéticos que se usan para ...

1. ... la fricativa bilabial sonora?   _____

2. ... la fricativa velar sonora?   _____

4.10.

EJERCICIOS   Transcripción/punto de articulación

Complete el ejercicio según el modelo dando siempre la transcripción correcta y
el punto de articulación.

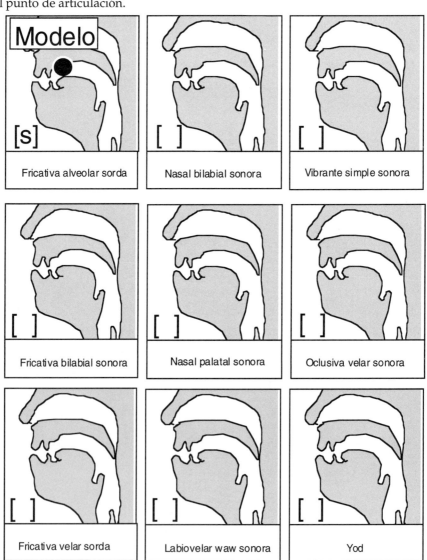

4.11.

EJERCICIOS

La lengua

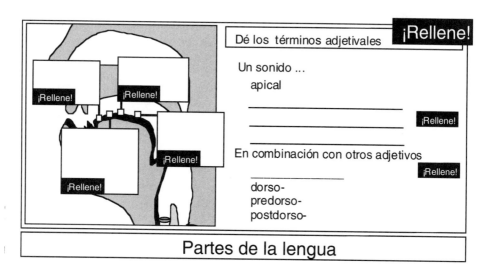

Dé los términos adjetivales ¡Rellene!

Un sonido ...
apical

_____
_____ ¡Rellene!
_____

En combinación con otros adjetivos
_____ ¡Rellene!

dorso-
predorso-
postdorso-

¡Rellene!

¡Rellene!

¡Rellene!

¡Rellene!

Partes de la lengua

4.12.

EJERCICIOS

Su propia lista de sonidos

Repase el Capítulo 4 y complete la tabla de sonidos de abajo (siga el formato del ejemplo en la Tabla). Pongan los sonidos entre corchetes.

1. PUNTO DE ARTICULACIÓN	SONIDO + NOMBRE EXACTO DEL PUNTO DE ARTICULACIÓN	2. MODO DE ARTICULACIÓN
¿DÓNDE?		¿CÓMO?
	Ejemplo	
1. Labio(s)	[f] = labiodental [m] = bilabial	Fricativo Nasal
	¡Siga! ▼	¡Siga! ▼
2. Dientes		
3. Alvéolos		
4. Alveo-paladar		
5. Paladar		
6. Velo		

Ejercicios Capítulo 5

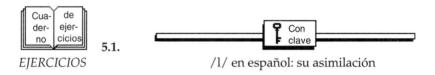

EJERCICIOS   **5.1.**

/l/ en español: su asimilación

Dibuje la posición de la lengua al articular la /l/ en *ola* y *aldea* (dibuje un punto negro en el punto de articulación de cada sonido). Recuerde que la /l/ tiene la tendencia a asimilarse al punto de articulación de la consonante que le sigue.

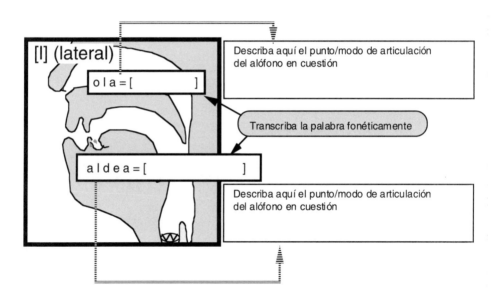

EJERCICIOS   **5.2.**

Fonema/alófono

Explique con sus propias palabras qué es un fonema y qué es un alófono. ¿Cuáles son las características de cada uno? ¿Hay fonemas en inglés y español? ¿Son iguales los fonemas/alófonos de estas dos lenguas? Dé ejemplos.

5.3.

EJERCICIOS   Explicación oral de conceptos básicos

En parejas, responda oralmente a las siguientes preguntas (el primer estudiante responderá a las preguntas pares (ingl. 'even numbered questions'), el segundo a las preguntas impares.

1. ¿Cómo puede saber uno si un sonido es (o no es) un fonema en una determinada lengua? ¿Por qué es /f/ un fonema en español?
2. ¿Por qué puede decirse que se articulan alófonos pero no fonemas?
3. ¿Qué significan "/.../" y "[...]"?
4. ¿Qué es un par mínimo? ¿Puede Ud. dar 5 ejemplos de pares mínimos del inglés y del español?
5. ¿Cómo describiría Ud. lo que es un alófono? ¿Puede Ud. dar ejemplos de variaciones alofónicas que tienen (o **no** tienen) consecuencias en el nivel fonológico (= fonemático)?
6. ¿Qué es una variación alofónica **redundante**? ¿Sabe Ud. dar ejemplos?
7. ¿Cuál es el término técnico que se usa para indicar lo contrario de una variación alofónica redundante?
8. ¿Es posible que una lengua tenga más fonemas que alófonos? ¿Por qué sí/no?
9. ¿Es contrastiva la diferencia fónica entre [d] y [m] en español? ¿Por qué sí/no?
10. ¿Qué usa un **fonetista** ante todo, transcripción entre barras oblicuas ("/.../") o corchetes ("[...]")?
11. ¿Por qué puede variar el total de fonemas de una lengua a otra?
12. La figura "Tres alófonos de /u/" da tres articulaciones posibles para el fonema /u/ del español. ¿Puede Ud. dar ejemplos de palabras que ilustren estos tres usos? ¿Puede Ud. explicar por qué se trata de alófonos y no de fonemas?

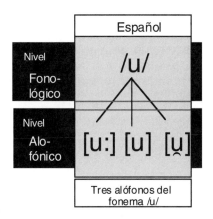

Tres alófonos del fonema /u/

EJERCICIOS **5.4.**

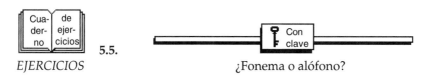

Explicación por escrito de conceptos básicos

Ahora que Ud. ha discutido las respuestas del ejercicio anterior (5.3) con su compañero de clase, responda a cada pregunta por escrito.

5.5.

EJERCICIOS   ¿Fonema o alófono?

Considere los siguientes ejemplos del inglés y español. Artícule cada una de las palabras en voz alta y preste especial atención a la articulación de los segmentos nasales subrayados.

Inglés	Español
bank	banco
sink	brinca
gang	gringa
to consider	considerar
normal	nada
mango	mango
sing	ganga

Habrán notado que en ambas lenguas la letra "n" representa o el sonido "n" (como en *normal* y *nada*) o, según el caso, el sonido "ng" (cf. *gang, banco, brinca. etc.*). Como aprenderemos en el Capítulo 8, este último sonido es un sonido **velar** que se representa por el símbolo alofónico [ŋ], mientras que la "n" **alveolar** de *nada* y *normal* se transcribe con [n].

Respondan ahora a las siguientes preguntas:

1. ¿Los sonidos [n] y [ŋ], son fonemas en español e inglés? Explique por qué sí/no.

2. ¿Puede Ud. ilustrar su respuesta con el tipo de gráfica a la derecha (haga una gráfica para cada una de las lenguas)?

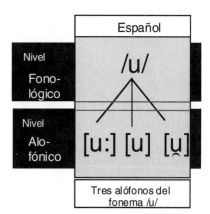

Ejercicios Capítulo 6

6.0.

EJERCICIOS   Ejercicios introductorios de transcripción

Sirviéndose del "Texto de práctica #1" reproducido en las páginas 313-314, complete las tareas descritas a continuación en los **PASOS 1-7**. Como se trata de la primera transcripción que Ud. está efectuando, el "Texto de práctica #1" está reproducido múltiples veces para que Ud. pueda repetir el ejercicio si es necesario.

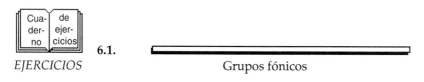

6.1.

EJERCICIOS   Grupos fónicos

PASO 1

Siguiendo las prácticas recomendadas en la sección "El grupo fónico" y usando el "Texto de práctica, copia #1", indique con una doble barra (i.e., "//") las pausas para separar las palabras y oraciones en grupos fónicos naturales:

// es preferible que vean todo como es //

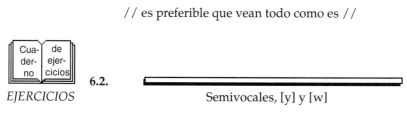

6.2.

EJERCICIOS   Semivocales, [y] y [w]

PASO 2

Vimos en el Capítulo 1 que un diptongo consiste de dos vocales (i.e., SEMIVOCAL + VOCAL o VOCAL + SEMIVOCAL) reunidas dentro de una sola sílaba. Recuerde que los diptongos crecientes son [i̯] + VOCAL y [u̯] + VOCAL, y que los decrecientes son VOCAL + [i̯] y VOCAL + [u̯]. Cuidado con la letra "y" que puede ser consonante /y/ como en *mayo*, vocal /i/ (*dos y dos* = /dos i dos/), o semivocal [i̯] (*hay* [ái̯]). Usando el "Texto de práctica, copia #1", busque los segmentos fónicos que contienen (1) una semivocal y (2) [y] o [w]. Transcriba estos sonidos fonéticamente (imagínese que el texto se articula **despacio** así que **no** se forman diptongos entre palabras (e.g., *cuando él tenia* = [ku̯án-do-el...] y no [*ku̯án-du̯él...]). Escriba sus soluciones directamente en el "Texto de práctica", imitando así el ejemplo siguiente (señale el acento primario en forma de tilde si el diptongo es la sílaba tónica de la palabra [cf. *pierde* vs. *piedritas* abajo):

	pi̯ér	wé-	pi̯e
Ejemplo:	p i e r d e	l o s h u e s o s c o m o	p i e d r i t a s

6.3.

EJERCICIOS

Enlace de sonidos entre palabras —
Silabificación

PASO 3

Este ejercicio consta de varias partes, e incluye la separación silábica, la transcripción de diptongos (habla informal, rápida) y el enlace vocálico. Siga las siguientes instrucciones:

1. Lea todo el texto de práctica otra vez, prestando atención únicamente al final de palabras para ver si hay

   (a) encadenamiento (CONSONANTE + VOCAL),
   (b) sinalefa sin diptongación (e.g., *dice él* ... = *dice‿él*), o
   (c) sinalefa con diptongación (*lo es* = lu̯és).

Luego ponga los símbolos especiales en el texto según las instrucciones a continuación:

ENCADENAMIENTO: marque las "nuevas" fronteras silábicas creadas por el encadenamiento con una barra vertical (por el momento marque sólo estas fronteras silábicas "nuevas" y no todas las fronteras silábicas).

Ejemplo: ¿N o | s h a n d i c h o q u e e | s a s í...

SINALEFA SIN DIPTONGACION: Márquela con "‿" como se indica abajo:

Ejemplo: m e ‿ h a n d i c h o q u e ‿ e s a s í...

SINALEFA CON DIPTONGACION: Imagínese que todo el texto del ejercicio representa habla informal y rápida. Escriba en transcripción fonética la sílaba entera a la cual pertenece el "nuevo" diptongo, pero todavía **no** indique la frontera silábica con una barra vertical:

nu̯és

Ejemplo: ¿N o   e s   q u e   p i e r d o …

1.   Marque ahora todas las fronteras silábicas con una barra vertical (preferiblemente en color rojo). Separe las palabras en sílabas de la manera siguiente:

Ejemplo: ¿Y | c u á n | t o s | n i | ñ o s | …

6.4.

EJERCICIOS   Las letras ortográficas no articuladas

PASO 4

Lea el "Texto de práctica, copia #1" otra vez e indique por medio de paréntesis las letras mudas "h" y "u". Escriba el símbolo [č] directamente encima de cada "ch".

                             č   č
Ejemplo: ¿N o s (h) a n   d i c h o m u c h o q (u) e

6.5.

EJERCICIOS   Un símbolo fonético nuevo: [k]

PASO 5

Usando el "Texto de práctica, copia #1", transcriba [k] directamente arriba de cada letra que represente este fonema oclusivo velar sordo.

[k]   [k]
Ejemplo: ¿Q u i é n   l o   c a z ó?

6.6.

EJERCICIOS   El sonido [s]: su ortografía

PASO 6

Usando el "Texto de práctica, copia #1", ponga el símbolo [s] directamente encima de cada letra que represente este alófono fricativo alveolar sordo.

6.7.

EJERCICIOS   El símbolo [x] en la transcripción

PASO 7

Usando el "Texto de práctica", ponga los símbolos [x] y [g] directamente encima de cada letra que represente la jota y la "g", respectivamente.

6.8.

EJERCICIOS

¡Adelante con su primera transcripción!

PASO 8

Obsérve las siguientes "reglas del juego" para completar esta tarea:

— No use letras mayúsculas ni tampoco signos ortográficos como el punto, la coma, punto interrogativo, etc.

— Escriba con lápiz para poder efectuar fácilmente correcciones en la transcripción.

— Considere que el elemento final de un grupo fónico nunca se encadena con el primer elemento del próximo grupo fónico.

"Eran muchos. Y no querían ..."

Correcto: ... *e* / *ran* / *mu* / *chos* _____ // _____ *Y* / *no* / *que*/ *rí* / *an* ...
Falso: ... *e* / *ran* / *mu* / *cho* _____ // _____ *sY* / *no* / *que*/ *rí* / *an* ...

"Eran muchos, y no querían ..."

Correcto: ... *e* / *ran* / *mu* / *chos* _____ // _____ *y* / *no* / *que*/ *rí* / *an* ...
Falso: ... *e* / *ran* / *mu* / *cho* _____ // _____ *sy* / *no* / *que*/ *rí* / *an* ...

— ¡Marque siempre la sílaba tónica de las palabras con una tilde!

— Haga la división silábica en todo el texto.

— Suponga que se trata de habla informal y rápida (por lo tanto, haga los ajustes necesarios en cuanto a la posible diptongación de vocales finales: *lo es* = [lụés]).

— Indique todos los casos de encadenamiento y sinalefa.

— Use sólo símbolos fonéticos (por lo tanto no use letras como "ch", "qu", etc., y no transcriba letras no articuladas como la "h"; ¡recuérde que la letra "c" nunca se usa en la transcripción, pero que [č] sí se emplea).

Damos aquí un ejemplo de cómo debería de hacerse la transcripción de la primera oración del ejercicio. Nótese que en las páginas 317-319 hemos reproducido el texto de práctica (titulado "Texto de práctica #1, **copia 3**") en letras grandes para que Ud. pueda hacer la transcripción directamente debajo del texto imprimido. Si Ud. tiene muchas dificultades con la primera versión de esta transcripción, puede repetir el ejercicio con la copia #4 del "Texto de práctica #1".

Ejemplo:

[i-kụán-   tos-ní-ños-tịé-ne͜us-téd-se-ñó-ra ‖ ...]

Texto de práctica #1
(copia 1)

A: ¿Y cuántos niños tiene usted señora?

B: Yo tengo cuatro niños.

A: ¿Cuatro? ¿Y todos seguidos?

B: Bueno, más o menos. La mayor tiene ahora
      quince años; luego tengo una niña de doce años
      y medio, otro de nueve, y el último tiene siete
      años.

A: ¿Y todos están en el colegio?

B: Sí, en el de San Martín. Bueno, yo digo que
      tengo cuatro hijos. En realidad, tengo tres que
      son míos. El mayor es en realidad mi
      hermanito, porque mis padres murieron muy
      jóvenes cuando él tenía apenas tres años. Y
      desde entonces está con nosotros.

A: Tiene más o menos la misma edad que los otros.

B: Sí, tiene solamente tres años más que Luisa.

A: ¿No ha habido problemas?

B: No, no ha habido ningún tipo de problema. Es

que a los niños siempre hay que enseñarles la
vida como es realmente, sin engañarlos, sin
tratar de esconderles las cosas porque uno teme
que puedan sufrir. ¿No cree usted? Los niños
sufren precisamente cuando se les engaña,
cuando ellos descubren que uno no les está
diciendo la verdad o cuando uno les está
ocultando ciertas cosas. Yo personalmente creo
que es preferible que vean todo como es.

A: Claro, hay menos problemas al final si se
empieza con la verdad por delante.

Texto de práctica #1
(copia 2)

A: ¿Y cuántos niños tiene usted señora?

B: Yo tengo cuatro niños.

A: ¿Cuatro? ¿Y todos seguidos?

B: Bueno, más o menos. La mayor tiene ahora
       quince años; luego tengo una niña de doce años
       y medio, otro de nueve, y el último tiene siete
       años.

A: ¿Y todos están en el colegio?

B: Sí, en el de San Martín. Bueno, yo digo que
       tengo cuatro hijos. En realidad, tengo tres que
       son míos. El mayor es en realidad mi
       hermanito, porque mis padres murieron muy
       jóvenes cuando él tenía apenas tres años. Y
       desde entonces está con nosotros.

A: Tiene más o menos la misma edad que los otros.
B: Sí, tiene solamente tres años más que Luisa.

A: ¿No ha habido problemas?

B: No, no ha habido ningún tipo de problema. Es

que a los niños siempre hay que enseñarles la
vida como es realmente, sin engañarlos, sin
tratar de esconderles las cosas porque uno teme
que puedan sufrir. ¿No cree usted? Los niños
sufren precisamente cuando se les engaña,
cuando ellos descubren que uno no les está
diciendo la verdad o cuando uno les está
ocultando ciertas cosas. Yo personalmente creo
que es preferible que vean todo como es.

A: Claro, hay menos problemas al final si se
empieza con la verdad por delante.

> # Texto de práctica #1:
> ## Use esta copia para la transcripción del "paso 8"
> ### (copia #3)

A :   ¿Y cuántos niños tiene usted señora?

[i-ku̯án-   tos-ní-ños-ti̯é-ne‿us-téd-se-ñó-ra ‖ ◄‾ ...]

B :   Yo tengo cuatro niños.

A :   ¿Cuatro? ¿Y todos seguidos?

B :   Bueno, más o menos. La mayor

tiene ahora quince años; luego

tengo una niña de doce años y

medio, otro de nueve, y el último

tiene siete años.

A :   ¿Y todos están en el colegio?

B :   Sí, en el de San Martín. Bueno,

yo digo que tengo cuatro hijos.

En realidad, tengo tres que son míos. El mayor es en realidad mi hermanito, porque mis padres murieron muy jóvenes cuando él tenía apenas tres años. Y desde entonces está con nosotros.

A: Tiene más o menos la misma edad que los otros.

B: Sí, tiene solamente tres años más que Luisa.

A: ¿No ha habido problemas?

B: No, no ha habido ningún tipo de problema. Es que a los niños siempre hay que enseñarles la vida como es realmente, sin

engañarlos, sin tratar de

esconderles las cosas porque uno

teme que puedan sufrir. ¿No cree

usted? Los niños sufren

precisamente cuando se les

engaña, cuando ellos descubren

que uno no les está diciendo la

verdad o cuando uno les está

ocultando ciertas cosas. Yo

personalmente creo que es

preferible que vean todo como es.

A: Claro, hay menos problemas al

final si se empieza con la verdad

por delante.

Texto de práctica #1:
Use esta copia para la tarea del "paso 8"
(copia #4)

A :   ¿Y cuántos niños tiene usted señora?

        [i-kuán-   tos-ní-ños-tié-ne‿us-téd-se-ñó-ra ‖ ← ...]

B :   Yo tengo cuatro niños.

A :   ¿Cuatro? ¿Y todos seguidos?

B :   Bueno, más o menos. La mayor

        tiene ahora quince años; luego

        tengo una niña de doce años y

        medio, otro de nueve, y el último

        tiene siete años.

A :   ¿Y todos están en el colegio?

B :   Sí, en el de San Martín. Bueno,

        yo digo que tengo cuatro hijos.

        En realidad, tengo tres que son

míos. El mayor es en realidad mi

hermanito, porque mis padres

murieron muy jóvenes cuando él

tenía apenas tres años. Y desde

entonces está con nosotros.

A: Tiene más o menos la misma edad

que los otros.

B: Sí, tiene solamente tres años más

que Luisa.

A: ¿No ha habido problemas?

B: No, no ha habido ningún tipo de

problema. Es que a los niños

siempre hay que enseñarles la

vida como es realmente, sin

engañarlos, sin tratar de esconderles las cosas porque uno teme que puedan sufrir. ¿No cree usted? Los niños sufren precisamente cuando se les engaña, cuando ellos descubren que uno no les está diciendo la verdad o cuando uno les está ocultando ciertas cosas. Yo personalmente creo que es preferible que vean todo como es.

A: Claro, hay menos problemas al final si se empieza con la verdad por delante.

Ejercicios Capítulo 7

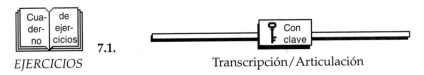

7.1.

EJERCICIOS   Transcripción/Articulación

Transcriba las siguientes palabras usando símbolos fonéticos.

1. como   [komo   ]
2. queso   [kueso   ]
3. porque   [porke   ]
4. cosa   [kosa   ]
5. poco   [poko   ]
6. taco   [tako   ]
? 7. taquito   [takuito   ]
8. qué   [ke   ]
9. ataque   [atake   ]
10. Coca-Cola [koka-kola   ]
? 11. equis   [ekuis   ]
12. corte   [korte   ]
13. quito   [kuito   ]
14. Paco   [pako   ]
15. toque   [tokue   ]
16. carta   [karta   ]
17. tope   [tope   ]
18. máquina   [makuina   ]
19. coro   [koro   ]
20. química   [kui   ]

Ahora lea las palabras en voz alta, poniendo atención en suprimir toda tendencia a la aspiración de /p, t, k/. Ponga especial atención en la /k/, la cual es la oclusiva sorda más difícil de pronunciar sin aspiración. En español es bastante semejante a la /k/ inglesa de _ski_, _skill_ o _school_.

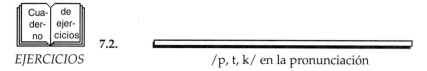

EJERCICIOS   /p, t, k/ en la pronunciación

Lea las siguientes oraciones, y ponga un círculo alrededor de cada /p, t, k/. Lea las siguientes oraciones de nuevo, pero esta vez **en voz alta**. Mantenga su pronunciación de los fonemas /p, t, k/ en español usando variantes sin aspiración. Para conseguirlo será necesario mantener cierta tensión articulatoria para reducir la cantidad de aire durante la pronunciación de toda la palabra. **Recuerde también que el alófono principal de la /t/ española es la dental [t] y que en su pronunciación el ápice de la lengua debe tocar los dientes y no los alvéolos como en inglés.**

1. Pito Pérez puso el papel en el pupitre.
2. Pídele a Paco un poco de pan.
3. ¿Puedes poner el programa para el público?
4. Pronto pasa el portero para apuntar la puerta apropiada.
5. Mi tío Teodoro tiene tantos tipos de trajes como tú.
6. No son tantas las tontas ni tantos los tontos muchachos.
7. Noto que tú tienes apetito fuerte, Tomás.
8. Tres tristes tigres tiemblan en la tempestad.
9. Carlos comió cacahuates calientes en la calle.
10. Cali, Colombia no es más caliente que Cartagena.
11. ¿Cuántos cuentos no le contó al contador?
12. Caminó cuarenta kilómetros para coger el carro del ferrocarril que quería.

7.3.

EJERCICIOS   Transcripción

Transcriba las oraciones a continuación. No se olvide de indicar: (1) la silabificación, (2) el enlace, (3) [k], [s], [x], [č] y (4) [i, y,[1] y̦, i̦] para las letras "i, y" según el caso. No transcriba las letras que no se pronuncian (así, *hacer* será [asér] y no *[hasér]. Tipo de habla = habla rápida.

1. Pito Pérez puso el papel en el pupitre.

2. Pídele a Paco un poco de pan.

3. ¿Puedes poner el programa para el

   público?

4. Pronto pasa el portero para apuntar la

   puerta apropiada.

5. Mi tío Teodoro tiene tantos tipos de

   trajes como tú.

6. No son tantas las tontas ni tantos los

   tontos muchachos.

---

[1]   O también [y̆] después de pausa o nasal.

7. Noto que tú tienes apetito fuerte, Tomás.

8. Tres tristes tigres tiemblan en la tempestad.

9. Carlos comió cacahuates calientes en la calle.

10. Cali, Colombia no es más caliente que Cartagena.

11. ¿Cuántos cuentos no le contó al contador?

12. Caminó cuarenta kilómetros para coger el carro del ferrocarril que quería.

7.4.

EJERCICIOS Lectura

Lea el siguiente párrafo en voz alta y preste especial atención a los sonidos discutidos en este capítulo (si Ud. suele aspirar mucho /p, t, k/, subraye las letras que representan estos sonidos con color rojo; luego lea el texto **sin** aspirar los sonidos en cuestión).

Es de suma importancia notar ya aquí que la fonología y la fonética son dos campos de estudios distintos, pero que estas distinciones no son siempre fáciles de comprender para el principiante. Veremos luego en detalle de las importantes diferencias que caracterizan la fonética y la fonología, pero por el momento es suficiente decir que la fonética es el estudio puramente físico del sonido (sin prestar atención al valor semántico que éste pueda tener dentro de una determinada lengua), y que la fonología se centra en el estudio del valor semántico de un sonido dentro del sistema acústico de una lengua.

Dos términos introductorios más: la fonética suele subdividirse en varias ramas entre las cuales figuran la fonética acústica (ésta estudia la percepción física de la señal auditiva) y la fonética articulatoria (ésta estudia la producción física de los sonidos).

7.5.

EJERCICIOS Conversación libre

Hable con un compañero sobre algún incidente de su vida que le haya dado mucho miedo. Con una grabadora portátil, grabe (ingl. 'record') esta conversación. Luego escuche su propia voz, y ponga especial atención para ver si aspiró los alófonos de /p, t, k/ según la manera inglesa, o si logró evitar el acento extranjero que hemos tratado de combatir en este capítulo.

EJERCICIOS   Repaso: descripción de sonidos

Dé el modo y punto de articulación. Indique también si es sordo o sonoro. Ponga "+" para sonoro, "-" para sordo. Siga el modelo de abajo.

Sonido	Punto de articulación	Modo	Sordo/sonoro
/p/	bilabial	oclusivo	—
/s/			
/g/			
/f/			
/ñ/			
/m/			
/d/			
/y/			
/w/			
/b/			
[β]			
[ɣ]			
[ð]			

7.7.

EJERCICIOS   Ejercicio de transcripción

Primero lea el chiste a continuación. Luego transcríbalo fijándose en los siguientes puntos: (1) la silabificación y las pausas, (2) las deslizadas, (3) el enlace, (4) las letras que no se pronuncian, (5) el sonido [k], (6) el sonido [s], (7) el sonido [x] y (8) el sonido [č]. Todavía **no** diferencie entre las fricativas [β, ð, ɣ, ɏ] y sus correspondientes oclusivas [b, d, g, ỹ]. Volveremos sobre este tema en el Capítulo 9. El chiste está reproducido otra vez en la próxima página para su transcripción.

Cliente: *Quisiera un cuarto sencillo con baño, por favor.*

Hotelero: *Lo siento mucho señor, pero el hotel está lleno esta noche.*

Cliente: *¿Me quiere decir que no tiene un solo cuarto libre?*

Hotelero: *Precisamente señor, lamento repetírselo pero no hay cuartos.*

Cliente: *Si estuviera aquí el Presidente de la República, ¿tendrían cuarto para él?*

Hotelero: *Pues claro, mi amigo, si estuviera el Presidente, sí tendríamos cuarto para él.*

Cliente: *En ese caso, muy señor mío, le puedo asegurar que el Presidente no va a llegar esta noche y con toda tranquilidad me puede dar el cuarto de él.*

Transcripción

Cliente: *Quisiera un cuarto sencillo con baño, por favor.*

Hotelero: *Lo siento mucho señor, pero el hotel está lleno esta noche.*

Cliente: *¿Me quiere decir que no tiene un solo cuarto libre?*

Hotelero: *Precisamente señor, lamento repetírselo pero no hay cuartos.*

Cliente: *Si estuviera aquí el Presidente de la República, ¿tendrían cuarto para él?*

Hotelero: *Pues claro, mi amigo, si estuviera el Presidente, sí tendríamos cuarto para él.*

Cliente: *En ese caso, muy señor mío, le puedo*

asegurar que el Presidente no va a llegar

esta noche y con toda tranquilidad me

puede dar el cuarto de él.

Ejercicios Capítulo 8

EJERCICIOS   Alófonos nasales

Supla la transcripción alofónica correcta de las nasales en los ejemplos a
continuación. Si hay más de una transcripción posible (símbolos fonéticos
variables) como en el ejemplo (c) abajo, supla todas las variantes. Recuerde que
las nasales tienen la tendencia a asimilarse al fonema siguiente.

(a)	[	]	palatal	caña
(b)	[	]	velar	tengo
(c)	[	]	palatal	cónyuge
(d)	[	]	dental	antes
(e)	[	]	alveolar	anotar
(f)	[	]	alveopalatal	ancho

8.2.

EJERCICIOS   Punto de articulación: nasales

Determine el punto de articulación de cada nasal en los ejemplos de abajo (Ud. notará que cada nasal ocurre en posición final de sílaba, es decir, en una posición donde las nasales típicamente sufren cambios asimilatorios). Transcriba la nasal de cada palabra usando los nuevos símbolos introducidos en este capítulo, y no se olvide de poner las transcripciones entre corchetes (i.e., "[...]").

1. envidia   [ɱ] = bilabial   e[ɱ]vidia   ← *Ejemplo*

2. anda   [ɲ̪] alveolar aɲ̪da

3. cansado   [n] alveolar kansado

4. cantar   [   ] alveolar kantar

5. banco   [   ] _____ baŋko

6. tengo   [   ] _____ teŋgo

7. enfermo   [   ] _____ eɱfermo

8. ancho   [   ] _____ anǰo

9. anzuelo   [   ] _____ anzɥelo

10. ángulo   [   ] _____ aŋgulo

11. amplio   [   ] _____ amplio

12. enfático   [   ] _____ eɱfatiko

13. ángel   [   ] _____ aɲxel

14. empezar   [   ] _____ empezar

15. conjunto   [   ] _____ koɲxunto – Konjunto

16. congelar   [   ] _____ koɱxelar

17. antes   [   ] _____ antes

18. enfriar   [   ] _____ eɱfrjar

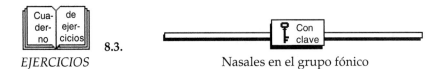

Determine el punto de articulación de la nasal subrayada en los siguientes grupos de palabras. Apunte sus respuestas según el modelo a continuación.

| *Ejemplo:* hablan bien | nasal bilabial [m] + oclusiva bilabial [b] |

1. hablan bien — nasal bilabial [m] + oclusiva bilabial [b]

2. en serio — nasal bilabial [m] + fricativas Alveolar [s]

3. un papel — nasal bilabial [m] + Oclusiva bilabial [p]

4. dicen que — nasal bilabial [m] + Oclusiva Velar [k]

5. en Chicago — nasal bilabial [m] + Africada Alveo- [č] platal

6. están comiendo — nasal bilabial [m] + Oclusivas Velar [k]

7. ven mi hijo — nasal bilabial [m] + nasal bilabial [m]

8. un yunque — nasal bilabial [m] + Fricativas Palatal [y]

9. van con nosotros — nasal bilabial [m] + Oclusivos Velar [k]

10. saben todo — nasal bilabial [m] + Oclusivas dental [t]

11. un frío — nasal bilabial [m] + Fricativa labio-dental [f]

12. un chile — nasal bilabial [m] + Africada alveo- palatal [č]

13. un beso   ~~nasal bilabial~~ + *Oclusiva bilabial*
                          [m]   [b]

14. están llegando   ˅′ _____ ″ + *Líquidas alveolar*
                                                        [ll]

15. un joven   ˅ _____ ′′ + *Fricativa velar*
                                                        [x]

16. inmigración   ˅′ _____ ′′ + *Nasal Billabial*
                                                        [m]

Apunte aquí otra vez los tres ejemplos que le causaron más problemas.

_____ _____ + _____

_____ _____ + _____

_____ _____ + _____

8.4.

EJERCICIOS   Articulación de la nasal

En el siguiente ejercicio indique el punto de articulación de la nasal subrayada con la letra que corresponde a la lista de nasales de abajo. Siga el modelo del primer ejemplo.

1. Donde un río negro se encuentra en confluencia con el ancho mar.
    1   2   3   4   5   6 7   8   9   10   11

2. Andale, dale un beso al niño angélico durmiente.
    12   13   1415 16   17 18

3. Con que te vas inmediatamente a la cabaña para no tener que nadar.
    19   20   21 22   23   24   25

4. ¿Con qué vas a entrar antes de encaminarnos?
    26   27   28   29   30

5. Un cubano canoso cuenta la caña con cuidado.
          31   32   33   34 35

6. Concepción Núñez de Los Angeles tiene un pato nombrado Chencho Núñez.
    36   37 38 39   40   41 42   43   44

(A) =	[m]	bilabial /m/	(E) =	[n]	alveolar
(B) =	[ɱ]	bilabial /n/	(F) =	[ñ]	alveopalatal
(C) =	[m̪]	labiodental	(G) =	[ñ]	palatal
(D) =	[n̪]	dental	(H) =	[ŋ]	velar

Lista de nasales

Ejemplo: (1)   [dónde]   (D)

8.5.

EJERCICIOS   Articulación de la nasal en voz alta

Lea en voz alta los ejercicios de este capítulo, poniendo especial énfasis en la pronunciación correcta de los grupos consonánticos con nasal. Asimile las nasales donde sea necesario.

8.6.

EJERCICIOS   Conversación libre

En una conversación con un compañero de su clase, recuente el momento más feliz de su vida. Mantenga mucha tensión articulatoria y no separe las palabras donde no haya pausa.

8.7.

Resumen de las nasales

Sin mirar el texto, trate de completar el resumen de nasales a continuación. Dé el punto de articulación y por lo menos un ejemplo para cada alófono.

Fonema	Alófonos	Punto de art.	Ejemplos
/m/ inicial	[m] + vocal	....	....
/n/ inicial	[n] + vocal	....	....
/ñ/ inicial	[ñ] + vocal	....	....
/n/ final	[ɱ] + /p, b/	....	.... /...................
de sílaba	[ɱ] + /f/	....	.... /...................
	[n̪] + /t, d/	....	.... /...................
	[n] + /s, l, r/	....	.... /...................
			....
	[ñ̆] + /č/	....	....
	[ñ] + /y/	....	....
	[ŋ] + /k, g/	....	.... /...................
	+ /x/	....	....

Ejercicios Capítulo 9

9.1.

EJERCICIO   /b, d, g/

Basándose en el entorno fonético, escoja entre una articulación fricativa o oclusiva de los elementos subrayados para las siguientes palabras (imagínese que cada ejemplo es el elemento inicial de un grupo fónico). Primero escriba las soluciones entre los corchetes. Luego lea todos los ejemplos en voz alta, prestando especial atención a la articulación de /b, d, g/.

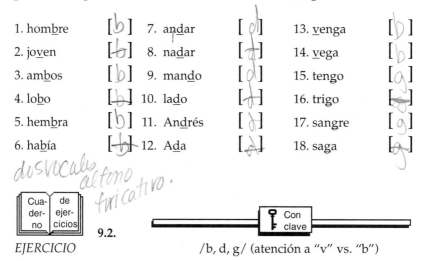

1. hom<u>b</u>re   [b]   7. a<u>n</u>dar   [ ]   13. <u>v</u>enga   [ ]

2. jo<u>v</u>en   [ ]   8. na<u>d</u>ar   [ ]   14. <u>v</u>ega   [ ]

3. am<u>b</u>os   [ ]   9. man<u>d</u>o   [ ]   15. tengo   [ ]

4. lo<u>b</u>o   [ ]   10. la<u>d</u>o   [ ]   16. trigo   [ ]

5. hem<u>b</u>ra   [ ]   11. An<u>d</u>rés   [ ]   17. san<u>g</u>re [ ]

6. ha<u>b</u>ía   [ ]   12. A<u>d</u>a   [ ]   18. <u>s</u>aga   [ ]

9.2.

EJERCICIO   /b, d, g/ (atención a "v" vs. "b")

Siga las instrucciones del ejercicio anterior. Note que el uso de la letra "v" o "b" no afecta a su pronunciación.

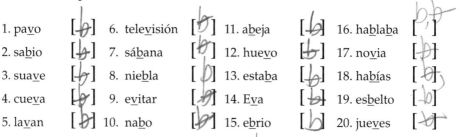

1. pa<u>v</u>o   [ ]   6. tele<u>v</u>isión [ ]   11. a<u>b</u>eja   [ ]   16. ha<u>b</u>laba [ ]

2. sa<u>b</u>io   [ ]   7. sá<u>b</u>ana   [ ]   12. hue<u>v</u>o   [ ]   17. no<u>v</u>ia   [ ]

3. sua<u>v</u>e   [ ]   8. nie<u>b</u>la   [ ]   13. esta<u>b</u>a [ ]   18. ha<u>b</u>ías [ ]

4. cue<u>v</u>a   [ ]   9. e<u>v</u>itar   [ ]   14. E<u>v</u>a   [ ]   19. es<u>b</u>elto [ ]

5. la<u>v</u>an   [ ]   10. na<u>b</u>o   [ ]   15. e<u>b</u>rio   [ ]   20. jue<u>v</u>es [ ]

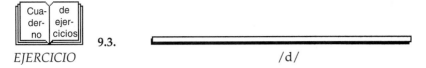

9.3.

EJERCICIO   /d/

Pronuncie las siguientes palabras. En todos los casos la pronunciación de /d/
será sin oclusión. Asegúrese de articular la [ð] de manera muy suave (i.e. con
fricción relajada).

1. cadena	6. nada	11. sidra	16. nido
2. edición	7. cuidado	12. todo	17. sábado
3. inodoro	8. nado	13. mide	18. estudio
4. seda	9. miedo	14. Ada	19. contado
5. prado	10. sudar	15. nudo	20. lodo

9.4.

EJERCICIO   /ɣ/

Pronuncie las siguientes palabras.   En todos los casos la pronunciación de
/g/ será sin oclusión. Asegúrese de articular la [ɣ] de manera muy suave (i.e.
con fricción relajada).

1. soga [soɣa]	6. látigo	11. oiga	16. traga
2. hago [haɣo]	7. mendigo	12. miga	17. siga
3. pago	8. sigo	13. colega	18. nogal
4. lago	9. psicólogo	14. ciego	19. haga
5. trago	10. legal	15. sigue	20. saga

9.5.

EJERCICIO   /b, d, g/

Primero transcriba los ejemplos de abajo, prestando especial atención al hecho de que en todos los casos /b, d, g/ van precedidos de nasal a la cual la consonante precedente asimila su punto de articulación (en cuanto a las nasales, distinga sólo [n], [m], [ñ] y [ŋ]; no será necesario pues diferenciar entre, por ejemplo, las nasales alveodentales y alveolares). Luego practique la pronunciación de /b, d, g/ como oclusivas [b, d, g] en las siguientes palabras.

1. tengo   [teŋgo   ]   6. envuelto   [enbwelto   ]
2. anda   [aṇda   ]   7. engrasar   [eŋgrasar   ]
3. hombre   [ombre   ]   8. ingrato   [iŋgrato   ]
4. Andrés   [aṇdres   ]   9. hombro   [ombro   ]
5. enderezar   [enderesar   ]   10. envolver   [enbolber   ]

11. ángulo   [aŋgwlo   ]   16. indirecto   [iṇdirekto]
12. angustia   [aŋgwstja   ]   17. envidia   [enbidja   ]
13. ándale   [aṇdale   ]   18. embustero   [embwsterb]
14. hambre   [ambre   ]   19. venga   [benga   ]
15. endrogar[1] [eṇdrogar   ]   20. ambos   [ambos   ]

---

[1]   *Endrogarse* 'contraer deudas'.

EJERCICIO   **9.6.**   /b, d, g/ (transcripción)

Transcriba fonéticamente el texto a continuación, prestando siempre atención a la articulación de /b, d, g/. Imagínese que se trata de habla rápida e informal. Haga la transcripción como en los capítulos anteriores, pero sin indicar el enlace de vocales entre palabras (sin embargo, transcriba todas las vocales como deslizadas donde sea necesario: e.g., *lo he visto* = [lué βísto] y no [lo e βísto]). Recuerde que no se usan letras mayúsculas en la transcripción.

An time a   Transcripción

El propósito de este texto es múltiple. En primer lugar proporciona al estudiante anglohablante un manual de la pronunciación del español que pueda servir como guía para la corrección de posibles deficiencias en su pronunciación. Con este fin tendremos que estudiar la fonética articulatoria tanto del español como del inglés. Este análisis comparativo servirá para detallar y eliminar las posibles interferencias y transferencias del inglés al español, reduciendo así en lo máximo posible articulaciones que los hablantes nativos del español reconocerían como características del acento extranjero.

EJERCICIO   **9.7.**   Práctica articulatoria /b, d, g/

Subraye primero todas las letras que representan /b, d, g/, y estudie los casos en que se articulan con oclusión/fricción. Practique luego en voz alta la pronunciación de /b, d, g/ como oclusivas o fricativas. Use los alófonos fricativos excepto cuando les precede una nasal.

1. una golondrina
2. un beso [umbeso]
3. canta bien [kantabjen]
4. con gusto [kongusto]
5. en vez de la primera
6. no tiene vergüenza
7. son garbanzos *vanza*

8. una bailarina
9. si vienen dos
10. son dedos
11. es mi dedo
12. estoy sin ganas
13. hablaron de usted
14. ¿quién habló de mí?

15. un ganso
16. cuatro gansos
17. nadaron bien
18. preguntó dónde
19. una gota
20. un gasto
21. el dedo grueso

[embez de la primera]
[no tiene verguensa]
 [songa

EJERCICIO   /b, d, g/ a principio de palabra

Articule en voz alta los ejemplos a continuación, haciendo preceder cada ejemplo por la expresión: *y él dijo* (no haga una pausa entre *y él dijo* y el resto de la oración). Preste atención a /b, d, g/.

Ejemplo: "Y el dijo: guerra." (*guerra* = [ɣ]uerra, con "g" suave)

1. Guerra.	8. ¡Dame buena salud!	15. Buenos días.
2. Ganamos el partido.	9. Dígame.	16. Gracias.
3. ¿Bailamos?	10. Bébelo todo.	17. De nada.
4. Vamos en seguida.	11. Ganamos otra vez.	18. Buen día.
5. Démoselo	12. Venga conmigo.	19. Buenas noches.
6. Vete de aquí.	13. ¿Dinero? No lo traje.	20. Dime si es verdad.
7. ¿Vas a la fiesta?	14. Vaya con Dios.	21. ¡Adiós y hasta luego!

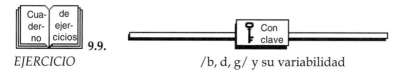

EJERCICIO   /b, d, g/ y su variabilidad

Transcriba las palabras a continuación. Analice cada caso de /b, d, g/ y diga si la tendencia **predominante** en la pronunciación de /b, d, g/ es

    1. el refuerzo (oclusión o semi-oclusión),   =   (+)
    2. el debilitamiento (fricción moderada o débil)   =   (-)

[Será suficiente poner "+/-" para indicar la tendencia; véase el ejemplo a continuación.]

Ejemplo:	#1	[las ̪ð̞róɣas]	=	(-) (-)
	#2	[uɱ ba̠rβ̞úð̞o]	=	(+) (-) (-)

1. las drogas   [las ̪ð̞róɣas   ] = (-) (-) (   )

2. un barbudo   [uɱ ba̠rβ̞úð̞o   ] = (+) (-) (-)

3. hay varios   [aiβarioṣ   ] = (   ) (   ) (   )

4. algo   [alɡo   ] = (   ) (   ) (   )

5. ángulo   [Aŋɡulo   ] = (   ) (   ) (   )

6. muy breve   [muybreβe   ] = (   ) (   ) (   )

7. hablar   [ablar   ] = ( ) ( ) ( )

8. alba   [alba   ] = ( ) ( ) ( )

9. saga   [saga   ] = ( ) ( ) ( )

10. Andrés   [andres   ] = ( ) ( ) ( )

11. muchas gracias   [mucas gracjas] = ( ) ( ) ( )

12. habías   [abjas   ] = ( ) ( ) ( )

13. saldo   [saldo   ] = ( ) ( ) ( )

14. hombre   [ombre   ] = ( ) ( ) ( )

15. iglesia   [iglesja   ] = ( ) ( ) ( )

16. mitad   [mitad   ] = ( ) ( ) ( )

17. andar   [andar   ] = ( ) ( ) ( )

18. hago   [hago   ] = ( ) ( ) ( )

19. lado   [lado   ] = ( ) ( ) ( )

20. no es verdad   [no esberdad] = ( ) ( ) ( )

21. el dogma   [eldogma   ] = ( ) ( ) ( )

22. el griego   [elgriego   ] = ( ) ( ) ( )

23. desde entonces   [desdentaces] = ( ) ( ) ( )

24. alguno   [alguno   ] = ( ) ( ) ( )

25. la guerra   [laguwerra   ] = ( ) ( ) ( )

26. rasgo   [rasgo   ] = ( ) ( ) ( )

27. esbelto   [esbelto   ] = ( ) ( ) ( )

28. absoluto   [absoluto   ] = ( ) ( ) ( )

29. el vinagre   [elbinagre   ] = ( ) ( ) ( )

30. un vino   [umbino   ] = ( ) ( ) ( )

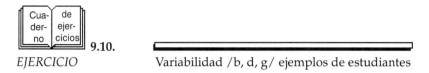

EJERCICIO **9.10.**   Variabilidad /b, d, g/ ejemplos de estudiantes

Use cada una de las siguientes palabras en dos o más oraciones para demostrar
que el contexto fonético puede causar variación en la manifestación fonética del
fonema inicial.

Ejemplo: boca: en boca / una boca

1. boda   _____   _____

2. vez   _____   _____

3. vacas   _____   _____

4. drogas   _____   _____

5. damos   _____   _____

6. gracias   _____   _____

7. ganaron   _____   _____

8. gol   _____   _____

9. verdad   _____   _____

10. Dorotea   _____   _____

EJERCICIO **9.11.**   /b, d, g/ en su entorno fonético

En las siguientes oraciones, siga la norma de pronunciar siempre las variantes
débiles /b, d, g/ a menos que las preceda una nasal.

1. El viernes que viene voy de visita a ver a mi vieja vecina, Ada.
2. Mi vieja vecina no es muy vieja sino muy joven.
3. Ella ha vivido en mi vecindad toda su vida de veintinueve años.
4. Ada me dice que estudia todos los días.
5. El domingo pasado me dijo: "Cada vez que dices adiós decides quedarte."
6. Pero es divertido ver todos los toros durante la tarde.
7. Al fin, salgo cuando me da la gana y me hago el vago sin saber nada. ¡Qué
    barbaridad!

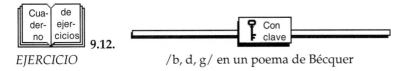

9.12.

EJERCICIO   /b, d, g/ en un poema de Bécquer

Siga las siguientes instrucciones:

1. Primero lea el poema una vez.
2. Haga una transcripción fonética **estricta** del poema (esta transcripción debería de mostrar detalles alofónicos como [n], [ṇ], [m̩], etc. aprendidos en los capítulos estudiados hasta ahora). Indique las fronteras silábicas, los enlaces, encadenamientos, etc. No se olvide de marcar las sílabas tónicas con una tilde. (e.g., [bol-βe-rán]).
3. Luego lea el poema en voz alta prestando atención a la pronunciación fricativa de /b, d, g/ (¡sugerimos que lean la transcripción y no el texto ortográfico!)

VOLVERAN LAS OSCURAS GOLONDRINAS

Volverán las oscuras golondrinas
en tu balcón sus nidos a colgar,
y otra vez con el ala a sus cristales
jugando llegarán.

Pero aquéllas que el vuelo refrenaban
tu hermosura y mi dicha al contemplar,
aquéllas que aprendieron nuestros nombres,
ésas... ¡no volverán!

Gustavo Adolfo Bécquer

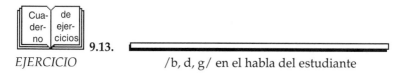

9.13.

EJERCICIO   /b, d, g/ en el habla del estudiante

Describa a un compañero lo que serían para usted unas vacaciones ideales.
Fíjese bien en su pronunciación de /b, d, g/. Trate de evitar la oclusión siempre
que no proceda un sonido nasal.

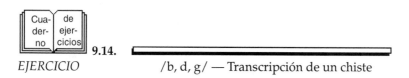

9.14.

EJERCICIO   /b, d, g/ — Transcripción de un chiste

Transcriba el siguiente chiste usando símbolos fonéticos. Incluya: (1) la
silabificación, (2) el enlace vocálico y consonántico, (3) las deslizadas, (4) los dos
alófonos principales de /b, d, g/ y (5) la asimilación de las nasales.

S-O-C-K-S

— ¿Esto es lo que busca? —preguntó la dependienta anglohablante que
   no entendía muy bien el español.
— No, no es eso. — respondió la señora que no hablaba inglés.
— ¿Por casualidad será este artículo?
— No, tampoco es eso.
— ¿Y, qué tal eso?
— No, eso no es.
   Por fin llegaron al mostrador de los calcetines y la señora exclamó felizmente:
— ¡Eso sí que es!
— Well, — dijo la dependienta un poco perpleja — ¿si lo puede deletrear
   en inglés porque no lo puede pronunciar?

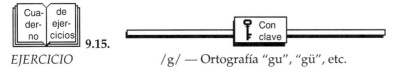

9.15.

EJERCICIO   /g/ — Ortografía "gu", "gü", etc.

Traduzca a letras ortográficas "normales" la transcripción **fonémica** a
continuación. Preste atención a la ortografía de "g", "gu", "gü".

1.   /al águ̱a a béses se le díse aguíta/
2.   /el monagíto se komió los linguíni debáxo de un parágua/
3.   /los ximnásios de la xénte de la siudád de xerés están tódos al ládo de un
      lagíto/
4.   /un guéro de xinébra tokó la gitaȓa kon un xitáno de xerés/
5.   /pagémos ésta kuénta/
6.   /brigíta dixo ke síge kon la mariuána/

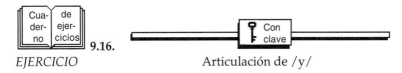

9.16.

EJERCICIO   Articulación de /y/

    En las siguientes palabras pronuncie siempre /y/ con una consonante
palatal fricativa sonora **suave** con grados moderados de fricción [y̆]. Después de
nasal Ud. puede aumentar la oclusión si lo desea: [y̌]. Antes de empezar a
articular estas palabras, escriba en transcripción fonética el alófono de /y/ que
le corresponde a cada ejemplo.

1. mayo [ ]	6. una llave [ ]	11. yo [ ]	16. milla [ ]
2. la lluvia [ ]	7. cónyuge [ ]	12. ella [ ]	17. allá [ ]
3. con lluvia [ ]	8. un yunque [ ]	13. con llanto [ ]	18. con yeso [ ]
4. caballo [ ]	9. calle [ ]	14. enyesar [ ]	19. maya [ ]
5. un llavero [ ]	10. un yerno [ ]	15. ya [ ]	20. inyección [ ]

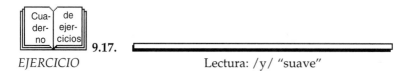

EJERCICIO   Lectura: /y/ "suave"

En las siguientes oraciones atienda a una pronunciación fricativa suave [ʝ] para las letras "y" y "ll".

1. Ya no va a llover como ayer.
2. Yo vi un llavero lleno de llaves.
3. Guillermo es yanqui como su yerno.
4. Esas llantas son para las calles con hielo.
5. Ella ya no lleva su chiquillo allá.
6. Se oye el llanto de la llorona.
7. En mayo cae la lluvia.
8. Yo ya me voy al yate.
9. La llama de la vela llama a la palomilla.
10. Llene la olla con cebolla.

Ejercicios Capítulo 10

10.1.

EJERCICIOS   /r/ vs. /r̄/ en posición intervocálica

Practique la pronunciación de /r/ y /r̄/ en posición intervocálica. Recuerde que se trata de un contraste fonémico.

1. pero   vs.   perro   5. ahora   vs.   ahorra
2. caro   vs.   carro   6. coro   vs.   corro
3. ere   vs.   erre   7. pera   vs.   perra
4. para   vs.   parra   8. poro   vs.   porro

10.2.

EJERCICIOS   /r/ en: FRONTERA SILABICA + CONSONANTE + "r"

Practique la pronunciación de la /r/ simple en posición postconsonántica (la consonante pertenece a la misma sílaba que la "r"). Recuerde que en esta posición la articulación correcta de /r/ es [r].

1. grabar   6. triste
2. grosero   7. brillante
3. drama *dra-ma*   8. droga
4. breve *breve*   9. frente
5. creer̄   10. grande

11. cruel   16. presente
12. grueso   17. crepúsculo
13. propio   18. drástico
14. trabajo   19. grave
15. frío   20. profesor

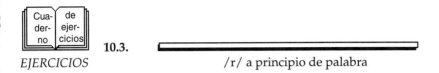

10.3.

EJERCICIOS   /r/ a principio de palabra

Practique la "r" múltiple en posición inicial de palabra. Recuérdese siempre que al articular una "r" al principio de palabra hay que producir toques múltiples, i.e., [r̄].

"r-"

inicial de palabra

[r̄]

1. el reloj
2. rosa
3. regla
4. rana
5. al rancho
6. la ramita
7. Roberto
8. en la radio
9. en ruta
10. rico

11. un ratón
12. real
13. el rostro
14. rápido
15. al rato
16. rostros rojos
17. Ricardo
18. la red
19. la ronda
20. roto

10.4.

EJERCICIOS /r/ en: Consonante + frontera silábica + "r"

En los ejemplos a continuación, la "r" ocurre siempre en posición postconsonántica (la consonante **no** pertenece a la misma sílaba). Recuerde que al articular esta "r" **ortográfica** simple hay que producir la "rr" múltiple.

1. al-rededor
2. En-rique
3. en-riquecer
4. son-reír
5. hon-ra

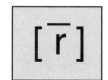

10.5.

EJERCICIOS /r/ en posición final de sílaba o palabra

Practique la pronunciación de la /r/ simple en posición final de sílaba. Recuerde que al articular una "r" simple se trata de una mera **tendencia** articulatoria, y que es posible producir una "r" múltiple en este contorno fónico.

1. arquitecto
2. árbol
3. acervo
4. hervido
5. mercado

6. carbón
7. mirto
8. servir
9. parque
10. partido

11. hablar
12. revólver
13. dar
14. informar
15. bar

16. ir
17. ser
18. estar
19. regresar
20. restaurar

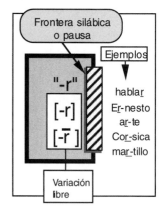

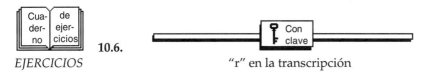

10.6.

EJERCICIOS   "r" en la transcripción

Siga las reglas generales sobre la articulación de /r/ que ha aprendido en este capítulo y transcriba las palabras a continuación según el modelo (para los casos donde haya alternancia libre, transcriba la variante que es más frecuente en el habla diaria, luego, para mostrar que se trata de una variante libre, subráyela como lo hemos hecho en la "-r" final de *reír* del ejemplo de abajo). Haga siempre la división silábica.

Ejemplos: reír = [r̄]e-í[r̲]   rosa = [r̄]o-sa

1. hablar
2. informar
3. darlo
4. regresar
5. rostro

6. hermano
7. enredo
8. practicar
9. Hernán
10. restaurar

11. agrónomo
12. Carlos
13. honra
14. norma
15. Sandra

10.7.

EJERCICIOS   /r/ y /r̄/ en diagrama

Como hemos visto, la distribución alofónica del fonema /r/ es **libre** en algunos casos y **condicionada** en otros. Usando las técnicas empleadas en las Figuras de los capítulos anteriores o en la Figura reproducida aquí, haga un diagrama de la distribución fonemática y alofónica de la /r/ y /r̄/. Indique cuáles son las tendencias generales de cada variante alofónica de la /r/ simple. Trate de completar este ejercicio sin consultar el texto.

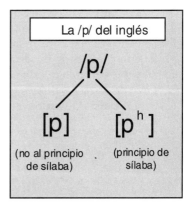

10.8.

EJERCICIOS   Practique la pronunciación de la /r/ y /r̄/

1. Quiero comer una pera.
2. A Cristina le gustan mucho los crucigramas.
3. El trabaja en los tres círculos del circo grande.
4. Comer, dormir, trabajar y jugar hacen la vida mejor.
5. Ahora corre duro en su carro caro pero su perro corre más.
6. Rita Ramos me regaló un reloj roto.
7. Un río rojo corre rápido y revuelto por la tierra.
8. Erre con erre cigarro, erre con erre barril, rápido corren los carros cargados de azúcar del ferrocarril.

10.9.

EJERCICIOS   Practique la pronunciación de la /r/ y /r̄/

Lea y pronuncie las siguientes frases con cuidado. Preste atención a la pronunciación correcta de la /r/ y la /r̄/.

1. Para hacer tacos los griegos usan hoja de parra.
2. Carlos ahorra ahora para comprarse un carro caro.
3. A las cuatro corro para cantar en el coro.
4. El encargado del buró es un burro.
5. La torre se encuentra en la plaza de toros.
6. La erre y la ere son dos letras con sonidos distintos.
7. Hay que cerrar la puerta para encerar el piso.
8. En la tierra de los pobres no hay churro duro.
9. Será la puerta de arriba que no está cerrada.
10. Los errores de pronunciación se corrigen con repeticiones correctas.

10.10.

EJERCICIOS   /r/ en combinación con consonantes

Repita las líneas de este pequeño drama en voz alta con especial atención a las combinaciones de la /r/ con otros fonemas consonánticos.

DRAMA DE LA FIESTA BRAVA

1. El drama de la fiesta brava va al grano de lo que más preocupa a los pobres entre nosotros.
2. Esta tarde tendremos un toro rabioso. (¡Ojo: es *toro* y no *torro*!)
3. Su cuerpo carnoso no podrá pasar por la puerta del corral.
4. Ni una cerca enorme sin puerta alrededor de la bestia controlaba el terror de Carlitos.
5. Durante la larga tarde se observó el esfuerzo arduo de hombre y bestia.
6. Armado sólo con la capa y harto de lidiar, el madrileño decidió brindarles la del estribo a los aficionados imprudentes.
7. El gran torero tornó y le dio la espalda a ese arquetipo del poder.
8. Como si esperara la muerte se hincó en un gesto triunfal ante el toro bravo.
9. El madrileño atrevido se quedó inmóvil e intrépido frente al animal embravecido que lo apresuraba.
10. En el crepúsculo de la tarde no quedó ya en la arena más que la cruel mezcla de sangre de hombre y bestia.

10.11.

EJERCICIOS   Transcripción de "r" y "rr"

Transcriba fonéticamente las oraciones del ejercicio precedente. Siga la distribución que corresponde a las tendencias generales del español.

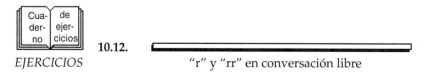

10.12.

EJERCICIOS   "r" y "rr" en conversación libre

Hable con un compañero sobre su vida cuando era niño y los cambios que han ocurrido desde aquel entonces. Ponga especial atención en no transferir la retroflexión del inglés a la ere y la erre del español.

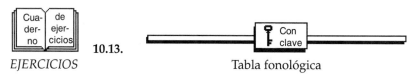

10.13.

EJERCICIOS   Tabla fonológica

Complete la Tabla en la página 161 fonemática con los fonemas consonánticos (inclusive las semiconsonantes) que ha estudiado en los capítulos 1-10.

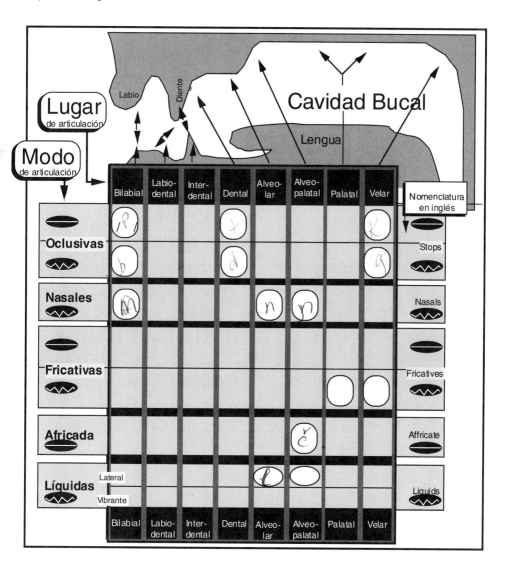

Ejercicios Capítulo **11**

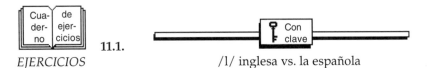

11.1.

EJERCICIOS   /l/ inglesa vs. la española

Lea las palabras siguientes en voz alta. Trate de evitar la "ele oscura" que suele usarse en inglés (cf. español *mil* = 1000 vs. inglés *mill*).

1. algo	6. el jefe	11. el cuarto
2. Lulú	7. alcanzar	12. el joven
3. el coronel	8. palco	13. mal
4. malcriado	9. balcón	14. sal
5. álgebra	10. el ganso	15. sol

11.2.

EJERCICIOS   /l/ española sin velarización

Pronuncie las siguientes palabras con alófonos alveolares evitando totalmente el contagio de la velarización del inglés. Mantenga en tensión los músculos de la lengua.

1. al	6. ángel	11. alma	16. falda
2. col	7. mal	12. azul	17. miel
3. vil	8. Lola	13. Brasil	18. cal
4. fatal	9. sal	14. alcohol	19. tal
5. Cozumel	10. fiel	15. cual	20. él

11.3.

EJERCICIOS   Transcripción detallada de la /l/

Transcriba fonéticamente las siguientes palabras. Fíjese bien en los grupos consonánticos en los que la /l/ se asimila en su punto de articulación a la consonante siguiente. No se olvide de transcribir correctamente todos los sonidos (por ejemplo, recuerde que la "r-" inicial de palabra es normalmente múltiple).

1. caldo   [   ]

2. colchón   [   ]

3. última   [   ]

4. alba   [   ]

5. calcar   [   ]

6. algas   [   ]

7. aldea   [   ]

8. alpaca   [   ]

9. saldo   [   ]

10. alma   [   ]

11. aliente   [   ]

12. algo   [   ]

13. alfabeto   [   ]

14. esmalte   [   ]

15. revuelto   [   ]

16. sala   [   ]

17. falda   [   ]

18. alfiler   [   ]

19. Elche   [   ]

20. rebelde   [   ]

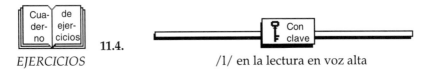

11.4.

EJERCICIOS   /l/ en la lectura en voz alta

Lea las siguientes oraciones en voz alta evitando la velarización de /l/. Luego transcriba estas oraciones fonéticamente. Use todos los conocimientos acumulados hasta el momento. Haga la división silábica.

1.   La Lupe y la Lolita luchan por los derechos de la familia López de

     Guayaquil.

2.   Al leer las líneas en voz alta se me traba la lengua.

3.   Un lunes abrileño en la aldea al lado del lago, se bailó a la luz de la luna

     azul.

4.   Hay algo en la alcoba que algún ladrón se llevó.

5.   ¡Qué tal! replicó, al final, el alumno que se sentía tan mal.

11.5.

EJERCICIOS

/l/: posición de la lengua en inglés y español

Usando los dos dibujos a continuación, dibuje la posición de la lengua al articularse la "l" del español *mal* y del inglés *mail*.

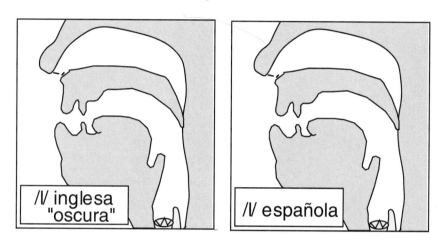

/l/ inglesa "oscura"

/l/ española

11.6.

EJERCICIOS

Conversación libre

Describa a un compañero una ciudad que ha visitado y que le gustó especialmente. Ponga atención en pronunciar todas las /l/ con alófonos alveolares sin velarización.

Ejercicios Capítulo 12

EJERCICIOS   Articulación de [s]

Transcriba estas palabras usando símbolos fonéticos. Después lea las palabras en
voz alta, fijándose bien en la representación ortográfica del fonema /s/.

1.	cine	_____	11. feliz	_____
2.	Coca-cola	_____	12. paz	_____
3.	cazuela	_____	13. susurro	_____
4.	Pérez	_____	14. mezcla	_____
5.	azotea	_____	15. zócalo	_____
6.	secreto	_____		
7.	zarzuela	_____		
8.	zorro	_____		
9.	sábanas	_____		
10.	González	_____		

12.2.

EJERCICIOS   [s] vs. [z]

En el ejercicio siguiente transcriba las palabras usando los símbolos fonéticos sordo = [s] y sonoro = [z], según el caso. En éste y en los demás ejercicios, haga la asimilación donde sea posible.

1. espejo	_____	6. asno	_____
2. resto	_____	7. hazlo	_____
3. caspa	_____	8. hasta	_____
4. mismo	_____	9. espuma	_____
5. esclavo	_____	10. sano	_____

11. esbelto	_____	16. estudiar	_____
12. basta	_____	17. espía	_____
13. desde	_____	18. cosmos	_____
14. escuela	_____	19. antes	_____
15. muslo	_____	20. pasa	_____

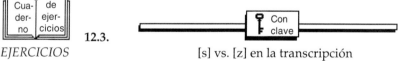

12.3.

EJERCICIOS   [s] vs. [z] en la transcripción

Transcriba las siguientes oraciones usando símbolos fonéticos (sin división silábica). Haga las asimilaciones donde sea posible. Luego **lea la transcripción fonética en voz alta.**

1. Esto no es de aquí; lo habrás traído de España.
2. Este hombre estudió todo el verano pasado, pero el resto del año no hizo nada.
3. Es la misma actitud: siempre piensas en ti mismo.
4. Cada vez que dices adiós, decides quedarte.
5. Demasiado es más de lo que debe ser.
6. Es divertido ver todos los toros durante las tardes de los domingos.

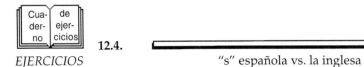

12.4.

EJERCICIOS   "s" española vs. la inglesa

Pronuncie las siguientes palabras en español evitando el uso de la [z] sonora.
Compárelas con las palabras similares del inglés que se pronuncian con /z/.

ESPAÑOL	INGLÉS
1. rosa	1. rose
2. presidente	2. president
3. presente	3. present
4. José	4. José
5. Susana	5. Susan
6. visita	6. visit
7. música	7. music
8. abusar	8. abuse
9. presidir	9. preside
10. presentar	10. present

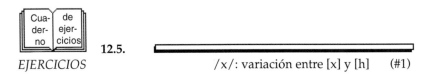

12.5.

EJERCICIOS   /x/: variación entre [x] y [h]   (#1)

Pronuncie las siguientes palabras con [x] fricativa velar sorda tensa y después
con un sonido más débil y relajado, [h].

1. jefe	6. México	11. Jaime
2. gente	7. hijo	12. ajo
3. paja	8. ángel	13. ginebra
4. ojalá	9. Xavier	14. jarabe
5. general	10. jota	15. gitano

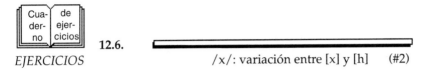

12.6.

EJERCICIOS   /x/: variación entre [x] y [h]   (#2)

En el siguiente ejercicio practique la pronunciación de la jota, /x/, pronunciándola primero con grados moderados de fricción y después con una variante más débil.

1. Ese joven es un jinete ejemplar.
2. Xavier Jesús Borges es general del ejército argentino.
3. Generalmente la gente de buen genio no se enoja.
4. Jorge y Jaime Jiménez juegan ajedrez en Los Angeles.
5. Guanajuato, Guadalajara y Jalisco son ejemplos de topónimos mexicanos.

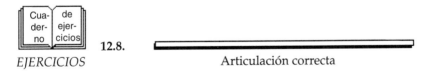

12.7.

EJERCICIOS   Transcripción

Usando el símbolo /x/ para el sonido "j", transcriba las siguientes oraciones:

1. Ese joven es un jinete ejemplar.
2. Xavier Jesús Borges es general del ejército argentino.
3. Generalmente la gente de buen genio no se enoja.
4. Jorge y Jaime Jiménez juegan ajedrez en Los Angeles.
5. Guanajuato, Guadalajara y Jalisco son ejemplos de nombres mexicanos.

12.8.

EJERCICIOS   Articulación correcta

Hable con un compañero de clase sobre las comidas. Apunte sus ideas sobre las que más le gustan, las que usted sabe preparar, las comidas exóticas que ha probado. Mencione platos típicos de países hispánicos si los conoce. En su conversación trate de: (1) usar un ritmo silábico, (2) evitar la schwa, (3) pronunciar todas las vocales cortas y tensas, (4) usar variantes suaves de /b, d, g/ y (5) evitar el uso erróneo de [z]. Recomendamos que grabe (*grabar* = 'to tape record') la conversación para luego analizarla con su compañero o profesor.

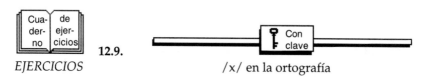

12.9.

EJERCICIOS /x/ en la ortografía

Suplan la letra correcta. Escojan entre "g" y "j".

1.	__efe	6.	__iro	11.	__aime
2.	__ente	7.	hi__o	12.	a__o
3.	pa__a	8.	án__el	13.	__inebra
4.	o__alá	9.	__avier	14.	__arabe
5.	__eneral	10.	__ota	15.	__itano

12.10.

EJERCICIOS Los fonemas consonánticos del español

Ahora que hemos completado el análisis de todos los 18 fonemas consonánticos del español americano, es el momento adecuado para clasificarlos en su totalidad. En la Tabla en la página 375, rellene los fonemas consonánticos (inclusive las /w/ y /y/), poniéndolos siempre entre "/ /".

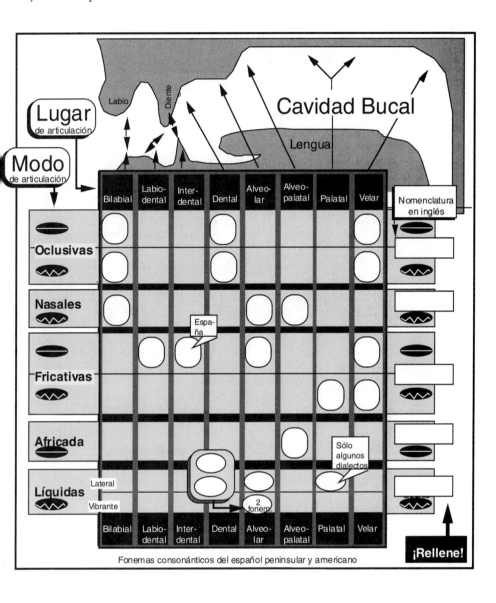

Fonemas consonánticos del español peninsular y americano

12.11.

EJERCICIOS   Revisión de los alófonos de algunos fonemas

En la siguiente Tabla, rellene los alófonos consonánticos para /b, d, g, n, m, y, s/, poniéndolos siempre entre "[ ]".

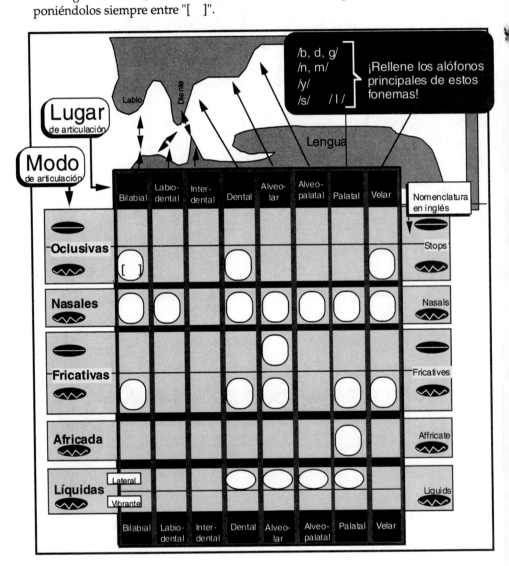

Ejercicios Capítulo 13

13.1.

EJERCICIOS Vocales en contacto entre palabras

Haga la transcripción (con división silábica) de las expresiones a continuación, imaginándose siempre que se trata de habla rápida e informal. Luego lea las siguientes expresiones en voz alta. Pronúncielas rápidamente para que las dos vocales — la final y la inicial — se fundan en un diptongo, es decir, en una sola sílaba. Al articular con rapidez, evite la formación de schwas.

Nota: *Para simplificar las cosas, las claves de este capítulo dan una transcripción menos estrecha que la de capítulos anteriores (así no distinguimos, por ejemplo, entre la "n" dental y la "n" nasal).*

1. comió instantáneamente [_____]

2. estaba hinchada [_____]

3. uno u otro [_____]

4. mi universidad [_____]

5. la unificación [_____]

6. tu hermano [_____]

7. se interesó [_____]

8. casi allí [_____]

9. terminó y se sentó [_____]

10. la independencia [_____]

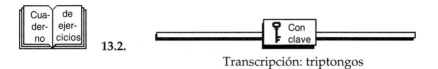

13.2.

Transcripción: triptongos

Transcriba las palabras a continuación (habla rápida). Siguiendo el ejemplo del #1, escriba los triptongos entre los corchetes a la izquierda.

1. [u̯áu̯]   agua usada ...   [á-ɣu̯áu̯-sá-ða...   ]

2. [   ]   antiguo y ...   [   ]

3. [   ]   antiguo uso ...   [   ]

4. [   ]   cambié incluso ...   [   ]

5. [   ]   cambie usted ...   [   ]

6. [   ]   cambia incluso ...   [   ]

7. [   ]   cambió incluso ...   [   ]

8. [   ]   cambio una ...   [   ]

9. [   ]   fue una ...   [   ]

10. [   ]   agua importada ...   [   ]

13.3.

EJERCICIOS   Sinalefa

Pronuncie los siguientes ejemplos, y procure siempre mantener la **sinalefa** para no producir una separación fonética entre las dos vocales.

1. la amistad
2. le he leído el cuento
3. otro otoño
4. me esperas
5. José Estrada
6. un oso horrible
7. hasta que no le había hablado
8. ese hermoso oso
9. mi tío Orlando
10. la casa amarilla
11. su único amor
12. se ve que ese extranjero oye ...
13. Lulú Urdanivia
14. mi íntimo amigo
15. se me escapó
16. no lo he hecho así nunca.

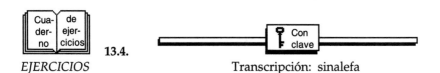

13.4.

EJERCICIOS   Transcripción: sinalefa

Transcriba las frases del Ejercicio 13.3 usando símbolos fonéticos. Imagínese que se trata de una pronunciación bastante rápida. Alargue las vocales donde sea apropiado como en el ejemplo a continuación.

Ejemplo: la amistad = [la̱:-mis-táð]

1. la amistad   [_____]

2. le he leído el cuento   [_____]

3. otro otoño   [_____]

4. me esperas   [_____]

5. mi tío Orlando   [_____]

6. la casa amarilla   [_____]

7. su único amor   [_____]

8. se ve que ese extranjero oye [_____

                                 _____]

9. José Estrada   [_____]

10. un oso horrible   [_____]

11. hasta que no lo había hablado [_____

     _____]

12. ese hermoso oso   [_____]

13. Lulú Urdanivia   [_____]

14. mi íntimo amigo   [_____]

15. se me escapó   [_____]

16. no lo he hecho así nunca   [_____

     _____]

Cua-	de
der-	ejer-
no	cicios

13.5.

EJERCICIOS   Vocales en contacto: ejemplos de estudiantes

Articule y transcriba las siguientes palabras y reduzca ejemplos como /kre-én-sia/ a /kré:n-sia/.

1. creencia   _____

2. alcohol   _____

3. Sahara   _____

4. moho   _____

5. rehén   _____

6. vehemente   _____

7. proveer   _____

8. aprehender   _____

13.6.

EJERCICIOS   Vocales en contacto: lectura en voz alta

Lea en voz alta las siguientes frases. Mantenga las vocales finales pero realice siempre la sinalefa (cf. *La_insistencia...*). Después pronúncielas rápidamente, eliminando la primera vocal de grupos VV al final/principio de palabras.

1. La insistencia logra el éxito universitario.
2. Lo hundieron al pobre animal para evitar problemas.
3. Esa casa es de la viuda Estrada.
4. Habla en voz alta y te oirá la hermana.
5. Mi enemigo es mi mismo ocio o algo así.
6. La pera es deliciosa y el mango huele a azahar.
7. Es una chica obviamente atractiva e inteligente.
8. Lo único que la escuela enseña es la lengua española.

13.7.

EJERCICIOS   Lectura rápida con enlaces

En las siguientes frases evite la separación vocálica, realizando así el tipo de pronunciación ilustrado en el ejemplo a continuación:

Un	comentario oral	o escrito es	lo ...
[uŋ-	ko-men-tá-rjo:-rá-	lụes-krí-tụéz-lo ...]	

1. Un comentario oral o escrito es lo usual en esta aula.
2. No vale hablar de nada horrible aquí o allá.
3. Se trata aquí de un problema aritmético extraordinariamente difícil.
4. Es difícil y casi imposible imitar el idioma inglés.
5. De un lado a otro oscila el péndulo inquieto.
6. Allá en Cuzco queda el imponente y hermoso Machu Picchu.
7. Ocho y ocho no es tanto como doce y doce.
8. El cristiano Alberto entiende la obra de Agustín.

13.8.

EJERCICIOS

Lectura de una canción

Lea los siguientes versos, prestando atención al enlace vocálico aun cuando una vocal termine el verso (así habrá que enlazar *quiero* con *echar* en la primera estrofa de la canción).

> Yo soy un hombre sincero
> de donde crece la palma,
> y antes de morirme quiero
> echar mis versos del alma.
>
> Mi verso es de un verde claro
> y de un carmín encendido:
> mi verso es un ciervo herido
> que busca en el monte amparo.
>
> Con los pobres de la tierra
> quiero yo mi suerte echar:
> el arroyo de la sierra
> me complace más que el mar.
>
> *José Martí*

Ejercicios Capítulo 14

14.1.

EJERCICIO

Entorno terminal

Indique el entorno terminal y los tonos marcados con la línea de entonación para las siguientes frases. Recuerde que es después de la última sílaba acentuada cuando el tono baja al nivel 1. Siga el ejemplo de abajo.

Ejemplo:

1. ¿Quién es ese hombre?

2. Mi nombre es Juan López.

3. Soy de Chihuahua, México.

4. ¿Hay trabajo por aquí?

5. Depende de la temporada.

6. ¿Cuál es la fecha?

7. ¿Ya comenzó la cosecha?

8. Sí, necesito más trabajadores.

9. En mi casa hay muchos.

10. ¿Tiene usted hermanos?

11. Todos los pobres son mis hermanos.

12. Pues que vengan seis.

Usando un color distinto, complete ahora las líneas de entonación para el resto de las frases 1-12 arriba (imagínese que no hay énfasis especial en ninguna de estas oraciones). Si es necesario, relean otra vez las reglas generales sobre la entonación de sílabas inacentuadas al inicio de oraciones.

Ejemplo:

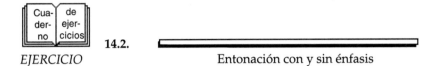

14.2.

EJERCICIO   Entonación con y sin énfasis

Lea en voz alta los siguientes párrafos. Tenga en cuenta la intención de dejar la herencia mencionada a la persona cuya identificación está subrayada.

1. ¿Dejo mis bienes a mi sobrino? No, a mi <u>hermano</u>. Tampoco, jamás se pagará la cuenta del sastre. Nunca, de ningún modo para los mendigos. Todo lo dicho es mi deseo. Yo, Federico Alvarez.

2. Dejo mis bienes a mi <u>sobrino</u>, no a mi hermano. Tampoco, jamás se pagará la cuenta del sastre. Nunca, de ningún modo para los mendigos. Todo lo dicho es mi deseo. Yo, Federico Alvarez.

3. ¿Dejo mis bienes a mi sobrino? No. ¿A mi hermano? Tampoco, jamás. Se pagará la cuenta del <u>sastre</u>. Nunca, de ningún modo para los mendigos. Todo lo dicho es mi deseo. Yo, Federico Alvarez.

4. ¿Dejo mis bienes a mi sobrino? No. ¿A mi hermano? Tampoco, jamás. ¿Se pagará la cuenta del sastre? Nunca, de ningún modo. Para los <u>mendigos</u> todo. Lo dicho es mi deseo, yo, Federico Alvarez.

5. ¿Dejo mis bienes a mi sobrino? No. ¿A mi hermano? Tampoco. Jamás se pagará la cuenta del sastre. Nunca, de ningún modo para los mendigos. Todo lo dicho es mi deseo. Yo, Federico Alvarez.[1]

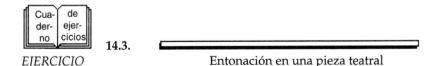

14.3.

EJERCICIO   Entonación en una pieza teatral

Lea los papeles de esta pieza teatral con el énfasis indicado por el contexto.

La chinita, en el fondo del jacal, se mete la teta en el huipil apartando de su lado al crío que berrea y se revuelca en tierra. Acude a levantarle con una azotina, y suspenso de una oreja le pone fuera del techado. Se queda la chinita al canto del marido, atenta a los trazos del pincel, que decora el barro de una güeja:

---

[1]   En esta última forma no habría dejado heredero y el dinero habría vuelto al estado.

— ¡Zacarías, mucho callas!
— Di no más.
— No tengo un centavito.
— Hoy coceré los barros.
— ¿Y en el entanto? Zacarías repuso con una sonrisa atravesada.
— ¡No me friegues. Estas cuaresmas el ayunar está muy recomendado. *Y quedó con el pincelillo suspenso en el aire, porque era sobre la puerta del jacal el Coronelito Dominicano de la Gándara: Un dedo en los labios.*

El cholo, con leve carrerilla de pies descalzos, se junta al coronelito. Platican alterados en la vera de un maguey culebrón.

— Zacarías, ¿quieres ayudarme a salir de un mal paso?
— Patroncito, bastantemente lo sabe.
— La cabeza me huele a pólvora. Envidias son de mi compadre Santos Banderas. ¿Tú quieres ayudarme?
— ¡No más diga, y obedecerle!
— ¿Cómo proporcionarme un caballo?
— Tres veredas hay, patroncito: Se compra, se pide a un amigo o se le toma.
— Sin plata no se compra. El amigo nos falta. ¿Y dónde descubres tú un guaco para bolearle? Tengo sobre los pasos una punta de cabrones. ¡Verás nomás! La idea que traía formada es que me subieses una canoa a Potrero Negrete.
— Pues a no dilatarlo, mi jefe. La canoa tengo en los bejucales.
— Debo decirte que te juegas la respiración, Zacarías.
— ¡Para lo que dan por ella, patroncito!

(Tomado de *Tirano Banderas*, Ramón del Valle-Inclán)

Ejercicios Capítulo 15

15.1.

EJERCICIOS   ¿Esdrújula?

Las siguientes palabras son esdrújulas o llanas, es decir, la sílaba tónica es la antepenúltima o la penúltima. Escriba el acento ortográfico sobre las palabras esdrújulas.

1. arabe	26. silaba
2. acido	27. heroe
3. bufalo	28. vacante
4. catalogo	29. ventaja
5. talento	30. patata
6. barbaro	31. lagrima
7. comico	32. visible
8. espiritu	33. anillo
9. estomago	34. logico
10. arido	35. platano
11. absurdo	36. fragante
12. bodega	37. gallina
13. garganta	38. linea
14. articulo	39. minimo
15. hermano	40. llamada
16. aguila	41. madera
17. capitulo	42. metodo
18. comodo	43. panico
19. oscuro	44. instinto
20. ejercicio	45. palabra
21. epoca	46. pajaro
22. locura	47. refresco
23. zapato	48. peligro
24. estupido	49. verano
25. batalla	50. sabado

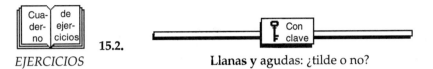

15.2.

EJERCICIOS   **Llanas y agudas:** ¿tilde o no?

Las siguientes **palabras son sustantivos, adver**bios y adjetivos. Cada una de ellas
es o llana o aguda, es decir, la sílaba tónica es la penúltima o la última. Subraye
la sílaba tónica y, si es necesario, escriba la tilde sobre la vocal acentuada.

1.	alla	21.	abismo
2.	menu	22.	acre
3.	nube	23.	coro
4.	blusa	24.	bambu
5.	cama	25.	esclavo
6.	aca	26.	sobre
7.	digno	27.	silla
8.	gordo	28.	manzana
9.	farsa	29.	Paris
10.	asi	30.	colibri
11.	merced	31.	sofa
12.	caro	32.	quiza
13.	aqui	33.	gringo
14.	dedo	34.	champu
15.	niño	35.	esqui
16.	cafe	36.	comite
17.	alli	37.	mesa
18.	cero	38.	puntapie
19.	zeta	39.	mani
20.	ahi	40.	hincapie

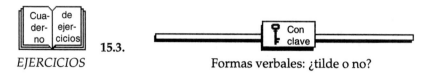

15.3.

EJERCICIOS   Formas verbales: ¿tilde o no?

Las siguientes oraciones contienen formas verbales. Subraye la sílaba tónica de cada <u>verbo</u> y escriba la tilde donde sea necesario.

1. Yo hablare con Ud. mañana.
2. Juan converso ayer durante dos horas con sus profesoras.
3. ¿Comio Ud. en ese restaurante anoche?
4. Yo canto en el coro todos los domingos.
5. Mario mando la carta hace dos meses.
6. El profesor explico la lección para que los estudiantes entendieran.
7. Ayer hable con mis padres.
8. Señor, ¡saque esa fotografía ahora, y no espere más!
9. Ayer dejo el coche en casa.
10. Andrés salio para México ayer.
11. Señora, ¡escriba su nombre aquí!
12. Carlitos, ¡come tu pan ahora mismo!
13. Ese hombre cometio diez crímenes en cinco días.
14. ¿A qué hora salio Ud. de Los Angeles?
15. Ayer perdi las llaves en la playa.
16. Vivi en Santa Ana dos meses.
17. Juan le pedira dinero a su padre.
18. Quiero ir a México este verano en coche.
19. Escribo los números de teléfono en mi libro.
20. Naci el 29 de abril de 1956.
21. El niño no obedecio y se fue a dormir sin comer.
22. El policía dirigio los coches por la derecha.
23. Yo siempre viajo en coche.
24. Yo dividi los dulces entre los niños.
25. ¿Adónde viajo Ud. el verano pasado?
26. Estuve en Los Angeles el año pasado.
27. Fue muy rico.
28. Lo puso en el carro.
29. Pusimos los regalos en la mesa.
30. Eso era muy importante.

Las siguientes palabras son adjetivos o sustantivos. Subraye la vocal tónica y escriba el acento ortográfico donde sea necesario.

1. arbol		26. modificador
2. ideal		27. futil
3. dificil		28. ambar
4. portatil		29. nadir
5. mineral		30. carcel
6. labor		31. interior
7. arroz		32. inspector
8. lapiz		33. tribunal
9. licor		34. lider
10. grabador		35. vocal
11. abril		36. nopal
12. canal		37. reflector
13. director		38. editorial
14. papel		39. cabal
15. inferior		40. caudal
16. actriz		41. cliper
17. ilegal		42. angel
18. crater		43. tunel
19. caracter		44. alrededor
20. elemental		45. infernal
21. mensual		46. mayoral
22. real		47. fragil
23. femur		48. esteril
24. facil		49. automovil
25. pecador		50. cascabel

15.5.

EJERCICIOS   Formas no verbales: ¿tilde o no?

Las siguientes palabras son sustantivos, adjetivos o adverbios que terminan en "n". Subraye la sílaba tónica y escriba el acento ortográfico donde sea necesario.

1.	limon	26.	perdon
2.	virgen	27.	orden
3.	sarten	28.	capellan
4.	volcan	29.	meson
5.	abdomen	30.	melon
6.	ladron	31.	monton
7.	carbon	32.	polen
8.	caiman	33.	origen
9.	volumen	34.	algodon
10.	calcetin	35.	boton
11.	segun	36.	camaron
12.	desden	37.	catalan
13.	cordon	38.	aborigen
14.	crimen	39.	ciclon
15.	baston	40.	cinturon
16.	almacen	41.	corazon
17.	latin	42.	galon
18.	examen	43.	tiburon
19.	cajon	44.	sosten
20.	margen	45.	recien
21.	razon	46.	comun
22.	raton	47.	peloton
23.	imagen	48.	patron
24.	melocoton	49.	calzon
25.	menton	50.	callejon

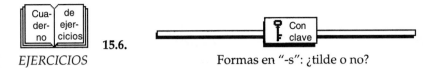

15.6.

EJERCICIOS   Formas en "-s": ¿tilde o no?

Las siguientes palabras terminan en "s". Subraye la sílaba tónica y escriba el acento ortográfico donde sea necesario.

1. atras	6. tifus	11. traves	16. reves
2. sacacorchos	7. virus	12. atlas	17. expres
3. apenas	8. demas	13. iris	18. crisis
4. despues	9. cortes	14. lejos	19. dosis
5. adios	10. cortas	15. jamas	20. interes

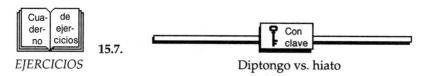

15.7.

EJERCICIOS   Diptongo vs. hiato

Pronuncie las siguientes palabras y decida si la combinación de "i" más vocal se pronuncia en la misma sílaba, formando un diptongo que por consiguiente no requiere acento escrito. Pongan una tilde donde sea necesario. Si Ud. no sabe como pronunciar una de las palabras en la lista siguiente, búsquela en el diccionario para establecer su acentuación correcta.

1. espia		26. fotografia
2. Mario		27. fantasia
3. frio		28. bigamia
4. oficio		29. ceremonia
5. economia		30. sinfonia
6. loteria		31. tertulia
7. furia		32. teoria
8. bahia		33. vacio
9. mayoria		34. espacio
10. harmonia		35. filosofia
11. ironia		36. barrio
12. estancia		37. esencia
13. valentia		38. constancia
14. todavia		39. biologia
15. tio		40. via
16. nostalgia		41. envidia
17. policia		42. lavanderia
18. ingenio		43. joyeria
19. negocio		44. episodio
20. poesia		45. anarquia
21. cortesia		46. increible
22. infancia		47. leido
23. minoria		48. peine
24. rio		49. reino
25. infamia		50. cocaina

15.8.

EJERCICIOS

¿Hiato?

Escriba el acento ortográfico en las siguientes palabras donde sea necesario para indicar que las dos vocales contiguas están en hiato.

1. reina	6. reir	11. raiz	16. sonreir
2. cafeina	7. baila	12. veinte	17. pais
3. egoista	8. peine	13. cocaina	18. paraiso
4. oir	9. leida	14. egoismo	19. oido
5. caida	10. recaida	15. increible	20. heroismo

15.9.

EJERCICIOS

¿"u" en hiato?

Pronuncie las siguientes palabras y determine si hace falta un acento ortográfico para indicar el hiato.

1. causa	6. Raul	11. audaz
2. baul	7. ataud	12. aullo
3. auto	8. autor	13. aula
4. cautela	9. reune	14. ausente
5. aunque	10. autoridad	15. aumento

15.10.

EJERCICIOS

¿Tilde o no?

Considere cada palabra en las siguientes frases y decida si debe llevar acento ortográfico o no (pongan el acento donde sea necesario). Sepa justificar por qué una palabra determinada lleva o no lleva tilde.

1. No me dijo cual de los dos deberia traer.
2. ¿Que hiciste con tu camisa?
3. ¡Que sorpresa para mi verte otra vez aqui!
4. ¿Sabes tu quien es esa muchacha?
5. Habla de su hermano, el cual esta casado con mi prima.

6. Deme dos kilos de carne, para que se la de al cocinero.

7. Se bueno con los niños, que no quiero volver a tener problemas con ellos.

8. ¿Quien quiere mas ensalada?

9. ¿Cuando me lo daras?

10. Yo, si, pero el, no.

11. Vamos a donde tu prefieras.

12. ¿Como pudieron arreglarla tan rapidamente?

13. No se como sobreviviremos.

14. Se levantaron temprano.

15. ¿Es ese el que me decias?

15.11.
EJERCICIOS   Un chiste

En el siguiente párrafo considere cada palabra y decida si debe llevar acento ortográfico (ponga la tilde donde sea necesario). Sepa dar razones para colocarlo u omitirlo.

Es muy divertido un chiste que cuentan los mismos mexicanos. Una vez, un

par de paisanos suyos estaban cruzando la frontera. Al llegar a la caseta de

la aduana, el aduanero les pregunto:

*— "Señores, ¿no llevan literatura **pornografica?"***

— "No, señor," le contestaron, ni siquiera tenemos pornografo.

15.12.

Con clave

EJERCICIOS   ¿Tilde o no?

Coloque el acento ortográfico en las siguientes oraciones.

1. A mi me gusta conversar sobre pedagogia y del metodo preciso de enseñar.
2. Aunque el niño sea muy agil, temo que se le caiga el frasco que contiene acido.
3. En la escuela estamos aprendiendo el uso de la fraccion en matematicas.
4. El guia nos da un folleto que explica todos los puntos de interes en el zoologico.
5. La secretaria es muy inteligente porque toma taquigrafia y es experta en escribir a maquina.
6. La fecha limite para entregar el libro de lingüistica es el 14 de junio.
7. Creo que va a haber una revolucion porque en la manifestacion vi a un muchacho cargando un revolver.
8. En cada region del pais hay una religion distinta.
9. Los novios, recien casados, entraron en el salon y todos empezaron a cantarles una cancion especial.
10. En la universidad introdujeron un nuevo metodo quirurgico que quizas borre el cancer de la lista de enfermedades peligrosas.
11. Entre en la queseria y pedi un kilo de queso amarillo.
12. ¿Quien emplea la psicologia y el psicoanalisis si nunca los ha estudiado?
13. Proximamente van a exhibir una pelicula de terror en el cine Chapultepec.
14. En la cena mexicana van a servir cafe con leche y un pudin especial.
15. En el Ballet Folklorico baila el principe de un pais extranjero.
16. Mi hermana esta estudiando para hacerse farmacologa que, por cierto, es una carrera muy dificil.
17. Yo creo que no seria facil hacer una falsificacion de tu firma porque es muy dificil copiarla.
18. Mi hermana es muy simpatica y su exuberancia demuestra su extroversion.
19. Mi tia trabaja en una fabrica que se especializa en la produccion de drogas.
20. Este estereo no tiene funcion alguna en esta casa.

EJERCICIOS 15.13. ¿Sabe Ud. la respuesta?

Como hemos visto, las palabras *mi* 'my' y *mí* 'me' o *el* 'the' y *él* 'he' se distinguen por la presencia o ausencia de una tilde. ¿Sabe Ud. explicar por qué la palabra *ti* (cf. lo *hice para ti*) jamás lleva tilde en español?

Explicación: _____

_____

_____

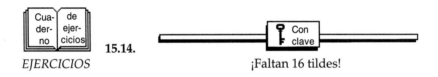

EJERCICIOS 15.14. ¡Faltan 16 tildes!

En el texto a continuación faltan **16 tildes** en total. Búsquelas y colóquelas donde sea necesario.

Asi, *teatro* a veces se pronuncia [ti̯átro], *peor* [pi̯ór] y *toalla* [tu̯áya]. En otros casos se consigue la reduccion a diptongo mediante un cambio en el lugar del acento tonico ... Aunque este proceso de diptongacion es muy natural y existe desde hace siglos en el habla de todos los paises del mundo hispanico, no es aceptable para el uso de la lengua en situaciones formales o cuando uno quiere expresarse con mucho esmero.

En este capitulo hemos visto que el comportamiento de las vocales dentro de la cadena hablada puede ser bastante complejo, y que esta esencialmente regido por la rapidez y formalidad/informalidad del habla. Es de suma importancia entender, sin embargo, que a pesar de esta relativa flexibilidad del sistema vocalico, la lengua española no es lo suficientemente flexible para acomodar variaciones vocalicas que se acercarian al sonido neutro que hemos llamado *schwa*. El aumento en la rapidez del habla de un hispanohablante en ningun caso afecta la claridad de las vocales, lo que equivale a decir que aun una pronunciacion muy rapida jamas contiene vocales relajadas como lo es la schwa del ingles.

Ejercicios Capítulo 16

16.1.

EJERCICIOS   Vocales breves vs. largas (inglés/español)

Pronuncie las siguientes palabras en inglés y en español. Exagere las diferencias poniendo especial atención en pronunciar las del español de forma corta (o "seca"), tensa, no diptongada y con los labios estirados.

	Inglés	Español (¡corto!)			Inglés	Español (¡corto!)
1.	sea	sí		6.	letter "e"	letra "i"
2.	tea	ti		7.	Pisa	pisa (de *pisar*)
3.	me	mí		8.	fee	fijo
4.	knee	ni		9.	Sue	su
5.	Dee	di		10.	bee	vi
11.	day	dé		16.	bay	ve
12.	say	sé		17.	one peso	un peso
13.	base	vez		18.	Fay	fe
14.	Jaime	Jaime		19.	lay	le
15.	Kay	que		20.	mace	mes

 16.2.

EJERCICIOS   Diptongo decreciente en inglés vs.
                                      monoptongo en español

Pronuncie las siguientes palabras inglesas y españolas. Exagere las diferencias poniendo especial atención en pronunciar las españolas de manera corta, tensa y simple, y con los labios muy redondeados.

1.	low	lo		6.	no no	no
2.	Coca Cola	Coca-Cola		7.	yoyo	yo
3.	piano	piano		8.	rodeo	rodeo
4.	solo	solo		9.	patio	patio
5.	radio	radio		10.	polo	polo
11.	Sue	su		16.	you know	uno
12.	too	tu		17.	new	nube
13.	coo	(letra) "q"		18.	moon	Unamuno
14.	chew	chula		19.	soup	supo
15.	juvenile	juvenil		20.	guru	gurú

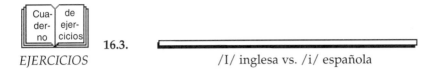

16.3.

EJERCICIOS   /I/ inglesa vs. /i/ española

Pronuncie las siguientes palabras evitando el uso de la vocal /I/ del inglés en las palabras españolas semejantes que contienen el fonema /i/, el cual es, como sabemos, más cerrado y articulado con los labios estirados y tensos.

1. interminable
2. diplomático
3. indispensable
4. interesante
5. investigación

6. informante
7. fácil
8. disposición
9. sílaba
10. historia

16.4.

EJERCICIOS   Explicación

Explique en sus propias palabras por qué muchos angloparlantes articulan oraciones como *yo no sé quién es mi mejor amigo* de la manera siguiente:

[yóu̯ nou̯ séi̯ ki̯én es mii̯ mexór amígou̯].

En su explicación, diferencie entre los sonidos [ou̯], [ei̯], [ii̯].

16.5.

EJERCICIOS   Evitar el contagio de la /æ/ inglesa

Pronuncie las siguientes palabras evitando que la vocal corta /æ/ se contagie del inglés a las palabras semejantes del español.

1. cacto   (cactus)
2. español   (Spanish)
3. mapa   (map)
4. Susana   (Susana)
5. California   (California)

6. absoluto   (absolute)
7. banana   (banana)
8. rata   (rat)
9. Arizona   (Arizona)
10. sandalias   (sandals)

16.6.

EJERCICIOS   Letra española "o" = siempre /o/

Pronuncie las siguientes palabras fijándose bien en usar siempre el fonema /o/ y evitando el uso del fonema [a] del inglés. Tenga en mente que en el inglés americano la letra "o" a menudo se articula /a/ (cf. *hot* = /hat/ y no */hot/), pero que en español la letra "o" jamás corresponde al sonido /a/.

1. oficina
2. Honduras
3. posible
4. opuesto
5. operador

6. postura
7. ofrecer
8. ómnibus
9. oculista
10. otoño

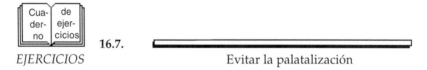

16.7.

EJERCICIOS   Evitar la palatalización

Lea la siguiente lista de palabras, evitando la palatalización del elemento consonántico que precede a la yod (representada por la letra "i"):

1. confusión
2. nación

3. población
4. anticipación

5. asociación
6. matriculación

7. social
8. especial

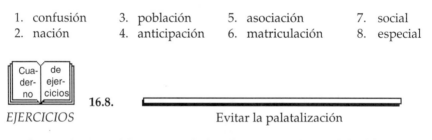

16.8.

EJERCICIOS   Evitar la palatalización

Lea las siguientes palabras evitando los elementos palatales [y] o [i̯]. Por lo tanto, articule [kuβáno] y no *[ki̯uβáno].

1. cubano
2. película
3. cupo
4. universidad
5. música

6. unido
7. usado
8. único
9. uso
10. mula

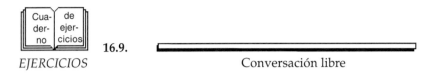

16.9.

EJERCICIOS   Conversación libre

Suponga que acaba de ganar en un concurso dos semanas de vacaciones al lugar de su preferencia. ¿Adónde iría y por qué? En su respuesta, fíjese en la buena pronunciación de las vocales, evitando cualquier falso contagio del inglés.

Ejercicios Capítulo 17

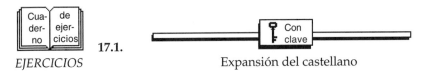

17.1.

EJERCICIOS

Con clave

Expansión del castellano

Usando el mapa a continuación, muestre Ud. cómo avanzó la reconquista (y junto con ella el dialecto castellano) desde el norte hacia el sur de la Península. Dé fechas aproximadas. Recomendamos que Ud. use colores distintos para cada época.

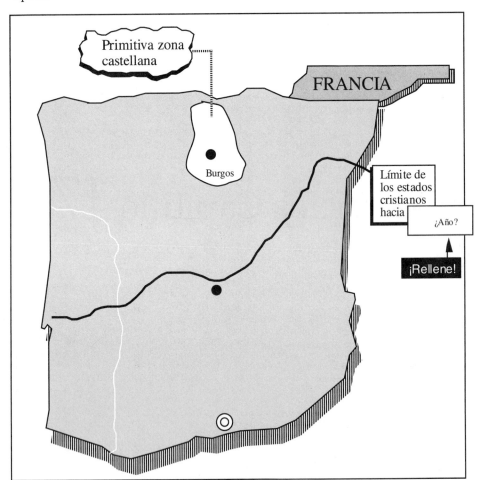

17.2.

EJERCICIOS

Con clave

Dialectos/lenguas

Rellene las cajas del dibujo a continuación, indicando siempre el nombre de la lengua o del dialecto del área en cuestión.

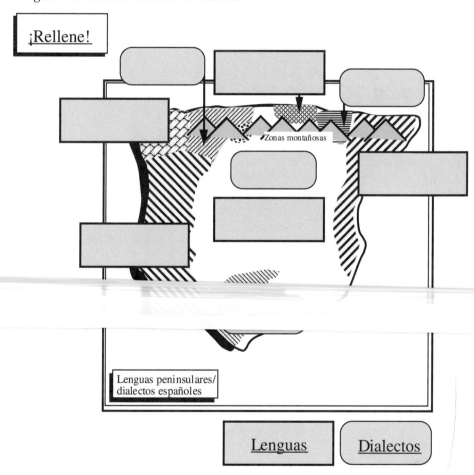

17.3.

EJERCICIOS   El español y su relación genética con otras lenguas

1.   En la caja blanca del dibujo a continuación, dé los nombres de otras 4
       lenguas neolatinas.

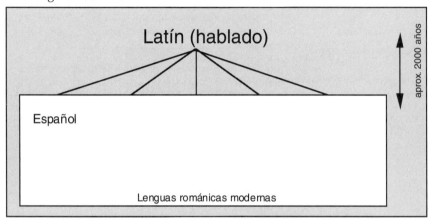

2.   Explique ahora en sus propias palabras si el latín es o no es una lengua
       muerta.

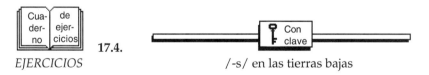

17.4.

EJERCICIOS   /-s/ en las tierras bajas

Hemos aprendido en este capítulo que la /-s/ final de sílaba tiende a aspirarse o
perderse en las tierras bajas de Hispanoamérica. Nombre por lo menos 8 países
en los cuales se aspira o elide esta /s/ (para esta tarea puede consultarse la
Figura 17.5).

Ejercicios Capítulo 18

18.1. ▬▬▬▬▬▬▬▬▬▬▬▬▬▬▬▬▬▬▬▬

EJERCICIOS   La zeta castellana

Lea las siguientes palabras usando la [θ] castellana, imitando así el habla de Madrid y de otros lugares del centro y norte de España.

1. césped[1]	6. cielo	11. Zamora	16. centavo
2. zócalo	7. veces	12. plaza	17. hacía
3. Pérez	8. cintura	13. zapatilla	18. manzana
4. zarzuela[2]	9. cereza[3]	14. González	19. cerveza
5. pereza	10. madurez	15. piscina	20. Zaragoza

18.2. ▬▬▬▬▬▬▬▬▬▬▬▬▬▬▬▬▬▬▬▬

EJERCICIOS   Imitar el dialecto castellano

Trate de imitar la pronunciación del dialecto castellano. Distinga entre /θ/ y /s/. No se olvide el uso de un alófono apical [ş] para el fonema /s/.

1. cocina	16. peces
2. zócalo	17. país
3. césped	18. paz
4. sordez	19. zapato
5. Zaragoza	20. sábado
6. cine	21. arroz
7. cielo	22. delicioso
8. seseo	23. necesario
9. azotea	24. mezquita
10. hacía	25. cazar
11. semana	26. masa
12. Zamora	27. mecer
13. mezcla	28. raza
14. mesa	29. reza
15. maíz	30. porcelana

---

[1]   Ingl. 'lawn, grass'.
[2]   = 'Spanish musical comedy or operetta'.
[3]   Ingl. 'cherry'.

18.3.

EJERCICIOS   Imitar el dialecto castellano en oraciones completas

Siga el mismo procedimiento con estas oraciones.

1. Los cielos de Zacatecas son hermosísimos.
2. Cien científicos soviéticos se reúnen para estudiar zoología en Zaire.
3. Las piscinas oficiales de las Olimpiadas miden cincuenta metros.
4. Se dice que el que de veras sabe es el que sabe que no sabe.
5. Las niñas castellanas pronuncian bien las eses: cáscaras de huevos, cáscaras de nueces.

18.4.

EJERCICIOS   Imitar el dialecto castellano: /y/ vs. /ʎ/

Pronuncie las siguientes palabras usando una pronunciación diferenciadora. Preste atención si la palabra debe pronunciarse con el fonema /y/ o con el fonema /ʎ/.

1. llanto   6. milla   11. allá   16. silla

18.5.

EJERCICIOS   Imitar el dialecto castellano: /y/, /ʎ/, /θ/, /s/

Lea las siguientes oraciones tratando de pronunciar a la manera castellana, prestando mucha atención a los alófonos [θ],[s̺], [ʎ], e [y].

1. Zacarias Pérez hizo los azulejos para el zócalo.
2. Aquella calle se llama El Caballo.
3. El llanto de la llorona es lo que ella llora.
4. "Una ballena" no significa lo mismo que "una va llena".
5. Esta silla es de las Antillas.
6. Las manzanas de Zamora son las más dulces.
7. Yo creo que ya llegaron las lluvias a los llanos.
8. La lluvia en Sevilla es pura maravilla.

18.6.

EJERCICIOS   Imitar el dialecto castellano: [x̥]

En los siguientes ejercicios pronuncie la /x/ = [x̥] a la manera castellana,
dándole mucha energía y fuerza articulatoria (= fricción).

1. jefe	5. surge	9. conjugar
2. general	6. gente	10. monja
3. jota	7. Jorge	11. México
4. gemir	8. gentileza	12. jorobado

18.7.

EJERCICIOS   Imitar el dialecto castellano: /y/, /λ/, /θ/, /s/

Pronuncie a la manera castellana las siguientes oraciones. Use /y/, /λ/, /θ/,
[s̥], [x̥] donde sea apropiado.

1.   Un zapatero de Zaragoza se llama Javier Pérez.
2.   La herradura del caballo se forma en el yunque.
3.   ¿Llamaste al zapatero que se quedó sin llaves?
4.   Cinco es más que cero, y decir "milla" no es lo mismo que decir "mía".
5.   La jota castellana se pronuncia con bastante fricción.

18.8.

EJERCICIOS   Dos tipos de "s"

Mire los dos dibujos a continuación y responda a las preguntas en las cajas grises.

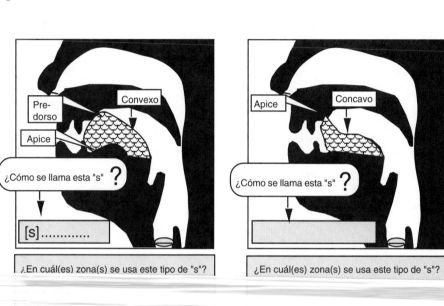

Ejercicios Capítulo 19

19.1.

EJERCICIOS   Aspiración de /s#/

Pronuncie las siguientes palabras usando [h] en todos los casos de /s/ final de
sílaba. Recuerde que, excepto en el dialecto castellano, en posición final de sílaba
la /s/ puede escribirse "s" o "z" (cf. *ves̱* vs. *veẕ*).

     Ejemplo: español = [eʰpañol]

1. español	11. cascabel	21. estrella
2. especial	12. espía	22. este
3. espejo	13. aspiración	23. instigar
4. justificar	14. mayúscula	24. espanto
5. esdrújula	15. estufa	25. esclavo
6. esmerado	16. escolar	26. escrito
7. rasgo	17. mezcla	27. mismo
8. estómago	18. bosque	28. describir
9. estoy	19. Cristo	29. institución
10. hasta	20. española	30. máscara

19.2.

EJERCICIOS   Elisión de /s#/

Vuelva a pronunciar las palabras del ejercicio 19.1, elidiendo todas las /s#/.
Ejemplo: espanol = [epañól].

19.3.

EJERCICIOS   /s#/ = [h#] o [Ø#] en oraciones

Pronuncie (según su propia preferencia) las siguientes frases nominales usando
[h] o [Ø] en todos los casos de /s#/.

Ejemplo: sus varias manifestaciones = [suʰ βári̯aʰ manifeʰtasi̯óneØ]

1. Los bancos suizos
2. Las inversiones extranjeras
3. Estas primeras sepulturas
4. Los gastos personales
5. Los efectos musicales
6. Los programas juveniles
7. Las personas conocidas
8. Cosas hechas así
9. ¿Comes estas cosas con muchas ganas?
10. ¿Cómo estás tú?

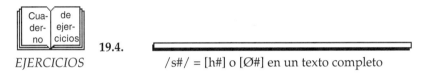

Cua-	de
der-	ejer-
no	cicios

19.4.

EJERCICIOS   /s#/ = [h#] o [Ø#] en un texto completo

Lea en voz alta el texto siguiente, tratando siempre de imitar una articulación de
las tierras bajas (con variación en la pronunciación de /s#/).

Al leer las próximas páginas, el lector tendrá que tener en mente
que la manifestación fonética de procesos variables como los que
pueden afectar los fonemas /s, n, r, y/ del español americano (y
también el de Andalucía) está condicionada por toda una serie de
factores, muchos de ellos sumamente complejos. En general, los
procesos variables ilustrados más arriba se aplicarán con mᵃʸ
frecuencia en situaciones informales donde el hablᵉ
natural; en situaciones formales, en las que el ʰ
más controlado, las variantes alofónicas usᵃᵈ
las de la norma culta. Veremos también que
clases populares (o clases bajas) tienden a
frecuencia estos procesos (será útil recordar qu
los países latinoamericanos, las clases bajas cᵒ ᵤᵤⁱtuyen la gran
mayoría de la población).

19.5.

EJERCICIOS   Variación en /s#/: explicación

Explique en sus propias palabras qué factores pueden condicionar la /s#/ de las
tierras bajas. Indiquen con el mayor detalle posible si un determinado factor
influye mucho o poco en la frecuencia de [s, h, Ø] (por ejemplo: el factor "final
de sílaba" influye muchísimo ya que en la mayoría de los dialectos es una
condición para la variación de /s#/; el factor funcional [palabra
gramatical/léxica] parece **no** influir en la articulación de /s#/).

19.6.

EJERCICIOS   Mapa caribeño

Colorée las áreas donde se habla un dialecto español **caribeño** (use la definición
"amplia" de "caribeño" al colorear las áreas). Indique siempre el nombre del país
o del área en cuestión.

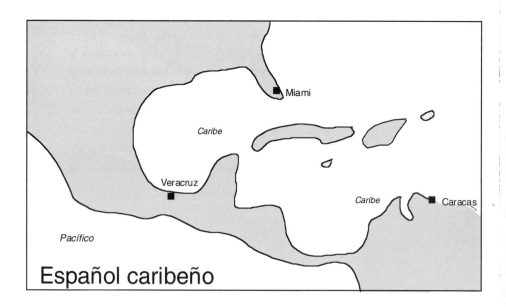

19.7.

EJERCICIOS Variación en /n#/: velarización

Indique cuál sería la pronunciación probable de las nasales en las siguientes oraciones si las produjera un hablante que acostumbra a velarizar la /n/ a final de palabra. Recuerde que ante fonema velar, la velarización de /n/ es obligatoria.

1. Se van al andén para ver el tren.
2. Entre dentistas y lingüistas se me traba la lengua.
3. Bien se sabe que en cualquier lugar toman vino tinto con carne asada.
4. Vengan conmigo, cariños, y díganme el cuento que oyeron.
5. Es un platón de frijol negro con arroz, plátano y blanquillos bien fritos.
6. Los habitantes de Los Angeles comen mucho pan.

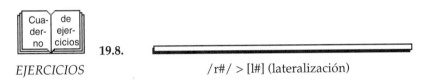

19.8.

EJERCICIOS /r#/ > [l#] (lateralización)

Practique la sustitución de [r] por [l] en las siguientes palabras. Recuerde hacer el cambio solamente en casos donde la /r/ está en posición final de sílaba.

1. de acuerdo	2. verdad	3. suerte	4. cerdo	5. perder
6. farsa	7. muerte	8. verde	9. duerme	10. recuerda

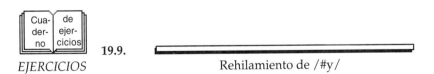

19.9.

EJERCICIOS Rehilamiento de /#y/

Rehile siempre (según la manera argentina) el fonema /#y/ cuando está a principio de la sílaba. Recuérdese que el sonido rehilado es similar al de la "s" de *pleasure*.

1. Yo me llamo Amalia.
2. Las calles están muy sucias en mayo.
3. ¿Oyes el llanto de los papagayos?
4. La silla no es mía.
5. Allá la playa está más limpia.

19.10.

EJERCICIOS   Ud. el lingüista: análisis del texto chocoano

Usando como base el texto chocoano de este capítulo, siga las instrucciones siguientes. En respuesta a preguntas donde hay que citar ejemplos del texto chocoano, dé siempre el número de la línea del texto original en paréntesis como en el ejemplo a continuación:

Pregunta: ¿Dónde en el texto ocurre la primera reducción fonética de una palabra?

Respuesta: [bu̯ó día] = 'buenos días' (01)
                                          ↑
                                        Línea

Tarea #1:

Ponga en la columna apropiada las palabras que contienen una /s#/ final de sílaba (cuente las [ˢ#] alzadas como [s#] normal). Luego cuente el total de alófonos para cada columna. Damos algunas respuestas para ayudarle con esta tarea.

[s]	[h]	[Ø]
usté = 'usted' (01)		bu̯ó = 'buenos' (01)
		ɛtá = 'está' (01)
		múča = 'muchas' (03)
Total		

Tarea #2:

Del total de [ŋ#] en el texto, ¿cuántas [ŋ#] ocurren ante **fonemas velares**?

_____   Apunten los ejemplos aquí: _____
Respuesta   _____
                                                               _____
                                                               _____
                                                               _____
                                                               _____

Del total de [ŋ#] en el texto, ¿cuántas [ŋ#] **no** ocurren ante fonemas velares?

_____   Apunten los ejemplos aquí: _____
Respuesta   _____
                                                               _____
                                                               _____
                                                               _____

Tarea #3:

¿Cuál es el total de casos que exhiben [r] > [l]? _____

¿Cuál es el total de casos que exhiben [l] > [r]? _____
    Ejemplos :   [r] > [l]   [l] > [r]

           _____   _____

           _____   _____

           _____   _____

           _____   _____

Habrán notado que [r] y [d] se han intercambiado en algunas palabras.
¿Cuál es el total de casos que exhiben [r] > [d]? _____
¿Cuál es el total de casos que exhiben [d] > [r]? _____

Ejemplos :   [r] > [d]   [d] > [r]

_____   _____

_____   _____

_____   _____

_____   _____

Tarea #4:

¿Cuántos casos de rehilamiento de la /y/ hay en el texto chocoano?

_____

Respuesta   Apunten los ejemplos aquí: _____

_____

_____

¿Hay casos donde no se da el rehilamiento de la /y/?

_____

Respuesta   Apunten los ejemplos aquí: _____

_____

_____

Tarea #5:

El texto ilustra toda una serie de rasgos dialectales de pronunciación que no
hemos discutido en este capítulo. ¿Puede Ud. encontrar 3 fenómenos que no se
dan en la norma culta? Presente su respuesta de la manera siguiente, dando
siempre un mínimo de 3 ejemplos:

Fenómeno #1: _____   Ejemplo #1: _____

Ejemplo #2: _____

Ejemplo #3: _____

19.11.

EJERCICIOS   Preparaciones iniciales para el
                                proyecto de investigación del ejercicio 20.2.

Lea las dos páginas de instrucciones del ejercicio 20.2 (Capítulo 20). Este ejercicio
requerirá ciertas preparaciones iniciales. Así sería buena idea, por ejemplo,
contactar a un informante lo más pronto posible. Además, será útil tener a su
disposión una grabadora (ingl. 'tape recorder') y una cinta de 45 minutos por
cada lado.

Ejercicios Capítulo 20

20.1.

EJERCICIOS   Rasgos dialectales

Usando los Capítulos 19 y 20 como fuente de información, dé un máximo de rasgos dialectales para cada uno de los países puestos en relieve en los mapas a continuación. Siga el ejemplo del mapa 20.1a, y proporcione siempre ejemplos para ilustrar cada uno de los rasgos dialectales que mencione. Dé sus respuestas directamente en los mapas a continuación.

Mapa 20.1a

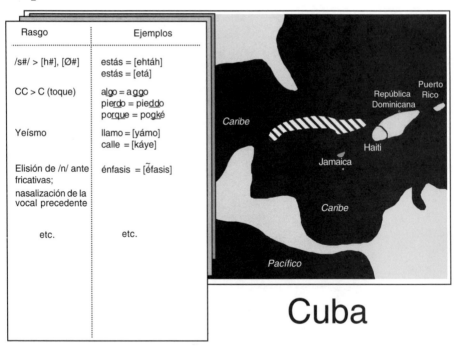

Rasgo	Ejemplos
/s#/ > [h#], [Ø#]	estás = [ehtáh] estás = [etá]
CC > C (toque)	algo = aggo pierdo = pieddo porque = pogké
Yeísmo	llamo = [yámo] calle = [káye]
Elisión de /n/ ante fricativas; nasalización de la vocal precedente	énfasis = [ẽfasis]
etc.	etc.

Caribe
República Dominicana
Puerto Rico
Haiti
Jamaica
Caribe
Pacífico

Cuba

Mapa 20.1b

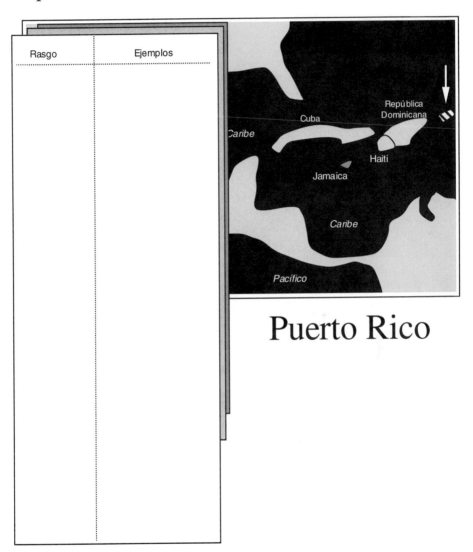

Rasgo	Ejemplos

Puerto Rico

Mapa 20.1c

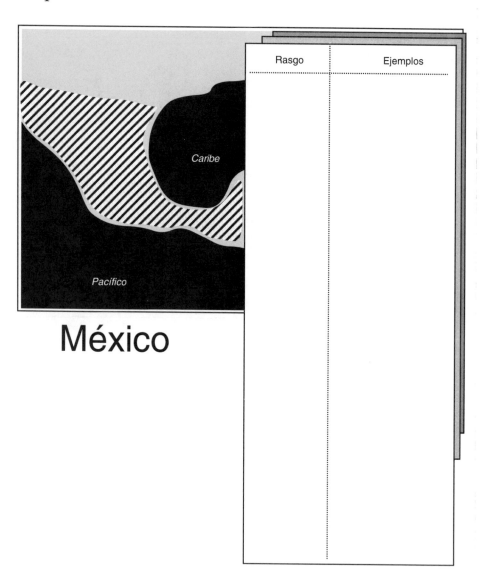

Rasgo	Ejemplos

Mapa 20.1d

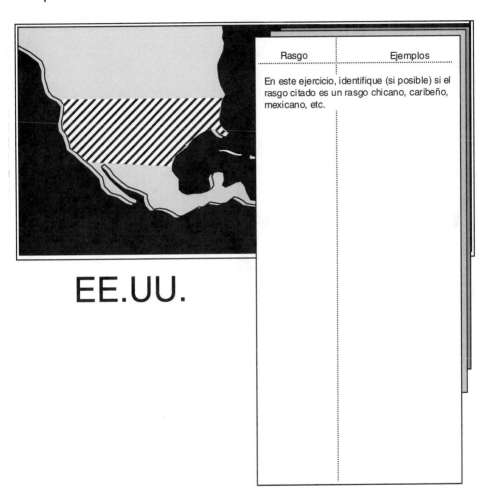

Rasgo	Ejemplos
En este ejercicio, identifique (si posible) si el rasgo citado es un rasgo chicano, caribeño, mexicano, etc.	

EE.UU.

Mapa 20.1e

Rasgo	Ejemplos

Argentina

20.2.

EJERCICIOS

El estudiante como investigador
de rasgos dialectales

Busque a una persona de habla española que inmigró a los EE.UU. recientemente, y invítela a conversar sobre un tema que le interese (podría pedirle, por ejemplo, que explique cómo llegó a los EE.UU., o cómo era la vida en su país de origen). Grabe (*grabar* 'to record') esta conversación[1] y analícela luego con cuidado para determinar si el hablante ...

1. aspira o elide la /s#/,
2. velariza la -*n* final de palabra,
3. rehila la yod (pronunciando así [žámár] en vez de [yamár]),
4. lateraliza la /l/ al final de sílaba (*carne* vs. *calne*), o
5. exhibe otro rasgo frecuente que le parece peculiar desde la perspectiva del español estándar.

Cuando haya escuchado la cinta con calma dos o tres veces, decida qué rasgos va a describir en su trabajo. Escuche entonces la cinta otra vez para apuntar ejemplos de palabras que ilustran cada uno de estos rasgos.

Una vez que haya completado este trabajo preliminar, escriba un trabajo informe (de por lo menos 2-3 páginas, a máquina) que describa los principales rasgos fonéticos del habla de su informante. Sea específico en cuanto a **la frecuencia** de estos rasgos (por ejemplo, si el hablante aspira, elide o mantiene /s#/ al final de sílaba, diga algo sobre la frecuencia de cada uno de estos rasgos). En su trabajo informe, dé siempre **ejemplos** para ilustrar los rasgos dialectales que Ud. discuta. Desde luego, tales ejemplos se darán en transcripción fonética, es decir, entre "[...]")

Escrito en español, el trabajo informe debería constar de las cuatro partes siguientes:

1. Introducción[2]
2. Descripción del hablante y método usado
3. Análisis lingüístico (parte principal)
4. Conclusión.

---

1   Sugerimos que grabe por lo menos 20 minutos de conversación. Asegúrese de que el micrófono no esté muy lejos del informante para que la grabación capte al máximo posible los rasgos articulatorios.
2   La introducción desde luego va precedida de un título.

Introducción
La introducción debería informar al lector de las partes de las que consta el
trabajo escrito (por ejemplo: "Deseo presentar en esta composición un breve
análisis de rasgos articulatorios del habla informal de un hablante bilingüe de
origen mexicano que inmigró a los EE.UU. en el año 1988").

Descripción del hablante y método usado

Esta segunda parte debe contener los datos siguientes sobre el hablante:

1. el origen del hablante (e.g., "antes de inmigrar a los EE.UU., mi informante
   vivió toda su vida en Guadalajara, México")
2. la edad
3. el sexo
4. el nivel socioeconómico
5. el nivel de educación formal
6. su manejo del inglés (¿es monolingüe o bilingüe?)
7. cualquier otra información relevante con respecto a su informante.

Además, esta sección debería describir brevemente cómo Ud. obtuvo sus datos
(¿era formal o informal su grabación del informante? ¿qué tipo de relación tiene
Ud. con el informante? ¿es simplemente un conocido, o un buen amigo? ¿Hubo
problemas con la calidad de la grabación? En su cinta, ¿son fácilmente audibles
los rasgos fonéticos que Ud. seleccionó?).

---

*Recuerde que algunos de los rasgos dialectales que hemos discutido en este texto están
estigmatizados, y por lo tanto, no se dan comúnmente en el habla formal. Para obtener
un máximo de rasgos dialectales, le aconsejamos pues que Ud. cree una situación
informal, relajada y familiar* **antes** *de iniciar la grabación (sería buena idea escoger un
informante que ya conoce bastante bien).*

Ejercicios Capítulo 21

21.1.

EJERCICIOS   Palenquero

Traduzca las siguientes frases palenqueras al español. Para facilitarle el trabajo, damos aquí dos ejemplos más de construcciones verbales (para otros ejemplos, véase la sección "El palenquero: una lengua criolla mixta" en este capítulo).

Bo <u>asé</u> bebé poco.   'Tú <u>sueles</u> tomar poco.'
Eli <u>asé</u> caminar mucho.   'El camina (suele caminar) mucho.'

1. Antiguamente Palenge ela um pueblo ri simarrone.
2. ¿Kumo asé nyamá uté?
3. ¿Kuanto año bo a eturiao epañol?
4. Ma autore ri ete libro asé nyamá Balutia i Schwegler.
5. ¡Ombe! Ete e um puegka muy goddo!
6. Maana yo kelé bisitá amigo mi ayá Katajena.
7. Hende ri Palenge e hende ogguyoso.
8. Ma palenkero asé semblá-ba mucho aló.
9. ¿Bo kelé bebé agua o sebbesa?
10. ¡Ablá-lo en "lengua" i no en epañol!
11. Ro i ro = 4.
12. I polé kuchá bo nu.
13. Hende ri Palenge asé kaggá agua ri loyó ata kasa.
14. Naturalesa aí sona ri Palenge e merio sebbatiko.
15. ¿Bo kelé bisitá Palenge aggú ría?

21.2.

EJERCICIOS   Palenquero: fonética

Usando el texto del ejercicio 21.1 como base, descubra cinco rasgos fonéticos característicos del Palenquero, y dé ejemplos para ilustrarlos. Siga el modelo de los rasgos ##1-2 en el ejemplo a continuación.

===================*Ejemplo* ============================

Rasgo #1:   [r] > [l]   Ejemplo: e<u>l</u>a < e<u>r</u>a (#1)
                                    Ejemplo: ke<u>l</u>é < que<u>r</u>er (#6, 9)
Rasgo #2:   [r̄] > [l]   Ejemplo: Ba<u>l</u>utia < Ba<u>rr</u>utia(#4)

==

Índice

This index contains page references for the following types of text: normal type for normal page content, *italics* for figures, and **boldface** for exercises. The "n" following a page reference refers to a footnote found on that page.

Cuadro de correlación *entre* Fonética y fonología españolas 2/e *y las cintas de* Fonética y fonología españolas 1/e

El siguiente cuadro establece la correlación entre los ejercicios del Cuaderno de Ejercicios de *Fonética y fonología españolas 2/e*, que comienza en la página 258 de este libro, y las cintas de *Fonética y fonología españolas 1/e*. Nótese que pueden existir pequeñas diferencias entre el material impreso en este libro y el material grabado en las cintas.

Segunda Edición		=	Cintas Primera Edición		
Ejercicio 1.1	Página 261	=	Capítulo 1	Ejercicio 1	Página 5
Ejercicio 1.2	Página 261	=	Capítulo 1	Ejercicio 2	Página 6
Ejercicio 1.3	Página 262	=	Capítulo 1	Ejercicio 3	Página 6
Ejercicio 1.4	Página 262	=	Capítulo 1	Ejercicio 4	Página 6
Ejercicio 1.4	Página 262	=	Capítulo 1	Ejercicio 4	Página 6
Ejercicio 1.5	Página 263	=	Capítulo 1	Ejercicio 5	Página 7
Ejercicio 1.6	Página 263	=	Capítulo 1	Ejercicio 6	Página 7
Ejercicio 1.7	Página 264	=	Capítulo 1	Ejercicio 7	Página 7
Ejercicio 1.13	Página 269	=	Capítulo 1	Ejercicio 8	Página 9
Ejercicio 1.14	Página 270	=	Capítulo 1	Ejercicio 9	Página 9
Ejercicio 2.3	Página 276	=	Capítulo 4	Ejercicio 1	Página 19
Ejercicio 2.4	Página 276	=	Capítulo 4	Ejercicio 2	Página 20
Ejercicio 2.5	Página 277	=	Capítulo 4	Ejercicio 3	Página 20-21
Ejercicio 2.6	Página 277	=	Capítulo 4	Ejercicio 4	Página 21
Ejercicio 2.9	Página 279	=	Capítulo 4	Ejercicio 6	Página 22
Ejercicio 2.10	Página 280	=	Capítulo 4	Ejercicio 7	Página 22
Ejercicio 3.5	Página 287	=	Capítulo 3	Ejercicio 1	Página 16
Ejercicio 3.7	Página 288	=	Capítulo 3	Ejercicio 3	Página 17
Ejercicio 3.8	Página 288-289	=	Capítulo 3	Ejercicio 4	Página 17
Capítulo 6	Página 313-314	=	Capítulo 7		Página 42
Capítulo 7	Página 330	=	Capítulo 7		Página 45
Ejercicio 7.1	Página 324	=	Capítulo 8	Ejercicio 1	Página 49
Ejercicio 7.2	Página 325	=	Capítulo 8	Ejercicio 2	Página 49-50
Ejercicio 8.2	Página 335	=	Capítulo 9	Ejercicio 1	Página 52
Ejercicio 8.3	Página 336-337	=	Capítulo 9	Ejercicio 2	Página 53
Ejercicio 9.1	Página 342	=	Capítulo 10	Ejercicio 1	Página 59
Ejercicio 9.2	Página 342	=	Capítulo 10	Ejercicio 2	Página 59
Ejercicio 9.3	Página 343	=	Capítulo 10	Ejercicio 3	Página 59
Ejercicio 9.4	Página 343	=	Capítulo 10	Ejercicio 4	Página 59
Ejercicio 9.5	Página 344	=	Capítulo 10	Ejercicio 5	Página 59-60
Ejercicio 9.7	Página 345	=	Capítulo 10	Ejercicio 7	Página 60
Ejercicio 9.8	Página 346	=	Capítulo 10	Ejercicio 8	Página 60-61
Ejercicio 9.11	Página 348	=	Capítulo 10	Ejercicio 11	Página 64
Ejercicio 9.12	Página 349	=	Capítulo 10	Ejercicio 12	Página 64
Ejercicio 9.14	Página 350	=	Capítulo 10	Ejercicio 14	Página 65
Ejercicio 9.16	Página 66	=	Capítulo 10	Ejercicio 15	Página 66
Ejercicio 9.17	Página 352	=	Capítulo 10	Ejercicio 16	Página 66

Segunda Edición		=	Cintas Primera Edición		
Ejercicio 10.1	Página 354	=	Capítulo 11	Ejercicio 1	Página 69-70
Ejercicio 10.2	Página 354	=	Capítulo 11	Ejercicio 3	Página 71
Ejercicio 10.3	Página 355	=	Capítulo 11	Ejercicio 2	Página 70
Ejercicio 10.5	Página 356	=	Capítulo 11	Ejercicio 4	Página 71
Ejercicio 10.8	Página 358	=	Capítulo 11	Ejercicio 5	Página 72
Ejercicio 10.9	Página 358	=	Capítulo 11	Ejercicio 6	Página 73
Ejercicio 10.10	Página 359	=	Capítulo 11	Ejercicio 7	Página 73
Ejercicio 11.1	Página 364	=	Capítulo 12	Ejercicio 1	Página 76
Ejercicio 11.2	Página 364	=	Capítulo 12	Ejercicio 2	Página 76
Ejercicio 11.3	Página 365	=	Capítulo 12	Ejercicio 3	Página 76-77
Ejercicio 11.4	Página 366	=	Capítulo 12	Ejercicio 4	Página 77
Ejercicio 12.1	Página 370	=	Capítulo 13	Ejercicio 1	Página 80
Ejercicio 12.2	Página 371	=	Capítulo 13	Ejercicio 2	Página 81
Ejercicio 12.3	Página 371	=	Capítulo 13	Ejercicio 3	Página 82
Ejercicio 12.5	Página 372	=	Capítulo 13	Ejercicio 6	Página 83
Ejercicio 12.6	Página 373	=	Capítulo 13	Ejercicio 7	Página 83
Ejercicio 13.1	Página 378	=	Capítulo 14	Ejercicio 1	Página 86
Ejercicio 13.3	Página 380	=	Capítulo 14	Ejercicio 3	Página 86-87
Ejercicio 13.6	Página 382	=	Capítulo 14	Ejercicio 6	Página 87-88
Ejercicio 13.7	Página 382	=	Capítulo 14	Ejercicio 7	Página 88
Ejercicio 13.8	Página 383	=	Capítulo 14	Ejercicio 8	Página 88
Ejercicio 14.1	Página 386	=	Capítulo 15	Ejercicio 1	Página 95
Ejercicio 14.3	Página 387-388	=	Capítulo 15	Ejercicio 3	Página 96
Ejercicio 16.1	Página 404	=	Capítulo 18	Ejercicio 1	Página 118
Ejercicio 16.1	Página 404	=	Capítulo 18	Ejercicio 2	Página 118
Ejercicio 16.2	Página 404	=	Capítulo 18	Ejercicio 3	Página 118
Ejercicio 16.2	Página 404	=	Capítulo 18	Ejercicio 4	Página 118-119
Ejercicio 16.3	Página 405	=	Capítulo 18	Ejercicio 5	Página 119
Ejercicio 16.5	Página 405	=	Capítulo 18	Ejercicio 6	Página 119
Ejercicio 16.6	Página 406	=	Capítulo 18	Ejercicio 7	Página 120
Ejercicio 16.7	Página 406	=	Capítulo 18	Ejercicio 8	Página 120
Ejercicio 16.8	Página 406	=	Capítulo 18	Ejercicio 9	Página 120
Ejercicio 18.1	Página 414	=	Capítulo 20	Ejercicio 1	Página 132
Ejercicio 18.2	Página 414	=	Capítulo 20	Ejercicio 2	Página 133
Ejercicio 18.3	Página 415	=	Capítulo 20	Ejercicio 3	Página 134
Ejercicio 18.4	Página 415	=	Capítulo 20	Ejercicio 4	Página 134
Ejercicio 18.5	Página 415	=	Capítulo 20	Ejercicio 5	Página 134-135
Ejercicio 18.6	Página 416	=	Capítulo 20	Ejercicio 6	Página 135
Ejercicio 18.7	Página 416	=	Capítulo 20	Ejercicio 7	Página 135
Ejercicio 19.1	Página 420	=	Capítulo 21	Ejercicio 1	Página 140-141
Ejercicio 19.2	Página 420	=	Capítulo 21	Ejercicio 2	Página 141
Ejercicio 19.3	Página 420-421	=	Capítulo 21	Ejercicio 4	Página 141
Ejercicio 19.7	Página 423	=	Capítulo 21	Ejercicio 10	Página 144
Ejercicio 19.8	Página 423	=	Capítulo 21	Ejercicio 11	Página 145